Kriegsende in Bremen

Kriegsende in Bremen

Erinnerungen, Berichte, Dokumente

Hartmut Müller

Günther Rohdenburg [Hrsg.]

Edition Temmen

Die Deutsche Bibliothek – CIP-Einheitsaufnahme
Kriegsende in Bremen : Erinnerungen, Berichte, Dokumente / Hartmut Müller;
Günther Rohdenburg [Hrsg.]. – Bremen : Ed. Temmen, 1995

ISBN 3-86108-265-9

NE: Müller, Hartmut [Hrsg.]

2. Auflage 2001

Um der besseren Lesbarkeit willen wurden Zeichensetzung und Orthographie in den Zitaten behutsam der heute üblichen Schreibweise angeglichen.

Soweit im Quellennachweis nicht anders ausgewiesen, stammen alle hier abgebildeten Dokumente und Bilder aus den Beständen des Staatsarchivs Bremen.
Die angegebenen Archivsignaturen beziehen sich gleichfalls auf die Bestände des Staatsarchivs Bremen.

Redaktion:
Daniela Müller

Hohenlohestr. 21 – 28209 Bremen
Tel. 0421-34843-0 – Fax 0421-348094
email: info@edition-temmen.de

Druck: Interpress
ISBN 3-86108-265-9

Inhalt

Blick auf Bremen und die zerstörte Adolf-Hitler-Brücke, April 1945

Vorwort zur 2. Auflage

Die erste Auflage des vorliegenden Bandes, die zum 50. Jahrestag des Kriegsendes und der Befreiung vom nationalsozialistischen Terrorregime durch die alliierten Soldaten 1995 erschienen ist, stieß auf eine breite Resonanz und war rasch vergriffen. Immer wieder wurde an die Herausgeber und den Verlag der Wunsch herangetragen, eine Neuauflage herauszugeben.

Dieses Vorhaben wurde dadurch neu belebt, daß bisher unbekannte Farbaufnahmen des amerikanischen Militärs aufgefunden wurden. Die Einfügung des farbigen Bildmaterials erwies sich aber leider aus technischen Gründen als unmöglich, so daß wir uns nun zu einer unveränderten neuen Auflage entschlossen haben. Lediglich einige Druckfehler und wenige zu verändernde Sachangaben sind gegenüber der ersten Auflage korrigiert, das Vorwort des damaligen Senatspräsidenten ist herausgenommen und das Autorenverzeichnis aktualisiert worden.

Es bleiben damit einige Wünsche nach Überarbeitung und weiteren Informationen offen, wir hielten aber die Verfügbarkeit des Bandes für wichtiger – gerade auch vor dem Hintergrund des nach wie vor aktuellen Resümees von Klaus Wedemeier in seinem Vorwort zur ersten Auflage: »Der 8. Mai hat uns Deutschen die Chance gegeben, einen neuen politischen Weg zu beschreiten, einen Weg der Demokratie, der Menschenrechte und der Humanität. Und wir sind auf diesem Weg schon ein gutes Stück vorangekommen. Doch der Weg zu einer gerechten und solidarischen Gesellschaft wird nie enden.«

Günther Rohdenburg
November 2000

Einleitung

Am 28. Juli 1945 teilte der Gouverneur der amerikanischen Militärregierung in Bremen dem Präsidenten des Senats mit: »The official time of the occupation of Bremen is 18.00 hours, 27th April 1945.«

Heute, fünfzig Jahre später, ist die Erinnerung an dieses Datum in Bremen nicht erloschen. Für viele Menschen bedeutet dieser Tag immer noch einen wichtigen Einschnitt in ihrem Leben, den sie nicht vergessen haben. Als der Präsident des Senats, Bürgermeister Klaus Wedemeier, Ende des vergangenen Jahres Bremer und Bremerinnen aufrief, sich an das Kriegsende zu erinnern, ihre Erlebnisse und Empfindungen aus dieser Zeit aufzuschreiben und ihm diese zusammen mit etwa noch vorhandenen Tagebuchaufzeichnungen zuzusenden, war das Echo überraschend groß.

Tagebücher und Briefe aus ganz unterschiedlichen Bevölkerungsschichten kamen zum Vorschein und Berichte von Frauen und Männern, die damals das Kriegsende als Jugendliche oder Heranwachsende erlebten und sich heute noch einmal an damals erinnern.

Die Geschichte der militärischen Ereignisse um die Besetzung Bremens in den Tagen vom 25. bis zum 27. April 1945 ist im wesentlichen geschrieben. Was uns als Herausgeber und Autoren aber darüber hinausgehend interessierte, war die Frage, wie die damals in Bremen lebenden Menschen, Bremerinnen und Bremer, Zwangsarbeiter, Kriegsgefangene und die einmarschierenden britischen Truppen diese Tage erlebten, welche Gefühle und Reflexionen diese bei ihnen hervorriefen, wie sie auf das Ende der nationalsozialistischen Herrschaft reagierten.

Dieser komplexen Frage nachzugehen erwies sich als nicht einfach. Zwar waren die nationalsozialistischen Verwaltungsstrukturen bis zuletzt noch relativ intakt geblieben, hatten Gestapo, Stand- und Sondergericht ihr unsägliches Handwerk bis zum Erscheinen der Briten ausgeübt und jede defätistische Bewegung innerhalb der Bevölkerung zu unterdrücken versucht. Doch dann hatten die nationalsozialistischen Machthaber alles unternommen, die Spuren ihrer zwölfjährigen Herrschaft in der Stadt zu verwischen. Gestapo, Polizei und Partei verbrannten ihre Akten, so daß heute nur noch wenige amtliche Unterlagen über die letzten Tage vor der Einnahme Bremens durch britische Truppen vorhanden sind.

Die Generation derer, die vor fünfzig Jahren als Erwachsene in Bremen lebteen und Verantwortung trugen, ist heute kaum mehr am Leben. Sie können wir nicht mehr fragen. Ihre Tagebücher, soweit sie sie hinter-

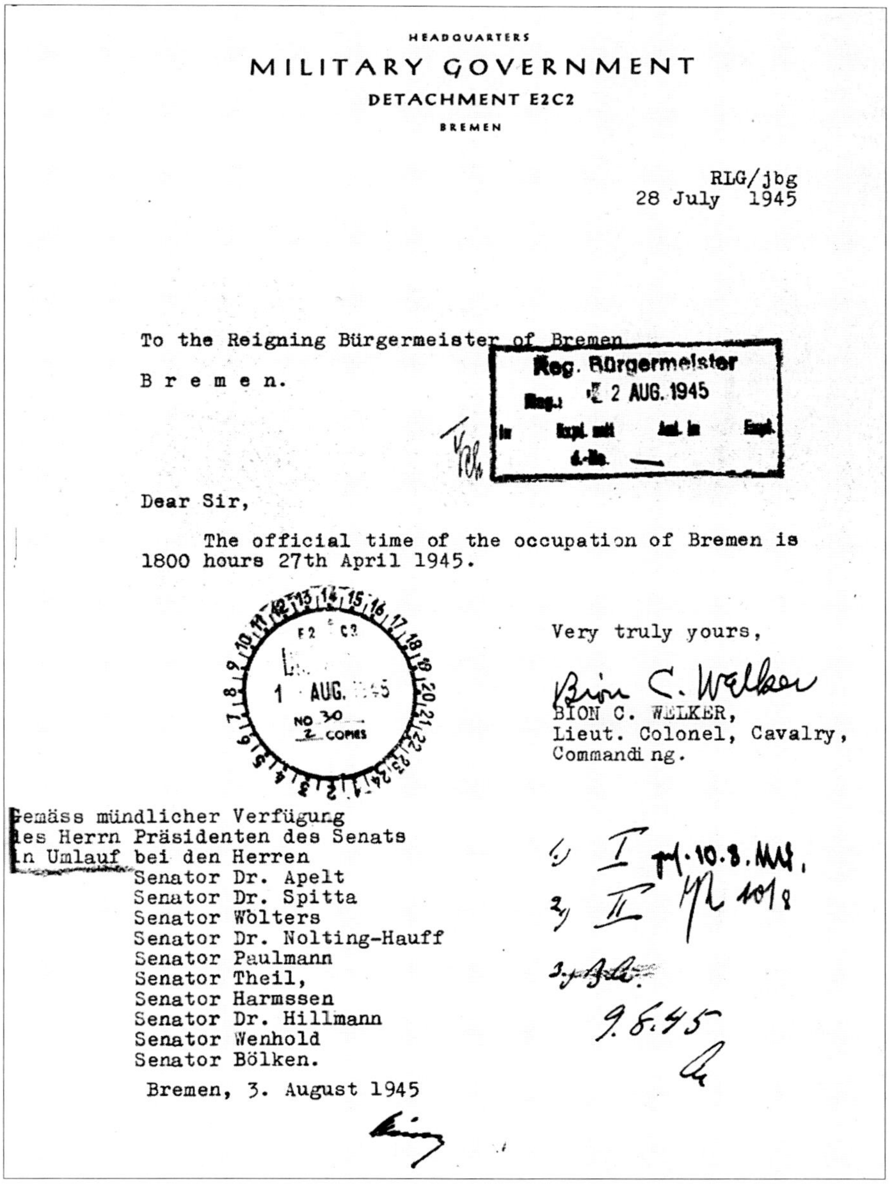

HEADQUARTERS
MILITARY GOVERNMENT
DETACHMENT E2C2
BREMEN

RLG/jbg
28 July 1945

To the Reigning Bürgermeister of Bremen
B r e m e n.

Reg. Bürgermeister
2 AUG. 1945

Dear Sir,

The official time of the occupation of Bremen is 1800 hours 27th April 1945.

E2 C2
1 AUG. 1945
NO 30
2 COPIES

Very truly yours,

Bion C. Welker
BION C. WELKER,
Lieut. Colonel, Cavalry,
Commanding.

Gemäss mündlicher Verfügung
des Herrn Präsidenten des Senats
in Umlauf bei den Herren
Senator Dr. Apelt
Senator Dr. Spitta
Senator Wolters
Senator Dr. Nolting-Hauff
Senator Paulmann
Senator Theil,
Senator Harmssen
Senator Dr. Hillmann
Senator Wenhold
Senator Bölken.

Bremen, 3. August 1945

9.8.45

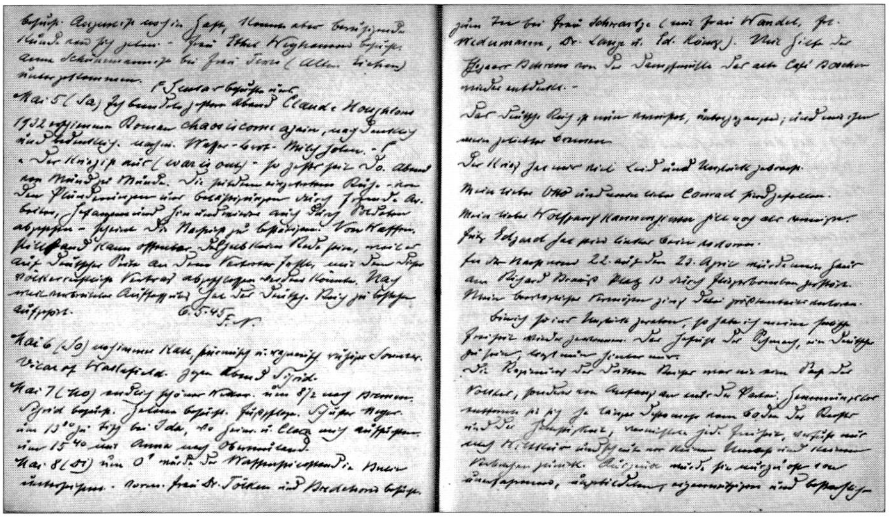

Tagebuch von Friedrich Nebelthau, Eintragungen zum Kriegsende

lassen haben, geben aber Auskunft, genau wie Briefe, die Angehörige in den letzten Tagen vor und nach dem Kriegsende wechselten und in denen sie sich über ihre Erlebnisse und Gefühle austauschten.

Und da sind auch die Erinnerungen derer, die bei Kriegsende gerade heranwuchsen, gefiltert sicherlich nach fünfzig Jahren, aber dennoch nicht minder wichtig beim Versuch zu erfassen, was damals in und mit den Menschen geschah.

Aber nicht nur Bremerinnen und Bremer lebten damals in Bremen. Die Stadt, die viele Menschen aus Angst vor den ständigen Bombenangriffen verlassen hatten, war bevölkert von Tausenden von Zwangsarbeitern und Kriegsgefangenen verschiedener Nationen. Ihre Gefühle bei Kriegsende waren verständlicherweise andere als die der deutschen Bevölkerung. Und doch gehören sie dazu, wenn man heute an das Erleben vor fünfzig Jahren erinnert.

Die Truppenteile der britischen Verbände, die im April 1945 Bremen einnahmen, haben nach dem Kriege teilweise recht detaillierte Schilderungen der damaligen Ereignisse in ihren Regiments- und Divisionsgeschichten festgehalten und publiziert. Zusammen mit den Kriegsberichterstattern und den Fotografen haben sie uns ein Bild der Menschen in Bremen hinterlassen, das deren eigene Sicht der Dinge von außen her notwendigerweise ergänzt.

Manches aber fehlt, und manche Frage muß unbeantwortet bleiben. Wir wissen nicht konkret, wie die Opfer von Gestapo und nationalsozialistischer Justiz das Kriegsende in Konzentrationslagern und in den bremischen Haftanstalten erlebten.

Und da sind auch die Bremer und Bremerinnen jüdischen Glaubens, die das Ende des Krieges und damit die Befreiung von Verfolgung und Unterdrückung in Bremen nicht mehr begrüßen konnten, da sie in die Fremde emigriert oder in den Vernichtungslagern ermordet waren.

So ist ein Buch entstanden, das bei aller Lückenhaftigkeit versucht – aus verschiedenen Positionen heraus und von unterschiedlichen Ansätzen her – in die letzten Wochen und Tage vor Kriegsende und in die unmittelbare Zeit danach hineinzuleuchten; ohne den Anspruch auf Vollständigkeit, ohne die Anmaßung, zu werten, hereinzuinterpretieren und zu verurteilen.

Ich danke den Bremerinnen und Bremern, die uns mit ihren Einsendungen geholfen haben, meinen Mitautoren und besonders Günther Rohdenburg, ohne dessen Mitarbeit eine Veröffentlichung in so kurzer Zeit nicht möglich gewesen wäre.

Es gibt kein kollektives Erleben des Kriegsendes in Bremen. Jeder hat das, was geschah, ganz individuell und persönlich erfahren und gewertet: als Niederlage, als Zusammenbruch, als Ausweglosigkeit, aber auch als Befreiung und als Neuanfang nach zwölfjähriger Unterdrückung.

Vor fünfzig Jahren erhielten die Deutschen die Möglichkeit, »als Menschen der Menschheit zurückgegeben, wieder Mensch sein zu können«, wie dies Thomas Mann am 12. Mai der Bevölkerung an der Ruhr zurief.

Wilhelm Kaisen, von 1945 bis 1965 Präsident des Senats und Bürgermeister von Bremen, war nach Kriegsende der Auffassung, daß eine wirkliche Befreiung nach der Hitlerdiktatur nur über einen Selbstreinigungsprozeß entstehen könne, und er machte deutlich, daß die Gründe für die Folgen des verlorenen Krieges in der Zustimmung der Menschen zur nationalsozialistischen Herrschaft zu suchen waren: »Wer damals (gemeint ist das Jahr 1933) die Mahnungen ausschlug, darf sich heute nicht beklagen. … Ein Volk bestimmt letzten Endes sein Schicksal selbst.«

Dieser Satz hat auch heute noch, fünfzig Jahre nach Kriegsende, seine Gültigkeit behalten.

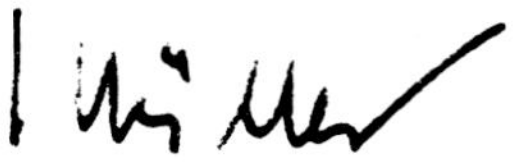

Dr. Hartmut Müller

»Es waren schöne warme Frühlingstage«

Bremen am Vorabend der Einnahme durch britische Soldaten

Hartmut Müller

Am 4. April 1945 wurde im Gau Weser-Ems »Alarm Küste« gegeben. Englische Truppen hatten Bad Oeynhausen erreicht. In langen Schlangen zogen in diesen Tagen von West nach Ost abgekämpfte und entmutigte deutsche Soldaten durch Bremen. Englische Flugzeuge überflogen die Stadt, kein Abwehrfeuer war mehr zu hören. Am 6. April begann die Bevorratung der bremischen Bevölkerung. Lebensmittel wurden verteilt, um die Ernährung für den Fall sicherzustellen, daß die normale Versorgung der Menschen in der Stadt vorübergehend nicht mehr möglich sein würde. Allabendlich sprach Kreisleiter Max Schümann über den Rundfunk zur Bevölkerung, um sie auf den Endkampf um Bremen einzustimmen.

Wer in den Apriltagen nach Bremen kam – ein Weiterreisen nach Westen war im übrigen seit dem 5. April nicht mehr möglich –, traf auf eine Stadt, die kaum noch etwas mit der einst blühenden Hansestadt der Vorkriegsjahre gemein hatte. Nach über 160 Luftangriffen lagen weite Teile der Stadt in Trümmern, aus denen oftmals nur noch die Türme der Hochbunker herausragten. Bremen hatte bis zuletzt auf Grund seiner bedeutenden Rüstungsindustrie strategischen Wert nicht nur für die deutsche Kriegswirtschaft, sondern auch als Ziel alliierter Luftangriffe behalten. Obwohl immer wieder angegriffen und zerstört, waren auf den Werftanlagen der AG Weser weiterhin U-Boote, in den Konstruktionshallen von Focke-Wulf Flugzeuge und bei Borgward Lastkraftfahrzeuge und Panzer gebaut worden.

Kein Wunder, daß die nach einer längeren Pause im Februar 1945 wieder aufgenommenen Bombenangriffe besonders diesen Produktionsanlagen sowie den Ölraffinerien und Industrieanlagen in den Häfen gegolten hatten. Dann waren die Verkehrsanlagen an der Reihe gewesen. Besonders die Eisenbahnbrücke wurde am 22. und 23. März angegriffen, um mit ihrer Zerstörung den deutschen Nachschub nach Westen zu unterbrechen. Unter dem Einsatz von über 3000 Kriegsgefangenen und Zwangsarbeitern hatte man nochmals ein Notgleis über die Weser legen können. Der 165. Luftangriff am 30. März machte aber auch dem ein Ende: im Hagel von Tausenden von Spreng- und Brandbomben wurden Eisenbahn- und Adolf-Hitler-Brücke endgültig zerstört. Jetzt führten nur noch die Kaiser- und die Lüderitzbrücke über die Weser.

Im April 1945 lebten in Bremen noch etwa 290.000 Einwohner und ca. 40.000 Kriegsgefangene und Zwangsarbeiter, mit deren Hilfe im wesentlichen die kriegswichtigen Rüstungsbetriebe in Gang gehalten wurden. Viele Bremer, darunter die meisten Schulkinder, hatten die Stadt schon nach den großen Luftangriffen im Sommer 1944 verlassen.

Aus dem Umstand, daß sich allabendlich der Kreisleiter der NSDAP an die Bremer Bevölkerung wandte, wird deutlich, daß in Bremen längst die Partei den entscheidenden Einfluß auf das Schicksal der Stadt genommen hatte. Der einflußreichste Mann im staatlichen und politischen Leben des Gaus war der Gauleiter Weser-Ems und Reichsstatthalter von Oldenburg und Bremen Paul Wegener, ein Parteifunktionär, der mit fanatischem Idealismus voll und ganz hinter der nationalsozialistischen Reichsführung stand. Sein wichtigster Mitarbeiter war der stellvertretende Reichsverteidigungskommissar Dr. Hans-Joachim Fischer, der als bremischer Senator auch regelmäßig an den Senatssitzungen teilnahm

Blick über die Weser auf die Schlachte und St. Stephani

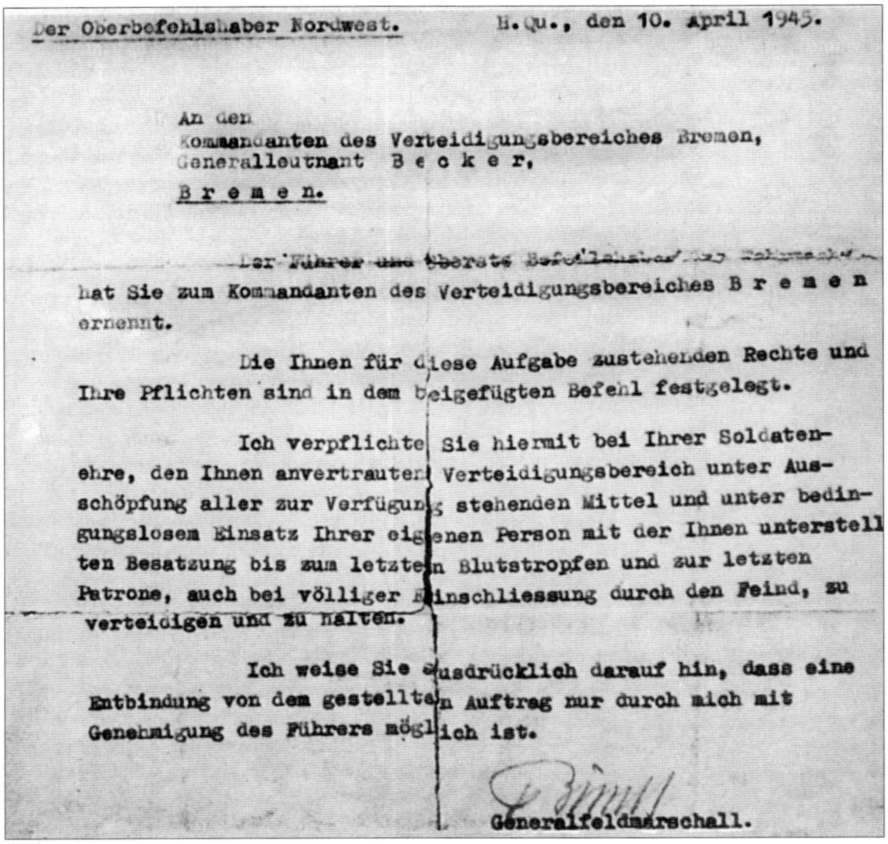

Der Oberbefehlshaber Nordwest. H.Qu., den 10. April 1945.

An den
Kommandanten des Verteidigungsbereiches Bremen,
Generalleutnant B e c k e r,
B r e m e n.

~~Der Führer und Oberste Befehlshaber der Wehrmacht~~
hat Sie zum Kommandanten des Verteidigungsbereiches B r e m e n ernennt.

Die Ihnen für diese Aufgabe zustehenden Rechte und Ihre Pflichten sind in dem beigefügten Befehl festgelegt.

Ich verpflichte Sie hiermit bei Ihrer Soldatenehre, den Ihnen anvertrauten Verteidigungsbereich unter Ausschöpfung aller zur Verfügung stehenden Mittel und unter bedingungslosem Einsatz Ihrer eigenen Person mit der Ihnen unterstellten Besatzung bis zum letzten Blutstropfen und zur letzten Patrone, auch bei völliger Einschliessung durch den Feind, zu verteidigen und zu halten.

Ich weise Sie ausdrücklich darauf hin, dass eine Entbindung von dem gestellten Auftrag nur durch mich mit Genehmigung des Führers möglich ist.

Generalfeldmarschall.

Der Befehl zur Verteidigung Bremens »bis zum letzten Blutstropfen«

und somit großen Einfluß auf die Tagespolitik in der Stadt hatte.
Kreisleiter in Bremen war Max Schümann, ein fanatischer Nationalsozialist, dessen Bedeutung mit Näherrücken der Front immer mehr zunahm. Ihm unterstanden Volkssturm und Heimatflak, er organisierte die Schanzarbeiten, mögliche Evakuierungen der Bevölkerung, er war grundsätzlich für den Einsatz und die politische Haltung der »Heimatfront« zuständig.
Nächst der Partei rangierten an Bedeutung in Bremen Polizei und Gestapo, an ihrer Spitze Polizeipräsident Johannes Schroers. In ihrem politischen Einfluß schon seit längerem stark beschnitten waren Regierender Bürgermeister und Senat. Seit dem Sommer 1944 war der Senat auf den Stellvertretenden Regierenden Bürgermeister Dr. Richard Duckwitz sowie die beiden Senatoren von Hoff und Otto Bernhard zusammengeschmolzen. Im Senat, an dessen Sitzungen auch der Stellvertretende Reichsverteidigungskommissar sowie Fachleute aus den senatorischen Ressorts teilnahmen, wurden eigentlich nur noch die zentralen Anordnungen der Reichsführung oder der Gauleitung besprochen und umgesetzt.
Militärisch unterstand Bremen seit Mitte Februar zunächst dem Bremer Wehrmachtskommandanten Generalmajor Werner Siber als »Kampfkommandant zur Verteidigung von Bremen«. Siber, 1945 53 Jahre alt, entsprach dem Typ des fanatischen NS-Offiziers, dem aber fast alle Fronterfahrung fehlte. Als sich die britischen Truppen Anfang April der Stadt immer mehr näherten, wurde daher am 5. April General Fritz Becker, der zuletzt eine Infanteriedivision im eingeschlossenen Danzig befehligt hatte, als Kampfkommandant nach Bremen beordert und mit der Führung und Verteidigung des Verteidigungsbereiches Bremen »bis zum letzen Blutstropfen« beauftragt.
Zur Verteidigung der Stadt Bremen standen ihm im April 1945 nur noch schwache militärische Kräfte zur Verfügung. Am 21. April waren dem Kampfkommandanten die Stab- und Nachrichtenkompanie des Kampfkommandanten, das SS-Panzergrenadierausbildungsbataillon 18, das 4. Alarmbataillon Wesermünde und die 5. Granatwerfereinheit Dummel in einer Kampfstärke von 262 Offizieren und Unteroffizieren und 1533 Mannschaften unterstellt. Hinzu kamen kleinere Marineeinheiten, der Volkssturm, der seit dem Herbst 1944 aufgestellt und Anfang April einberufen worden war, Polizei und die Flak. Militärische Bedeutung hatte eigentlich nur noch die Flak mit etwa 100 schweren und 50 leichten Geschützen sowie etwa 3000 Soldaten. Im ganzen wird man somit in Bremen mit 5–6000 regulären Soldaten zu rechnen haben. Hinzu kamen rein rechnerisch 1100 Mann Volkssturm mit Gewehren und Panzerfäusten sowie ca. 380 meist ältere Polizisten, die für einen Fronteinsatz kaum zu verwenden waren.
Eine nennenswerte Artillerie oder bewegliche Panzerabwehr gab es nicht. Rückgrat der Verteidigung war die Flakartillerie, die allerdings erst noch auf den Erdkampf umgestellt werden mußte.
Als Verteidigungsmaßnahmen waren in der Stadt besonders Walzensperren vorgesehen, mit deren Hilfe man die Zufahrtsstraßen nach Bremen schließen wollte. Hinzu kamen einfachere Straßensperren, hinter denen sogenannte Panzer-Nahbekämpfungstrupps eingesetzt werden sollten. Hierzu plante man die Hitlerjungen des Jahrgangs 1929 heranzuziehen. Zu den geplanten Verteidigungsmaßnahmen gehörten auch die Vorbereitungen zur Sprengung der Brükken über Ochtum und Weser sowie die Überflutung eines bis zu zwei km breiten Niederungsgebietes südlich und südöstlich von Bremen, die am 2. April eingeleitet worden war.
Am 9. April begann die 74. und damit für Bremen letzte Zuteilungsperiode für Lebensmittel. Als Rationen waren für den Normalverbraucher je Kopf und je Woche

u.a. vorgesehen: 1700 g Brot, 80 g Nährmittel, 250 g Fleisch, 125 g Fett und 125 g Zucker oder Marmelade. Katastrophal war die Situation in der Wasser- und Energieversorgung. Überall in der Stadt waren Wasserpumpen installiert oder Kesselwagen für die Wasserversorgung eingesetzt. Die Versorgung mit Gas hatte am 4. April aufgehört. Am kritischsten war aber die Lage bei der Versorgung mit Elektrizität. Ohne elektrischen Strom hätte es keine Beleuchtung mehr gegeben, wäre die Belüftung in den Bunkern ausgefallen, wäre ein Weiterarbeiten in den Betrieben nicht mehr möglich gewesen. Trotz mancher Schäden war die Produktion von Elektrizität in den beiden Kraftwerken Hastedt und Weserwehr bis Anfang 1945 einigermaßen aufrechterhalten geblieben. Schwierigkeiten hatten sich dann aus dem Kohlenmangel ergeben. Ende März drohte der völlige Zusammenbruch und machte eine Einschränkung des Verbrauchs durch drastische Abschaltungen nötig. Für private Beleuchtungszwecke stand bald kein Strom mehr zur Verfügung. Auf dem Riensberger Friedhof konnten die Leichen der Verstorbenen und Gefallenen nicht mehr eingeäschert werden. Als am 22. April das Kraftwerk Hastedt durch Bomben zerstört wurde, fiel der Strom völlig aus.

Angesichts dieser Situation werden in Bremen nur noch wenige Menschen an einen für sie glücklichen Ausgang des Krieges geglaubt haben. Aber es war gefährlich, sich offen zu äußern, sei es im Gespräch oder in Briefen. Offen geäußerte Zweifel am »Endsieg« galten in den Augen der Ankläger des Bremer Sondergerichts als Wehrkraftzersetzung und konnten nach dem Heimtückegesetz mit hohen Freiheitsstrafen geahndet werden. Drohend standen hinter den Durchhalteparolen der Partei auch das Standgericht, das in Bremen am 4. April eingerichtet worden war, und der Erlaß Heinrich Himmlers, der am 12. April erklärt hatte: »Jedes Dorf und jede Stadt werden mit allen Mitteln verteidigt und gehalten. Jeder für die Verteidigung eines Ortes verantwortliche deutsche Mann, der gegen diese selbstverständliche nationale Pflicht verstößt, verliert Ehre und Leben.« Wer sich in Bremen über die allgemeine

Oben: Lebensmittelzuteilung in der letzten Kriegswoche
Unten: Überall in der Stadt sind Wasserpumpen installiert

und besonders die militärische Lage informieren wollte, konnte dies über den Rundfunk und die »Bremer Zeitung« tun, er konnte aber auch die verbotenen alliierten Sender heimlich abhören oder versuchen, sich durch die abgeworfenen Flugblätter der Engländer und Amerikaner ein Bild zu machen. Daß die deutsche wie die alliierte Seite dabei kaum bei der Wahrheit blieben, sondern propagandistisch versuchten, die Menschen bis zuletzt zu beeinflussen, darf nicht verwundern.

Als Informationsblatt der Alliierten flatterten besonders die »Nachrichten für die Truppe« vom Himmel. Hier konnten sich die Deutschen im großen und ganzen wahr-

Wehrhafte Hanse

Von Kreisleiter Max Schümann

In der Nacht und den ganzen heutigen Sonntag hörten wir in nicht allzu großer Ferne unsere und des Gegners Artillerie. Die Front ist näher an uns herangerückt, und damit kommt uns stets mehr zum Bewußtsein, daß wir Frontstadt geworden sind. Für den, der in den Stahlgewittern dieser beiden Kriege gestanden hat, ist es die Untermalung eines heraufziehenden Gewitters. Diese Vorbereitung ist schon von einiger Bedeutung. In der Zwischenzeit wird an dem weiteren Ausbau der Stellungen gearbeitet. Der heutige Tag führte mich außerhalb Bremens. Außerdem nahm ich Gelegenheit, mich in der Stadt umzusehen. Die Bevölkerung war nicht auf den Straßen, sondern war zu Hause, und ängstliche Gemüter hatten es vorgezogen, mit ihrem Luftschutzgepäck die Bunker und Luftschutzräume aufzusuchen. Alles in allem hängt jeder den Gedanken an das Kommende nach, und je nach Temperament und Einstellung wird über das Wie orakelt, ganz gleich, wer es ist. Wir alle stehen vor dem Unerbittlichen, und dies verlangt von uns, daß wir als anständige deutsche Menschen, wie in den vergangenen fast sechs Jahren, eine Haltung an den Tag legen, die unserer würdig ist. Denen es vorbehalten ist, mit der Waffe in der Hand zu kämpfen und zu streiten, sie müssen in der Gewißheit antreten können, daß die anderen mit ihren Herzen bei ihnen sind.

Auf Grund meiner jahrelangen Arbeit im germanischen Raum habe ich Gelegenheit gehabt, die Geschichte der Hanse mehr als eingehend kennenzulernen. Es wäre für Bremen für alle Zeiten eine Schmach und eine Schande, wenn diese Stadt mit einer solchen Tradition und Geschichte nicht willens wäre, entsprechend den zur Verfügung stehenden Kräften dem verhaßten Feinde solange standzuhalten, als es irgendwie möglich ist. Die Hanse ist keine Fiktion, sondern eine durch die Jahrhunderte gewordene Realität, deren Name auch heute noch begeistern kann. Wehrhaft war diese Hanse und streitbar ihre Mannen, die auf den Meeren der Welt den Namen zu vertreten und zu verteidigen hatten. Gewiß gab es damals „kluge Politiker", wie sie es auch heute gibt, und die eine angebliche Verständigungspolitik machen wollen. Damals wurden sie gerichtet, und sie mögen es sich auch heute gesagt sein lassen, daß es wieder darum für sie den Tod bedeutet. Ein Paktieren mit denen, die in 165 Angriffen Bremen in Schutt und Asche legten, gibt es nicht.

Es ist ein Wahnsinn, glauben zu wollen, daß inmitten dieses aufbrechenden Frühlings und der sich zeigenden Üppigkeit der Natur der deutsche Mensch den Glauben an sich selbst verliert. Jeder Deutsche muß davon erfüllt sein, daß sein Blut und seine Nation das Lebensrecht verdient. Handeln wir danach und geben wir dem Reich das Beispiel der wehrhaften Hanse.

Nr. 359, Dienstag, 10. April 1945

NACHRICHTEN FÜR DIE TRUPPE

Hannover und Bremen: Vor dem Ende

Weisse Fahnen bis nach Braunschweig

VERTRETER von sieben deutschen Städten zwischen Braunschweig und Hildesheim boten gestern den vorrückenden alliierten Truppen die kampflose Übergabe ihrer Städte an, um sie vor der Vernichtung zu retten.

Als durch Feindlagemeldung im Rundfunk der Anmarsch amerikanischer Panzerspitzen bekannt wurde, riefen die Bürgermeister telefonisch in Hildesheim an, das bereits in der Hand der Amerikaner war, und boten die Übergabe ihrer Städte an.

Die Gemeindevertreter erhielten von einem amerikanischen Stabsoffizier Befehl, weisse Fahnen auf allen Häusern ihrer Städte zu hissen und die Ankunft der USA-Panzer abzuwarten.

Während in diesen sieben Städten weisse Fahnen als Zeichen [illegible] deutsche Grosstädte, Hannover, Bremen und, im eingeschlossenen Ruhrgebiet, Essen, Dortmund und Gelsenkirchen

Rechts oben: Alliierte Propaganda
Oben: Nationalsozialistische Gegenpropaganda (Bremer Zeitung vom 16.4.1945)

heitsgetreu über die militärischen Erfolge der Alliierten informieren. In Flugblättern wurde den Deutschen die Situation in den bereits besetzten Gebieten und für die Zeit nach dem Ende des Krieges als zwar nicht rosig, aber doch erträglich und mit einer Überlebensperspektive dargestellt. Die Menschen wurden zum Widerstand in letzter Stunde, die Soldaten zum Überlaufen aufgefordert. Dem setzte die deutsche Propaganda bis zuletzt die Hoffnung auf die sogenannten »Geheim«- oder »Wunderwaffen« entgegen und den »unbeirrbaren Glauben« an den Führer und an den Sieg, wozu selbst die Rückbesinnung des Kreisleiters auf die »Wehrhafte Hanse« herhalten mußte. Das, was in den bereits besetzten Gebieten des Deutschen Reiches geschah, und das, was die Deutschen nach einer Niederlage zu erwarten hätten, wurde von der »Bremer Zeitung« seit dem Übergang der Alliierten über den Rhein in schwärzesten Farben geschildert. Die Überschriften der Leitartikel sprachen von Hungersnot und Chaos, von Aushungerung und Zerstörung, von Zwangsarbeit, Ausplünderung und Vernichtung, künftigen deutschen Sklavenarbeitern und hungernden Fronarbeitern. Den einmarschierenden Engländern dürfe man nicht trauen, auch hinter ihrer Maske verberge sich Ausplünderung und Vergewaltigung.

Was an Ängsten und Hoffnungen fruchtbaren Boden fand, ist schwer zu sagen. Daß der Propaganda von hüben und drüben jedoch geglaubt wurde, wird nicht zuletzt daraus deutlich, wie die Bremer nach der Besetzung ihrer Stadt auf die Engländer reagierten und wie bei vielen von ihnen der Glaube an den Führer und das Reich erst in letzter Stunde zusammenbrach.

Am Sonntag, dem 8. April, war erstmals südlich von Bremen Kanonendonner zu hören gewesen. Am folgenden Tag meldete der Wehrmachtsbericht Spitzen britischer Verbände zwischen Syke und Verden. Um 7.30 Uhr lag dienstags plötzlich Artilleriefeuer auf der Stadt. Auf der Lüderitzbrükke wurden vier Menschen getötet. Auch am 11. und 12. April wurde die Stadt von Süden her mit Artillerie beschossen. In den folgenden Tagen konnte man in Bremen deutlich die Abwehrkämpfe bei Brinkum

südlich der Überschwemmungszone verfolgen. Wiederholt lagen Innenstadt und Außenbezirke unter Artilleriebeschuß. In der »Bremer Zeitung« wurde die Bevölkerung auf Verhaltensmaßregeln bei Artilleriebeschuß hingewiesen.
Wenn sich auch in den letzten Apriltagen viele Bremer ein Ende der Kämpfe um Bremen wünschten, und die englische Presse ihren Lesern fälschlicherweise schon suggerierte, in Bremen revoltiere die Bevölkerung und verlange die Übergabe der Stadt, so ließ doch die politische und militärische Führung keinen Zweifel an ihrer Absicht aufkommen, Bremen bis zuletzt zu verteidigen. Besonders in den Betrieben agitierte, wie sich ein französischer Zwangsarbeiter erinnerte, bis zuletzt die Partei: »Vielleicht fünfzehn Tage bevor wir befreit wurden, beschloß die Nazipartei, uns in der Fabrik eine Standpauke zu halten. Ich höre und sehe sie noch wie heute. Im Hof der Fabrik waren sie mit ihren großen Fahnen und in ihren Uniformen auf eine Bühne gestiegen. Wir waren gezwungen worden, dorthin zu gehen, und wir waren fast zahlreicher in der Fabrik als die Deutschen: Ausländer, Zwangsarbeiter, Kriegsgefangene. Wir haben von dem, was sie sagten, nichts verstanden, aber ich erinnere mich, daß sie immer schrieen: ›Niemals kapitulieren! Niemals!‹ Das war die reinste Komödie.« Am 18. April erklärte der Kampfkommandant Generalleutnant Becker in einer »zackigen« Rundfunkansprache, daß die Verteidigung der Stadt ohne Rücksicht auf die Gesamtlage notwendig sei. In einem in der Presse veröffentlichten Glückwunschtelegramm an Adolf Hitler schrieb Gauleiter Paul Wegener noch am 20. April: »Wir tragen trotz aller Not in uns die Gewißheit, daß am Ende der Nationalsozialismus Sieger bleiben wird, und werden deshalb mit den bis zum äußersten Einsatz bereiten Soldaten der Front das Schicksal zu meistern wissen. Möge Ihnen, mein Führer, Kraft und Gesundheit bleiben, um dem deutschen Volk das Leben zu erhalten und zu sichern.«
Versuche der aus dem Raume Verden auf Bremen vorstoßenden britischen Truppen, die Deutschen zur Kapitulation zu bewegen, waren am 19. und 20. April gescheitert. Die deutsche Antwort war ein »verstärktes Artilleriefeuer« gewesen.
Am 20. April erfolgte ein letzter Versuch, eine Übergabe der Stadt Bremen zu erreichen. Zwischen 18.00 und 18.30 Uhr schoß ein englisches Feldregiment 400 Granaten mit Flugblättern in die Stadt, in denen ultimativ die bedingungslose Übergabe innerhalb von 24 Stunden gefordert wurde.
Die Flugblätter, die überall in der Stadt gelesen und diskutiert wurden, sorgten nicht nur in der Bevölkerung, sondern auch in der politischen und militärischen Führung für Unruhe. Am 21. April trafen sich Gauleiter Wegener, der Stellvertretende Reichsverteidigungskommissar Dr. Fischer, Kreisleiter Schümann, der Stellvertretende Regierende Bürgermeister Dr. Duckwitz und Polizeipräsident Schroers zu einer Krisensitzung im »Regierungsbunker« an der Parkallee, um über das englische Ultimatum zu beraten. Schließlich setzten sich die Politiker um Wegener und Schümann durch. In einer Rundfunkanspra-

Montag, 16. April 1945
»Mir ist in letzter Zeit niemand mehr begegnet, der noch an eine für Deutschland günstige militärische Wendung des Krieges glaubte. Vereinzelt hört man den Gedanken äußern, ob nicht die Spannungen zwischen den Russen und den Angelsachsen zunehmen und zu einem Bruch führen könnten, der Deutschlands Hilfe, solange es noch nicht die Waffen niedergelegt habe, für die eine oder andere Seite begehrenswert machen und so uns retten könne; auch Klaus [Bücking] warf diese Frage auf. Daß es später einmal zwischen den gegenwärtigen Siegern zu einem neuen Kriege kommen wird, ist wahrscheinlich. Jetzt aber, im Augenblick des vollständigen Sieges über Deutschland, werden sich unsere Feinde nicht in diesen dritten Weltkrieg stürzen; dazu werden ihnen der Mut und die Kräfte fehlen. Und wenn dieser Wahnsinn, entgegen dem Willen aller Völker, jetzt doch schon Wirklichkeit werden sollte, wird das zusammenbrechende, militärisch und wirtschaftlich machtlos gewordene, an kampffähigen und kampfbereiten Menschen erschöpfte Deutschland nur noch das Objekt und Schlachtfeld dieses neuen Krieges, nicht aber ein Subjekt mit politischer Handlungsfreiheit und Handlungskraft sein. Ich habe länger noch als die meisten anderen gehofft, daß wir uns wenigstens behaupten könnten; seit dem Durchbruch an der Weichselfront und der großen Russenoffensive im Januar dieses Jahres ist mein Glaube, der schon durch den Verlauf des französischen Invasionsfeldzuges 1944 tief erschüttert war, geschwunden.
Auch bei dieser hoffnungslosen Lage Deutschlands habe ich Verständnis dafür, daß der Führer und seine Partei- und Kampfgenossen nicht bedingungslos kapitulieren und sich dem Haß und der Rache der Feinde ausliefern, sondern bis zuletzt kämpfen und so heroisch untergehen wollen. Ich würde auch Verständnis dafür haben, wenn sich der Führer mit seinen Gefolgsleuten und der SS, vielleicht auch mit anderen Freiwilligen, in eine feste Stellung, etwa in die bayerischen Berge zurückziehen und dort ›wie die Nibelungen‹ bis zum letzten Mann fechten, notfalls sich mit dem Rest seiner Getreuen in die Luft sprengen würde. Jetzt aber wird durch die Verteidigung jeder Stadt und jedes Dorfes und durch den Einsatz des Volkssturms und der Hitler-Jugend alles, was von deutschen Städten und Wohnstätten noch vorhanden ist, der Gefahr der Vernichtung ausgesetzt und ein Blutopfer sondergleichen – bis zu den Frauen und Kindern – gebracht, das das Fortbestehen und die künftige Wiederaufrichtung unseres Volkes aufs Furchtbarste gefährdet.«

Aus: Neuanfang auf Trümmern. Die Tagebücher des Bremer Bürgermeisters Theodor Spitta 1945–1947, hrsg. von U. Büttner und A. Voß-Louis, München 1992, S. 84f.

IHR HABT DIE WAHL!

Die britische Armee steht vor Bremen. Unterstützt von der britischen Luftwaffe ist sie im Begriffe, die Stadt einzunehmen. – Zwei Möglichkeiten der Einnahme bestehen:

entweder

unter Einsatz sämtlicher dem Heer und der Luftwaffe zur Verfügung stehenden Mittel. Ihr habt nichts, womit Ihr auf die Dauer widerstehen könnt

oder

durch die Besetzung der Stadt nach bedingungsloser Uebergabe.

Ihr habt die Wahl

zwischen diesen zwei Möglichkeiten.

Auf Euch lastet die Verantwortung

für den daraus entstehenden unnötigen Blutverlust, falls Ihr den ersten Weg wählt.

Andernfalls

schickt einen Unterhändler unter dem Schutze der weißen Fahne in die britischen Stellungen.

Wir geben Euch 24 Stunden Zeit zur Entscheidung.

Das britische Ultimatum vom 20. April 1945

Erscheint 7mal wöchentlich

Monatsbezug 2,30 RM einschl. Zustellgebühr; Postbezugspreis monatlich 2,30 RM (einschl. 18 Rpf. Postzeitungsgebühr) zuzügl. 36 Rpf. Bestellgeld. Postscheck: Hamburg 172 72. Anzeigenpreise und Aufnahmebedingungen laut Preisliste. Aufnahmetermine ohne Verbindlichkeit

Bremer Zeitung

Bremer Nachrichten

Geschäftsstellen:

Bremen: Geschäftsstelle und Schriftleitung: Geeren 6-8, Ruf tags und nachts unter Sammelnummer 2 19 31; Syke: Mühlendamm 2; Bremen-Hemelingen: Bahnhofstr. 6, Ecke Poststraße, Ruf 4 34 58; Bremen-Vegesack: Rohrstr. 24, Ruf 4 und 6; Bremen-Blumenthal: Kapit.-Dallmann-Str. 41-43, Ruf 88 u. 89

Parteiamtliche Tageszeitung der Nationalsozialisten Bremens

Das Amtsblatt des Regierenden Bürgermeisters der Freien Hansestadt Bremen

Amtliches Verkündungsblatt des Reichsstatthalters in Oldenburg und Bremen

Nummer 94 15. Jahrgang | Sonntag, 22. April 1945 | Einzelpreis 15 Rpf.

Kämpferisch gehen wir unseren Weg weiter

Bremen wird leben und mit ihm das Deutsche Reich — Gauleiter Wegener spricht zur Bevölkerung

Gestern nachmittag sprach Gauleiter Paul Wegener über den Drahtfunk zur Bevölkerung Bremens. Überall, in den Familien und in den Bunkern hörten die Frauen und Männer die Worte, die in ernster Stunde zu

um das Los und auch die fraglos nicht wegzuleugnenden Leiden der Bevölkerung im Gau Weser-Ems versucht habe, zu steuern und damit zu lindern.

Wenn ich das Schicksal Bremens — und uns alle, für Frauen, Männer, Jungen und Mädel unseres Bereiches — und damit auch für Bremen — darin zu liegen, das auf uns Zukommende nicht schlechter zu ertragen, als wie wir in den letzten Jahren gewohnt

— und daran glaube ich — über uns eine unsichtbare Kraft waltet. Warum dieses göttliche Walten unserem Volke und nicht zuletzt auch unserer engeren Heimat diese Lasten auferlegt, weiß ich nicht!

Meine Bremer Frauen, Männer, Jungen und Mädel, in wenigen Wochen wird sich das große Schicksal Deutschlands abzeichnen. Damit werden dann die Würfel gefallen sein.

che informierte Wegener um 15.00 Uhr die Bremer Bevölkerung über die Entscheidung, das Ultimatum nicht zu beachten und die Stadt zu verteidigen. Wer die Ansprache nicht gehört hatte, konnte sie am folgenden Tag in der »Bremer Zeitung« nachlesen. Für Bremen war damit das »Todesurteil« gefällt.

Das englische Ultimatum hatte aber auch Aktivitäten in jenen Kreisen ausgelöst, die mit einer Verteidigung Bremens von Anfang an nicht einverstanden gewesen waren. Es waren dies Personen um den Polizeipräsidenten Schroers, in der Führung der Gauwirtschaftskammer und in der »Kampfgemeinschaft gegen den Faschismus«. Am Abend des 20. April traf man sich konspirativ in der Wohnung des stellvertretenden Hauptgeschäftsführers der Gauwirtschaftskammer. Diskutiert wurden Verhaftung und Erschießung des Kampfkommandanten General Becker und des Kreisleiters Schümann. Um Mitternacht informierte man den Stellvertretenden Regierenden Bürgermeister Dr. Duckwitz über die Pläne der Verschwörung. Duckwitz erklärte sich jedoch nicht bereit bzw. in der Lage, die Übergabe der Stadt vorzunehmen, dies sei eine Angelegenheit des Kampfkommandanten. Welche Rolle die politisch und militärisch Verantwortlichen bei den Vorgängen um das englische Ultimatum gespielt haben und welchen Einfluß diejenigen Personen hatten, die versuchten, die sinnlose Verteidigung Bremens noch in letzter Stunde zu verhindern, ist nach 1945 unter den Betroffenen selbst heftig umstritten geblieben. Einer der Akteure, der damalige Geschäftsführer der Gauwirtschaftskammer, Dr. Jules Eberhard Noltenius, beendete für sich am 18. August 1949 die Diskussion in einem Schreiben an Dr. Richard Duckwitz mit den Sätzen: »Nachdem weder Ihre Bemühungen noch die unsrigen den erstrebten Erfolg erreicht haben, eine rechtzeitige Übergabe Bremens herbeizuführen und der Stadt den letzten Kampf zu ersparen, halte ich eine Auseinandersetzung hierüber für nicht angebracht und möchte mich meinerseits nicht daran beteiligen. Die Tatsache als solche bleibt für uns alle ein Armutszeugnis, das alle gut gemeinten aber unzulänglichen Bemühungen nicht aufzuwiegen vermögen. Auch auf meinen bescheidenen Beitrag blicke ich nicht mit Selbstzufriedenheit, sondern nur mit Bitterkeit zurück.«

Die Zeit des englischen Ultimatums lief am 22. April ungenutzt ab. Um 17.31 Uhr heulten die Sirenen. Eine Stunde später folgte der 167. Luftangriff: Hastedt, Hemelingen und Schwachhausen wurden schwer getroffen. Zusammen mit dem Angriff des nächsten Tages kamen 61 Menschen ums Leben, 76 wurden schwer- bzw. leichtverletzt. Die Engländer hatten ihre Drohung wahrgemacht. Für die meisten Bremer begann nun ein Leben in den 116 Hochbunkern der Stadt, in den Schutzräumen, Kellern und in den Erdbunkern; eine Zeit, die denen, die diese letzten Tage Bremens vor der Besetzung erlebt haben, für immer in Erinnerung geblieben ist.

Überschwemmungen zur Verteidigung Bremens im April 1945

Ludwig Plate[1]

a) Die Vorbereitung von Überschwemmungen.
Im Oktober 1944 wurde von der Wehrmacht ein Erkundungsstab nach Bremen gelegt, der unter der Leitung des Generalmajors Siber, des Oberstleutnants Zimmermann und des Majors Kolloge die Möglichkeiten zu einer Verteidigung Bremens untersuchen und die Maßnahmen festlegen sollte, die hierfür durchzuführen und vorsorglich vorzubereiten seien.
Der Erkundungsstab wandte sich am 10. November 1944 an die Wasserstraßendirektion mit der Frage, in welcher Weise die Verteidigung Bremens durch Überschwemmungen erleichtert werden könnte, die vor der festgelegten Hauptkampflinie liegen sollten. Auf große zusammenhängende Wasserflächen oder versumpfte Gebiete wurde großer Wert gelegt.
Es wurde vorgesehen, die Weserniederung außerhalb der Winterdeiche durch Erhöhung des Staues auf + 6,00 NN, wie sie in den Wintermonaten schon mehrfach durchgeführt war, bis nach Bollen hinauf zu überfluten. Die Ochtumniederung sollte von Arsten bis Strömerdeich südwestlich des bremischen Deiches dadurch unter Wasser gesetzt werden, daß durch den Leeste-Brinkumer Zuwässerungskanal von der Weser her Wasser einmal in das zugehörende Bewässerungsgebiet, sodann aber auch in die Ochtum selbst eingeleitet wurde. Um dadurch Überschwemmungen bis nach Strömerdeich abwärts herbeiführen zu können, sollten die Schützen der in der Ochtum befindlichen Stauanlagen erhöht und die Sommerdeiche auf dem linken Ochtumufer im Bedarfsfalle durchstochen werden. Durch diese Maßnahmen konnte auf dem linken Weserufer eine zusammenhängende Wasserfläche von 1 bis 2 km Breite vor den eigentlichen Verteidigungsstellen hergestellt werden.
Auf dem rechten Weserufer gab der von Achim nach Bremen verlaufende Dünenzug keine Möglichkeit zu einer Überschwemmung oder für die Zuleitung von Weserwasser in das Gebiet des Königsmoores und der Wümmeniederung. Die Herstellung eines tiefen Durchstiches durch diesen Höhenzug, der die Überleitung von Wasser nach Nordosten ermöglicht hätte, wurde wegen der dafür notwendigen sehr umfangreichen Erdarbeiten aufgegeben, da das Königsmoor schon in seinem natürlichen Zustande für Panzer nicht befahrbar war und in der Wümmeniederung durch Erhöhung der Stauwerke eine Überschwemmung oder weitgehende Verwässerung erreicht werden konnte. Das St. Jürgensland konnte durch Einlassen von Wasser durch die Siele bei Tidehochwasser überschwemmt werden, sodaß hier besondere Maßnahmen nicht notwendig erschienen.
Am 7. Februar 1945 fand eine Besprechung bei Senator Fischer über eine »Rundum-Verteidigung« Bremens statt, an der auch der Erkundungsstab teilnahm und auf der die Vorschläge für Herstellung von Überschwemmungen angenommen wurden. Am 17. Februar 1945 fand darüber eine nochmalige Besprechung beim Erkundungsstab statt, und am 21. Februar wurde eine Karte über die vorgesehenen Überschwemmungen dem Reichsverteidigungskommissar und KSB überreicht.
Von den vorgesehenen Maßnahmen wurde darauf vorsorglich nur die Erhöhung der Schütztafeln in den Stauwerken der Ochtum und Wümme von der Technischen Nothilfe ausgeführt, während die sonst noch notwendigen Arbeiten und die Überschwemmungen selbst erst auf besonderen Befehl vorgenommen werden sollten.

b) Durchführung der Überschwemmungen.
Als sich Ende März 1945 die feindliche Front Bremen immer mehr näherte, herrschte zunächst bei den für die Verteidigung Bremens maßgebenden Stellen Unschlüssigkeit darüber, ob die Überschwemmungen ausgeführt werden oder unterbleiben sollten. Dazu trug insbesondere der Umstand bei, daß gegen Ende des Krieges die Befehlsverhältnisse ziemlich verworren waren und nicht immer ganz klar war, wer den Befehl für die Durchführung der Überschwemmungen zu geben hätte, die Wehrmacht oder die als Verteidigungskommissare wirkenden Stellen der NSDAP.

Dr. Ludwig Plate (1883–1967)

Die Vertreter dieser beiden Inhaber von militärischer Befehlsbefugnis in Bremen, Generalmajor Siber als Kampfkommandant und Kreisleiter Schümann, hatten wenig Verbindung miteinander, unterrichteten sich gegenseitig kaum und erfuhren oft erst durch Dritte, so auch durch den Verfasser, von Maßnahmen und Anordnungen des anderen. So war es auch, als der Kreisleiter Schümann nach einigem Schwanken in den letzten Tagen des März 1945 den Befehl zur Herstellung der Überschwemmungen gab, ohne sich darüber mit dem Kampfkommandanten zu verständigen oder ihn darüber zu unterrichten. Da die Wehrmacht selbst die für die Einleitung der Überschwemmungen notwendigen Maßnahmen nicht durchführen wollte, so erhielt der Verfasser hierzu den Befehl und von ihm wurden hierfür die Technische Nothilfe sowie das Wasserstraßenamt und das Wasserwirtschaftsamt Bremen herangezogen. Der am Vormittag gegebene Befehl wurde am Abend auf Grund einer von Hamburg aus, vermutlich vom Gauleiter Kaufmann als Reichsverteidigungskommissar Nord-West, gegebenen Anweisung widerrufen und die schon begonnenen Arbeiten zur Herstellung der Überschwemmungen wurden wieder eingestellt.

Als dann der Generalleutnant Becker in Bremen eingetroffen war und die Machtvollkommenheiten als Kampfkommandant übernommen hatte, wurde von ihm zum zweiten Male die Herstellung der Überschwemmungen befohlen, am Montag, den 2. April 1945, um 16.55 Uhr, diesmal seinerseits ohne Befragung der bremischen Parteistellen, nachdem er den Befehl erhalten hatte, Bremen zu verteidigen. Von wem dieser Befehl ausgegangen war, ist dem Verfasser nicht bekannt geworden. General Becker bezeichnete die Überschwemmungen als die einzige wirksame Verteidigungsmaßnahme, die sich angesichts der raschen Annäherung der Front von Südwesten her noch durchführen ließ, und er legte daher größten Wert auf eine rasche Ausführung der Überschwemmungen längs der Ochtum. In sechs Tagen sollte die Überschwemmung ausgeführt werden, mußte also am Sonntag, den 8. April 1945, vollendet sein.

Im unteren Abschnitt kam eine Sturmflut zu Hilfe, die durch Öffnen der Siele in den Wiesen der Schohasberger Mühlenacht und auch in dem Polder der Breden Wischen, dessen Deiche überflutet wurden, eingefangen werden konnte. Begreiflicherweise begegneten die Überschwemmungen bei der vorgeschrittenen Jahreszeit in Kreisen der davon betroffenen Landwirte großen Bedenken und auch teilweise einem Entgegenarbeiten, da bei dem günstigen und warmen Wetter Aussicht bestand, das Vieh bald auf die Weiden treiben zu können. Es hat auch nicht an Versuchen gefehlt, das Wasser aus den überfluteten Flächen bei Nacht wieder abzulassen, so zweimal am 5. April bei Brinkum und in den Breden Wischen. Dem Bauern Cordes in Hasbergen ist es dann aber gelungen, solche Sabotagen zu unterbinden, nachdem ihm der Ernst der Lage dargestellt war und der Zweck der Überschwemmung klargemacht war, dem deutschen Soldaten und dem zur Verteidigung eingesetzten Volkssturm ihre schwere Aufgabe zu erleichtern und ihnen den einzigen noch herstellbaren Schutz zu geben.

Im oberen Abschnitt der »Ochtum«-Front gelang es dem Bauinspektor Ahlers rasch, die Überschwemmungen von Arsten bis Brinkum durchzuführen. Im mittleren Abschnitt, für den das Wasserwirtschaftsamt mit der Durchführung betraut war, traten dagegen mehrfach Schwierigkeiten auf, da der stellvertretende Leiter des Amtes angeblich wegen Mangels eines Fahrzeuges – ein Fahrrad hätte genügt – die Beaufsichtigung der durchzuführenden Arbeiten an seinem Frontabschnitt nicht persönlich an Ort und Stelle leitete, sich vielmehr damit begnügte, seine Vorarbeiter im Büro mit Weisungen zu versehen, die von diesen wohl nicht richtig verstanden, jedenfalls an zwei Stellen falsch durchgeführt wurden. Eine Schwierigkeit ergab sich dann noch in der Siedlung Grolland, die aus der Überschwemmung herausgehalten werden sollte, weil die durch eine Sprengbombe schwer angeschlagene, aber wieder hergestellte Entwässerungspumpe versagte. Dem Einsatz der Technischen Nothilfe unter Führung von Eduard Schröder (…) gelang es dann aber doch noch, auch den Mittelabschnitt unter Wasser zu setzen, bevor der Angriff von Südwesten her über Brinkum und Huchting losbrach.

In der Wümmeniederung oberhalb von Borgfeld wurde das Wasser an den erhöhten Schützenwehren so hoch angestaut, daß die Ländereien bis zum Hodenberger Deich »blank« waren, und von dem Stau am Hexenberg wurde das Wasser bis nach Warf auf die Wiesen gelassen. Im St. Jürgensland begnügte sich General Siber mit einer bordvollen Füllung der Fleete, nachdem Hauptmann Müller von den Panzertruppen festgestellt hatte, daß das Gelände auch in diesem Zustande nicht mehr »panzergängig« war. So konnte der dringende Wunsch der Bauern des St. Jürgenslandes befriedigt werden, den Austrieb des Rindviehs bei den knapp gewordenen Winterfuttermitteln nicht zu verzögern.

Eine Überschwemmung der Weserniederung oberhalb des Wehres wurde zunächst unterlassen und der Wasserstand in der Weser nur soweit erhöht, daß das Flußbett bordvoll war, um nicht im Luftbild, das zweifellos von feindlichen Fliegern aufgenommen wurde, erkennen zu lassen, woher das Wasser für die Überschwemmung der Ochtumniederung kam.

Als dann aber feindliche Truppen nach Überschreitung der Weser sich auch auf der Ostseite des Flusses Bremen näherten, wurde vom Kampfkommandanten auch die Überflutung der Weserniederung angeordnet, die dann im Laufe einer Nacht vom 19. zum 20. April 1945 durch Erhöhung des Staues auf + 6,00 NN durchgeführt wurde.

c) Verhinderung von Sprengungen am Wehr.

Eines Tages waren an der Fußgängerbrükke, die über das Wehr führt, große Sprengbomben ausgelegt und auf eine Anfrage beim Kampfkommandanten wurde mitge-

Alliierte Luftaufnahme des Überschwemmungsgebietes vom 16.4.1945. Im unteren, dunkleren Teil des Bildes die überschwemmten Brinkumer Ochtumwiesen; im oberen, helleren Teil jenseits des Ochtumdeiches in Richtung Bremen die Kattenturmer Heerstraße

3173
400/2219 16APR45 F36"//25 SA2034 Pt IV 28000'

Zerstörtes Weserwehr im Frühjahr 1945

teilt, daß damit die Fußgängerbrücke gesprengt werden sollte, die über das Wehr führte. Der Kampfkommandant wurde darauf hingewiesen, daß nach einem Fernschreiben des Ministers Speer, das von der Wasserstraßendirektion auch allen drei Wehrmachtsbefehlshabern (Heer, Marine und Luftwaffe) übermittelt war, eine Zerstörung der Brücke nur mit ausdrücklicher Genehmigung des Ministers erfolgen dürfe. Die Absicht des Kampfkommandanten, diese Genehmigung durch Fernschreiber einzuholen, konnte nicht verwirklicht werden, weil die Fernschreibverbindungen nach Berlin schon gestört waren. General Siber willigte dann aber selbst ein, daß die Sprengung der Brücke unterbliebe, nachdem ihm klar gemacht war, daß bei einer solchen Sprengung auch die Wehrkörper stark beschädigt werden würden, der Stau dann nicht mehr gehalten werden könne und damit die Überschwemmungen, auf die er selbst so großen Wert legte, bald verschwinden würden. Die ausgelegten Bomben wurden daraufhin von der Brücke wieder entfernt.

d) Die Zerstörung des Wehres und die Erhaltung der Überschwemmungen.

Der Luftangriff.

Am Sonntag, den 22. April 1945, erfolgte dann am Tage ein schwerer Luftangriff auf die Hastedter Vorstadt, offenbar mit dem Ziel, die Rückzugstraße der bei Arbergen und Mahndorf noch kämpfenden deutschen Truppen unbefahrbar zu machen. Das gelang auch weitgehend und nur die Vahrer Straße blieb passierbar. Bei diesem Luftangriff, der die Hastedter Vorstadt schwer traf, hat offenbar auch die Wehranlage einen besonderen Zielpunkt gebildet und es müssen auf sie über 100 Sprengbomben abgeworfen sein, da nach dem Angriff an Land und auf Bauwerken nicht weniger als 50 Bombeneinschläge gezählt wurden und sicherlich noch ebenso viele oder mehr auf die großen Wasserflächen kommen werden. Das eigentliche Wehrbauwerk erhielt 12 Volltreffer, wovon 4 im rechten beweglichen Wehrkörper und einer im linken lag. Die Sektoren hatten sich bei den Explosionen aber nicht in ihrer hohen Stellung eingeklemmt, sondern waren in die Wehrkammern abgesunken und hatten damit den Durchflußquerschnitt über dem festen

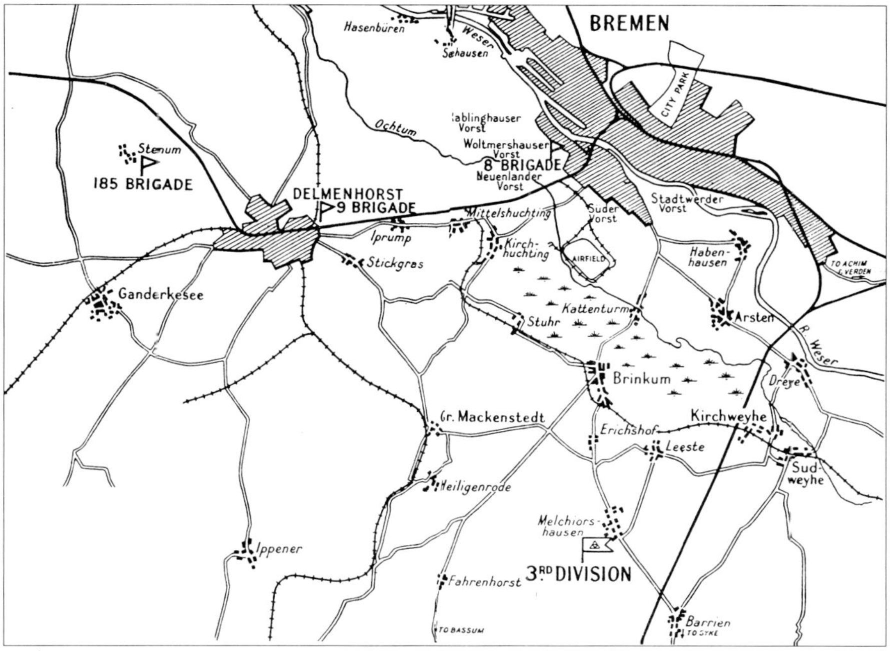

Skizze der Aufstellung britischer Einheiten am 13. April 1945. Zwischen Brinkum und Kattenturm ist die Überschwemmungszone gekennzeichnet

Grundbau völlig freigegeben. Infolgedessen sank der Wasserstand in der Weser oberhalb des Wehres sehr rasch ab und die Überschwemmungen konnten von hier nicht mehr mit Wasser gespeist werden.

Die Erhaltung der Überschwemmungen.
Um trotzdem die Überschwemmungen möglichst lange zu erhalten, mußten verschiedene Siele auf dem rechten und linken Weserufer möglichst bald geschlossen werden, durch die bis dahin das Wasser aus der aufgestauten Weser zugeführt war und durch die jetzt das Wasser wieder ablief. Die Durchführung der notwendigen Maßnahmen wurde auf dem rechten Weserufer, wo der Feind noch weit entfernt stand, dem Leiter des Wasserstraßenamtes übertragen, während es der Verfasser selbst übernahm, für die Durchführung der notwendigen Maßnahmen auf dem linken Weserufer an der Ochtumfront zu sorgen, wo der feindliche Angriff mit Artilleriebeschuß schon im Gange war. Generalleutnant Becker legte so großen Wert auf die Erhaltung der Überschwemmungen, daß er selbst jede Nachlässigkeit in der Durchführung der zur Erhaltung der Überschwemmungen notwendigen Maßnahmen mit Erschießen bestrafen wollte.
Der in Arsten stationierte Volkssturm hatte schon sogleich in der Nacht nach der Zerstörung des Wehres von sich aus die Durchlässe des Zuwässerungskanales im Winterdeich bei Dreye geschlossen, da das Zurückfließen des Wassers beobachtet worden war, und so blieben die Überschwemmungen in der Ochtumniederung erhalten. Auf dem rechten Weserufer trat dadurch eine Verzögerung von zwei Tagen ein, daß sich am ersten Tage eine fernmündliche Erledigung wegen Zerstörung der Fernsprechleitungen in der Hastedter Vorstadt nicht mehr als möglich erwies und am zweiten Tage ein Versuch, die Sielschützen allein zu schließen, fehlgeschlagen war. Als dann endlich am dritten Tage die Technische Nothilfe herangezogen wurde, war der Angriff auch auf dieser Weserseite vom Feinde schon so weit vorgetragen, daß die Nothelfer, darunter auch Eduard Schröder und der Amtsvorstand, in Gefangenschaft gerieten.

Die Wirkung der Überschwemmungen.
Die Überschwemmungen haben den feindlichen Angriff wohl kaum ernstlich behindert, da auf dem linken Weserufer die durch die Ochtumniederung führenden Straßen nicht überflutet waren und für Panzer fahrbar geblieben waren und auf dem rechten Weserufer der Angriff über den Dünenrücken von Achim aus über Uphusen, Arbergen und Mahndorf vorgetragen wurde.
Die Brücken über die Ochtum wurden beim Herannahen der feindlichen Truppen am 27. April 1945 nur so unvollkommen gesprengt, daß sie für Panzer fahrbar geblieben waren und diese dann über sie hinweg von Süden her in die Stadt eindrangen. Dies ist offenbar für den Kampfkommandanten so überraschend gekommen, daß er überstürzt die Sprengung der Weserbrücken befahl, die bei der Kampflage völlig sinnlos war, da gleichzeitig mit der Überschreitung der Ochtum feindliche Truppen auch auf der rechten Weserseite schon in die Stadt eingedrungen waren.
Am 27. April 1945 wurde um 14 Uhr die Aufgabe der Wasserstraßenverwaltung von General Siber als erledigt erklärt und der Verfasser zog sich darauf in die Ausweichstelle der Wasserstraßendirektion auf dem Bauhof Mittelsbüren zurück, die bis zum Waffenstillstand am 6. Mai 1945 zwischen beiden Fronten lag.

Anmerkung:

1 Niederschrift des für die Überschwemmungsmaßnahmen zuständigen ehemaligen Oberbaudirektors und Leiters der Wasserstraßendirektion Bremen aus dem Jahre 1952.

Nr. 342. Sonnabend, 24. März 1945

NACHRICHTEN FÜR DIE TRUPPE

Briten über den Rhein Panzerschlacht in der Ruhr

Stündlich neue Brückenköpfe zwischen Arnheim und Duisburg

ALLIIERTE Verbände sind heute bei Morgengrauen über den Niederrhein vorgestossen und dringen jetzt aus einer Reihe von Brückenköpfen zwischen Duisburg und Arnheim mit massierten Kräften in das rheinisch-westfälische Industriegebiet und gegen die Ruhr vor.

Unter dem Schutz einer 100 Kilometer langen Nebelwand und eines Trommelfeuers, das an Wucht alles bisher Dagewesene übertrifft, überqueren Stosstrupps der Alliierten seit Morgengrauen in Tausenden von gepanzerten Sturmbooten und Fähren den Niederrhein und bilden stündlich weitere Brückenköpfe.

Von mehreren Abschnitten kommen bereits Berichte über schwere Panzerkämpfe. An einer Stelle unterhalb Emmerich ist es Einheiten der 1. Fallschirmjäger-Division unter General Schemm gelungen, durch ihr zusammengefasstes Artilleriefeuer die Landung einer englischen Kampfgruppe zu vereiteln.

Gleichzeitig treffen überall aus weit auseinanderliegenden Teilen hinter der Front bei der Heeresgruppe B Meldungen über die Landung anglo-amerikanischer Fallschirmjäger und Luftlandetruppen ein.

Die Ruhr steht in Flammen–1500 Bomber-Angriff

Auf den Strassen und in den Städten des Ruhrgebiets sahen gestern Tausende von Männern und Frauen, die sich aus der vom Alliierten Oberkommando angekündigten Todeszone retten wollen, wie amerikanische Bomber-und Jägerschwärme

Über Bremen abgeworfen: Alliiertes Flugblatt vom 24.3.1945

»Jetzt wissen auch wir, was Front heißt«

Britische Truppen südlich vor Bremen

Hartmut Müller

Der 23. März 1945 schien in Bremen erneut ein schöner Frühlingstag zu werden. Nach den schweren Luftangriffen der Vortage hofften die Menschen, einmal wieder aus den Kellern und Bunkern herauskommen zu können. Im Ufa-Kino am Bahnhof wurde die Verlängerung des Filmes »Vision am See« wegen seines großen Erfolges angezeigt. Die Ortsgruppe der NSDAP in Kirchweyhe lud Eltern und Volksgenossen zur Feier der Verpflichtung der Hitler-Jugend ein.
Um 9.10 Uhr gab es jedoch erneut Fliegeralarm. Wenig später griff ein Verband viermotoriger Bomber Bremen an. Als der Angriff vorüber war und um 16.50 Uhr Entwarnung gegeben werden konnte, zählte man in Bremen neben zahlreichen schweren Zerstörungen an Wohnhäusern und Verkehrsanlagen 17 Tote, 13 Schwer- und 23 Leichtverletzte. Anstelle der »Vision am See« war erneut die Realität aus Bomben, Feuer, Zerstörung und Tod getreten.
Am Nachmittag des gleichen 23. März, an dem die Menschen in Bremen den 162. Luftangriff über sich ergehen lassen mußten, setzte am Niederrhein ein Trommelfeuer britischer Artillerie ein. Als es Nacht wurde, begannen britische und amerikanische Truppen mit dem Übergang über den Rhein. Am Abend des folgenden Tages war die Operation geglückt. Aus einem breiten Brückenkopf stießen ab dem 27. März britische, kanadische und amerikanische Truppen in einen Raum vor, in dem sie eher mit geographischen Hindernissen als noch mit einem spürbaren militärischen Widerstand rechnen mußten. Mit der Besetzung Nordwestdeutschlands war die 2. Britische Armee beauftragt worden. Die 1. Kanadische Armee sollte den holländisch-ostfriesisch-oldenburgischen Raum und damit den linken Flügel sichern.
Wie erwartet, brach der deutsche Widerstand östlich von Wesel und Rees schnell zusammen. Bereits am 1. April erreichten Einheiten der 7. britischen Panzerdivision die Ems. Nach heftigen Abwehrkämpfen wurde der Übergang südlich von Rheine noch am gleichen Tag geschafft. Und nun lag die Weite der norddeutschen Tiefebene den schnellen britischen Panzereinheiten fast schutzlos offen. Die Hoffnung, den Gegner noch einmal am Teutoburger Wald aufhalten zu können, erwies sich schnell als trügerisch. Am 3. April standen die Briten in Osnabrück, am 4. April in Minden. Am gleichen Tag entschied sich das deutsche Oberkommando der Wehrmacht für eine neue Hauptkampflinie im Westen, die von der unteren Ems her über den Küstenkanal bis Oldenburg reichte, die Weser von Elsfleth bis Nienburg entlang führte und somit Bremen in das Zentrum der Planungen zur Verteidigung Nordwestdeutschlands stellte.
Doch schneller als gedacht überschlugen sich die Ereignisse.[1] Am 5. April hatte die 7. britische Panzerdivision den Auftrag erhalten, den Raum Diepholz-Sulingen zu besetzen und von hier aus an die Weser nördlich von Nienburg vorzustoßen. Die Absicht war, möglichst viele Weserbrücken unversehrt in die Hand zu bekommen. Am 6. April war Hoya erreicht, da die dortige Brücke jedoch rechtzeitig gesprengt worden war, schwenkten die britischen Panzer nach Norden. Aber auch bei Verden und Uesen gelang das geplante Vorhaben nicht. Am 8. April wurde Thedinghausen besetzt, am gleichen Tag fielen Bassum und Syke widerstandslos in die Hand der 131. motorisierten Infanterie-Brigade, die von Süden her einen zweiten Angriffskeil gegen Bremen vorangetrieben hatte.
Bei Kirchweyhe dagegen waren die britischen Panzerspitzen am Abend des gleichen Tages auf den erbitterten Widerstand von Teilen der 18. SS-Freiwilligen-Panzergrenadier-Division »Horst Wessel« gestoßen, die Anfang April in die neue Hauptkampflinie verlegt worden war. Erst am Nachmittag des folgenden Tages ebbten die Kämpfe ab. Der Vormarsch der Briten kam zum Stehen. Ohne eigentliche Infanterie- und Artillerieunterstützung hielten sie sich nicht für stark genug, die von den deutschen SS-Einheiten gehaltene Linie Kirchweyhe-Leeste-Brinkum zu durchbrechen. Doch hatten sie am 10. April einen Bogen von Wildeshausen über Harpstedt, Barrien und Kirchweyhe so fest in ihrer Hand, daß sie in Ruhe daran gehen konnten, Truppen nachzuziehen und diese umzuorganisieren, um sich so auf den Schlußangriff auf Bremen vorzubereiten.
Zwei britische Divisionen waren es schließlich, die 3. Infanteriedivision und die 51. (Highland) Division, die am 14. April mit ungefähr 37.000 Mann, über einhundert Panzern, Hunderten von Geschützen und Granatwerfern sowie den gefürchteten Flammenwerfern zum Angriff auf die südlichen Verteidigungsstellungen Bremens im Großraum von Brinkum antraten. Ihnen standen nur schwache Kräfte, im wesentlichen die Soldaten des 18. SS-Panzergrenadier-Ersatz- und Ausbildungsbataillons sowie die Besatzungen auf Erdbeschuß umgestellter Flakbatterien, Volkssturmeinheiten und Hitlerjungen, zusammen kaum mehr als 2000 Mann, gegenüber.
Das SS-Ausbildungsbataillon hatte sich bereits seit dem 5. April in Brinkum »eingerichtet«. Die Soldaten bauten Erdbefestigungen, machten in Privathäusern, in der Schule, in Scheunen und Ställen Quartier: »Wir hatten ja im ganzen Dorf SS. Die wollten bei uns Munition hinpacken. Bei

Informationen am Sandkasten vor dem Angriff auf Brinkum

Wulf's lag alles voll, und die, wenn die da hochginge, dann flögen die Nachbarn mit. Ja, ist gut, sagte Mutti, aber bitte nicht auf dem Hof. Nach der Seite ist der Luftschutzkeller. Nach ein paar Tagen kamen sie denn. Rund um die Kirche lauter Stapel. Handgranaten, Eierhandgranaten, Kanonenkugeln, 8,7 cm, 7,7 cm und Gewehrmuni und Pulver. … Für vier Wachtmeister mußte Onkel Steding ein Schwein schlachten. Den Leuten, die im Dorf mit Rädern fuhren, wurden sie abgenommen. Und als am Sonntag der starke Beschuß einsetzte, saßen die Offiziere bei Boden-Meyers im Keller und soffen, und die armen Kerls von 16 und 17 Jahren konnten draußen sterben.«[2] Auf dem Hof Mysegades in der Brinkumer Nordstraße und im Keller des Hauses Wittrock ließ die Bataillonsführung Verbandsplätze anlegen. An den Dorfzugängen der Bassumer und Syker Straße hatte der Volkssturm Bäume gefällt und Panzersperren angelegt.
Plötzlich war auch Brinkum, das vorher schon unter Luftangriffen zu leiden gehabt hatte, zur Frontstadt geworden. In ihren Kellern und in Erdbunkern erhofften sich die Bewohner Schutz vor Tieffliegern und dem zu erwartenden Angriff der Briten: »In den nächsten Tagen (nach dem 10. April) war dann ab und zu Streufeuer der Artillerie, aber wir sind, wenn man das jetzt bedenkt, doch recht dickfellig gewesen. Ich habe immer noch eingekauft. Schnaps, Butter und Zukker usw. Die Flieger kreisten am Himmel, aber wir haben uns gar nicht so drum gekümmert. Nachts sind wir teilweise im Keller, teilweise im Bett gewesen.«[3] Daß der Ort mit den geringen eigenen Kräften nicht mehr im Vorfeld verteidigt werden konnte, war selbst dem Gläubigsten von ihnen inzwischen klar geworden.
Nach sorgfältiger Vorbereitung und »Sandkastenspielen« begann am 14. April aus dem Raume Barrien-Fahrenhorst der Angriff der Briten entlang der ehemaligen Reichsstraße Bremen-Bassum. Panzersperren wurden umgangen. Dann stieß man jedoch im südlichen Seckenhausen 800 Meter vor der Kreuzung der Reichsstraße mit der Landstraße Leeste-Groß Mackenstedt auf den hartnäckigen Widerstand der Waffen-SS. Am Abend des 14. April aber war die Straße überwunden.
An diesem Tag hatten Tiefflieger größere Munitionsvorräte deutscher Geschütze nahe der Brinkumer Kirche entdeckt. Als man versuchte, die Munition in der Kirche selbst in Sicherheit zu bringen, wurde diese, deren Turm zudem von deutschen Beobachtern besetzt war, mit Flugzeugen angegriffen und durch Bomben zerstört.
Am Morgen des 15. April gingen britische Einheiten zwischen Barrien und Kirchweyhe gegen Leeste-Erichshof vor, das im Verlauf des Tages nach Artillerievorbereitung und verlustreichen Kämpfen um 16 Uhr in britischer Hand war. Am Abend hatten die Briten auch die Reichsstraße Brinkum-Syke erreicht.
Von Leeste aus hatte noch am gleichen Tage die Beschießung Brinkums begonnen, wobei das Feuer besonders auf dem Ortskern und der Umgebung der Kirche lag. »Um 11 Uhr setzte sonntags ein Feuer ein, das bis abends um 9 Uhr dauerte. Zehn Stunden lang schlugen im ganzen Dorf immer Granaten ein. Abends um neun Uhr brannte Boden-Meyer. Durch Funkenflug fingen die Kirche und Hillers an. Und wir hatten noch vier Verwundete im Keller, die aber bald abgeholt wurden, und oben und auf der Kellertreppe stand das ganze Haus voll. Na, die Kirche brannte, die Männer löschten bei Hillers und trieben das Vieh raus. Die ganze Kirche lag voll Munition, und der eine Soldat riet uns: Sehen sie zu, daß sie hier raus kommen. Na, wir wollten raus und 24 Mann fingen an zu rufen und zu fragen. Tante Steding: ›Alles hört auf mein Kommando! Nach Claus in'n Bunker!‹

Durch Granatlöcher, über Bäume und Blumenbeete, bei Sternen- und Feuerschein, Ellinghausen brannte auch, nach Claus' Bunker. Wo ist die Bunkertür? ›Ich weiß es‹, sagte Reinhard. Endlich fanden wir sie. ›Bärbel!‹ ›Dieter, Elfriede!‹ ›Reinhard!‹ ›Hier!‹ Mutti und Tante Hillers liefen in Claus' rum und konnten uns nicht finden. ›Wo seid ihr?‹ ›Hier!‹ Wie wir dann in'n Bunker wollten, wer ist da? Ja, geht unmöglich. Der Bunker ist voll. Wir Kinder wieder rauf und denen oben das mitgeteilt, dabei schmiß Dieter Hillers ein angekochtes Huhn, einen Eimer Wasser um und nachher kippte noch ein Nachteimer, die alle auf der Treppe standen. Da fuhr Mutti aber in die Parade. Das wär ja noch schöner. Wir wären jetzt 14 Jahre Nachbarn von Dr. Claus usw. Claus' waren nämlich nicht da, und nun hatten sich sämtliche Evakuierte da breit gemacht. ›Naja, so war das ja auch nicht gemeint!‹ Und da fing Tante, die Haushälterin vom Kaplan, an, Platz zu schaffen. Aber Krusch und Harms sind dann noch bei Wurtmanns in'n Keller gegangen, weil wir alle da unmöglich reingingen. Bis nachts um zwei Uhr sind wir dagewesen. Um 3 Uhr ging der Beschuß wieder los, bis morgens um 6 Uhr. Aber den habe ich im Liegestuhl verschlafen.«[3]

Die Brinkumer Kirche nach dem Angriff

Von Bremen aus waren die Kämpfe um Brinkum gut zu verfolgen. Mehrfach meldete der Turmbeobachter an der Hardenbergstraße Bombenangriffe auf die Umgebung der Kirche oder den Beschuß des Ortes mit Brandgranaten. Nachts waren im Süden der Stadt deutlich die von Bränden erleuchteten Gabelungen der beiden Reichsstraßen in Brinkum auszumachen.

Die Entscheidung fiel am Montag. Vom Osten und vom Süden her brachen Einheiten der Norfolks- und der Suffolks-Regimenter unter Einsatz von Schützenpanzern und Flammenwerfern den letzten Widerstand. Zahlreiche Häuser und Höfe sowie die Windmühle, in denen sich deutsche Soldaten verschanzt hatten, gingen in Flammen auf.

»Montags saßen wir immer im Keller. Das MG-Feuer kam näher. Das muß doch im Dorf sein. ... Im nächsten Augenblick stand Sielings Hof in Flammen. Hillers Scheune stand noch und Onkel Hillers lief rüber und machte das Vieh los. Aber da kamen die Panzer. Ein fürchterlicher Beschuß, aber alle sind noch heil rübergekommen. Onkel Hillers wäre beinahe noch einem Tommy in die Arme gelaufen. Aber er hat schnell die Hände hoch und ›Nur Zivilist‹ gerufen. ›Weg, weg, weg!‹ war die Antwort, und da ist er schnell in den Keller gerannt. ... Und als wir dann wieder raus kamen, brannte der Garten, die Hecke und das Haus.«[4]

Am Nachmittag des 16. April war Brinkum in britischer Hand. Dem Gros des SS-Bataillons war es gelungen, sich nach Stuhr zurückzuziehen. Die Kämpfe um den Ort hatten schließlich über 60 deutsche Soldaten und zwölf Zivilisten das Leben gekostet. Darunter auch Dorothea Wilhelmine Borchers, 53 Jahre alt: »Dann am Sonnabend früh lief Familie Borchers zu uns herüber. Im selben Moment schlug eine Granate in unser Haus. Ein Splitter traf Oma Borchers ins Herz. Sie war sofort tot. Herr Borchers und Papa legten sie draußen an den Bunker. Da begann wieder das Trommelfeuer.«[5] Aber auch die Briten hatten 20 Tote und 30 Verwundete zu bekla-

Der 9. April 1945 – Ein Monat vor Kriegsende

»Hinter meinem Elternhaus in der ›Böttcherei‹ in Weyhe-Leeste hatten sich blutjunge SS-Soldaten bereits ein Schützenloch gegraben. Wir konnten noch nicht ahnen, daß dieses ein Quadratmeter große Schützenloch kurze Zeit später (schon am folgenden Tage) zu unserem eigenen Schutze dienen sollte. Von Kirchweihe kommend rückten die ersten Panzer durch die Meyerstraße näher. Es war soweit! Wir begaben uns in den Keller, den mein Vater schon vor Wochen mit einer eisernen Eingangstür abgesichert hatte. Notwendige Kleidung für den Ernstfall war bereits im Kellerraum gelagert. Auch ein Beil zum Zertrümmern des eisernen Kellerfensters hatte mein Vater vorsorglich bereitgelegt. Das winzige Kellerfenster sollte an dem Tage dann tatsächlich zum einzigen Fluchtweg für uns werden. Vater, Mutter, die Schwester mit ihrem 1/2jährigen Baby und ich warteten auf das, was auf uns zukommen würde. Die Panzer rückten näher, die Schießerei nahm zu. Da hörten wir Schritte auf der Treppe! Die ›Tommys‹ sind da, glaubten wir. Aber es war nur der Nachbar in Begleitung eines jungen holländischen Arbeiters. Sie waren aus ihrem Haus geflüchtet, das bereits den ersten Einschuß hatte. Der nächste Einschuß galt uns. Meine Eltern hatten frisches Stroh auf dem Dachboden gelagert, und das Haus stand gleich in Flammen. Vater schlug sofort das Kellerfenster ein. Raus aus dem Keller! Aber wohin? Unser einziger Zufluchtsort war das Schützenloch hinter dem Hause. Da die Panzer in der Meyerstraße (von uns aus im Norden) standen, mußten wir alle durch das kleine Kellerfenster kriechen, das nach der Südost-Seite lag. Dachziegel fielen schon herab, da mußten wir drunterdurch. Und dann über den Zaun ins Schützenloch, das die SS-Soldaten gar nicht mehr benutzt hatten. Mein Vater versuchte, nachdem er uns in ›Sicherheit‹ wußte, das Vieh zu retten. Im Kuhstall fiel ihm das Heu schon brennend von der Zwischendecke entgegen. Es gelang ihm noch eine Kuh zu befreien, die zweite Kuh und ein Schaf kamen in den Flammen um. Wir hockten zu viert (meine Mutter, meine Schwester mit dem Baby und ich) im Schützenloch. Mein Vater lag neben uns und häufelte mit seinen bloßen Händen zu unserem Schutz die Erde höher um unser Versteck. Vor allem die Seite zum Norden versuchte er zu erhöhen, da von dort die Panzer kamen, die unsere Straße, die ›Böttcherei‹, bereits erreicht hatten und auf uns zurollten. Und was kam da noch aus dem brennenden Stall heraus? Unser Schwein! Die Ohren waren seltsam rot, der Rücken ganz verbrannt. Es war wahrscheinlich unter der brennenden Futtertrogklappe hindurch gekrochen und so ins Freie gelangt. Aber es lebte! Es wurde später eingefangen und wieder zurückgebracht.

Über uns waren die Tiefflieger, von Lahausen wurde von der Artillerie in unsere Richtung geschossen, und von Norden her kamen die Panzer auf uns zugerollt. Kugeln pfiffen haarscharf über unsere Köpfe hinweg! Um das Schützenloch herum lief unsere gerettete Kuh, die auch Angst hatte und wahrscheinlich unsere menschliche Nähe suchte. Wie schrecklich war der Gedanke, sie könnte sich zu weit an uns heranwagen und vorbeitreten ins Loch, oder aber von einer Kugel getroffen werden und auf uns fallen. Und in all' dem Trommelfeuer und Geknalle das Schreien des Babys und das herzzerreißende Weinen seiner Mutter.

Die Panzer krochen Meter für Meter vorwärts und hatten uns erst nach vier Stunden erreicht. Mein Vater sprang als Erster hoch, um mit einem weißen Tuch zu winken. Die Nachbarsleute machten es ihm nach. Meine Mutter und ich versuchten, uns aus der Hockstellung aufzurichten. Meine Schwester war nicht gleich dazu in der Lage, da sie ja ihr Baby schützend in ihrem Schoß gehalten hatte. Das Köpfchen des Kindes war mit einer Wolldecke abgedeckt, auch zum Schutz gegen die Kälte. Ein englischer Panzersoldat öffnete die Panzerluke und rief fragend und drohend zugleich, auf die Wolldecke zeigend: ›Soldat, Soldat?‹ Daraufhin machte meine Schwester das Köpfchen des Kindes frei, so daß die Männer sich überzeugen konnten, daß unter der Wolldecke kein Soldat versteckt war. Mitleidige Blicke der Panzerbesatzung fielen auf meine Schwester und das Kind. Weitere Panzer rückten nach, sie nahmen Kurs auf den kleinen Feldweg, heutige Bezeichnung ›Am Gänsekamp‹. Nach ca. fünf Stunden konnten wir uns zu unseren Nachbarn begeben. Außer der Veranda bestand unser Haus nur noch aus Schutt und Asche, aber wir lebten!

Nie wieder Krieg, das wünschen wir! Wie wunderbar wäre das Leben, würd' es auf Erden, unter den Menschen, immer nur Frieden geben!

Nie wieder Krieg, nimmermehr Angst, von Gott gewollt ist das Leben! Gott allein hat das Recht, es uns zu nehmen und zu geben.«

Annemarie Heyduck, geborene Schierenbeck, erlebte den Kampf um Bremen in der »Böttcherei« in Leeste. Sie erinnert sich an den Tag, an dem ihr Elternhaus in Flammen aufging

gen. 300 bis 400 Gefangene waren ihnen in die Hände gefallen sowie eine nicht geringe Anzahl an Geschützen. Am Tag nach der Einnahme Brinkums mußten dessen Einwohner den Ort verlassen. Er wurde von den Briten den vormaligen Zwangsarbeitern zum Plündern freigegeben. Erst zehn Tage später, als Bremen gefallen war, durften sie wieder zurückkehren.

Noch während der Schlußkämpfe um Brinkum hatten die Briten versucht, ihren Erfolg auszubauen. Am linken Flügel gingen Einheiten des East Yorkshire Regiments über Kirchseelte und Heiligenrode auf Groß Mackenstedt vor, wo sie allerdings auf verminte Straßen und heftigen Widerstand der Deutschen stießen. Zunächst gelang es ihnen nicht, weiter nach Stuhr und Huchting voranzukommen. Zwischen Brinkum und Kirchweyhe wurde dagegen der gesamte Rand der Überschwemmungszone besetzt.

Die Wasserflächen der aufgestauten Ochtum stoppten nicht nur jedes weitere direkte Vorgehen auf Bremen, sondern sie beunruhigten auch die oberste britische Führung. »Harrocks, I am not happy about Bremen«, äußerte Feldmarschall Montgomery zu dem kommandierenden General des XXX. Korps, Generalleutnant Horrocks, als er am 19. April mit diesem im Frontgebiet zusammentraf, um das weitere Vorgehen auf Bremen abzusprechen. In Leeste sprach er zu den Truppen, die inzwischen ihren Vormarsch auf Bremen wieder aufgenommen hatten.

Entlang der Obernheider Straße waren am 18. April Einheiten des Lincolnshire Regiments mit Unterstützung von Panzern und Flammenwerfern gegen Stuhr vorgestoßen. Die Holzbaracken des Konzentrationslagers in Obernheide, das schon am 4. April geräumt worden war, wurden in Brand geschossen. Kurz darauf stießen die Briten jedoch auf den Widerstand von Resten des 18. SS-Panzergrenadier-Ersatz- und Ausbildungsbataillons, auf U-Boot-Soldaten und Hitler-Jugend. Ein Gegenstoß unter der Führung des fanatischen SS-Obersturmführers Johannes Hoblik brach im britischen Feuer zusammen. 53 Soldaten, darunter 14–15jährige Hitlerjungen, die sich vor der Flakstellung in Obernheide eingegraben hatten, verloren bei dieser militärisch völlig sinnlosen Operation ihr Leben. Hoblik allerdings erhielt für seinen Einsatz noch am 24. April das Eiserne Kreuz: »Um Verleihung des E.K.II.Klasse an den früheren Chef der Wachkompanie und jetzigen Btl.-Führer, SS-Ostuf. Hoblik, wird gebeten. Hoblik hat am 18.4.45 in den Vormittagsstunden gegen den in Stuhr eingebrochenen Feind mit dem 2. Zug seiner Kompanie einen Gegenstoß geführt, der jedoch unter heftiger Feindeinwirkung liegen

Rechts: Deutsche Lagemeldung vom 16.4.1945

Unten: Zerstörungen im Zentrum Brinkums (Gabelung der heutigen B6 / B51)

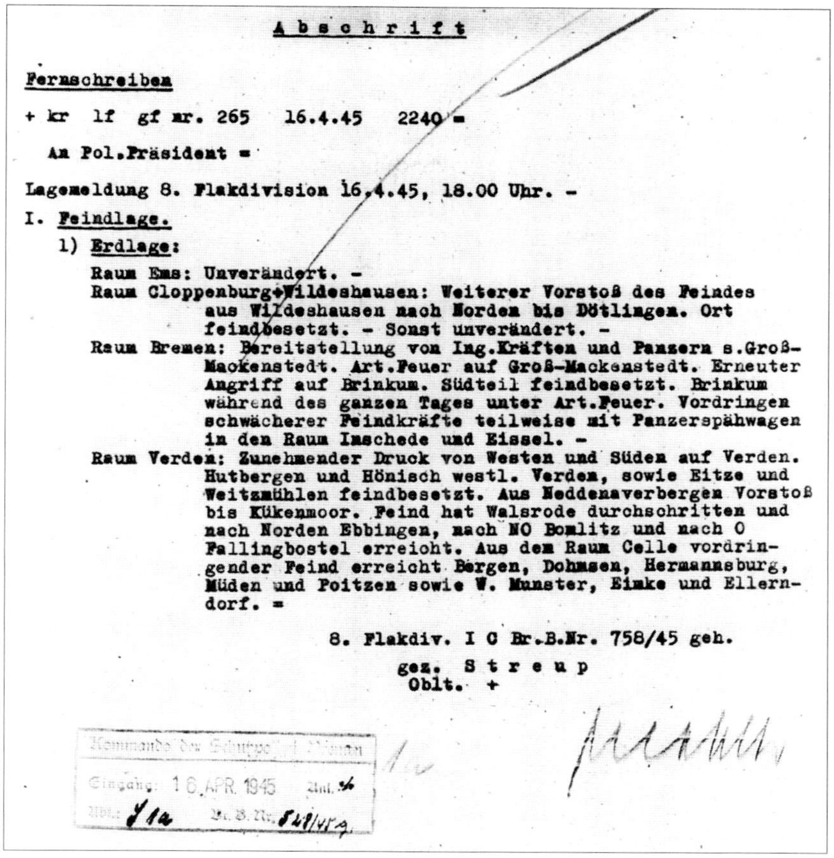

Abschrift

Fernschreiben

+ kr 1f gf nr. 265 16.4.45 2240 =

An Pol.Präsident =

Lagemeldung 8. Flakdivision 16.4.45, 18.00 Uhr. -

I. **Feindlage.**

1) **Erdlage:**

Raum Ems: Unverändert. -

Raum Cloppenburg+Wildeshausen: Weiterer Vorstoß des Feindes aus Wildeshausen nach Norden bis Dötlingen. Ort feindbesetzt. - Sonst unverändert. -

Raum Bremen: Bereitstellung von Inf.Kräften und Panzern s.Groß-Mackenstedt. Art.Feuer auf Groß-Mackenstedt. Erneuter Angriff auf Brinkum. Südteil feindbesetzt. Brinkum während des ganzen Tages unter Art.Feuer. Vordringen schwächerer Feindkräfte teilweise mit Panzerspähwagen in den Raum Imschede und Eissel. -

Raum Verden: Zunehmender Druck von Westen und Süden auf Verden. Hutbergen und Hönisch westl. Verden, sowie Eitze und Weitzmühlen feindbesetzt. Aus Neddenaverbergen Vorstoß bis Kükenmoor. Feind hat Walsrode durchschritten und nach Norden Ebbingen, nach NO Bomlitz und nach O Fallingbostel erreicht. Aus dem Raum Celle vordringender Feind erreicht Bergen, Dohnsen, Hermannsburg, Müden und Poitzen sowie W. Munster, Eimke und Ellerndorf. =

8. Flakdiv. I C Br.B.Nr. 758/45 geh.

gez. Streup
Oblt. +

Eingang: 16. APR. 1945

Brinkum, den 13. Mai 1945
»Liebes Schwesterchen und lieber Schwager.
Auf diesem Wege will ich versuchen, Euch Nachricht über uns zu senden. Vielleicht habt Ihr Euch auch schon Sorgen gemacht, während der Kampfhandlungen hier, denn Ihr werdet doch sicher im Radio davon gehört haben. Was haben die letzten Wochen uns doch hier eine Umwälzung gebracht. Hier in Brinkum tobte ein einziger Vernichtungskampf. Wir haben nicht geglaubt, das zu überstehen. Das vor ein paar Wochen noch so schöne heile Brinkum ist zerschossen und zum großen Teil ausgebrannt. Vom 13. April bis zum 16. abends hat der furchtbare Kampf gedauert. Jetzt wissen wir auch, was Front heißt, sonst hat man sich kein richtiges Bild davon machen können. Der Bevölkerung ist vorher kein Ton gesagt worden.
Es gibt hier kein heiles Haus mehr, nur wenige, welche einigermaßen verschont wurden. Drei Tage und Nächte hatten wir unaufhörlichen Artilleriebeschuß, wir haben im Bunker ganz schön gezittert, Ihr könnt Euch vielleicht ausmalen, daß die Trichter der Granaten hier dicht an dicht sind. Unser Bunker hat im Eingang einen Volltreffer, der auch durchschlug. Sonst haben die Bunker ja gehalten. Im Keller hätten wir auch nicht sein mögen, da wären wir seelisch kaputt gegangen. Man war es so schon. Hier hatten sich die SS festgesetzt und die sind verhaßt, wie nichts anderes beim Feind. Es war ja alles nur ein unverständliches sinnloses Morden. Solch eine Regierung hat es wohl noch nie gegeben, die das Volk so ins riesengroße Unglück getrieben hat und es so belogen und betrogen. Bis zum Tode gehörte der Sieg noch ihnen. Auf die tiefste Stufe haben sie uns gebracht. Wie viele haben noch in den letzten Stunden und Tagen ihr Leben hergeben müssen. Hier in Brinkum sind es auch viele. Überall kommt man gar nicht dahinter. Landwehrs Vater und Dora, Borchers Mutter usw.
Liebes Schwesterchen, auch unseren lieben Vater wirst Du nicht wiedersehen, wir haben ihn gestern begraben, er ruht neben unserer Schwester. Er mußte noch in den letzten Stunden des Kampfes hier ein Opfer des Krieges werden.
Am 16. April morgens sind die Panzer hier reingefahren und bis abends haben noch die Nah- und Straßenkämpfe getobt. Viele namenlose Gräber sieht man am Straßenrande. Auch bei uns hinterm Garten stand noch ein Soldat im Loch, hatte einen Kopfschuß bekommen. Man hat so die Erde raufgeschaufelt.
Vater wollte am 16. nachmittags, oder um die Mittagszeit, unbedingt aus dem Bunker an der Ecke bei Budelmanns und wollte seine Kaninchen und die Hühner versorgen. Er ließ sich nicht zurückhalten. Auch andere waren wohl mal eben raus, obwohl die Schüsse unaufhörlich hallten und die Panzer durch Brinkum rollten. Alle kamen wieder, nur Vater nicht. Wir hatten schon solche Angst, Mutter und ich, bis man uns schließlich sagte, daß Vater verwundet sei, auf dem Wege zum Bunker auf unserem Lande noch, hat er einen Beinschuß bekommen, der ganze Knochen war durchsplittert am Unterschenkel. Bis an Schwarzens Schweinestall hat er sich geschleppt; kein Mensch wagte ihm zu helfen, und sein Leben aufs Spiel zu setzen, weil die Schüsse unaufhörlich krachten. Er hat dann wohl zu viel Blut verloren, was wohl seinen Tod zur Folge hatte. Den ganzen Nachmittag hat er im Beschuß mit seiner schweren Verletzung draußen gelegen, abends sind unzählige Häuser in Brand gesteckt worden, es war ein schauriger Anblick als wir schließlich spät aus dem Bunker sahen und das Schießen weniger wurde und der Tommy bei uns reinkam. Ach, war das alles eine Angst, wir wußten ja nicht, was das für Menschen waren, Gutes hatte man ja nie gehört. Wir dachten schon, daß auch noch alle Bunker in die Luft gejagt würden. Dann fragte ich den Tommy, ob ich nach Vater sehen dürfte, der wäre verwundet. Er wußte es schon und sagte, daß er zum Tommy-Doktor käme. Aber den Abend haben sie wohl keinen mehr finden können und Peper und ich haben ihn verbunden. Herr Peper hat aber wohl auch nicht viel davon verstanden, am anderen Morgen war der Fuß dann ganz umgedreht. Mutter hatte bei ihm gewacht, er hat da schon so schlecht ausgesehen und auch wohl furchtbare Schmerzen gehabt. Die Nacht ist noch wieder viel geschossen worden, die Tommys schossen von Brinkum weiter und unsere schossen hier rein. Borchers Haus ist bis in den Keller runtergebrannt, Tölen ist alles verbrannt, auch das Vieh, Kordes, das ist hier in der Meyerstraße allein. Unsere Laube ist aufgebrannt und ist aber wieder ausgegangen. Tante Margrets Haus sieht auch schrecklich aus, auch der Stall ist abgebrannt. Mitten im Dorf ist alles ausgebrannt.
Dienstag morgen bin ich dann den Doktor suchen gelaufen, im Dorf sausten die Granaten schon wieder über meinen Kopf. In der Schule fand ich die Sanitäter dann vom Tommy. Wir haben Vater dann zum Hauptverbandsplatz gebracht und dann kam er nach Bassum.
Die Tommys waren sehr höflich. Am Mittwoch, als Mutter und ich das furchtbar aussehende Haus so einigermaßen gereinigt hatten, wir haben auch mehrere Volltreffer bekommen, mußten wir Hals über Kopf flüchten. Mit der Schiebkarre sind wir gegen abends losgezogen. In Angelse haben wir zuerst nach vielen Tagen wieder schlafen können und dürfen. Aber am nächsten Morgen mußten wir weiterziehen, denn Siemers Haus war auch ziemlich kaputt und sie hatten schon fremde Leute drin. Wir zogen mit der Karre bis Syke, dort fanden wir Unterkunft bei sehr netten Leuten.
Nach ca. 14 Tagen konnten wir Vater in Bassum besuchen. Er meinte, daß er schon vier Wochen dort gelegen hätte. Über sein Aussehen war ich tief erschrocken. So weiß und uralt. Er konnte zuerst kaum sprechen. Aber er war noch bei Verstand und mochte noch essen. Von Bassum mußten alle Patienten fort und Vater sollte nach Delmenhorst. Dort habe ich ihn am 7. Mai, es war eine Woche her seit wir in Bassum waren, besucht. Ich konnte ihn kaum erkennen und er war schon ganz durcheinander. Ach, hat er mir leid getan. Von Willy hat er geredet, ob er da wäre. Aufwiedersehen hat er mir noch so schön gesagt und mir die Hand gegeben. Als Mutter und ich am Donnerstag, Himmelfahrt, ihn besuchen wollten, wir mußten immer vier Stunden zu Fuß (ein Weg), fanden wir ihn nicht mehr lebend. Schon am Dienstag, den 8. Mai mittags, soll er ruhig eingeschlafen sein für immer.
Wir sind inzwischen wieder zu Haus, nach acht Tagen. Als Bremen so ziemlich gefallen war, durften wir wiederkommen. Wir konnten nicht in die Tür, so hoch lag überall Schurri-Murri. Ganz toll haben hier die Polen und Russen geräubert. Willy hat gar nichts mehr anzuziehen, wenn er wiederkommt. Wenn er man überhaupt wiederkäme.
Nun will ich zum Schluß kommen, wie sieht es bei Euch aus, was macht Gustav? Könnt ihr nicht mal mit dem Rad kommen. Jetzt will ich nach Delmenhorst, ich muß Sterbeurkunden holen und noch zum Krankenhaus. Vielleicht ist dort Gelegenheit, den Brief weiter zu befördern.
Herzliche Grüße auch von Mutter
Eure Lissy«

blieb. SS-Ostuf. Hoblik befand sich seinen Männern weit voraus und wurde dabei von MGs und Scharfschützen aufs Korn genommen. Den Rest des Zuges sammelte er sodann, zog sich auf eine Auffanglinie zurück und hielt dort heftigen Angriffen des Gegners stand, bis die HKL. auf die Eisenbahnlinie in Stuhr zurückgenommen wurde. Er hat durch sein Ausharren wesentlich dazu beigetragen, den Ausbau der neuen HKL. zu ermöglichen.«[7]
Aber auch diese konnte nur noch bis in die Nacht hinein gehalten werden. Am Morgen des 19. April war Stuhr von britischen Truppen besetzt. Während die verängstigten Einwohner hie und da Keller und Erdbunker verließen, begrüßten russische Kriegsgefangene, die als Zwangsarbeiter in einem Lager am Nordrand des Ortes vegetiert hatten, die einrückenden Briten als Befreier.
Am 20. April wurde der Angriff gegen Huchting fortgesetzt. Hier waren seit Tagen durch Volkssturm und Arbeitsdienst

mehrere Widerstandsnester vorbereitet, Straßensperren. Schützenlöcher und -gräben angelegt worden. Besonders an der Straßenkreuzung, die bei Moordeich die Landesgrenze bildet, hatten SS und Volkssturm Stellung bezogen, um dort den Angriff von Stuhr und Groß Mackenstedt her abzuwehren. Am 18. April hatte man die Panzersperren in Kirchhuchting geschlossen, als zwei britische Panzer in Varrel gesichtet worden waren. Den ganzen folgenden Tag lag Artilleriestörfeuer über dem Ort. Als schließlich die britischen Panzerspitzen erschienen, zogen sich die deutschen Verteidiger fluchtartig nach Kirchhuchting zurück. In dem herrschenden Durcheinander verdrückte sich der Volkssturm, verließen Flakbesatzungen ihre Batterien, ohne diese zu zerstören. Von einem geordneten Widerstand konnte nirgendwo mehr die Rede sein. Trotzdem gingen in der Ortsmitte Häuser in Flammen auf, die die Briten aus Vorsicht vor deutschen Heckenschützen mit Flammenwerfern in Brand gesetzt hatten. 250 deutsche Soldaten gingen in britische Gefangenschaft, 30 der Verteidiger waren am Ende dieses Tages tot. Darunter auch Erich Beitlich, ganze 16 Jahre alt. Seinen Eltern hinterließ der junge SS-Grenadier: 1 Soldbuch Nr.1014, SS-Pz.Gren.Ausb. Btl.18, 1 Zigarettenetui ohne Inhalt, 1 Brustbeutel, 1 Tabakpfeife, 1 Kamm.

Am Abend des 20. April war der gesamte Rand der Überschwemmungszone, die um Bremen gelegt worden war, bis zur Oldenburger Bahn besetzt. Die Briten hatten sich eine breite Ausgangsbasis für den Schlußangriff auf Bremen geschaffen. In Ruhe konnten sie daran gehen, ihre Truppen zu ordnen, die technischen und operativen Voraussetzungen für die Überwindung der Wasserflächen der überfluteten Ochtum zu schaffen und die Stadt Bremen sturmreif zu schießen.

Gedenktafel auf dem Friedhof von Stuhr für die am 4. April 1945 bei Obernheide gefallenen deutschen Soldaten

Britische Verbände überschreiten die Landesgrenze

Anmerkungen

1 *Vgl. hierzu grundsätzlich Herbert Schwarzwälder, Bremen und Nordwestdeutschland am Kriegsende 1945, Bd. 2: Der britische Vorstoß an die Weser. Bremer Veröffentlichungen zur Zeitgeschichte, Heft 6. Bremen 1973; auch C.-H. Hüchting, 900 Jahre Brinkum 1063–1963, Brinkum 1963, S. 218–226.*

2 *Aus einem Brief der 14jährigen Brinkumer Pastorentochter Barbara Schmidt vom 5. Juni 1945, in: Horst Rauschert, Brinkum. Bilder von Gestern und Heute, Stuhr 1988, S. 156.*

3 *Dieses und die nachfolgenden zwei Zitate nach Rauschert, a.a.O., S. 156.*

4 *Bericht Frau Marta Hornbostel, geb. Schwarz, Brinkum.*

5 *Hartmut Müller, Oldenburg und Stuhr. Auf dem Wege der Machtergreifung, Stuhr 1983, S. 26.*

Britische Panzer im Vormarsch auf Bremen

»The 52nd Lowland Division was destined to be first in Bremen«

Britische Truppen im Vormarsch auf Bremen

George Blake

Als britische Angriffsspitzen in den ersten Apriltagen des Jahres 1945 bis in die Nähe Bremens vordrangen, hatten Teile der 7. Panzerdivision weiter südlich bei Hoya, Verden und Uesen vergeblich versucht, die Weserbrücken unversehrt in die Hand zu bekommen. Am 9. April gelang es den Briten jedoch, in Hoya einen Brückenkopf über die Weser zu bilden, aus dem heraus sie sofort zur Aller vorstießen. Nach äußerst blutigen Kämpfen mit deutschen SS-Verbänden erzwangen sie am 14. April den Übergang bei Rethem. Damit war der Weg zur Elbe und nach Hamburg frei.

Während die Masse der britischen Einheiten durch die nördliche Lüneburger Heide auf Harburg und Cuxhaven vorstieß, schwenkten andere nach Nordwesten und besetzten am 17. April Verden. Von hier aus entwickelten sich in den folgenden Tagen die militärischen Operationen, die schließlich zur Einnahme Bremens von Südosten her führten.

Nach der Besetzung Verdens hatten die Briten zunächst Halt gemacht, Infanterie nachgezogen und ihre Truppen umgruppiert. Die Hauptlast des Angriffs auf Bremen lag nun bei der schottischen 52. (Lowland) Division, die entlang der Hauptstraße von Verden nach Bremen vorstoßen sollte, nördlich davon operierte die 43. (Wessex) Division. Unterstützt wurden beide von selbständigen Panzer-, Aufklärungs- und Artillerieregimentern.

Am Dienstag, den 17. April, begann der Vormarsch. Am Nachmittag und Abend des 23. April standen britische Truppen in Bassen und Oyten an der Autobahn Hamburg-Bremen und hatten sich somit eine sichere Ausgangsbasis für den Schlußangriff auf Bremen geschaffen. Die entscheidenden Ereignisse der Tage vom 17. bis 23. April 1945 schildert George Blake in: Mountain and Flood. The History of the 52nd (Lowland) Division 1939–1945, Glasgow 1950[1]:

»Die 52. (Lowland) Division hatte die Aufgabe, als erste in Bremen zu sein. Wenn man in den Atlas schaut, kann man sich ein Bild der Gegend machen, durch die die Vormarschwege verliefen. Die Weser und ihr Nebenfluß, die Aller, fließen zuerst nach Norden, um dann in fast genau westlicher Richtung nach Bremen abzubiegen. Zwischen den kleinen Städten auf dem Land und der großen Industriestadt ist die Landschaft flach wie ein Brett und ziemlich uninteressant, obwohl es hier und dort kleine Wälder gibt und ganz nette Vororte – wie etwa Syke –, vergleichbar etwa mit Bishopton bei Glasgow und Sidcup bei London. Man kann tatsächlich einen ziemlich guten Eindruck von der Art des Angriffs auf Bremen gewinnen, wenn man sich einen Vormarsch von etwa Windsor auf London oder von der Gegend von Grangemouth auf Edinburgh vorstellt.

Major-General Hakewill Smiths Problem war es – wie auch das seiner Brigadiers –, die Division an einer Front flexibel einzusetzen, die nur wenig Ellenbogenfreiheit für den Aufmarsch aller Waffen ließ. Die Führung hatte gelernt, daß die Deutschen während ihres Rückzugs ständig in Bewegung gehalten werden mußten. Gab man ihnen eine Atempause von nur drei Stunden, würden sie sich mit Sicherheit wieder eingegraben haben oder zu einem Gegenangriff angetreten sein. Wie wir sehen werden, war der Angriff von Verden aus auf Bremen ein kleines Meisterstück schneller, ökonomischer Stabsarbeit: die Brigaden, Bataillone und Nachschubeinheiten wurden wie ein mehrzylindrischer Rammbock eingesetzt. Jede Einheit schob und überholte ihren Nachbarn mit der Präzision einer gut geschmierten Maschine. Auch sollte man daran denken, daß diese ganze Masse sich ununterbrochen voranbewegender, kämpfender Männer ständig mit den elementarsten Bedürfnissen des Lebens versorgt werden mußte. Und das auf einer überlasteten Straße, die schon von Lastwagen mit Munition und Waffen verstopft war.

Die Lowlands bezogen Stellung entlang der Weser, während die 53. (Welsh) die rechte Flanke sicherte. Die 3. Division kam von links, um Bremen vom Südwesten her zu bedrohen. ...

Am Dienstag, den 17. April 1945, machte sich die 156. Brigade zusammen mit dem 1. Bataillon unter Führung der Glasgow Highlander auf den Weg zur letzten Schlacht um Bremen. Die 53. Division hatte endlich ihre Brückenköpfe an Weser und Aller gesichert, und die 3. Division war von Delmenhorst her im Süden angetreten. Der Hauptangriff mußte jedoch von der 52. weserabwärts bestritten werden, wobei sie einmal mehr von ihren alten und treuen Freunden von der 4. Independent Armoured Brigade unterstützt wurde. Das Wesertal ähnelt hier ein wenig dem der Maas bei Gennep: das gleiche satte Grün, nasse Flußwiesen und bewaldete Höhenrücken zur Rechten. Straße und Eisenbahn verlaufen auf dem ganzen Wege von Verden bis Bremen eng neben dem Fluß. In dieser Gegend standen den Deutschen umfangreiche Marineeinheiten zur Verfügung, die sich als hartnäckige und geschickte Kämpfer erwiesen. Auch kamen hier die Flakgeschütze der Bremer Luftverteidigung zum Einsatz, die das Bild der Schlacht mit ihrem ungewöhnlich schweren Schnellfeuer prägten.

Zunächst wurden die 156. Brigade und das 186. Feldregiment unter das Kommando der 53. (Welsh) Division gestellt, die am 18. April bei Sonnenaufgang den Angriff eröffneten, indem sie das Dorf Dauelsen, zwei Meilen nördlich von Verden, wo die Straße westlich nach Bremen abbiegt, vom Feind säuberten. Die 1. Glasgow Highlander kamen trotz der Straßensperren und des dichten Mörserbeschusses gut voran und erkämpften sich den Weg bis zum Ortsrand von Langwedel, dem nächsten Dorf an der Straße jenseits von Dauelsen; ein weiterer Geländegewinn von zwei Meilen.

Hier wurde uns jedoch die taktische Bedeutung des Höhenzuges auf der rechten Flanke schmerzlich bewußt. Als die anderen Kompanien der Highlander ankamen, um sich am Ortsrand von Langwedel mit der C-Kompanie zu vereinigen, mußten sie feststellen, daß der Feind, ungebrochen in seiner Kampfhaltung, hinter ihnen eingedrungen war. Es war ihm gelungen, unseren Vormarsch aufzuhalten. Sein Flankenfeuer von den Höhen her wurde kritisch für uns. Die einzige Verbindung zwischen der C-Kompanie vorne und den von hinten Nachrückenden wurde von Sergeant J. Henry von den Carriers auf einem Motorrad hergestellt; der reinste Spießrutenlauf. Diese gefährliche Situation wurde durch einen Angriff des 6. Bataillons der Cameronians entlang des Höhenzuges bereinigt. Es ist interessant zu sehen, wie oft dieses ausgezeichnete Bataillon immer wieder wie rein zufällig zur Verfügung stand, wenn es galt, an den Flanken Entlastungsangriffe durchzuführen. In diesem Fall brachen sie in der Nacht vom 18. auf den 19. April auf und erreichten ihr Ziel ohne besonderen Widerstand. Hier und da stieß ein Zug auf ein Widerstandsnest, aber unter Einsatz ihrer Waffen, einschließlich des Bajonetts, hatten die Cameronians die rechte Flanke am Abend des 19. gesichert. Der 14. Zug hatte bis dahin 57 Gefangene gemacht.

Dieses Unternehmen hatte es den 1. Glasgow Highlandern zwischenzeitlich ermöglicht, Langwedel während der Nacht völlig einzunehmen und auch noch im Morgenlicht des 19. bei geringem Widerstand bis Daverden vorzurücken. Alles in allem war das ein Geländegewinn von acht Meilen und alles lief gut. Auflösungserscheinungen bei den Deutschen zeigten sich deutlich darin, daß zu den Verteidigern auch ein Bataillon aus Bremer Polizisten und ein ungarisches Artillerieregiment gehörten. Auch auf »Magenkranken-Bataillone« stieß man in dieser Gegend. Fest steht jedoch, daß diese zusammengewürfelten Einheiten gut kämpften. Als das 4. und 5. Bataillon der Royal Scots Fusiliers den Vormarsch wieder aufnahmen, konnten sie sich nur unter verbissenen Kämpfen einen Weg bis an den Ortsrand von Etelsen, zwei weitere Meilen hinter Daverden, bahnen. Das war bei Anbruch der Nacht vom 19. April. Der Vormarsch entlang der Hauptstraße verlief soweit äußerst zufriedenstellend, aber die 157. Brigade bekam auf der rechten Flanke so ihre Probleme. Das 5. Bataillon der Highland Light Infantery hatte am Vormittag des 19. April mit Unterstützung von Flammenwerfern ohne größeren Widerstand den Ort Walle eingenommen. Als sich das 5. Bataillon, die King's Own Scottish Borderers, jedoch dem Weiler Holtenbüttel näherte, geriet es sehr schnell in Schwierigkeiten. Schon gleich erlitt die Führungskompanie durch Granat- und Mörserbeschuß Verluste. Und bald wurde der Rest des Bataillons durch das Mörser- und Granatfeuer so durcheinandergebracht, daß man sich erst neu sammeln mußte. Ein richtiger Angriff auf Holtenbüttel wurde für 16 Uhr festgesetzt.

Die Härte des nun folgenden Kampfes wird in zwei kleinen Episoden deutlich, wie sie sich nur in einer Regimentsgeschichte finden lassen. Die Deutschen zeigten kein Erbarmen mit unseren Bahrenträgern. So schleppten zwei Sanitäter einen Verwundeten 300 Yards, bevor sie wegen des genauen Feuers von Scharfschützen aufgeben mußten. Als der Beschuß von Holtenbüttel befohlen wurde, feuerten die Mörserzüge der Borderers in 20 Minuten aus nur fünf Geschützen über 500 Salven. Einem einfachen Soldaten platzten durch die Druckwellen beide Trommelfelle. Doch er weigerte sich, seinen Platz als Nr. 2 an einem der Geschütze zu verlassen. Es war 18 Uhr und ein schöner Frühlingsabend, als die King's Own Scottish Borderers, aus der Hüfte feuernd und unter Einsatz des Bajonetts, wo es die Situation erforderte, das Dorf gesäubert hatten. Die Aufzeichnungen der Einheit erwähnen besonders den tapferen Einsatz der Sanitäter und deren zahlreiche Verluste. Enttäuscht war man über die angebliche Ungenauigkeit der Karten, die an die Offiziere der Infanterie ausgegeben worden waren.

Am Freitag, den 20. April, waren alle Einheiten der Lowland Division wieder zusammen. Die 155. Brigade wurde wieder eingegliedert und zur Eingreifreserve bestimmt. Die 157. Brigade kehrte von ihrem Einsatz auf der rechten Flanke zurück. Das Aufklärungsregiment hatte alle seine drei Schwadronen nach Norden geschickt, um hier die feindlichen Positionen zu zerschlagen und damit die überlange rechte Flanke der Division zu säubern. Leutnant Jack Hankeys Jungs leisteten wunderbare Arbeit da draußen, besonders als sie die Autobahn außerhalb Bremens in der Nähe von Bassen unterbrachen. Nun aber galt es, die geballte Kampfkraft der Infanterie im direkten Angriff auf diesen großen Seehafen zu konzentrieren.

Am Abend des 20. April sah die Lage ungefähr so aus: Das 4. und 5. Bataillon der Royal Scots Fusiliers hatte Etelsen, etwa zwölf Meilen von den Außenbezirken Bremens entfernt, eingenommen. Die 6. Cameronians hatten nach einer ihrer bereits bekannten Flankenbewegungen auf den Höhen nördlich von Daverden festen Boden unter die Füße bekommen. Der sorgfältige Kartenleser wird feststellen, daß das Vorgehen auf dieser verfluchten rechten Flanke immer hinter dem Vormarsch im Zentrum herhinkte. Die Glasgow Highlander hatten ihrerseits Pech gehabt, als sie bei einem nordwestlichen Vorstoß in der gleichen Gegend lange in offenem Gelände ausharren mußten. Bevor sie diese Gegend verließen, hatten die Truppen der 157. Brigade Dahlbrügge gesäubert und waren nordwärts erfolgreich bis Völkersen vorgedrungen.

Der Vormarsch der ganzen Division wurde am 21. April zusammen mit der 156. und der 157. Brigade entlang der Hauptstraße fortgesetzt. Erneut schwenkten die 6. Cameronians nach rechts aus und nahmen sich die Wälder oberhalb und jenseits des Örtchens Etelsen und des etwas größeren Städtchens Baden vor. Die Cameronians gerieten jetzt in das Feuer der Bremer Flakgeschütze, aber der Widerstand am Boden war nicht so groß. Wieder einmal war viel zu tun, um die Flanke für einen neuen Vorstoß entlang der Hauptstraße zu sichern. In dieser Nacht standen Lieutenant-Colonel Nick Gosselins tapfere 4. und 5. Royal Scots Fusiliers in Baden, nachdem sie in der südwestlichen Ecke des Städtchens einigen Widerstand niedergekämpft hatten. Unterdessen ging der Vormarsch planmäßig weiter. Die Truppe war bester Laune. Die Nachrichten von allen Fronten waren sehr gut. Zu diesem Zeitpunkt bahnte sich Sir Neil Ritchies XII. Corps einen Weg durch das flache Land in Richtung Hamburg, hatten die Amerikaner die Elbe überquert und saßen bereits in Leipzig in der äußersten süd-östlichen Ecke von Deutschland. Aber das gegenwärtige Geschäft in der Bremer Gegend war gerade schwierig genug.

Als die 157. Brigade auf der rechten Flanke aufgeräumt hatte, war den 7. Cameronians ein relativ leichter Durchbruch durch die Wälder nördlich von Baden gelungen. Aber das 5. Bataillon der nachfolgenden Highland Light Infantery stieß vor einem Hügel unglücklicherweise auf verbissenen Widerstand und mußte in der Nacht sogar einen Gegenangriff zurückschlagen. Fast schon tot, keilt der Deutsche eben immer noch aus! Am darauf folgenden Morgen überrannten die 7. Cameronians die feindlichen Stellungen auf dem Hügel. Es waren zwei Flakstellungen gewesen.

Das nächste bedeutende Ziel war die größere Stadt Achim, ein wichtiger Knotenpunkt, von dem aus eine gut ausgebaute Straße nordostwärts zur Autobahn Bremen-Hamburg bei Bassen führt. Am 22. April kamen schwere Bomber der RAF zur Unterstützung. Durch rote Rauchsignale, die die 52. Schützen gesetzt hatten, waren sie zu ihren Zielen geleitet worden. Am selben Tag zogen das 7. und 9. Bataillon der Royal Scots von der 155. Brigade an der 157. Brigade vorbei und übernahmen die Führung. Danach rückten das 4. Bataillon der King's Own Borderers und das 6. Bataillon der Highland Light Infantery vor, um sich Uphusen, drei Meilen weiter vorne, und Bierden, ein Dorf links zum Fluß hin, vorzuknöpfen. In Uphusen waren die Deutschen zum Stehen gekommen. Sanddüner im Südosten der Stadt ergaben ausgezeichnete Verteidigungsstellungen, und die Borderer hatten schwer zu kämpfen, um den Feind aus seinen Gräben herauszuwerfen.

Britischer Vorposten vor der Autobahn Bremen-Hamburg

Ein erneuter Blick auf die Karte zeigt, wie vorzüglich der Vormarsch voranging. In weniger als einer Woche hatten die Lowlander die Hälfte des Weges von Verden nach Bremen zurückgelegt, ständig im Kampf, um sowohl die rechte Flanke zu sichern als auch in der Hauptrichtung voranzustoßen. Deutliche Zeichen von Auflösung waren nun beim Feind zu sehen, besonders eine panische Angst vor unseren Flammenwerfern. Mannschaften der »Magenkranken-Bataillone« wurden in immer größerer Zahl gefangen genommen. Allein in der Gegend von Achim hatten die Lowlander mehr als 600 Gefangene gemacht, die Borderer nochmals so etwa 150 in Uphusen. Es war bezeichnend, daß jetzt auch Flakbesatzungen der Bremer Verteidigung immer häufiger gefangengenommen wurden. Eine fast komische Episode illustriert besonders, in welch groteskem Zustand sich das 3. Reich in seinen letzten Tagen befand.

Als Achim eingenommen wurde, entdeckte man, daß das Streckentelefon nach Bremen noch intakt war. Mit Hilfe des Stationsvorstehers benutzte es unser Divisionshauptquartier und versuchte alles, um den Garnisonskommandeur in der Stadt zur Übergabe zu überreden. Auch der Stationsvorsteher versuchte mit Vernunftsgründen sein Bestes, aber Bremen blieb dabei, nicht aufgeben zu wollen. Die Verbindung brach zusammen, bevor unsere Argumente von den Verteidigern voll gewürdigt werden konnten, als 800 schwere Bomber kamen und die Leitung zerstörten. Die Leitung bis Mahndorf, ungefähr fünf Meilen von Achim entfernt, blieb noch in Ordnung, und der dortige Offizier vom Dienst schien geneigt zu verhandeln. Doch dann kam es offensichtlich zu Mißverständnissen, wütende Worte wurden zwischen Briten und Deutschen über das Telefon gewechselt. Aber immerhin hatte der britische Unterhändler so die ungefähre Position des deutschen Hauptquartiers festgestellt. Von nun an schoß eine 7,2 cm-Haubitze bis zur Einnahme des Ortes vier Salven jede volle Stunde und eine weitere jede Viertelstunde auf die vermutete Stellung.

Das war die allgemeine Lage am Morgen des 23. April 1945: Die 7. Cameronians hatten gerade die Flakstellungen bei Baden, die die 5. Highland Infantery aufgehalten hatten, überrannt. Die Deutschen sprengten ihre Geschütze, bevor sie flohen. Nun mußte sich die Leichte Infanterie um Borstel, einige Meilen nordöstlich von Achim, kümmern.

Dies war wieder einer dieser Punkte, an denen sich die Deutschen hartnäckig verteidigten. Oder sollte man besser sagen, hier gab es einen örtlichen Kommandeur, der glaubte, noch auf Teufel komm raus kämpfen zu müssen. Nach Beginn des Angriffs um 9.45 Uhr kamen die Führungskompanien über offenes Feld zunächst gut voran. Aber plötzlich wurde aus kurzer Entfernung getarntes Geschützfeuer auf sie eröffnet. Zwei Panzer mit Infanterie der C-Kompanie fielen sofort aus. Zwei Granaten schlugen inmitten des 18. Zugs der D-Kompanie ein und verwundeten 17 Mann. Unter dem Schutz einer Nebelgranate konnte jedoch die D-Kompanie weiter voranstürmen, und sie erreichte Borstel eine halbe Stunde nach Mittag. Aber die C-Kompanie und die B-Kompanie, die ihr zur Hilfe gekommen war, wurden immer noch von diesen gut versteckten und getarnten Geschützen aufgehalten. Erst als die Stellung der Geschütze erkannt und mit schwerem Artilleriefeuer belegt worden war, begann der Widerstand des Gegners zu erlahmen. Nun konnten die B- und die C-Kompanie zum Angriff übergehen. Um 14.30 Uhr ergab sich der Feind. Um 16 Uhr stand die gesamte 5. Highland Infantery in Borstel.

Dieses Gefecht war typisch für den Vormarsch. Die 5. Highland Infantery verlor an Gefallenen vier Mannschaften und einen Offizier sowie 46 Verwundete – zweifelsohne kein allzugroßer Verlust. Dagegen nahmen sie vier Offiziere und 238 Mannschaften gefangen und erbeuteten 39 Geschütze von 8,8 bis 2,2 cm. Wenn eine Armee ihre Geschütze an die Infanterie verliert, ist sie am Ende. Im Tagesbericht hieß es, daß die 5. Highland Infantery einen großen Sieg errungen hatte, denn die Zahl der deutschen Gefallenen und Verwundeten war sicherlich größer als die unsere. Unter den Kriegstrophäen dieser Tage gab es große russische Geschütze von 7,52 cm.

Borstel wurde auch nach seiner Einnahme weiterhin schwer beschossen. Aber jetzt konnten die 5. King's Own Scottish Borderers weiter vorrücken und Embsen einnehmen. Das ging zwar relativ schnell, aber das Artilleriefeuer des Feindes ließ nicht nach. Ihm waren als einzige wirkungsvolle Waffen nur noch die Geschütze geblieben.

Dieser Montag, der 23. April 1945, war für die Division tatsächlich ein arbeitsreicher Tag. Wie wir gesehen haben, kämpfte die 155. Brigade bei Uphusen. Borstel und Embsen waren von Einheiten der 157. Brigade auf der Rechten eingenommen worden. Das Aufklärungsregiment hielt mit dem Feind Kontakt auf der Linie der Straße, die in nördlicher Richtung von Völkersen zur Autobahn führt. Jetzt, am späten Abend dieses denkwürdig erfolgreichen Tages, wurden die 5. King's Own Borderer und die 7. Cameronian mit Operationen auf der rechten Flanke beauftragt, um die Front der Division zu verbreitern. Diese war nämlich so eng, daß die Kanoniere enorme Schwierigkeiten hatten, gute Stellungen zu finden, um das volle Gewicht ihres Feuers zum Tragen zu bringen. Beide Bataillone sollten bis zur Autobahn vorstoßen und sie schließlich an einer Stelle überqueren. Wie es das Glück wollte, hatten die 7. Cameronians keine großen Schwierigkeiten, nordwärts durch Waldgebiet bis etwa eine Meile vor Bassen vorzudringen. Die 5. King's Own Borderers gerieten andererseits in ein heftiges Gefecht um Oyten, etwa zwei Meilen weiter an der Autobahn nach Bremen. Dieser Angriff wurde während der Dunkelheit am frühen Morgen des 23. April begonnen, und es lief mühelos, bis sich die zwei führenden Kompanien am Rande der Autobahn vereinigten. Dann aber eröffneten die Deutschen völlig unerwartet das Feuer mit allem, was sie hatten, besonders mit den bösartigen 8,8 cm-Geschützen im direkten Beschuß und mit den gefürchteten Nebelwerfern, die fünf Raketen gleichzeitig abfeuerten. Auch wenn wir nicht auf alle Einzelheiten dieses Gefechtes eingehen wollen, das so typisch für die Kämpfe um Dörfer gegen die deutsche Nachhut war, so sollten wir doch anerkennen, daß es den Deutschen in Oyten noch in letzter Stunde gelang, dem Angriff eines hervorragenden Bataillons und der 7. Cameronians stundenlang standzuhalten.

Sie kämpften wie die Teufel, erbittert, geschickt, und wir sollten diesen letzten Kämpfern der Wehrmacht unsere Anerkennung für ihre soldatischen Qualitäten zollen. In der letzten Stunde des Gefechtes, am späten Abend des 23. April, versuchten sie in ihrer Verzweiflung, einzeln in unsere Stellungen einzusickern. Deutsche Scharfschützen mußten von dem Dach eines unter ihnen brennenden Bauernhauses heruntergeschossen werden. Captain Ash-Edwards, der Artilleriebeobachter der C-Kompanie, befand sich auf dem Kirchturm

von Oyten, als eine 8,8-Batterie begann, den Turm unter direkten Beschuß zu nehmen. Man braucht ein schnelles Auge und einen kühlen Kopf, um das Mündungsfeuer dieses Schnellfeuergeschützes erkennen zu können, wenn man 150 Fuß über dem Boden sitzt und dabei eine Zielscheibe aus nächster Nähe abgibt. Drei Schuß waren bereits in das Gebäude unter seinen Füßen eingeschlagen, bevor Captain Edwards das Feuer ausmachen konnte, aber dann erwies sich das zusammengefaßte Feuer der Divisionsartillerie, das er anforderte, als massiv und durchschlagend. Vier Stunden verharrte er auf seinem Ausguck und leitete den Beschuß, der zweifelsohne viel zur erfolgreichen Einnahme Oytens beitrug.
Zehn 8,8 cm Geschütze und zwanzig 20mm-Vierlingsflakgeschütze sowie 100 Gefangene fielen den Borderers an diesem Tag in die Hände. Viele Geschützbesatzungen waren getötet worden. Am späten Abend konnten sie von den Anhöhen Oytens, die sie erobert hatten, in der Ferne das große von Bomben verwüstete Bremen, immer noch Ziel der Division, sehen. Sie hatten aus der Sicht des Generals viel dazu beigetragen, daß die von ihnen genommene Anhöhe von Oyten nun der Schlüssel zu der Stadt war.
Ein weiteres schweres und entscheidendes Gefecht fand gleichzeitig in Mahndorf, drei Meilen vor der Bremer Stadtgrenze, statt. Die 7. und 9. Royal Scots hatten es hauptsächlich in der Dunkelheit der Nacht vom 23. auf den 24. April zu bestehen.
Die gegnerische Hauptstellung, hier ein Eisenbahndamm, war schwer bewaffnet und stark besetzt. Die Zugangswege waren geschickt mit Bomben vermint, die die Deutschen in die Straßen eingegraben hatten. Wir verloren zwei Panzer. Aber dann gelang es den Royal Scots in einem wilden Kampf unter Einsatz aller Waffen, ihre exponierte Flanke zu sichern und damit die ganze Situation zu retten.
Nun war der Weg für den Schlußangriff auf Bremen frei.

Anmerkung:

1 Für die Übersetzung des englischen Textes danken wir Hiltraud Müller.

Oben: Britische Artillerie beschießt Bremen

Unten: Britische Truppen in den östlichen Außenbezirken Bremens

Vulkanisier-Ansta

»Bremen war nur noch ein Wrack«

Die Einnahme Bremens durch die Engländer im April 1945

Peter Groth

April 1945 – Erwartungen, Hoffnungen, Ängste. Erwartungen an eine letzte große Schlacht, Hoffnungen auf ein Ende der ständigen Luftangriffe, Ängste vor dem Einmarsch der Engländer – Bremen taumelt, Bremen liegt in Schutt und Asche, aber die Hansestadt ist noch nicht von den Alliierten eingenommen. Die lassen sich Zeit, quälend lange Wochen, bomben und schießen die Stadt sturmreif, Stück für Stück, Quadratmeter um Quadratmeter. Findorff, Schwachhausen, die Neustadt und Hemelingen, Kastedt und Arsten. 41.600 Sprengbomben, 850.000 Brandbomben, ungezählte Artilleriegeschosse – die Folgen waren verheerend. Diese Wirkung war jedoch geplant.

Bremen im April 1945. Einschränkungen bestimmten das Leben der 280.000 in der Stadt verbliebenen Menschen. Die Gasversorgung hatte aufgehört, Elektrizität, Müllabfuhr und Postzustellung dagegen funktionierten noch. Leidlich klappte die Lebensmittelzuteilung – an lange Schlangen vor den Geschäften hatte man sich inzwischen gewöhnen müssen. Am 3. April wurden der 1200. Fliegeralarm und der 166. Luftangriff seit Mai 1940 registriert. Wegen dieser anhaltenden Bedrohung aus der Luft, die die Menschen immer wieder in die Keller und Bunker zwang, war der Lebensradius der Bremerinnen und Bremer arg eingeschränkt. Ab dem 5. April stellte die Eisenbahn ihren Betrieb ein – nichts ging mehr. Wer irgend konnte, der verzichtete auf weite Wege, der blieb in vertrautem Terrain. Im Krematorium fanden keine Trauerfeiern mehr statt, Holz für Särge oder Feuerung für die Einäscherung gab es nicht mehr.

Das alles, die Einberufung des Volkssturms und die Tatsache, daß ab Anfang April immer wieder völlig demoralisiert wirkende, auch für Zivilisten augenscheinlich sehr mangelhaft ausgerüstete deutsche Soldaten von Westen kommend durch die Stadt zogen, blieb nicht ohne Wirkung.

Die Stimmung unter der Bevölkerung ist verheerend. Wohin man hört, ist Wut und Angst. Es werden dauernd über Drahtfunk Meldungen über die Verteilung von Lebensmitteln zur Bevorratung der Bevölkerung bekanntgegeben, da die normale Versorgung wahrscheinlich für lange Zeit nach der Einnahme Bremens unterbrochen sein wird.[1] Wut und Enttäuschung, diese Haltung spricht auch aus der Tagebuchnotiz eines am 6. April gerade zum Volkssturm einberufenen älteren Angestellten: »Ich halte alles für Wahnsinn. Es ist mir, als ob die ganze Führung den Kopf verloren hat. Jegliche Disposition, die sie im Augenblick treffen, ist in der nächsten Sekunde überholt. Es scheint mir, als wenn der Verfall bereits eingetreten ist und die Herren den Krieg nur noch weiterführen, um sich ihr Leben zu verlängern. Wir sind belogen und betrogen. Als vernünftiger Mensch muß man sich sagen, daß jeglicher Kampf unnütz ist.«[2]

Wie der Angestellte Heinrich Hohnstedt dachten viele, nicht jedoch die Gau- und Kreisleitung der NSDAP oder die führenden Militärs in der Stadt. NSDAP-Kreislei-

Blick auf den zerstörten Bremer Westen

Anstehen um das tägliche Brot

ter Max Schümann gab am 4. April im Drahtfunk eine klare Direktive aus: »Wer die weiße Fahne zeigt, hat den Tod zu erwarten.«[3]

Die weiße Fahne als Zeichen der Kapitulation mögen die Militärs des XXX. Korps der 2. Britischen Armee zwar erhofft, aber nicht erwartet haben. Von Westen und Südwesten kommend, rückten die britischen und mit ihnen kanadische Verbände auf Nordwestdeutschland zu. Ihre Ziele: Bremen, Hamburg und die Ostsee. Von Ende März bis Anfang April hatten sie enorme Geländegewinne erzielt und standen am 8. April auf einer Linie Syke-Riede-Thedinghausen-Morsum. An diesem Sonntag hörten die Bremer zum ersten Mal den Kanonendonner, am 9. und 10. April schlugen die ersten Artilleriegeschosse in den südlichen Stadtbezirken ein.

Mit der Einnahme Bremens ließen sich die britischen Truppen allerdings Zeit. Und das aus mehreren Gründen: Zum einen mußten die bei dem schnellen Vordringen zersplitterten Kräfte gebündelt werden, zum anderen stießen die Briten im Süden Bremens auf den starken Widerstand eines SS-Ausbildungsbataillons und einer Panzergrenadier-Division. Und schließlich gingen die auf dem Vormarsch befindlichen Militärführer davon aus, daß sie es in Bremen mit etwa 30.000 gut ausgebildeten Gegnern zu tun bekämen.

Tatsächlich standen den vier vorrückenden britischen Divisionen im Raum Bremen etwa 5–6000 reguläre Soldaten gegenüber. Dem Standortkommandanten in der Hansestadt waren lediglich 3000 Soldaten und 1100 Angehörige des Volkssturms verblieben. Und, was die Aussichtslosigkeit in dieser ungleichen Auseinandersetzung nur noch erhöhte, weder Panzer noch schwere Artillerie. Die in aller Eile auf den Bodenkampf umgerüsteten Flugabwehrgeschütze konnten dieses Manko nicht einmal im Ansatz ausgleichen.

Zusätzlich erschwert wurde der Abwehrkampf der Deutschen noch durch eine gravierende Fehleinschätzung über die zu erwartende Angriffsrichtung der Briten. Der am 5. April in Bremen eingesetzte Kampfkommandant Generalleutnant Fritz Becker und sein Stab erwarteten, daß die Alliierten die Hansestadt von Delmenhorst und Brinkum sowie von Wesermünde über Vegesack kommend angreifen würden. Ein Trugschluß, wie sich in der letzten April-Woche herausstellen sollte.

In Vorbereitung auf diesen Angriff wurden an den Haupt-Einfallstraßen Panzersperren errichtet, um den Stadtkern und vor den Brücken Deckungsgräben ausgehoben sowie in der ersten April-Woche die Niederungen der Ochtum weiträumig überflutet. Die militärische Führung des XXX. Korps der 2. Britischen Armee unter Generalleutnant B.G. Horrocks plante die Einnahme Bremens so: Von Süden sollte die 3. Infanterie Division vom 24. April an die Stadtteile links der Weser einnehmen. Parallel rückten aus dem Osten unmittelbar am rechten Weserufer die 52. Lowland Division und nördlich davon die 43. Wessex Division aus dem Raum Oyten auf die Stadt vor.

Truppenteile der aus drei Brigaden bestehenden 3. Infanterie Division hatten am 21. April das noch südlich der gefluteten Ochtum gelegene Huchting eingenommen. Widerstand schlug ihnen dabei kaum entgegen. Das 2. Lincolnshire Regiment besetzte beispielsweise am 20. April Kirchhuchting und wurde dann nach Ristedt zurückbeordert. In dieser ländlichen Idylle wurden die Soldaten erstmalig beim Studium englischer Zeitungen mit einer auch in diesem Stadium des Krieges erschütternden Wahrheit konfrontiert: Bilder aus Buchenwald und Belsen. Jeder Einwohner des Dorfes, so vermerkt das Geschichtsbuch des Regiments, erhielt ein Exemplar des dokumentierten Grauens mit einem erläuternden Begleitschreiben.[4] Reaktionen sind nicht vermerkt.

Von Huchting aus schoß die 185. Brigade am 20. April zwischen 18.00 und 18.30 Uhr Flugblätter in die Stadt. Der Text: »Ihr habt die Wahl! Die britische Armee steht vor Bremen. Unterstützt von der britischen Luftwaffe ist sie im Begriff, die Stadt einzunehmen. – Zwei Möglichkeiten der Einnahme bestehen: entweder unter Einsatz sämtlicher dem Heer und der Luftwaffe zur Verfügung stehender Mittel. Ihr habt nichts, womit Ihr auf die Dauer widerstehen könnt – oder durch die Besetzung der Stadt nach bedingungsloser Übergabe. Ihr habt die Wahl zwischen diesen zwei Möglichkeiten. Auf Euch lastet die Verantwortung für den daraus entstehenden unnötigen Blutverlust, falls Ihr den ersten Weg wählt. Andernfalls schickt einen Unterhändler unter dem Schutze der weißen Fahne in die britischen

Stellungen. Wir geben Euch 24 Stunden Zeit zur Entscheidung.«
Am Morgen des 21. April wird die bremische Reaktion in einer Senatssitzung mit den Spitzen von Partei und Wehrmacht erörtert. Der Stellvertretende Regierende Bürgermeister Dr. Richard Duckwitz und der Stellvertretende Reichsverteidigungskommissar Dr. Hans-Joachim Fischer plädieren für Kapitulation, NSDAP-Kreisleiter Max Schümann und Gauleiter Paul Wegener votieren unter Zustimmung von Generalleutnant Fritz Becker für Durchhalten.
Um 15.00 Uhr gibt Gauleiter Wegener die Entscheidung über Drahtfunk bekannt: Keine bedingungslose Übergabe. »Bremens Schicksal wird vom Reich aus entschieden und des Reiches Schicksal (...) von der Standhaftigkeit Bremens aus.«[5] Mit dem Hinweis, die Bremer würden sich seiner bis zur entscheidenden Stunde nicht zu schämen brauchen, schloß Wegener seine fatale Rede. Anschließend entschwand der Gauleiter und Reichsstatthalter nach Schleswig-Holstein zum inzwischen nach Flensburg verlagerten Oberkommando der Wehrmacht und ließ die Bremer in ihrer prekär gewordenen Situation zurück.
Die Engländer reagierten nach Ablauf des Ultimatums am 22. April: Zwischen 18.00 und 19.00 Uhr erlebte die Stadt den 167. Luftangriff, der schwere Schäden in den Stadtteilen Schwachhausen, Hastedt und Hemelingen anrichtete. Neben vielen Straßenzügen wurden das Wehr und das Elektrizitätswerk zerstört, so daß die Stadt nun auch ohne Strom auskommen mußte. Derweil traten die Planungen für die Eroberung der Stadt in ihr Endstadium. Am Montag, den 23. April, wurden die Einheiten der 3. Infanterie Division neu gruppiert und auf ihren Einsatz vorbereitet. Weitere Luftangriffe auf Arsten und Kattenturm und heftiges Artilleriefeuer auf die deutschen Stellungen am Südrand der Stadt bereiteten den Angriff vor, der am 24. April um Mitternacht in mondklarer Nacht begann. Und zwar anders als von den deutschen Verteidigern erwartet, nicht über die zwischen Brinkum und Kattenturm sowie zwischen Huchting und der Neustadt verbliebenen einzigen Straßen. Die Briten hatten südlich von Leeste

Britische Schwimmpanzer im Einsatz

Häuserkämpfe in der Neustadt

47 Schwimmpanzer vom Typ Buffalo stationiert, die ab Mitternacht in Gruppen von jeweils sechs Fahrzeugen Soldaten der Royal Ulster Rifles, des Royal Norfolk Regiments und des Royal Warwickshire Regiments über die gefluteten Wiesen nach Kattenturm, Arsten und Habenhausen brachten. Erwartet hatten die Angreifer dort jeweils etwa 200 Verteidiger.[6] Die wegen der langen Wasserfahrt vorher als äußerst schwierig eingeschätzte Operation[7] verlief problemlos – der nur sporadische Widerstand der von der britischen Taktik überraschten Wehrmachtseinheiten forderte auf Seiten der Angreifer 24 leicht Verwundete. Gegen 3.30 Uhr hatten die Ulster Rifles die

Auf dem Weg in die Gefangenschaft

strategisch wichtige Ochtum-Brücke in Kattenturm eingenommen und fünf deutsche Offiziere sowie 128 andere Soldaten gefangengenommen.[8]
Ähnlich die Situation in Habenhausen. Dort hatten die Regimenter der Royal Norfolks und der Royal Warwickshires ein »zweites Brinkum« befürchtet, blieben aber nahezu unbehelligt.[9] Am Nachmittag des 25. April waren der Stadtteil, 20 Offiziere und 100 völlig demoralisierte Soldaten in der Hand der Engländer.[10] Am 26. April setzten die beiden Regimenter ihren Vormarsch in Richtung Neustadt fort. Außer bei einem Scharmützel mit den noch in der Kaserne Huckelriede verbliebenen Wehrmachtsangehörigen fiel kein weiterer Schuß – die britischen Einheiten nahmen am Abend Quartier auf dem Gelände der Brauerei Beck und tranken das erste Bier.[11] Die Bilanz der 3. Division nach Abschluß der Einnahme des linken bremischen Weserufers: 22 Offiziere und 900 Soldaten gefangengenommen, in den eigenen Reihen während der letzten Kampfeshandlungen nur wenige Verwundete. Und: Es war klar geworden, daß der Hauptkampf um Bremen schon vor der Stadt stattgefunden hatte.[12]
Für die 3. Division, die in elf Monaten von der Normandie bis Bremen vorgerückt war, war die Einnahme der »auf ein Wrack reduzierten«[13] Hansestadt ein leichtes Unterfangen – für die Bevölkerung des linken Weserufers bedeuteten diese Tage und Stunden bis zum 26. April eine letzte tödliche Gefahr für Leib und Leben. Vom 20. April an lebten die Menschen mit kurzen Unterbrechungen in den Bunkern. »Der Bunker war proppenvoll. Solange das Licht an war und es kam kein Angriff, ging es ja. Aber nachher, wenn kein Strom da war, wurde es schwer. Dann mußte mit der Hand eine Kurbel gedreht werden, damit etwas Luft hineinkam. Man saß dicht an dicht, auf den Fluren saßen sie nachher. Es war wirklich schrecklich.«[14] Die Angst, das endlose Warten auf Entwarnung, die unbeschreiblich schlechte Luft, die Sorge um das Hab und Gut und dann die kursierenden Gerüchte über den unmittelbar vor der Bunkertür stehenden Feind nagten an der Psyche und Physis der vom Krieg geschundenen Menschen. »Wir kannten ja auch nur

die Propaganda. Uns war völlig klar, daß es fürchterlich werden würde, wenn der Feind käme.«[15] Wahre Greuelmärchen kursierten: »Im Bunker war ein ganz junger Soldat. Der war vielleicht erst 16 Jahre alt. (...) Als dann die Panzer in Rablinghausen einrollten, hörte man schon vorher Rufe: ›Sie kommen, sie kommen – immer näher!‹ Und dieser Junge, eigentlich war er ja noch ein Kind, hatte eine Angst! Und weinte: ›Die schneiden mir die Ohren ab! Die schneiden mir die Nase ab!‹«[16] Natürlich kam es nicht zu solchen Exzessen. Die am rechten Weserufer nach Bremen einrückenden englischen und schottischen Einheiten hatten eher den Eindruck, sie eroberten eine menschenleere Stadt. Nicht ganz, denn die vorrückenden Soldaten wurden von Zwangsarbeitern und Kriegsgefangenen, die nur in Ausnahmefällen die verhältnismäßig sicheren Bunker aufsuchen durften, stürmisch als Befreier begrüßt.

Die 52. Lowland Division, ein aus drei schottischen Brigaden bestehender Verband, kam von Achim nach Bremen. Noch am 22. April, also zwei Tage vor ihrem Einmarsch nach Mahndorf und Arbergen, unternahmen deren Verantwortliche einen letzten Versuch, die Gegenseite zur Aufgabe zu bewegen. Im Achimer Bahnhof hatte man erstaunt festgestellt, daß die Bahntelefonleitung in die Hansestadt noch nicht abgeschnitten war. Der Kontakt mit dem Bremer Kampfkommandanten Fritz Bekker kam dennoch nicht zustande. Die Engländer ließen ihn zwar wissen, daß der Generalangriff unmittelbar bevorstehe, aber Becker reagierte nicht. Am Abend dieses Sonntags war die Chance vertan: Bei einem schweren Bombenangriff wurde auch dieser letzte Draht zerstört.

In der Nacht vom 23. auf den 24. April rückten die 155., 156. und 157. Brigade dann auf Mahndorf und Arbergen zu und trafen lediglich am Sebaldsbrücker Reichsbahnausbesserungswerk auf Widerstand. Dort stellten sich ihnen 15–18jährige Jungen, die zuvor in der Osterholzer Fliegertechnischen Vorschule in fünf Kompanien kaserniert worden waren, entgegen. Starker Artilleriebeschuß ließ den Abwehrwillen der nur schwach bewaffneten Jugendlichen jedoch bald erlahmen. Sie flüchte-

»Victory!« – Zwangsarbeiter begrüßen ihre Befreier

Britische Artillerie in den Außenbezirken Bremens

27. April: Besetzung des Überseehafens

Plünderungen in den bremischen Häfen

ten vor der Übermacht – fünf der Jungen starben vor dem Rückzug in Richtung Oberneuland.[17]

Am Abend des 24. April war Hemelingen eingenommen, am 25. April rückten die Soldaten über Hastedt und die östliche Vorstadt in Richtung Zentrum vor. Die von Kampfkommandant Becker angeordnete Sprengung der noch funktionsfähigen Weserübergänge (Lüderitzbrücke und Kaiserbrücke) konnte jedoch nicht verhindert werden. Am Donnerstag, den 26. April, hatten die schottischen Einheiten auch die Innenstadt unter Kontrolle – gegen 10.00 Uhr suchten Offiziere den Stellvertretenden Regierenden Bürgermeister Dr. Richard Duckwitz auf und bestellten ihn zum Polizeihaus am Wall. Dort wurde Duckwitz am frühen Nachmittag seines Amtes enthoben und für nur vier Tage durch den Polizeipräsidenten Hans Schroers ersetzt.

Am Nachmittag dieses Tages und auch noch am 27. April durchkämmten die Angehörigen der 52. Lowland Division die Hafengebiete. Dort und in allen anderen zwischenzeitlich besetzten Stadtteilen erlebten die Soldaten, die insgesamt 1150 Wehrmachtsangehörige gefangengenommen hatten, eine neue Seite des Krieges: Plünderungen und Selbstjustiz. Anfangs empfanden es die Sieger noch als »sehr amüsant«, dem Kampf Deutscher gegen Deutsche zuzusehen oder Polen und Deutsche »am Flaschenkrieg in einem Weinkeller« zu hindern.[18] Und auch die Beobachtung, daß ein Lokomotivführer seinen Zug auf wenigen hundert Metern intakt gebliebener Hafengleise hin- und zurückrangierte, löste eher Heiterkeit aus.[19] Das Amusement über die aus blanker Not geborenen Plünderungen wich jedoch sehr bald der Klage, daß »eine Brigade allein die außer Rand und Band geratene Bevölkerung« nicht zur Ordnung anhalten könne.[20] Hinzu kam, daß einzelne Truppenteile Zeuge von Racheakten wurden: 40 bis 50 Russen hätten drei ihrer bisherigen Bewacher mit dreibeinigen Holzschemeln in bislang nicht gesehener Brutalität regelrecht exekutiert.[21] Andererseits gab es aus der Zivilbevölkerung auch Klagen über das Verhalten der englischen Soldaten, die bei der Durchsuchung ganzer Straßenzüge auf Trophäen-

Blick auf die gesprengte Kaiserbrücke und den Teerhof

jagd gingen. Begehrt waren Fahnen und Abzeichen mit dem Hakenkreuz, aber auch Uhren, Schmuck und Fotoapparate, die sich einzelne Engländer aneigneten, wenn sie Wohnungen und Häuser nach Waffen durchsuchten. »Einmal jedoch, es war schon Sperrstunde und wir waren gerade alle schlafen gegangen, klopfte es laut an der Tür. Als jemand von uns die Tür öffnete, traten zwei bis zu den Zähnen bewaffnete Engländer uns forsch entgegen, durchsuchten alle Räume, ... nahmen sich, was sie für gut und wertvoll hielten und verschwanden wieder.«[22] Oder: »Ein Soldat fragte Lehrer Kruse nach der Uhrzeit, dieser holte seine goldene Sprungdeckeluhr heraus und zeigte sie dem Tommy mit dem Erfolg, daß er sie sofort los war.«[23] Solche unerfreulichen illegalen Bereicherungsaktionen gab es nur unmittelbar nach der Besetzung der Stadt, die letztendlich am 27. April um 18.00 Uhr südlich der Lesum komplett vollzogen war.

An diesem 27. April und am Tag zuvor nahmen die Verbände der 43. Wessex Division die Stadtteile Oberneuland, Horn, Schwachhausen und Findorff ein. Der 129. Brigade fiel dabei die Aufgabe zu, den »Coup de grace« zu führen,[24] den im Bürgerpark gelegenen Bunker des Kampfkommandanten und den Regierungsbunker zu besetzen. Am Morgen des 26. April brachen von Rockwinkel aus das 4. und das 5. Bataillon des Wiltshire Regiments sowie das 4. Bataillon der Somerset Light Infantry auf. Auf ihrem Weg zum Bürgerpark trafen sie nicht auf nennenswerten Widerstand – an einer Autobahnbrücke verließen zwei 14jährige Jungen ihr Maschinengewehr panikartig, an einer Flakstellung ergaben sich 164 Männer, ohne daß ein Schuß gefallen war.[25]

An der Nordseite des Bürgerparks änderte sich die Situation schlagartig – die englischen Einheiten wurden von heftigem Maschinengewehrfeuer überrascht und verloren in kurzer Zeit zwölf Männer.[26] Dort und in der unmittelbaren Umgebung lagen etwa 1000 deutsche Soldaten, Infanteriestellungen und Munitionslager.[27] Da ein weiteres Vordringen durch den Park, dessen Brükken die britischen Panzer nicht trugen, unmöglich erschien, zogen sich die Truppenteile der 129. Brigade aus der unmittelbaren Nähe des Parks zurück und erreichten auf den Straßen des Parkviertels am Abend den »Stern« und die Hollerallee. Zwischendurch wurden gegen Heckenschützen in den am Wege liegenden Villen und Häusern aus »Crocodile«-Panzerfahrzeugen

Flammenwerfer eingesetzt. Noch am Abend dieses 26. April drangen die Engländer bis zu dem in Höhe der Einmündung Benquestraße liegenden Bunker vor, in dem sich der Standortkommandant Generalmajor Siber verschanzt hatte. Zwei britische Offiziere und ihre Mannschaften stürmten gegen 22.00 Uhr diesen Bunker, fanden einen mit Soldaten überfüllten »Kaninchenbau«, bestehend aus unübersichtlichen Treppen und kleinen Räumen, vor. 30 Offiziere und Siber warteten fatalistisch in einem karg möblierten Raum auf das Ende, vor sich lauter leere Sektflaschen.[28]
Erst am nächsten Morgen nahmen sich die »Wiltshires« und »Somersets« den zweiten großen Bunker im Bürgerpark vor, den des Kampfkommandanten Fritz Becker in Höhe der Bulthaupstraße. Becker und sein Stab befanden sich in einer hoffnungslosen Lage. Über die Situation außerhalb des Schutzbaus waren der Generalleutnant und seine Offiziere nur unzureichend orientiert. Totale Übermüdung, unvorstellbare Nervosität sowie tiefgreifende Meinungsverschiedenheiten über die zu ergreifenden Maßnahmen – kapitulieren, Becker erschießen, kämpfen bis zum Ende – prägten die Szene.[29] Zivilisten aus den angrenzenden Straßen, die bei Luftangriffen und Artilleriebeschuß Schutz (und reich gedeckte Tische) im Bunker fanden, vermochten in diesen Stunden vor der Gefangennahme bei den Soldaten nur noch tiefe Depression, gepaart mit Galgenhumor, zu erkennen.[30]
Die britischen Truppen hatten den Hochbunker im Morgengrauen von allen Seiten umstellt. Diese Tatsache blieb den eingekreisten Deutschen nicht lange verborgen. Becker, unfähig eine Entscheidung zu treffen, wurde vom weiteren Gang der Dinge überrollt. Auf Befehl eines Obersten trat ein Major mit weißem Bettuch vor den Eingang und signalisierte den Briten die Aufgabe.[31] Und dann verließen die Bunkerinsassen, der Kampfkommandant mit Hitler-Gruß, den Schutzbau. Die militärische Spitze Bremens war damit außer Gefecht. Und nicht nur die: Die 43. Wessex Division nahm allein in Bremen 2771 Angehörige von Wehrmacht und Volkssturm gefangen. Versagt blieb den Briten die Festsetzung der NSDAP-Parteileitung. Gauleiter Paul Wegener hatte sich schon am 21. April abgesetzt, Kreisleiter Max Schümann folgte seinem Beispiel am 25. April und floh über Bremen-Nord nach Ostfriesland. In Unkenntnis dieser Tatsachen ging die Führung der 43. Wessex-Division davon aus, sie habe am Morgen des 27. April im Befehlsbunker an der Parkallee auch den Gauleiter entdeckt. Soldaten der 4. Somerset Light Infantry glaubten, sie hätten im provisorischen »Nazi-Headquarter« den »Chief Nazi« und seine Frau entdeckt. Das dort aufgefundene Ehepaar, dessen Identität nicht bekannt ist, hatte Selbstmord begangen.[32]
Für die Einheiten der 43. Wessex Division waren die Kämpfe um den Bürgerpark und die angrenzenden Quartiere die letzten Kampfhandlungen des Zweiten Weltkrieges. Auf die Einnahme von Bremen-Nord verzichteten die Briten, weil die Hauptoperationsgebiete des XXX. Korps in die Lüneburger Heide verlagert wurden. Viele der in Bremen eingesetzten Einheiten blieben jedoch bis zur endgültigen Kapitulation in der Hansestadt bzw. im Umland. Der Chronist des 4. Bataillons der Somerset Light Infantry nimmt es sportlich: »Ein schöneres großes Finale als in Bremen hätten wir uns auch nicht wünschen können.«[33]
So sportlich wie die siegreichen britischen Truppen konnten die Bremerinnen und Bremer die letzten Kriegstage in ihrer Stadt nicht sehen. Während der Kämpfe vom 22. bis 27. April starben noch einmal 220 Soldaten und 540 Zivilisten.[34] Beim 172. und 173. Luftangriff, den letzten dieses Krieges, am 24. April und bei den Artillerieduellen dieser Woche fielen weitere Gebäude in Schutt und Asche. Das Ausmaß beschreibt ein Postbeamter am Beispiel seiner Straße: »Der Schaden war sehr groß: Holzmindener Str. Nr. 2 und 4 waren völlig verschwunden; 22, 24, 28, 30 ausgebrannt und zum Teil hinten aufgerissen; 38, 40, 42 vorne aufgerissen; 29, 31, 33 zusammengestürzt; 39, 41 vorn aufgerissen; 45, 47 hinten ein sehr großer Trichter und zum Teil aufgerissen. Alle anderen Häuser waren schwer beschädigt. Auch in der Hamelner, Haller und in einem Teil der Regensburger Straße war großer Schaden entstanden. Dagegen waren die Gothaer, Tölzer und Wanfrieder Straße verschont geblieben. Auch unser Haus hatte starke Beschädigungen, war aber in unserer Straße noch eines der besten mit. Sämtliche Türen waren mit dem Rahmen herausgerissen, der größte Teil vom Deckenputz war abgefallen oder hing mit den Riedmatten bis zum Fußboden herunter. Die Fenster bestanden nur noch aus Resten, und sämtliche Möbel la-

Suche nach brauchbarem Hab und Gut

gen in den Zimmern durcheinander, so daß man lediglich hineinschauen konnte. Die Treppe lag schief, auch ganz oben nur Reste.«[35]

Den Verlust von Angehörigen und Freunden, von Haus und Wohnung mußten unzählige Bremer verschmerzen; ebenfalls das durch die Zerstörung der Stadt und der parallel mit der Einnahme Bremens einsetzende Chaos von Plünderungen.

Und dann waren da noch die Sieger, die die Stadt in Besitz genommen hatten.

Daß die Zwangsarbeiter und Kriegsgefangenen die Briten als Befreier begrüßten, verstand sich von selbst. Daß auch viele Bremerinnen und Bremer so empfanden, ist ebenfalls nachvollziehbar. Nach Jahren eines mit raffinierten Propagandamitteln verbreiteten Feindbildes überwogen jedoch Furcht und Mißtrauen, das nur langsam in zögernde Zurückhaltung und Zutrauen umschlug.[36] »An den Weserterrassen lagerten Engländer mit ihren Lkw. Als wir vorbeikamen, steckte uns ein Soldat ein paar neue Kinderschuhe zu – ›für Baby‹ – und verschwand. Wir waren sprachlos.«[37] »Ich bin so eine Art Kindernazi und verkünde im Bunker, daß ich den Untergang des Dritten Reiches nicht überleben will. Da kommt der Feind. Mir ist mulmig – trotzdem sage ich ›Heil Hitler‹. Der erste Feind erschießt mich nicht, sondern nimmt mich auf den Arm und gibt mir Schokolade. Schokolade!! Ich wußte nicht, wie so etwas schmeckt. Ein anderer Feind gibt mir Brot – leider mußte ich alles teilen. Mein Feindbild wird erschüttert. Menschen, die Schokolade und Brot verschenken, können nicht böse sein.«[38]

Furcht und Mißtrauen wandeln sich zögernd in Zurückhaltung und Zutrauen

Anmerkungen:

1 *9,S 9-25, Tetta Hinne, Kriegschronik, S. 105.*

2 *9,S 9-25, Heinrich Hohnstedt, Tagebuch.*

3 *Fritz Peters, Zwölf Jahre Bremen 1933–1945, Bremen 1951, S. 276.*

4 *The History of the Second Battalion The Lincolnshire Regiment in North-West Europe, (Privatdruck), S. 64.*

5 *Peters, a.a.O., S. 282.*

6 *Marcus Cunliffe, History of The Royal Warwickshire Regiment 1919–1955, London 1956, S. 167.*

7 *Norman Scarfe, Assault Division. A History of the 3rd Division from the invasion of Normandy to the surrender of Germany, London 1947, S. 259.*

8 *Quis Separabit, The magazine of the Royal Ulster Rifles, November 1945, S. 190.*

9 *The History of the 1st Battalion The Royal Norfolk Regiment during the World War 1939–1945, Norwich 1947, S. 56.*

10 *a.a.O., S. 56.*

11 *a.a.O., S. 57.*

12 *Scarfe, a.a.O., S. 266.*

13 *a.a.O., S. 267.*

14 *Geschichte(n) hinterm Tunnel, Bremen 1994, S. 124.*

15 *a.a.O., S. 131.*

16 *a.a.O., S. 129.*

17 *9,S 9-25, Dr. Werner Ellerbeck, S. 4.*

18 *E.V. Tullet, From Flushing to Bremen. The Campaign in North-West Europe. A History of the 5th Battalion The King's Own Scottish Borderers from 19th October 1944 until V.E. Day, Minden 1945, S. 67.*

19 *George Blake, Mountain and Flood. The History of the 52nd (Lowland) Division 1939–1945, Glasgow 1950, S. 205.*

20 *a.a.O., S. 205.*

21 *Eric A. Cooling, An account of a young soldier's Wartime experiences, (Privatdruck), S. 120.*

22 *Regina Bruss, Mit Zuckersack und Heißgetränk, Bremen 1989, S. 22.*

23 *9,S 9-25, Albrecht von Lührte, Tagebuch, S. 45f.*

24 *Hubert Essame, The 43rd Wessex Division at War 1944–1945, London 1952, S. 260.*

25 *A.D. Parsons et al., The Maroon Square. A history of the 4th Battalion The Wiltshire Regiment (Duke of Edinburgh) in North-West Europe 1939–1946, London o.J., S. 187f.*

26 *Essame, a.a.O., S. 261.*

27 *Herbert Schwarzwälder, Geschichte der Freien Hansestadt Bremen, Bd. 4: Bremen in der NS-Zeit (1933–1945), Hamburg 1985, S. 629.*

28 *Essame, a.a.O., S. 263.*

29 *Schwarzwälder, a.a.O., S. 630.*

30 *9,S 9-25, Tetta Hinne, Kriegschronik, S. 116.*

31 *Schwarzwälder, a.a.O., S. 630.*

32 *History of the 4th Battalion The Somerset Light Infantry (Prince Albert's) in the Campaign in North-West Europe, June, 1944–May, 1945, (Privatdruck), Taunton o. J., S. 106.*

33 *a.a.O., S. 106.*

34 *Schwarzwälder, a.a.O., S. 632.*

35 *9,S 9-25, Fritz Schnieder, Erinnerungen, S. 102f.*

36 *Bruss, a.a.O., S. 15.*

37 *a.a.O., S. 21.*

38 *a.a.O., S. 20.*

Zerstörung und Chaos prägen das Bild der letzten Kriegstage

Bremer Kriegstagebuch vom April 1945

Albrecht Mertz[1]

Vorwort

… Wer gerade wie ich die Schuld des Nationalsozialismus an dem Kriege selbst wie an seiner unsinnigen und schurkischen Verlängerung, als er längst schon unrettbar verloren war, von vornherein erkannte und vertrat, der hat auch die Pflicht zuzugeben, daß Hitler den Bombenluftkrieg gegen die Zivilbevölkerung lange vorher, aber vergeblich durch internationale Abkommen zu vermeiden bestrebt war, und in diesem einen Punkt wird man seine ehrliche Absicht kaum widerlegen können. Auch die Verwendung unserer Luftwaffe seiner Zeit gegen Rotterdam und Warschau gibt m.E. ebensowenig wie die gescheiterte Luftoffensive vom Herbst 1940 gegen England unseren Feinden, die doch die Vertreter der Humanität gegen das Nazitum zu sein vorgaben, eine moralische Rechtfertigung für die Ungeheuerlichkeiten, wie sie etwa im kleineren Freiburg/Br. oder schon früher in Hamburg und dann in Berlin und in gräßlichstem Ausmaß in Dresden verübt worden sind. Und was die unsagbaren Greuel in den Konzentrationslagern betrifft, die nun hinterher als Ausrede dafür dienen sollen, wir hätten als Gesamtvolk keine andere Behandlung verdient denn ein barbarisch-mörderischer Stamm von Wilden, so kann die überwältigende Mehrheit der Deutschen vor ihrem Gewissen wie nach außen beeiden, von diesen Untaten kaum eine Ahnung gehabt zu haben, vollzogen sie sich doch hinter einem von keinem von uns durchschauten und von den Verbrechern der Gestapo und SS gezogenen dichten Schleier. Was ich schon wußte, nämlich Behandlung und auch Ermordung der Juden, grausame Verfolgung und teilweise ebenfalls Ermordung der politischen Gegner der Nazis, hätte allein genügt, mich mit Abscheu zu erfüllen und mich für immer abzuwenden. Jegliches Zusammenleben mit einem derartigen System blieb grundsätzlich ausgeschlossen auch da, wo es sichtlich Gutes stiftete oder hätte stiften können, und es war uns auferlegte Pflicht, wenigstens im Rahmen der so geringen geheimen Möglichkeiten, jeden anständigen Menschen zum Widerstand dagegen aufzurütteln. Daß ich dies vom Beginn der Machtübernahme der Partei an, ohne Rücksicht auf die ja auch eingetretenen persönlichen Nachteile und ohne Furcht vor den möglichen weitergehenden Folgen getan habe, gibt mir m.E. auch das Recht, unseren angloamerikanischen Feinden gegenüber auf ihre Schuld wiederum hinzuweisen. …

Uns selbst, vor allem aber meinen Kindern und nächsten Angehörigen, auch den Freunden, die sich vielleicht dafür interessieren, soll es für später einen erinnernden Bericht nicht nur unserer – gegenüber den Erlebnissen unserer Soldaten und Lieben an der Front selbst – ja freilich unwichtigen eigenen Erlebnisse abgeben, es soll vor allem auch die Gedanken festhalten, die im Anschluß an diese Geschehnisse so lebhaft und vordringlich wurden, daß ich ihre Niederschrift über den impulsiven Augenblick hinaus doch der Mühe für wert hielt. Ob dies berechtigt war und ob diese ja auch andernorts und bei Gleichgesinnten ähnlichen Überlegungen für spätere und hoffentlich nicht mehr ganz so elende Zeiten einen für die Zukunft in

Bunker in der Loignystraße (1995)

Etwas auch richtungsweisenden Charakter behalten werden, – weil nämlich solche Kritik indirekt auch aufbauenden Wert haben soll –, das vermag ich selber heute am wenigsten zu entscheiden.

Bremen im Mai 1945
Albrecht Mertz

Donnerstag, den 5.4.1945
Am Karfreitag, den 30.3.1945, hatte Bremen den letzten schweren Luftangriff, der namentlich das Gebiet der Werft, der A.G. Weser, betroffen hat und wieder mehr großen neuen Häuserschaden brachte. Seitdem war natürlich der Luftalarm weiter der gewohnte Zustand, fast alle Nächte fielen einige Bomben. An den Ostertagen war uns etwas Ruhe und Erholung von den schier unerträglich gewordenen Bunkerstunden vergönnt. Nebenbei bin ich ja in zwei benachbarten Bunkern als Arzt verpflichtet und namentlich im Bunker Loignystraße tätig, wo sich auch mein ständiger Sanitätsraum befindet. Unser Bunker ist mindestens viermal über die ihm ursprünglich zugedachte Kapazität hinaus besucht. Drangvoll fürchterliche Enge ist ein ungenügender Ausdruck für die darin zusammengepferchte Masse Mensch. Dieser Mensch ist vielfach ungewaschen und ungepflegt – die zerstörte Wasserleitung! – und es herrscht eine oft kaum atembare Luft. Ohnmachten und Übelkeiten sind die begreifliche Folge, von auch nur annähernd ärztlich zu rechtfertigenden sanitären Verhältnissen ist keine Rede mehr. Die vielen Kranken haben zudem keinen besonderen Krankenraum, auch die Kinder nicht. Dabei nehmen Grippen, eitrige Halsentzündungen usw. täglich mehr überhand. Masern, Scharlach und Diphtherie sind gewohnte Erscheinungen und können kaum isoliert werden, selbst wenn man sie überhaupt rechtzeitig erkennt. Die Bunker sind eine ideale Brutstätte der Epidemien, und ihre Besucher sind meist reizbar, ohne Einsicht in die im allgemeinen Interesse und für den Einzelnen oft sehr harten Anordnungen, so z.B. das Bunkerverbot für Scharlach- und Diphtheriekranke. Mit faulen Kompromissen suche ich das immer noch Schlimmere zu verhüten.
Im Ganzen hat unsere Bevölkerung eine ruhige und ergebene Haltung, vielfach weniger charakterliches Verdienst vermutlich als Ausdruck des Stumpfgewordenseins. Die gewisse »Sturheit« des Niederdeutschen dürfte das begünstigen.
Seit gestern sind wir nun unmittelbares Kriegsgebiet, nachdem der Feind in unseren südlichen Gau eingerückt ist und namentlich westlich von uns rasch vorzudringen scheint. Über die allgemeine Kriegslage ist man gut informiert, fast alle scheinen auch die Feindsender zu hören, trotz verschärfter Strafandrohungen. Gestern schon gab es erhöhte Alarmbereitschaft, der Volkssturm wurde mobil gemacht und z.T. schon in Marsch gesetzt. Von meiner Kompanie 37/56 des Bremer Volkssturmes, bei der ich Bataillonsarzt bin, hörte ich freilich schon die ganze Woche nichts mehr, nur von einer Veränderung in der Batl.-Führung. Ein scharfer Parteimann scheint jetzt an der Spitze zu stehen. Wie mir der Ortsgruppenleiter A., der Kriegsdrückeberger, selbst sagte, ist bei den Führerstellen im Volkssturm die parteipolitische Zuverlässigkeit maßgebend. Ich konnte nur erwidern, daß ich dann meine bisherige Meinung berichtigen werde, wonach der Volkssturm vor allem eine Sache der Landesverteidigung, also eine militärische sein solle, und nicht eine der Partei. Doch was heißt heute noch Partei! Die hört offiziell wohl – endlich, endlich! – auf zu existieren, insofern, als es nach außen hin keine Nazis mehr gibt. Schon gestern war der Befehl ergangen, daß alle Pgs ihre Parteibücher sowie alle Uniformen und andere Zugehörigkeitszeichen zu vernichten haben. Die Gestapo hat ihre Akten verbrannt, auch alle anderen Akten dieser Art sollen dem Feuertode verfallen. Der Mut zum Bekenntnis hat also seine amtliche Beendigung gefunden und das Ganze ist nicht schmachvoller als alles Übrige auch.
Heute früh begann die Stadt kriegerisch auszusehen, requiriertes Fuhrwerk zieht in Kolonnen nach Osten, eine richtig eingekleidete Abteilung Volkssturm marschiert mit geschulterten Gewehren an unserer Wohnung vorbei, ohne Tritt, müde und mit resignierten Mienen. In der eigentlichen Stadt ist der Betrieb wie immer, viel Menschen sind unterwegs von und zur Arbeit. Vor den Läden, zumal denen der Bäcker und Metzger, stauen sich lange Schlangen. Auf der Bank wurde nach einigem Warten RM 4000,- anstandslos ausgezahlt; es werden auch noch viele Einzahlungen getätigt, Panik ist nicht zu bemerken. Der Dienst bei der Landesversicherungsanstalt ist zur Farce geworden, die aber krampfhaft aufrecht-

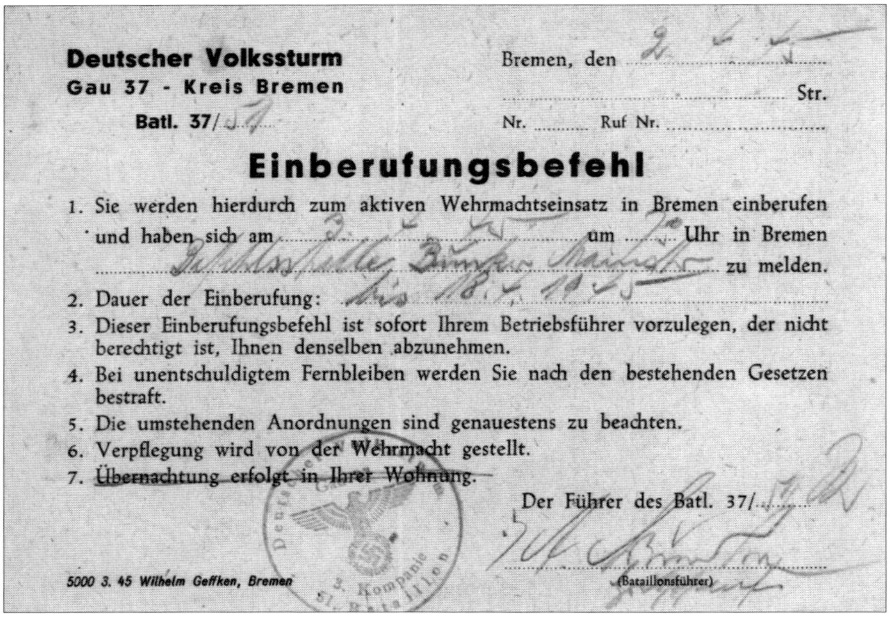
Deutscher Volkssturm
Gau 37 - Kreis Bremen
Batl. 37/

Bremen, den ....
.... Str.
Nr. .... Ruf Nr. ....

Einberufungsbefehl

1. Sie werden hierdurch zum aktiven Wehrmachtseinsatz in Bremen einberufen und haben sich am .... um ...... Uhr in Bremen .... zu melden.
2. Dauer der Einberufung: ....
3. Dieser Einberufungsbefehl ist sofort Ihrem Betriebsführer vorzulegen, der nicht berechtigt ist, Ihnen denselben abzunehmen.
4. Bei unentschuldigtem Fernbleiben werden Sie nach den bestehenden Gesetzen bestraft.
5. Die umstehenden Anordnungen sind genauestens zu beachten.
6. Verpflegung wird von der Wehrmacht gestellt.
7. ~~Übernachtung erfolgt in Ihrer Wohnung.~~

Der Führer des Batl. 37/......
....
(Bataillonsführer)

5000 3. 45 Wilhelm Geffken, Bremen

erhalten wird. In der Stunde muß ich wenigstens 30 Patienten abfertigen, statt sonst höchstens 8–10, das besagt genug. In der Sprechstunde ist Überfüllung, viel Schwerkranke; die schweren Lungenentzündungen fallen mir namentlich auf. Die Behandlung wird bei dem bereits sehr bemerkbaren Mangel an den meisten unentbehrlichen Arzneimitteln immer schwieriger und unbefriedigender, doch sind die Mütter eigentlich alle ruhig und verständig, gottergeben. Auch dringende Besuche, meist nur noch in der Nachbarschaft möglich, müssen gemacht werden, das letzte Benzin wird mit dem Motorrädchen ausgenutzt, bei dem böigen auch eisigen Wind eine große Strapaze, die sich durch tüchtiges Rheuma rächt.
Allabendlich gibt die Kreisleitung jetzt die neuesten militärischen Nachrichten durch. Darnach ist das uns bevorstehende Schicksal sehr ernst geworden. Entgegen den gestern allgemein verbreiteten optimistischen Gerüchten soll Bremen verteidigt werden! Ein schurkischer Wahnsinn, diese Absicht, sonst nichts! Welche weiteren unnützen Opfer wird er noch fordern, wen von uns wird es treffen? Und was alles wird von der Reststadt dabei noch zu Grunde gehen? Ob es stimmt, daß sogar E-Werk und Wasserwerk gesprengt werden sollen? Zuzutrauen ist den Fanatikern, denen wir so rettungslos ausgeliefert sind, ja alles.
Südlich Bremen, im Linkswesergebiet, dürften die Engländer schon auf 50–60 km heran sein, doch hören wir noch keinen Kanonendonner. Wie lange mag es dauern, bis wir den Kampf vor oder in der Stadt haben, wie lange, bis wir auch das überstanden haben? Ich lehne es ab, mitzuprophezeien, es kommt alles noch früh genug; morgen oder übermorgen ist da einerlei.
Wir haben in dem möglichen beschränkten Maße für etwas Vorräte zu sorgen versucht, Hanny [seine Frau, d. Hrsg.] war stundenlang heute wieder deswegen unterwegs, in der sehr berechtigten Sorge um die unentbehrlichen Kartoffeln. Sie blühte förmlich auf, als sie wider Erwarten 35 Pfd. erhalten konnte.
Mütter mit Kleinst- und Kleinkindern hat die Kreisleitung aufgefordert, sich zu überlegen, ob sie sich vorübergehend wollen abtransportieren lassen; wohin, wurde verschwiegen, Verkehrsmittel würden bereitgestellt. Den ganzen Tag schon sahen wir Radler mit Gepäck hintenauf entfliehen. Auch alles Fuhrwerk privater Art schien diesem Zweck zu dienen. Parteibonzen sind natürlich noch mit ihren Dienstautos unterwegs, ihre Angehörigen fortzuschaffen – Quod licet Jovi usw.!
Mich halten ja die Berufspflichten auf alle Fälle hier fest, Hanny wird es schwerlich anders ergehen.

Plakat zum Aufruf des Volkssturms, Herbst 1944

Freitag, den 6.4.
Wir haben, oh Wunder, einen alarmfreien Abend und eine alarmfreie Nacht hinter uns, auch heute bisher nur Kleinalarm gehabt. Was jetzt in der Luft brummt, sind

Anstehen nach Freibankfleisch

wohl deutsche Maschinen, vorzugsweise Düsenjäger, von denen es bekanntlich schon vor über einem Jahre hieß, sie würden die feindlichen Luftangriffe unterbinden. Das kriegerische Bild hat sich insofern verschärft, als 30 m hinter unserem Haus in Richtung Vahr (östl.) von östlichen Gefangenen und Sklaven heute früh ein kunstgerechter Schützengraben quer durchs Parzellengelände begonnen wurde. Viele Kradmelder knattern in beiden Richtungen über die noch unaufgerissene Kurfürstenallee. In der Stadt selbst ist es kaum anders als die Wochen vorher eigentlich auch, ebenso im Dienst und in der Praxis....

Sonnabend, den 7.4.
Der heutige Tag war vor allem der Besorgung der aufgerufenen Lebensmittel gewidmet und daher doppelt schwer für die ohnehin überlasteten Hausfrauen. Die Schlangen waren noch länger als bisher und Vieles war noch längst nicht beim Einzelhändler. Mittags gab es wieder Vollalarm und endlose Kampfverbände zogen dicht über uns vorbei, meinten uns aber zum Glück nicht. In einer ruhigeren Phase gelang sogar das Mittagessen, ein Festmahl wie schon lange nicht mehr: einer an sich köstlichen Erbsensuppe war reichlich von dem fetten Schweinefleisch zugesetzt, das von bombengetöteten Tieren stammen sollte und als sozusagen Freibankfleisch in einer, die gewohnten kümmerlichen Rationen phantastisch übertreffenden Zuteilung von ½ kg pro Kopf an die Haushaltungen gelangte, nach entsprechendem Anstehen versteht sich. Der Alarm dauerte an 6 Stunden und der halbe Tag war somit verloren, die nötigste Berufsarbeit war erst gegen Abend möglich. Der Drahtfunk gab zwischen den Positionsmeldungen der Feindflieger auch eine Berichtigung wegen eines allgemein verbreiteten Gerüchtes, nach welchem die Bevölkerung ihre Betten und Vorräte aufpacken und sich damit sogleich in Bunker und Keller zurückziehen sollte. Unser Kreisleiter ist der typische schneidige Herr. »Wenn«, so sagte er, »wirklich einige Panzer bei Twistringen (etwa 30 km entfernt) aufgetaucht sein sollten, so werden sie eben geknackt.« Der junge Mann, dem es die Parteiarbeit natürlich nie erlaubte, Frontsoldat zu werden, führt seit jeher den Krieg nur mit seinem großen Mundwerk, in fast alltäglichen Ansprachen und im mangelhaf-

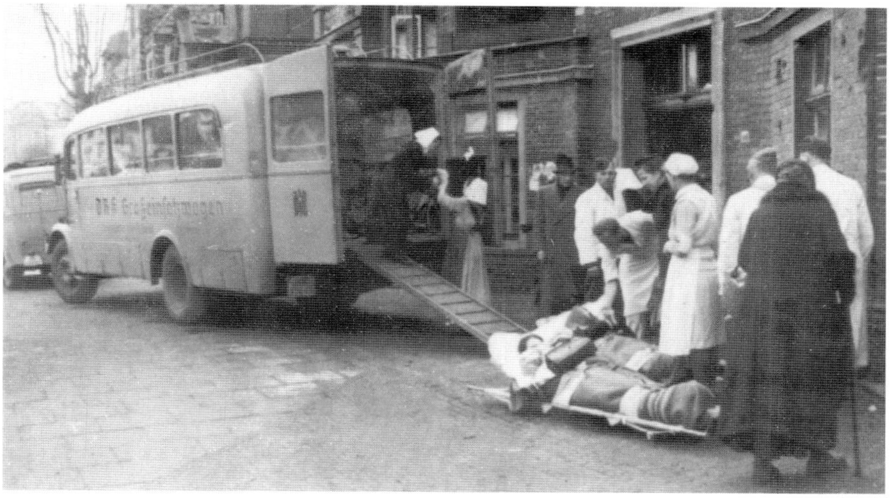

Abtransport von Kranken durch das Rote Kreuz

ten Deutsch des Halbgebildeten (er war früher ein ehrlicher Schlossergeselle) sowie in endlosen Zeitungsartikeln. Körperlich klein, typischer Gernegroß und Wichtigtuer, schablonenmäßige Parteigröße, diese Sorte tyrannisiert allenthalben das willige Volk. Übrigens war Twistringen schon einwandfrei zu dieser Zeit vom Engländer besetzt, wie sich aus einer Auskunft des Telefonamtes ergab, sei es auch nur mit einer Panzerspitze. Heute abend aber verkündete derselbe Kreisleiter ganz offen die Zuspitzung der Situation, der Engländer ist im Raum Bassum, also auf etwa 25 km an Bremen herangekommen. Den ganzen Tag über gingen die Gerüchte und das Rätselraten weiter, was mit uns geschehen werde, einige wollten bestimmt wissen, daß Bremen doch nicht verteidigt werde und die Polizei schon angewiesen sei, den etwa vordringenden Panzern gleich den Weg aus der Stadt wieder hinaus und weiter östlich hin (ich bitt' Dich heiliger Florian!) freundlichst zu signalisieren. Schwarzseher sahen schwarz, ich enthalte mich jeglichen Urteils. Schlimm bleibt es auf alle Fälle, daß die Bevölkerung im Dunkeln gelassen wird über die wirklichen Absichten der militärischen Stellen, während die der politischen ja leider klar genug sind und selbst jetzt noch den Dualismus Partei–Wehrmacht aufzeigen. Sicher skandalös bleibt die viel zu späte Verteilung der Lebensmittel, die vor vier Tagen noch in Ruhe und Ordnung hätte erfolgen können. Immer und überall das Gleiche! Roggen soll es »irgendwo« morgen bei den Bahnhöfen geben, heute sollten Kartoffeln verteilt werden, doch die Großhändler antworteten entweder nicht oder gaben an, die Belieferung sei noch längst nicht so weit. Was ist nun zu tun? Heute spätabends – wir bleiben zum Glück nochmals alarmfrei – hört man erstmals in der Ferne das Rollen der Artillerie (Ari), einige Schüsse schon lauter, dann wird es wieder still und wir begeben uns zur Ruhe, zu allem bereit und auf alles gefaßt.

Sonntag, den 8.4.

Nun sind wir unzweifelhaft frontnahes Gebiet. Kanonendonner war zeitweilig heute recht eindrucksvoll und lautstark vernehmbar. Einige vorgeprellte Panzer waren ja auch nahe genug, wie es heißt schon in Achim. Unsere [Kurfürsten-]Allee bot ein kriegerisches Bild insofern, als sehr viel mehr Militärautos und Pferdegespanne sie in beiden Richtungen befuhren. Lange Kolonnen von Ambulanzautos mit rotem Kreuz an allen vier Seiten unterstrichen den blutigen Ernst dieses Bildes. Am Nachmittag marschierte, wohl in Regimentsstärke, in langen Trupps Infanterie vorbei, besser gesagt schleppte sich mühselig dahin, ein erschütternder Anblick. Es handelte sich um Grenadiere, die kurz zuvor in langen Märschen nach Leer und Umgebung beordert worden waren und wiederum zu Fuß von dort in Richtung Hamburg abzogen. Der größte Teil war fußkrank und hinkte jämmerlich, alle sahen abgerissen und verschmutzt aus, schleppten sich mit ihren Affen und Decken usw. ab. Ganz wenige hatten einen Karren, auf dem sie ihr Gepäck vor sich herschoben, sie schienen außerstande, noch lange zu laufen. Viele waren noch ganz jung, vergrämte und übermüdete Kindergesichter. Im Ganzen dachten wir alle an Bilder vom Rückzug der großen Armee aus Rußland 1812.

In der Stadt hatten sich die Schlangen bald auf Heerwurmstärke verlängert. Man erzählte, daß viele in der Kälte dieses April-

morgens von knapp 4 Grad seit 4 Uhr früh anstanden; diejenigen, die dabei von der Gier nach Spirituosen getrieben waren, seien bitter enttäuscht worden. Für die Hausfrauen ist es nervenzermürbend, daß vielfach nicht bekanntgegeben wird, was wann und wo zur Verteilung gelangt. Von Geflügel, das uns fast schon wie eine Sage anmutet, hörten wir z.B. zu spät, leider ebenso von der stundenweise, allerdings inoffiziell und aus Panik erfolgten Schuhausgabe einiger einschlägiger Geschäfte. Hanny brauchte nichts nötiger »auf dem Sektor der Bekleidung« als eben Schuhe! Soeben kam eine Durchsage des Drahtfunks, Kartoffeln gibt es danach vielleicht morgen beim Einzelhändler, sonst am Neustadtsgüterbahnhof. Ob es nun doch den längst angekündigten Roggen geben wird, bleibt ungewiß, »vielleicht bestimmt«, um den Sinn der amtlichen Auslassungen zu präzisieren. Im übrigen hat Hanny heute mit unendlicher Geduld und einigem Glück das Meiste von dem ergattert, was für alle zu haben war. Alle diese Lebensmittel, so wurde eben nochmals erklärt, stellen keine Sonderzuteilung dar, sondern sind eine Vorwegausgabe dessen, was wir sonst in 1–2 Monaten vielleicht zugeteilt bekommen hätten, wir werden damit entsprechend lange so oder so auszukommen haben und erhalten jetzt nur auf Vorrat, aus naheliegenden Gründen. Ob wir sie uns erhalten werden? Damit komme ich wieder auf die militärische Situation zurück, das Kernproblem unserer nächsten Existenz. Vor der obigen Durchsage sprach der Kreisleiter. Ohne Floskeln entwarf er diesmal ein bedrückendes Bild: der Feind steht tatsächlich vor den Toren, Achim und Verden liegen unter Ari- und Granatwerferbeschuß! Heißt das, daß wir schon diese Nacht oder morgen in der gleichen Lage sein werden? Man muß es eigentlich für das Wahrscheinliche halten, und der Kreisleiter zog dabei die ihm gemäßen Folgerungen und forderte Männer, Frauen und Kinder(!) auf, sich »werwolfmäßig« zu verhalten und den Feind rücksichtslos und bedingungslos zu bekämpfen, wo er auch auftauche. Gott bewahre uns vor der Verwirklichung der Nazipläne! Ich hatte heute guten Grund, zunächst optimistischer zu sein und das gehört in den heutigen Tagebuchbericht. Mittags nämlich wurde ich von Kollegen R. gebeten, mit ihm in einem Militärauto nach Ritterhude zum Kinde des Kommandeurs der Bremer Flak, General der Flieger Sch[aller], zu fahren, dieses zu untersuchen und zu impfen, während er wegen der Ehefrau konsultiert werden sollte. Vorher traf ich im Hause des Kollegen dessen Freund, den Senator V[agts] [...], der bezüglich einer wirklich gefährdeten »fanatischen« Verteidigung der Stadt selbst, angesichts der geringen Zahl vorhandener Truppen, keine große Besorgnis verriet. Auch glaubte er den neuen Kommandeur für Bremen als einen besonnenen und die Interessen auch der Zivilbevölkerung sehr wohl erwägenden und somit verzweifelten Dingen à la Kolberg abholden Mann bezeichnen zu können. Dann holte uns der General selber mit dem Dienstauto ab, einem prächtigen BMW, mit dem die Fahrt durch die Vorfrühlingslandschaft zu jeder anderen Zeit köstlicher Genuß gewesen wäre und die wir auch so mit noch tieferem Verständnis als sonst wohl empfanden. Während der Fahrt und nachher ergab sich reichliche Gelegenheit zu einem offenen Gespräch über die militärische Situation. Aus seiner besseren Erkenntnis der militärischen Ereignisse sowohl wie unserer hier im Raum befindlichen eigenen Kräfte führte der General gute Gründe dafür an, daß der Feind vermutlich noch nicht mit stärkeren Verbänden gegen Bremen vordringen und dieses schon jetzt besetzen, seine Hauptstoßkraft südlich davon in Richtung Hannover-Berlin ganz vorzugsweise einsetzen werde. Daraus werde sich für uns der aktuelle Vorteil ergeben, daß die Bevölkerung noch in Ruhe die z.T. ja auch erst heranzuschaffenden, an die Einzelhändler zu verteilenden Waren beziehen und nach Hause tragen könne. Im weiteren Sinne glaubte er für uns einen Vorteil darin zu sehen, vermutlich zwar vom Feinde eingeschlossen, aber nicht direkt angegriffen zu werden, bis die Gesamtereignisse für das ganze Reich überhaupt eine Klärung gebracht haben würden. Auch war er der Ansicht, daß dem eingeschlossenen Bremen schlimme Großangriffe aus der Luft deshalb nicht mehr bevorstünden, weil auch hierin der Feind jetzt viel wichtigere Ziele und uns ja ohnehin ausgeschaltet habe. Ich verzeichne des Generals Ansichten, die ja auch nur begrenzte Kompetenz haben können, und warte ab.

Nachdem wir jetzt aus dem Bunker, um 23.30 Uhr – zum 2ten Male heute – zurück sind, hören wir freilich noch immer Ari-Beschuß und erblicken im Süden, in Richtung Achim, große Brände am Horizont. Daraus auf mehr als lokale Ereignisse zu schließen, ist m.E. nicht angängig. Der Feind kann sowohl bei Achim und Verden Widerstand gefunden und mit Ari-Beschuß geantwortet haben – als eine Art Warnung für Bremen für den gleichen Fall – und dennoch bei seinem Plane des südlich von uns nach Osten laufenden Hauptstoßes verharren, ohne bei der Division in unserer Peripherie den Nachstoß mit stärkeren Kräften ernstlich zu betreiben. Sollte dies schon trotzdem bald, vielleicht schon heute Nacht, erfolgen, dann wissen wir freilich nicht, ob der Wehrwolfsgeist der Partei, insbesondere der Gau- und Kreisleitung, oder eine sachlichere Überlegung seitens der Militärs unser Schicksal bestimmen wird. Soweit ich den General verstand, liegt bei der rein militärischen Führung keineswegs die Absicht auf eine Verteidigung Bremens »bis auf's Messer« vor, und es besteht hierfür auch kräftemäßig kaum die Möglichkeit. Was aber auch ein sozusagen nur die Ehre wahrender und zeitlich begrenzter »taktischer« Widerstand, selbst nur am Stadtrand, über uns bringen könnte, das zeigt eindringlich genug der rote Horizont im Süden.

Daß wir Zivilisten, Kollege R. und ich, uns als Sprecher der gesamten vernünftigen Bevölkerung wußten, wenn wir nachdrücklichst die Nichtverteidigung unserer Stadt als das einzig sowohl von Vernunft wie Moral gerechtfertigte nicht nur befürworteten, sondern ganz offen forderten, das soll auch hier nochmals festgelegt bleiben.

Seite 54-55:
Bremer Innenstadt mit Blick in die Häfen, Mai 1945

Seite 56-57:
Bahnhofsviertel und Hauptbahnhof, Mai 1945

Unser Diskussionspartner, General Sch[aller], erwies sich im übrigen als ein geistig lebhafter und aufgeschlossener Mann von sympathischem Wesen. Die von der unsrigen doch beträchtlich abweichende Denkungsart eines Offiziers und Generalstäblers im guten Sinne ist es wert, hier etwas ausführlicher behandelt zu werden. A Priori sozusagen fühlt er sich als Soldat an gewisse Pflichten und Voraussetzungen gebunden und kann daher eine sofortige Kapitulation an allen Fronten, als die von uns bezeichnete einzige Rettung vor dem Alleräußersten, nicht gutheißen. Ob bei ihm die soldatische Erziehung und damit eine zum Wesenskern gewordene Pflichtauffassung oder ein Rest realen Glaubens an noch vorhandene militärische Möglichkeit und also an Nutzen weiteren Kampfes im Hinblick auf das gesamte deutsche Volk im Vordergrund stehen, vermag ich schwer zu beurteilen, möchte aber gefühlsmäßig das Erstere annehmen. Jedenfalls ist auch dieser Offizier für mich eine erneute Bestätigung dafür, in welch tragische Konflikte wir Deutschen immer wieder verstrickt werden, wenn nicht die klare und illusionslose Vernunft, die Ratio, sondern traditionsgebundene Vorstellungen unser Geschick bestimmen. Ich glaube übrigens nicht einmal, daß General Sch[aller] und seinesgleichen sich dieses Konfliktes klar bewußt sind, dafür sind sie doch zu primitiv oder sagen wir »einschichtig«. Anzuerkennen bleibt, daß er unseren Standpunkt an sich begriff und würdigte. Und wären die wirklich heute noch entscheidenden militärischen Instanzen wenigstens gleicher relativer Einsicht fähig bzw. bereit, daraus die unausweichlichen Konsequenzen zu ziehen, niemals wäre es zu diesem entsetzlichen Untergange unseres Volkes gekommen, wie es seit Jahren vorherbestimmt sich vor unseren Augen abrollte, ohne daß wir Wissenden das Geringste daran zu ändern vermochten. Was ich persönlich durch diese gleichzeitige Voraussicht und Ohnmacht seit Jahren, schon vor dem Kriegsbeginn, gelitten habe, das wissen die Meinigen und es gehört nur in Parenthese hierher. So aber stehen wir der Tatsache gegenüber, daß auch die klugen und verantwortungsbewußten Militärs sich nicht dazu durchringen können, eine höhere Pflicht gegen Volk und Vaterland anzuerkennen als das Festhalten am Treueid auf die nun einmal vorhandene Zentralgewalt. Einer verblendeten und nur dem Starrsinn einmal verkündeten Wahnes weiter folgenden Führung sich entgegenzustellen, dazu gehört freilich ein höherer Mut als das Beharren in einst beschworener und nun gewohnter soldatischer Pflicht, selbst wenn Zweifel und bessere Erkenntnis längst aufgetaucht oder gar beherrschend sein mögen. Die wenigen und zu unserem weiteren Unheil erfolglosen Ausnahmen in der militärischen Führungsschicht beweisen nichts, und wider ein begreifliches inneres Gefühl muß man leider dem Feindverlangen auf Ausrottung nicht nur der Partei, sondern auch des sogenanten Militarismus – das ist im weitesten Sinne die deutsche Lust am Strammstehen, am Gleichschritt und am Angebrülltwerden, der verhängnisvolle Glaube auch an Massenaktionen – bei uns im Grunde zustimmen. Männer übrigens wie Seydlitz und Genossen jetzt in Moskau sind auch keine Retter, ihre Gesinnungsänderung kam viel zu spät und war Folge der persönlich erlittenen Unbill. Gehandelt werden mußte vorher, als es noch etwas zu retten gab.

Und so bleibt die bittere Einsicht, daß wir bis zum Schluß wohl zur Ohnmacht verdammt sind gegen unsere Verderber, die auch weiterhin ohne Wimperzucken eine Vernichtung alles kulturell Wertvollen, das uns heraushob unter den Völkern der Erde, alles Schönen, das wir so reichlich besaßen, [betreiben]; die ein Grauen, wie es beispiellos ist in der modernen Geschichte, und die eine immer drohendere Gefahr der kommenden Hungersnot als das selbstverständliche und wohlgefällige Opfer auf dem Altar ihrer angemaßten Göttlichkeit betrachten werden bis zum Ende. ... Er voran, der »Führer«, der m.E. längst wie zu Beginn seines meteorhaften Aufstiegs doch nur noch die nach außen vorgezeigte Marionette der dahinterstehenden Verursacherclique und sadistischen Desparados ist. Wie lautet die Prophezeiung? (Ich konnte leider bisher die angeblich im alten Testament stehende Originalstelle nicht auffinden) »Intrabit ut vulpis, regnabit ut leo, morietur ut canis!« (zu Deutsch: »Einschleichen wird er sich wie ein Fuchs, herrschen wie ein Löwe, verrekken wie ein Hund«)

Oh möge noch ein gnädiges Geschick über unserer Stadt und ihren schon schwer genug geprüften Bewohnern walten! Wir selber haben ja nicht mehr viel zu verlieren außer dem Leben, nachdem uns die Luftangriffe Haus und die meiste Habe geraubt haben, aber von Bremen steht doch noch allerlei, noch sind hier die Zahlen der zivilen Opfer nicht so ungeheuerlich hoch wie z.B. in Dresden (relativ zur Einwohnerzahl), noch steht das Rathaus fast heil und in der Hauptsache wenigstens bezüglich der Außenfront, auch der Dom. Daß nicht der Wahnsinn, der diesen Krieg überhaupt noch weitergehen läßt, auch dies letzte Schöne hier vernichte und weitere sinnlose Todesopfer häufe, das ist der Wunsch, mit dem ich den heutigen Tage beschließe.

Montag, den 9.4.

Heute ist also der diamantene Hochzeitstag meiner lieben Eltern, noch inniger gedenken wir ihrer mit den heißesten Wünschen.

Die verflossene Nacht war nach dem Alarm ruhig, stärkeres Ari-Feuer nicht mehr zu vernehmen, von den südlichen Bränden in der Frühe nichts mehr zu sehen. Erst jetzt gegen Mittag hat der Kanonendonner wieder eingesetzt, mir scheint, lauter noch als gestern. Ob unsere Außenbezirke schon beschossen werden? Gestern Nacht im Bunker machten die meisten Männer einen tiefbedrückten Eindruck, die Erkenntnis akuter Gefahr scheint die Mehrzahl, die doch darauf seit Tagen vorbereitet waren, sehr zu belasten. Mir geht es eher umgekehrt. Was nun geschieht, wir wissen es wiederum gar nicht, auch die Kanonen beweisen noch nicht, daß nicht der Hauptstoß südlich von uns weiter nach Osten geht. Beim Volkssturm ist der Wille zur Verteidigung jedenfalls gleich Null, manche flüstern von der Absicht aktiver Gegenwehr gegen ihren Einsatz, es sind solche, denen ich dies ebensowenig zutraue wie ihr Standhalten. Gestern nachmittag war ich in der Stellung meines Bataillons. Die Männer hatten noch nicht einmal Armbinden und keine Waffen; diese sollen erst morgen verteilt werden.

Sie sollen Deiche im Blockland verteidigen. Diesem Ende dienen vermutlich auch die z.T. lächerlichen Drahtsperren, die wir bei der gestrigen Autofahrt, vielfach schon in der Außenstadt beginnend, antrafen neben einigen sehr massiven und für ernsthafte Verteidigung geeigneten Holzbohlenbarrikaden rechts und links schmaler und offen gelassener Durchfahrten an den Hauptausfallstraßen.
Eben rollen vor meinem Fenster ein paar Panzer vorbei, sollen die uns verteidigen? Heute vormittag passierte uns ein Strom östlicher Gefangener oder Arbeiter, vergnügt und mit lebhaften Gesten, vielfach im Chor ihre stets etwas wehmütigen slawischen Weisen singend. Sie schienen zum Schanzen bestimmt, denn andere kamen von dort zurück in gleicher guter Laune und ihren Kameraden zuwinkend, manchmal mit zum »Heil Moskau« erhobener Faust, doch waren sie sonst friedlich und nicht von provozierendem Betragen, obwohl militärische Wachen nur ganz vereinzelt und wie verlegen nebenher gingen. Gesindel bedroht uns dennoch genugsam, letzte Nacht wurde bei dem Nachbarn M. ein Einbruch versucht, wie wir es diese Wochen von anderen schon oft hörten.
Meine Dienststelle war heute morgen geschlossen: »Der vertrauensärztliche Dienst fällt aus«. Schade um den unnützen weiten Weg, sonst bin ich froh, wenn der Unsinn wirklich zu Ende ist. So blieb Zeit zu Dringendem für den Haushalt, wie Holz zu sägen und zerhacken. Hoffentlich gelingt endlich die Beschaffung größerer Mengen Kartoffeln als bisher. Wiederum war aufgerufene Ware nicht beim Händler, doch sind die Schlangen heute kürzer. Besonders fehlt mir Brennstoffgemisch für Motorrädchen und Auto, 2 ½ Liter pro Monat betrug die letzte Zuteilung überhaupt, die noch ausgegeben wurde. Nun, nach der Feindbesetzung wird auch wohl dem Arzt ein voller Tank nichts mehr nützen, obschon man ja vermutlich den ärztlichen Dienst baldmöglichst erlauben wird, schon im eigenen Interesse.

Dienstag, den 10.4.
Gestern nachmittag und abend war der Kanonendonner recht lebhaft und lautstark, uns schien er wesentlich näher gerückt, doch uns wurde gesagt, es rühre nur von der jeweiligen Windrichtung her, die Lage sei gegen den 8. unverändert. Dann gab es Motorengeräusch von Flugzeugen und viel Lärm von Bordkanonen und MG's, wesentlich später auch Kleinalarm wegen dieser Tiefflieger, die eine halbe Stunde wohl auf die Bahnstrecken ihre Garben richteten, während die Flakgeschosse mit Gedröhn dazwischen krepierten. Dies hinderte uns nicht, eine der letzten Flaschen Sekt zu öffnen und inmitten dieser uns wohlvertrauten akustischen Kulisse auf das Wohl des fernen diamantenen Jubelpaares anzustoßen. Sicher waren auch ihre Gedanken bei uns, um die sich angesichts der ja auch ihnen zukommenden Radiomeldungen vielleicht mehr sorgen, als es bisher berechtigt ist. Überhaupt ist es interessant, Vergleiche zu ziehen zwischen dem nach diesen Meldungen, namentlich von Feindseite, zu vermutenden Bilde und der Realität, obwohl wir nun Objekt der Heeresberichte an vorderster Stelle geworden sind. Unsere vorgebliche (engl. Tendenznachrichten) »im pausenlosen Ari-Beschuß« liegende Stadt sah an sich nicht anders aus als die letzten 8 Tage auch. Gewiß, die meisten durch langes Schlangestehen und weite Wege übermüdeten Frauen sind hastig und eilig, nach Hause zu kommen, dazwischen aber gibt es spielende Kinder mit Rollern, Kinderwagen mit schlummernden oder quäkenden Babys in den Vorgärten, auch promenierende Paare (diese etwas aufreizend) und an der Leine ausgeführte Hunde. Militär sieht man wenig, oft abgerissene Gestalten, vielfach wohl sogenannte Versprengte oder Deserteure. Was man nicht sieht, sind die Parteiuniformen von SA oder SS. Die »Goldfasanen«, die noch vor einer Woche dreist umher stolzierten, sind ebenso verschwunden wie die Rosetten mit dem Hakenkreuz in den Knopflöchern bisher standesbewußter Pgs. Einer, den ich absichtlich darauf ansprach, zeigte mit Mannesstolz einen kleinen unauffälligen Hoheitsadler, das im allgemeinen unbekannte Abzeichen des Funktionärs; bestimmt wird er auch dieses in schwarzem Eisen gehaltene unscheinbare Ding bald ablegen. Alarm hatten wir nachmittags, den Rest der Sprechstunde aufhebend, und ab 21 Uhr. Vorbei- und Überflüge ohne Angriffe. Vorher hatten wir vom unersetzlichen Benzinrest geopfert und waren mit dem DKW nach dem Bahnhof Sebaldsbrück, wo es Roggen aus Eisenbahnwagen geben sollte. Doch der Schwanz der langen Schlage machte bereits kehrt und wir erfuhren, daß höchstens noch 6 Personen beliefert würden. Gegen Mittag hatte ich schon einen Radler getroffen mit einem vollen Roggensack, er hatte am Hauptbahnhof ab 5.30 Uhr in der Frühe darum angestanden. Trübe Auspizien! Hunderttausend Berechtigte an vier Bahnhöfen mit jeweils nur einer Ausgabestelle beliefern zu wollen, ist eine starke Zumutung.
Die Nacht war ruhig, unser ganzes Gebiet lag bis Mittag in dichtem Nebel, wir hörten kaum noch Ari. Der Kreisleiter sprach abends wie üblich, wußte von keiner Änderung zu berichten, nach Gerüchten soll der Feind bei Syke sogar zurückgedrängt sein. Die Uesener Weserbrücke haben wir gesprengt. Ob starke englische Kräfte oder immer noch nur isolierte Panzerspitzen mit etwas nachgezogener Ari in unserem Vorfelde stehen, erfährt man nicht. Unsere Abwehr bezeichnet der Engländer seit gestern als »schwer«, was noch nichts über die Kräfteverhältnisse besagt. Bisher zog er sich jedesmal da zurück, wo er auf nennenswerten Widerstand stieß. Ob nun die Naziverteidiger uns weiter um jeden Preis verteidigen und damit opfern wollen oder ob der Widerstand im Vorfeld nur dem Zeitgewinn für eine Verteilung der Lebensmittel usw. dienen soll und wir demnach den Wackeren nur von Herzen dankbar sein müßten, wir wissen es nicht.
Die Entscheidung über unser Schicksal zieht sich qualvoll hin von Tag zu Tag und Nacht zu Nacht. In der Neustadt hat ein verirrtes Ari-Geschoß mehrere Tote und Verwundete als erste Opfer dieser Art heute früh bereits gefordert.
Einen Rucksack voll Kartoffeln konnte ich vom Knecht in's Teufelsmoor geflüchteter Patienten heute noch ergattern, sonst sieht es mit der Möglichkeit für den so besonders notwendigen Kartoffelvorrat düster aus, wir scheinen hierin zu einer bedauernswerten Minderheit zu gehören, wir kamen zu spät.

An den warmen Frühlingstagen spielten die Kinder wie im tiefsten Frieden

Aus unserer »parteiamtlichen Tageszeitung« verdienen wiederum einige Zeilen hier aufbewahrt zu werden. Nach der Belehrung, daß wir unsere Hauptkampfreserven ja überhaupt noch nicht eingesetzt haben – (wozu auch, für die Vorpostengeplänkel seit Beginn der Invasion) –, wird »die jetzt einzig gültige Parole für alle deutschen Männer, Frauen, Jungen und Mädel« gegeben: »Wir steigern den Furor teutonicus zum Orkan einer Vergeltung, wie sie die Welt noch nie erlebt hat. Der Feind soll in seinem eigenen Blute ersticken.« (Leitartikel vom 9.4.) Wäre es nicht tragischer Ernst, was aus diesem Wahnsinn mancherorts erblüht und noch erblühen wird, man könnte wahrhaftig wieder einmal lachen. Doch dies ist ja eben der parteiamtliche Ton, den auch der Kreisleiter gewohntermaßen gestern Abend anschlug, als er mit erhobener Stimme verkündete: »Eine weiße Fahne bedeutet den sicheren Tod nicht nur für den Feigling selber, sondern auch für seine ganze Sippe, und der Einzug seines und deren Vermögens. Die Rächer der Ehre stehen immer bereit!« Zwei Dinge wünschte ich gleichzeitig zur Hand zu haben, einen gewissen Herrn und eine Pistole, ich hätte nie geglaubt, daß es dahin kommen könne....

Abends gegen 21 Uhr: Es ist soweit, die Stadt selbst wird nun systematisch beschossen. Heute nachmittag während eines Vollalarmes begann es, vornehmlich galt es den Brücken, Punktziele heißt es amtlich. Mit zwingender Logik wurde daraus vom Kreisleiter gefolgert, daß die Bevölkerung morgen in Ruhe der gewohnten Arbeit nachgehen müsse. Er selbst sitzt im sicheren Befehlsbunker im Bürgerpark. Der Beschuß hat sich genähert und es dröhnt mächtig und das Haus zittert mit. Gut für die Frauen namentlich, daß wir an dieses Getöse von Abschuß und Krepieren durch die Flak längst gewöhnt sind, obgleich es diesmal doch anderen Charakter hat. Und noch ist es uns selbst im Grunde fern. Opfer wird es gewiß geben; wer die auf dem Gewissen hat, brauche ich nicht mehr zu sagen. Alles das ist ein unnützes weiteres Verbrechen an uns, die Stadt könnte schon heute übergeben und aus jeder Gefahr sein, außer aus der, die eine Besetzung so oder so über uns noch schlimm genug bringen wird.

Keine „offene Stadt"

Erlaß des Reichsführers ℌ

Berlin, 12. April. Reichsführer ℌ Heinrich Himmler hat folgenden Befehl erlassen:

Der Feind versucht durch Irreführung, deutsche Orte zur Übergabe zu veranlassen. Durch vorgeprellte Panzerspähwagen unternimmt er es, die Bevölkerung mit der Drohung einzuschüchtern, daß im Falle der Nichtübergabe der Ort durch angeblich aufgefahrene Panzer oder Artillerie zusammengeschossen würde. Auch diese Kriegslist des Feindes verfehlt ihr Ziel. Keine deutsche Stadt wird zur offenen Stadt erklärt. Jedes Dorf und jede Stadt werden mit allen Mitteln verteidigt und gehalten. Jeder für die Verteidigung eines Ortes verantwortliche deutsche Mann, der gegen diese selbstverständliche nationale Pflicht verstößt, verliert Ehre und Leben.

Bremer Zeitung vom 13.4.1945

Hannover soll brennen, in den Straßen dort tobt der Kampf. Ist dies auch unser Schicksal für heute Nacht oder morgen?

Mittwoch, den 11.4.

Die Kanonade geht mit Unterbrechungen weiter. Nachts schliefen wir trotzdem nicht schlecht, bisweilen weckten einige besonders dröhnende Einschläge.

Im Nebeldunst heute früh gelang mir nach über 2stündigem Anstehen die Beschaffung der Roggenration, ein schwerer Sack voll. Mit Kartoffeln war es wieder aussichtslos. Obwohl zumal in die Neustadt und auf die Brücken weiterer Beschuß erfolgt, ist in der Altstadt das Treiben kaum anders als gestern, die Schlangen haben ein zähes Leben und werden als letzte aussterben.

30 Meter hinter unserem Haus zieht sich also quer durch's Gelände der Schützengraben, es wird weiter eifrig von Gefangenen daran geschanzt. Die heutige Zeitungsmeldung vom Falle Verdens erweist sich als ein Irrtum, der Feind ist nicht näher herangekommen. Der Abschußlärm unserer Ari wird sogar leiser und seltener. Dafür schießt unsere schwere Flak mit Höllenlärm, ohne vorherige Sirenenwarnung wie sonst bei herannahendem Feind, auf mit Bordwaffenbeschuß antwortende Tiefflieger. Der Luftmeldedienst scheint allmählich zu versagen, hoffentlich kommt es nie zu einem eigentlichen Bombenangriff ohne Warnung. In der Stadt selbst haben sich die Einwohner an Kanonade und Einzelflieger schon genauso gewöhnt wie an früheren Flakbeschuß bei Alarm. Es ist überhaupt ein schöner warmer Frühlingstag heute, und unsere Nachbarinnen liegen in den Gärten bereits leicht bekleidet in den Liegestühlen, sonnenbadend wie im tiefsten Frieden. Wie rasch doch ist der Mensch bereit und in der Lage, sich von den Ereignissen der Umwelt zu abstrahieren, wie groß ist sein Beharrungsvermögen im Gewohnten. Es hat etwas Makabres, das es mir oft kalt den Rücken herunterlaufen läßt, immer wieder zu sehen, wie dieses Festhalten am Alltag, an seinen kleinen Bedürfnissen und Freuden, sich ebenso automatisch fortsetzt wie die stündlich verstärkte Drohung einer Schlacht innerhalb unserer Mauern, wie vor allem aber der fast allgemein endlich klar gewordene Untergang unseres ganzen Vaterlandes, während darüber hinaus – (um hier einmal diese allen Nazischreibern so unentbehrliche Steigerungsform zu gebrauchen) – der Untergang auch des ganzen Erdteiles Europa und seiner Kultur sich anbahnt. Diese epochalen Katastrophen, in die wir unglückliche Generation hineingeboren wurden, haben jedoch ein Ausmaß, das unsere Seelen sie völlig oder auch nur annähernd zu erfassen sich anscheinend weigern. Vielleicht ist dieses Kopf in den Sand stecken, dieses Nichtmitreagieren eine Grundvoraussetzung unseres Daseins überhaupt, denn das Leben ist ja immer »gefährlich«, und der Abschluß mit dem Tode bleibt ihm ebenso gewiß, wie es mit seinen übergeordneten Äußerungen in Form unseres Gestaltens und Schaffens und mit allen unseren Kulturperioden und Staatenbildungen im Grunde von jeher der Fall war. Mut und Heldentum sind aus solcher Perspektive freilich meist nur ephemere Affekte eines Individuums oder einer Gruppe von solchen. Und doch, wer wollte gerade heute diese Mannestugenden nicht preisen und ihr Gegenteil verachten, ohne daß dem stilleren Duldertum unserer Frauen und Mütter in dieser Zeit nicht die Krone zuerkannt werden soll. Warum aber diese uns immanenten Kräfte sich heute nicht ausschließlich gegen unsere Verderber wenden, die diese natürlichen Tugenden, nämlich die der Wehrhaftigkeit und der Selbstbehauptung in Gefahr, für den Einzelnen wie für die Gesamtheit, so schamlos mißbrauchen und sie mit allem Raffinement der erprobten Massensuggestion, ja der vorsätzlich erzeugten Massenpsychose, nur noch einzig dazu aufrufen, um ein im unsagbarsten Elend und in den letzten Zuckungen sich windendes Volk in die allerletzte Vernichtung zu hetzen? Ich werde es nie begreifen! Alles soll zu Grunde gehen, weil sie, die Verruchten, am Ende sind und ihr Ende voraussehen!

Mit unsagbarem Schauder wird eine spätere Zeit erkennen, was an nie Dagewesenem seit Jahren mit uns geschah, wie mit dem Parteidogma von der Nichtigkeit des Individuums und mit dem von dem Primat und der Totalität der fingierten völkischen Blutsgemeinschaft der »Rasse« die Ausrottung der im Kerker einer doch so zufälligen Raum- und Schicksalsgemeinschaft eingeschlossen gewesenen Menschen betrieben worden ist, wie es dem Einzelnen mit jeglichem Terror verwehrt wurde, letztlich selber zu entscheiden, ob er sich für die Idole dieser ungeheuerlichen Verbrecher mitaufopfern wollte oder nicht. Ich schmähe damit gewiß keinen, der als Soldat auch in dieser längst aussichtslosen Lage weiter seine Pflicht erfüllt und den Feind möglichst zu schädigen weiter für richtig hält und darnach handelt, ich bewundere sogar die Vielen, die auf verlorenen Posten allenthalben bis zum Ende freiwillig lieber weiterkämpfen statt sich zu ergeben. Aber der Fluch aller kommenden Geschlechter, solange noch eine deutsche Zunge klingt, soll und wird die treffen, die immer noch Abertausende und jetzt vielleicht uns der Verlängerung ihres verwirkten Lebens aufopfern möchten und die es sich allein vorbehalten, über Sein oder Nichtsein einer ganzen Nation mit Mann und Frau und Kind entscheiden zu wollen! Hat das über uns allen waltende allmächtige Schicksal uns Deutsche wirklich als bereits reif zum Untergang erkannt gehabt und hat es unsere Schuld wirklich für groß genug befunden, als es zuließ, daß tatsächlich über 12 Jahre schon eine Mehrheit unseres Volkes sein Geschick vorsätzlich in die Hände dieser vermeintlichen Götter legte und widersprachlos alle ihre Ränke, Vertragsbrüche, systematischen dummen Lügereien und dann ihre Metzeleien an den Juden und anderen Unterjochten guthieß oder zumindest ebenso duldete wie zuvor die Unterdrückung jeder eigenen Meinungsbildung, wie den unerträglichen Gewissenszwang und die scheußlichen Praktiken der Gestapo samt ihren Konzentrationslagern und Folterkammern? Nostra culpa, nostra maxima culpa, ist dem wirklich so gewesen? Das soll in nichts, in gar nichts die Schuld unserer Feinde mit ihrer bestialischen Luftkriegführung und ihrer kulturschänderischen und meist überflüssigen Verheerung aller der Baudenkmäler und anderen Güter entlasten, die wir, als ein Besitz doch der ganzen Menschheit, mit Stolz als zunächst uns gehörig wahrhaftig nicht schlecht verwalteten und mehrten. Auch sie wird der Richtspruch der Geschichte treffen und verdammen! …

Blick vom Rathaus in die Obernstraße nach dem 162. Luftangriff vom 23.3.1945

Ruinen der St.-Ansgarii-Kirche im März 1945

Donnerstag, den 12.4.

Heute gedenken wir unseres lieben Vaters, Großvaters und Urgroßvaters, der mit diesem Tage 88 Jahre geworden ist. Nur unsere Gedanken und innigen Wünsche, die sich vor allem auf Bewahrung von körperlichen Leiden richten müssen, können wir ihm darbringen. Möge auch sein äußerliches Schicksal sich erträglich und besser als heute gestaltet haben, wenn es ihm bestimmt ist, auch den nächsten Geburtstag zu erleben. …

Seit einer halben Stunde dürfte sich fast die gesamte Bevölkerung in tiefster neuer Sorge und Depression befinden. Der Wehrmachtsbericht brachte schon die Bekundung einer weiteren Übersteigerung unfaßlicher Schurkerei. Der Kommandant der Tapferen in Königsberg, die zu Zehntausenden ihr Leben bei aussichtsloser Einschließung opfern mußten, hat schließlich mit den Überlebenden kapituliert, ein Beweis nur wahren Mannesmutes und Verantwortungsbewußtseins. Dafür ist er – in contumaciam [in Abwesenheit] allerdings nur – mit Erhängen bestraft und seine Sippe verfemt worden. Diese Ungeheuerlichkeit ist unterzeichnet worden von dem sie vermutlich auch veranlassenden wohl größten Scheusal der ganzen deutschen Geschichte, dem Bluthunde Heinrich Himmler, dem ihm ebenbürtigen Leiter der Parteikanzlei, Bormann, und beider jämmerlicher Kreatur, dem als Militär längst als unfähig bekannten Keitel, der dafür den Feldmarschalltitel entehren darf. Die Schande trifft nicht das deutsche Volk, sondern wiederum die »Partei« allein und ihren nominellen Führer. Jedes Dorf und jede Stadt sollen erneut nach dem Willen dieser Schurken mit allen ihren Insassen aufgeopfert werden, offene Orte und Städte gibt es grundsätzlich nicht mehr usw. usw. Unser Kreisleiter, der dieselbe Beurteilung verdient wie der Gauleiter Wegener sowieso, war natürlich in seinem Element und stolz darauf, uns soeben durch den Drahtfunk dieses Schanddokument zu wiederholen und im Anschluß daran zu verkünden, daß in dessen Sinne nun erst recht und verstärkt alles für die Verteidigung unserer Stadt vorbereitet wird! Wann wird der Retter kommen diesem Lande? Der Wahnsinn tobt sich aus und übersteigert sich von Stunde zu Stunde, je näher das Ende dieser Blutherrschaft naht. Sie nennen es den Mythos vom heldenhaften Untergange des deutschen Volkes, was vor der Geschichte nichts als der Calvarienweg sein wird, gegen den Mittel und Kraft zu einer letzten Abwehr oder einem letzten Ausweichen nicht mehr vorhanden waren.

Freitag, den 13.4.

Die Frontlage in unserem Gebiet weist gegenwärtig eine ziemliche Stabilität auf, ganz im Gegensatz zu den Blitzvorstößen durch Mitteldeutschland Richtung Berlin und Leipzig. So hat sich denn auch das Leben in der Stadt nicht mehr verändert, im Gegenteil, die Fiktion des gewohnten Alltags wird immer deutlicher. Auch der Kanonendonner ist wieder seltener und ferner bis auf einige recht laute Einschläge bei den Weserbrücken. Ein Erlaß der Kreisleitung besagt mit scharfen Worten, daß die Arbeit allgemein in gewohnter Art und zu gewohnter Stunde wieder aufgenommen werden muß, andernfalls erfolgt sofortige Verurteilung von dem soeben eingerichteten Standgericht. Auch ich muß folglich morgen den jetzt einfach sinnlosen vertrauensärztlichen Dienst wieder aufnehmen; der bürokratische Amtsschimmel trabt in ungeschwächter Hochform wie im tiefsten Frieden. Für die Straßenpassanten, denen der Ari- und andere Beschuß ja nicht vorher angekündigt wird, ist dies Friedenspielen aber doch nicht ohne ernsten Hintergrund, unser Bunkersanitäter Schm. ist nur mit viel Glück bei einem Tieffliegerangriff mit einigen Splitterverletzungen davon gekommen.

Die »Bevorratung« der Bevölkerung ist im wesentlichen gelungen, wir haben so ziemlich alles erhalten können bis auf die wiederholt schon genannten Kartoffeln, für deren vergeblich erstrebte Beschaffung auch heute wieder unnötig vom kostbaren Autobenzin vergeudet wurde. Man muß gerechterweise sonst anerkennen, daß allerhand von der Stadtverwaltung getan wurde und im Ganzen auch genügend Vorräte vorhanden waren. Wäre uns aber das Glück nicht so hold gewesen mit dem unerwartet langen Aufschub diese ganzen Woche, dann wäre es schlimm ausgegangen. Selbstredend hätte man an sich mit diesen Verteilungen viel eher beginnen müssen, als bis uns das Wasser an der Kehle stand.

Das Weltereignis von heute ist der plötzliche Tod des Präsidenten der USA, Franklin Delano Roosevelt. So ziemlich in allen Zungen wird der Tote nun als ganz großer Staatsmann und »Freund aller Unterdrückten« gefeiert. Die Tendenz ist durchsichtig. Am bemerkenswertesten und m.E. für spätere Erinnerung sehr wichtig ist die Kondolenz des heiligen Vaters. Der Papst geht darin noch eindeutiger als schon früher aus der seinem hohen Amte angemessenen Neutralität heraus und bezieht vorsorglich Stellung: Er schlägt sich zur Partei der Sieger, zur Partei des Großkapitalismus, das soll nicht vergessen werden, wenn später einmal die Politik des Vatikans in diesem Umbruch zur Erörterung steht. Man könnte es immer verstehen, wenn der Papst sich mit gebotener Zurückhaltung auch diesmal gegen Hitler und die NSDAP wendete, (mit Mussolini hatte er s. Zt. Frieden gemacht oder umgekehrt); unsere Feinde aber als Retter der abendländischen Kultur und des Christentums (die Verbündeten des Bolschewismus!) hinzustellen, ist eine Vorwegnahme des geschichtlichen Urteiles, die ihm am wenigsten ansteht. Wer und was Roosevelt als ein zunächst amerikanische Interessen (welche speziellen amerikanischen Interessen?!) vertretender Staatsmann eigentlich gewesen ist, das in einem von der Parteien Gunst und Haß möglichst unverzerrten Bilde zu erschauen, wird wohl meine Generation nicht mehr erleben. Die Früchte dieses Zweiten Weltkrieges sind auch für Amerika noch keineswegs geerntet; ob sie sich nicht als giftig erweisen, wer vermöchte das schon heute mit Sicherheit zu sagen....

Es war klar, daß die Herrschaften um Göbbels nicht die letzte Spur von Würde aufbringen würden beim Nachruf auf die umstrittene Person eines toten Feindes. Auch auf den toten »Kriegsverbrecher Nr. 1« können sie wie schon vorher nur Schmutzkübel ausleeren in ohnmächtiger Wut. Dabei ist es fast amüsant zu erfahren, was sie in unbeabsichtigter Selbstironie zu geifern wissen; Roosevelt habe zum Zwecke rein persönlicher Bereicherung den Weltenbrand entfacht, sei aber nun des Preises durch seinen vorzeitigen Tod beraubt, und zwar durch den unerbittlich gerechten Machtspruch einer höheren Instanz, »die so sichtbarlich und uns daher mit unerhörter Zuversicht erfüllend ihr Urteil über Schuftigkeit und Verruchtheit vollzog«. Gäbe doch der Himmel, daß eine solche höhere Macht stets rechtzeitig an den »Schuften und Verruchten« ihr gerechtes Strafurteil vollzöge! – Allein, wie es gestern noch hieß: »Die Vorsehung erhielt den Führer am 20.7.44 und Roosevelt stürzte sie in den Orkus.«

Sonnabend, den 14.4.

Auch von heute nicht sehr viel Neues zu sagen. Morgens war also wieder Dienst in der Landesversicherungsanstalt. Noch immer sollen die als letzte Anstrengung totaler Kriegsführung dienstverpflichteten und bis 50jährigen Hausfrauen ihre jetzt dringlicher als je gewordenen häuslichen Geschäfte hintanstellen und 8 Stunden und mehr in den ihnen zugewiesenen Rüstungsbetrieben arbeiten, wo sie längst meistens tatenlos die Stunden herumstehen müssen. Allein, die Kreisleitung verkündete ja die Verhängung des Standrechtes und die härteste Strafe – Todesstrafe wurde nicht gesagt – für alle Saboteure, die nicht pünktlich zum Arbeitsplatz erscheinen. Ob die Arbeit noch möglich oder sinnvoll ist, das ist unserem Terrorregime bis zur letzten Sekunde gleichgültig. Vermutlich fürchtet man auch Widerstand und Zusammenrottung der nicht arbeitenden Männer und glaubt sie so besser zerstreuen und ungefährlich machen zu können.

Mittags holte ich mir bei der Firma Bachmann an der Schlachte mit dem Auto die mir zugeteilten letzten 15 Flaschen Wein ab, auch der ist wichtig zum Durchhalten. Ich war 2 oder 3 Wochen nicht mehr in diesen Teilen der Innenstadt gewesen und war entsetzt, wieviel mehr noch seit dem letzten Luftbombardement vernichtet ist. Die Obernstraße, die frühere Hauptgeschäftsstraße, existiert nicht mehr, es gibt nichts als

Trümmer oder rauchgeschwärzte, schwer beschädigte Fassadenreste, geradezu unheimlich wirkt das nackte Betonskelett des ausgebrannten Karstadt-Gebäudes, die Überreste der wunderbaren Ansgarikirche usw. usw. Gleiches Bild in der Langenstraße, der Schlachte, man findet sich nicht mehr zurecht. Mit vielen Umwegen über die durch Trümmer weiter verengten Gassen und die vielen Bombentrichter hin gelangte ich erst zum Ziel. Bei den Brücken schlug kein Feindgeschoß ein, auch fand ich den wenig regen Verkehr der Brückenpassanten nicht besonders eilig. Die Firma Bachmann hatte die Auflage erhalten, ihre Weinbestände schleunigst an die Kleinhändler aufzuteilen, ein etwaiger Rest werde in die Luft gesprengt. Die hierfür gegebene Begründung, die laut Mitteilung des Direktor Th. von einem Regierungsrat bei der Kreisleitung herrührt, soll für die Zukunft aufbewahrt bleiben, in ihrem ganzen Zynismus wirft sie ein grelles Schlaglicht auf die wahren Motive des ja auch unsere Stadt beherrschenden Himmlerianismus und ist für diese, über die wir freilich nie im Zweifel waren, ein wertvolles Eingeständnis. Was also sagte dieser nordische Edeling zur Begründung der Sprengabsicht? »Sie brauchen sich nicht einzubilden, daß sie irgendetwas noch in das vierte Reich hinüberretten können!« Jeder Kommentar würde nur abschwächen.
Nachmittags verzehrten wir mit einigen Bekannten den vermutlich letzten frischen Kuchen, den wir, der sonst gebotenen und längst gewohnten Sparsamkeit entratend, uns nochmals zu leisten für erlaubt gehalten hatten. Währenddessen lebte der schon Mittags wieder lauter gewordene Kanonendonner neu auf, es waren Abschüsse unserer Ari, vor allem wohl als solcher eingesetzter schwerer Flak. Gegen Abend wuchs dieses Gedröhn an und ließ keine Pausen mehr erkennen, das Haus begann mitzuzittern, die Scheiben klirrten fortgesetzt. Nach dem Abblasen des Alarmes wegen der allabendlich nach Berlin ziehenden Bomber und auch wegen lokaler Störverbände, der aber schon seit einigen Abenden offenbar für harmlos angesehen wird und den Bunker nicht mehr recht füllt, wollen wir uns zu der, bei in diesem Grade doch ungewohntem Kriegslärm, etwas zweifelhaften Ruhe begeben. Der Krieg ist also doch wieder nahe gerückt, und heftige Kämpfe in unserem Vorfeld sind ebenso zweifellos wie die bisher energische Abwehrkraft und der Abwehrwille unserer hier gebietenden militärischen Führung. Inwieweit diese den Befehlen der Gauleitung, d.h. Himmlers, folgt oder ob noch ein einsichtiger Oberkommandierender West mit einiger freier Entschlußmöglichkeit gebietet, wir wissen diese für uns vermutlich schon morgen von einschneidenster Bedeutung werdenden Dinge natürlich nicht. Nach den Fanfarentönen des Kreisleiters ist nach wie vor das Schlimmste zu befürchten.

»Es war ein köstlicher Frühlingstag, ringsum blühten die Bäume«

Sonntag, den 15.4.
In der Nacht auf heute nahm das Gedröhn immer lauterer Abschüsse und unserer Ari

erst zu, schwoll ab und wuchs wieder zu bisher nie gehörter Stärke an, immer wieder fuhren wir aus dem Schlaf geschreckt in die Höhe. Gegen Morgen hörten die Pausen ganz auf, es war ein ununterbrochenes Donnern, noch schwerere Abschüsse gesellten sich hinzu und es wurde, wie alte Krieger versicherten, ein ausgesprochenes Trommelfeuer. Wir waren Ohrenzeugen einer schweren Ari-Schlacht. Wo stand der Feind? Ohne Zweifel hatten uns näherstehende eigene Batterien in den Kampf nun eingegriffen, wir vermuteten sie auf dem Neuenlander Felde, was sich bestätigte. Doch warum war auch Maschinengewehrgeknatter dabei, z.T. von schweren MG's? Demnach müßte der Feind, dessen Abschüsse sich in das Höllenkonzert einmischten, doch an einigen Punkten schon recht nahe sein. Manchmal spürte man das Beben der Erde von Einschlägen, ein uns von den Luftbombardements her ja leider schon vertrautes Gefühl. Warnungen oder Nachrichten des Drahtfunks gab es nicht, sichtlich und hörbar spielte sich auch diese Schlacht noch auf dem anderen, linken Weserufer ab. Das Radio mußte recht lautstark eingestellt werden, sonst wäre es gegen diesen Lärm von draußen nicht mehr aufgekommen. Jedenfalls blieben wir alle ruhig und nach wenigen Stunden tat man zumindest so, als sei auch diese Schlacht vor den Toren der uns zukommende Normalzustand. Es war ein köstlicher Frühlingstag geworden, ringsum blühten die Bäume, die weißen Blüten der Kirschen und die rosa der Mandelbäume waren prächtiger denn je. Man war aufnahmefähiger für diese Gaben einer sich erneuernden Natur gerade durch das Bewußtsein der völligen Zusammenhanglosigkeit dieser sich uns wieder schenkenden Schönheit und des Grauens und Sterbens des tobenden Krieges. Ja, wir haben mit vollen Zügen diesen frühlingshaften Sonntag noch genossen und gewürdigt! Wir haben uns auch das Mittagsmahl im Gedröhn der Kanonen nicht minder gut munden lassen als es verdiente. Aus den einlaufenden Radionachrichten war zu entnehmen, daß sich der Feind im Süden kaum näher an uns herangeschoben haben konnte, es war also im Wesentlichen nur unsere eigene Ari-Abwehr, die seit 12–18 Stunden so stark geworden war. Bedeutete das schon den Kampf um die Stadt selbst um jeden Preis? Das war doch die bange Frage, die alle Gemüter sichtlich bewegte. Die gleichwohl bewahrte Ruhe, auch bei fast allen Frauen, möchte ich aber doch nochmals rühmen. Die Hoffnung auf eine uns günstige Lösung und Schicksalsergebenheit mischten sich bunt. Abends ertönten die immer eindrucksloser werdenden scharfen Parolen des Kreisleiters im Rundfunk: »Verpflichtung Aller, im Hinblick auf den alten Hanseatengeist Widerstand bis zur äußersten Grenze des Möglichen zu leisten«, und dann die üblichen Drohungen, ohne die es von dieser Seite ja nicht mehr geht. Den Nachmittag verbrachten wir bei Freunden und genossen auch noch bedachtsam den schönen alten Rheinwein. Gegen 21 Uhr verstummten wie auf Kommando, »schlagartig«, die Geschütze auf beiden Seiten. Es war, als wenn sich die Gegner geeinigt hätten, zu einer bestimmten Zeit gemeinsam zur Vesper oder zur Ruhe zu gehen. Dieser Gedanke rückte das Kriegsgeschehen wieder in den Bereich des gewissermaßen Normalen oder Konventionellen. Wo solche – tatsächlich ja schwerlich vorliegende – Abreden noch vorstellbar sind, da ist man irgendwie wieder im Geordneten, ja Bürgerlichen angelangt. Jedenfalls hatte sich die große Ari-Schlacht im Süden Bremens damit vorerst einmal erschöpft, in der beginnenden Nacht gab es nur noch vereinzelte Feuerüberfälle und nach dem gewohnten Alarm konnten wir auch diesen Tag noch ungeschmälerter Freiheit beschließen.

Montag, den 16.4.

Auch der heutige Tag brachte gegen gestern keine uns fühlbare Änderung. Der Feind hält zwar bereits den südlichsten Teil von Brinkum, und unsere Ari feuert nun dort hinein ohne Rücksicht auf die vermutlich dort eingeschlossenen Bewohner. Verden aber ist noch immer unbesetzt und auf unserem rechten Weserufer droht uns daher vorläufig kein überraschender Einmarsch, der uns hier, in der Peripherie eines zu vermutenden Haupteinmarschweges und als Anwohner des stärkst ausgebauten Verteidigungsgrabens, zuerst betreffen wird. Die schwere Ari-Schlacht von gestern hat sich ausgetobt und wurde den ganzen Tag über nur vereinzelt fortgesetzt. Eisenbahngeschütze, die nicht sehr fern stehen können, haben freilich noch eine neue Note hineingebracht, man erschrickt doch unwillkürlich, wenn sie losdonnern, als stürze der Himmel ein. Die MG's aber haben ihr Bellen nicht mehr venehmen lassen.

Morgens hatte ich also vertrauensärztlichen Dienst »als ob«, auch Volkssturmuntersuchungen waren vorzunehmen. Ich habe in meinem Bataillon meist die »besseren Herren«, die sich mit nicht immer rühmlichen Vorwänden um jeden Preis jetzt von der ihnen bisher und im Gegensatz zu den einfacheren Männern erspart gebliebenen Unannehmlichkeit vielmehr als der Gefahr des Dienstes zu drücken versuchen. Trotz meiner Überzeugung von dem Unsinn und Unrecht, das der Volkssturm schon an sich darstellt und von seiner etwaigen Verwendung gar zur verbissensten Verteidigung, kann ich ja nicht umhin, als Arzt objektiv zu bleiben und die Dienstfähigen ohne Unterschied als solche zu bezeichnen, wobei ich sowieso fast immer als nur für leichten Dienst geeignet hinzufüge. Auch als Vertrauensarzt muß ich ja alle wieder Arbeitsfähigen gesund schreiben, selbst wenn ich ihre Arbeit in der Rüstungsindustrie – meist freilich gibt es ja nur noch Aufräumungsarbeiten dort – für sinnlos oder unrecht ansehe.

Wie allgemein die Beruhigung trotz des nahen Feindes in der Frist von nur 2 Tagen wieder geworden ist, bewies auch meine außerordentlich stark besuchte Sprechstunde heute Nachmittag. Die Mütter hatten wieder alle Mut, das Haus zu verlassen, auch die mit z.T. recht weiten Wegen. Es handelte sich fast durchweg um ernstere und ernste Krankheiten, deren meiste wieder auf das Konto des Bunkerelendes als der Brut- und Verbreitungsstätte dieser fieberhaften Infekte zu buchen sein werden.

Der heutige Abend brachte bisher nichts Neues, auch an die Feuerüberfälle sind wir jetzt gewöhnt und hoffen nochmals auf das Geschenk eines nicht sehr gestörten Schlafes.

Dienstag, den 17.4.

Die Nacht verlief ziemlich ruhig, ohne

Alarm. In der Dienststelle war außer den Untersuchungen für den Volkssturm wenig los, ich konnte eher heimkehren und habe daher schon heute Mittag Zeit, mich dem Ereignis zu widmen, das wie kein anderes die noch nicht völlig abgestumpften Gemüter bewegt. Das ist der mit der Zeitung heute verkündete »Tagesbefehl des Führers«. Mit einer Bewegung wie selten habe ich dieses wahrhaft entsetzliche Dokument zur Kenntnis nehmen müssen. Es selber sowie den zugehörigen Artikel des »sattsam« bekannten Hauptschriftleiters Beck werde ich diesen Blättern im Original beifügen. Man kann schwanken, ob man darin den Gipfel bewußter Schurkerei oder den endgültigen Beweis hoffnungsloser und dann längst vorliegender geistiger Zerrüttung erblicken will. Zu Gunsten des deutschen Volkes wollen wir bis zum Beweise des Gegenteils lieber das Letztere unterstellen, solange *Ihn* eine täglich dahinschwindende Minderheit in erschütternder Blindheit noch immer als Führer gelten lassen will. Ein Kommentar erscheint nicht mehr am Platze. Nur eines sei noch hervorgehoben: Dieser Tagesbefehl ist aus dem sicheren Hort des Führerhauptquartieres – vermutlich des Obersalzberges – verkündet worden und nicht in der vordersten Frontlinie, wo der oberste Kriegsherr an der Spitze seiner Truppen zur letzten Entscheidung aufruft, bereit, als erster sich selbst für seine verlorene Sache zu opfern.

Mittwoch, den 18.4.

Die Großfronten in unserem Gaugebiet scheinen im Wesentlichen seit Tagen erstarrt, ein sogenannter »voller Abwehrerfolg« ist mehr oder minder hier erzielt. Ob zu unserem Glück? Nur dicht südlich Bremens ist in schweren Kämpfen, mit Flammenwerferpanzern usw., der Vorort Brinkum besetzt worden, er soll restlos zerstört sein. Abends sahen wir auch die Brände von dort. Was mag aus den Einwohnern, die samt ihrer Habe von uns rücksichtslos geopfert wurden, wohl geworden sein?

Das Ari-Duell, auch gestern Nachmittag, war nicht erheblich und vollzog sich mit Pausen, leider ist aber nun auch in unserem Norden und recht nahe eine neue Stellung eigener leichter und schwerer Batterien in Aktion getreten, mit einem derartigen Getöse, daß man fast taub wird und die Explosionen der Abschüsse wie einen körperlichen Stoß miterleidet. Das ginge an, doch die weitere Neuigkeit, daß der Feind diese und andere nördliche Stellungen auf unserem rechten Ufer fernbeschießt und daß die Granaten nun hörbar über uns wegsausen, ist unerfreulich und beunruhigend. Auch ist es unserer schon beinahe unheimlichen Friedensfiktion abträglich, wenn z.B. nachts um 3 Uhr gerade unsere nördlichen Batterien loslegen und der so nötige Schlaf mit reflektorischem Schreck unterbrochen wird.

Das schönste Frühlingswetter kann im April ja keine Beständigkeit haben, gestern wurde es diesig, nachmittags donnerte ein Gewitter in den Wolken mit dem auf der Erde um die Wette. Heute morgen war es wieder recht kalt, die Sonne hat bei dunstigem Himmel noch nicht ihre Kraft wiedererlangt.

Gestern Abend bewies der Kreisleiter in wieder peinlich geschnörkelten Perioden, daß die von jedem mannhaften deutschen Herzen erwarteten und uns alle mit neuer Kraft und Zuversicht erfüllenden Worte des Führers in seinem schandbaren Tagesbefehl vom 16. dieses Monats uns nicht nur die kommende »Wendung« über jeden Zweifel erhaben beweisen, sondern »darüber hinaus« uns nun erst recht und ganz klar dazu verpflichten, Bremen bis zum Letzten zu verteidigen und den Feind damit aufzuhalten, was unser bescheidener Beitrag zur Wendung und von der bombengewohnten Bevölkerung daher mit entsprechender Begeisterung zu ertragen sei! Ich sehe für uns die hauptsächlichste Chance jetzt darin, daß die Ostfront bei Berlin, die einem fürchterlichsten Ansturm die beiden letzten Tage im Ganzen standhielt, rasch zusammenbricht. Dann werden die Voraussetzungen für Hitlers tobsüchtige Verzweiflungsschreie ja wieder hinfällig sein, und die Vernunft unserer örtlich militärischen Stellen kommt hoffentlich doch wieder oder doch noch zu Wort. Wenn man an die armen Opfer dort vor der östlichen Berliner Front denkt, die jetzt wieder zu Zehntausenden verbluten mögen, so ist auch schon deswegen dieser rasche Zusammenbruch nur inständigst zu erhoffen. So werden wir denn mit Spannung nicht nur die Berichte über unsere Front hier, sondern gerade auch über diese alles entscheidenden Abschnitte erwarten müssen.

Achtung bei Artilleriebeschuß!

Artilleriebeschuß verlangt natürlich von der Bevölkerung der betroffenen Stadtgebiete besondere Vorsichtsmaßnahmen. Im allgemeinen stellt sich der Mensch rasch auf Schußrichtung ein. Vor allem heißt es dann sofort Deckung nehmen, also entweder hinwerfen oder hinter Trümmern, Geröll oder sonstigen schützenden Wänden Schutz suchen. Die Bewohner, die sich in ihren Häusern befinden, suchen sofort die Keller auf. Selbstverständlich bieten die Luftschutzhochbunker, aber genau so auch die Erd- oder Tiefbunker völlig ausreichende Sicherheit gegen Artilleriebeschuß.

Bremer Zeitung vom 20.4.1945

Aus dem Geschehen in der Stadt selbst ist nichts Neues zu melden, am Osterdeich sollen wiederholt Granateinschläge beobachtet werden. Auch die uns leider recht nahen Kasernen in der Vahr haben starken Beschuß erlitten mit angeblich beträchtlicher Zahl von Toten und Verwundeten, Genaueres fehlt.

Donnerstag, den 19.4.

Es ist ernster geworden, recht ernst sogar, denn der Beschuß der Stadt häuft sich seit gestern Nachmittag, wahllos und zu ungewisser Zeit. Wir hörten ja schon gestern das Heulen der Granaten über unsere Köpfe hinweg, ebenso die Explosionen der Einschläge. Besonders Hanny hatte dies Erlebnis bei einer Unternehmung per Rad in den westlichen Vorort Oslebshausen, wo sie noch einige Lebensmittel erhalten konnte, sogar einen ganz kleinen Eimer mit Honig. Dabei geriet sie auch in einen Tieffliegerangriff, gegen den sie zum Glück noch rechtzeitig Deckung unter einer Bahnüberführung fand. Heute war uns mehrfach die unangenehme Sensation der Beschießung uns naher Ziele beschieden, diesmal besonders mir, als ich per Rad auf Praxis in den ziemlich eisigen Böen des sonst sonnigen Tages mich abmühen mußte. Ziel war heute u.a. die Bahnhofsgegend, also die Stadtmitte; die uns näher gelegene Vahr im Osten gehörte mit einiger Regelmäßigkeit eben-

In den letzten Kriegstagen vom 20. bis zum 27. April 1945 starben durch »Feindeinwirkung«, wie es häufig im Sterberegister heißt, im Standesamt-Bezirk Bremen-Mitte 229 Menschen, nach Ende der Kampfhandlungen infolge der vorher erlittenen Verletzungen nochmals 46 Personen bis zum 20. Mai 1945.

Von diesen insgesamt 275 weitaus überwiegend zivilen Opfern des Krieges waren fast zwei Drittel Männer (179), etwa ein Drittel Frauen (96). Es traf vor allem die Altersgruppe der 40- bis 60jährigen, rund 42% der Toten gehörten in diese Gruppe, über ein Viertel (28%) waren älter als 60 Jahre. Aber auch fast 50 (16%) Kinder und Jugendliche überlebten diese Tage nicht. Die in den Registern angeführten Todesursachen lassen die Grausamkeit des Krieges erahnen: verschüttet, Schußbruch oder Zertrümmerung von Gliedmaßen, Kopf abgerissen, Körper zerrissen durch Luftmine, erschlagen durch Haustrümmer, verbrannt – nur ein paar Schuhe mit Überziehern übriggeblieben usw. Manchmal heißt es auch hier nur lapidar: Feindeinwirkung.

Auch nach den Kampfhandlungen kamen mehrere Menschen durch Blindgänger zu Tode, so am 3. Mai an der Ritterhuder Heerstraße ein 15jähriger Junge und am 7. Mai im Blockland ein 12jähriges Kind.

Tragisch sind auch die Todesfälle von Verschleppten und ehemaligen Zwangsarbeitern aus den Lagern »Goldina«, Friedrich-Mißler-Straße, Riensberger Straße und Zeppelinstraße: vier Männer und eine Frau aus Polen, Weißrußland, den Niederlanden, Frankreich und Italien starben in der Zeit vom 5. Mai bis zum 20. Mai in einem Lager im Luisental offensichtlich durch mangelnde medizinische Versorgung an Tuberkulose und Magengeschwüren, für sie bedeutete das Kriegsende doch nicht die Befreiung …

falls dazu. Trotzdem ist das Treiben in der Stadt eigentlich unverändert, die Einwohner müssen unter der Drohung des ja inzwischen eingerichteten Standgerichtes weiter zur Arbeitsstätte hin und zurück und die Hausfrauen müssen weiterhin ihre Einkäufe besorgen. Auch die Sprechstunde schien nur anfangs von den neuen Gefahren beeinflußt, dann aber war sie besuchter fast als je, dazu noch die Plage der Volkssturmmänner mit und ohne wirkliche Gebrechen. Ich war reichlich abgekämpft heute Abend, war aber rechtzeitig zu Hause, um am Radio mich von der traditionellen – letzten! – Göbbels-Rede zum Vorabend des Führergeburtstages erbauen lassen zu können. Wozu soll man sich damit besudeln, diese Spitzenleistung Göbbels'scher Rabulistik erst zu zerpflücken, so durchgeschüttelt man durch diese schamlose Unverfrorenheit auch immer noch sein mag. Diese Fata morgana einer Deutschland nach der bewußten »Wendung«, nach dem Siege also, bevorstehenden glückhaften Zukunft voller Nazi-Wonnen und die grausam erbarmungslosen Tatsachen der heutigen Lage kurz vor dem endgültigen Zusammenbruch braucht man nur einander gegenüber zu stellen! Als Anlage werde ich die Rede morgen aus der Zeitung ausschneiden. Die anschließend erfolgte Durchgabe der lokalen Frontlage durch den Kreisleiter erwies erneute Annäherung im Süden auf beiden Weserufern und die augenblickliche Feindtendenz, uns ringsum einzuschließen. Auf die Gefahr für die Einwohner durch die direkte Beschießung wurde erstmals hingewiesen, es wurden uns Anweisungen erteilt, wie wir bei Beschuß die nächste Deckung, sei es unter den Ruinen der Häuser oder im Keller des noch stehenden eigenen Hauses – wir haben nur leider keinen Keller – noch besser aber im Luftschutzbunker schleunigst zu erreichen jeweils bestrebt sein sollen. Leicht gesagt! Die fortbestehende Gefahr durch Luftangriff wurde auch unterstrichen. Ob man wohl entsprechende Nachrichten vom Feinde her hat?

…

Wir treten also in die kommende Nacht und den kommenden Tag in dem verstärkten Bewußtsein, daß jede Stunde aufregende und bedrohliche Dinge sich ereignen können. Im großen Ganzen freilich glaube ich an eine Fortdauer des jetzigen Schwebezustandes für kurze Zeit, bis die Umzingelung vollständiger sein wird. Was dann?! Die Hoffnung auf eine, uns durch einen raschen russischen Durchbruch nach Berlin gewährte Chance hat sich jedenfalls in den letzten drei Tagen nicht bestätigt, mit fürchterlichen Hekatomben an weiteren Blutopfern stemmt sich noch die dortige Wehrmacht heldenhaft – und das ist gewiß nicht ironisch gemeint – gegen die bolschewistische Flut. Wozu, wozu? Damit es noch einige Tage länger währt!

Unterdes wird die Bedrohung der größeren hanseatischen Schwesterstadt Hamburg täglich augenscheinlicher. So sehr wir Hamburg und seinen schwerer wohl als wir geprüften Bewohnern die Bewahrung vor dem uns drohenden Schicksal von Herzen wünschen, so natürlich ist doch der Instinkt, der den Bremern gebietet zu hoffen und zu wünschen, die militärische Entscheidung, wenn anders sie nicht zu umgehen ist, möge sich lieber an der Unterelbe abspielen als bei uns.

Freitag, den 20.4.

Die Tragödie Bremens rollt rasch – hoffentlich rasch! – ab. Konnte man gestern noch einen systematischen Ari-Beschuß bestreiten, so hat sich das seit gestern Abend bereits geändert. Während der ganzen Nacht ging das Ari-Feuer unter Einbeziehung der eigentlichen Stadt weiter, der Schlaf war fragwürdig und oft unterbrochen. In den Morgenstunden verstärkte sich das pausenlose Heulen und Dröhnen zu beträchtlicher Stärke und so ging es dann den ganzen Tag. Von Süden und Südwesten sind wir nun umstellt, so erfolgen denn auch die Einschläge in fast allen Stadtteilen mit entsprechender Wirkung. Heute Nachmittag war der uns nächste Einschlag wenig von unserem Hause entfernt, während Hanny im Nachbargarten sich sonnte, andere ebenfalls im engeren Viertel. Trotzdem also die Stadt so unmittelbarer Kriegsschauplatz geworden ist, geht das Leben auf den Straßen kaum verändert weiter. Die gleichen Menschen, die auch heute früh z.B. bei Vollalarm in gewohnter und ja auch berechtigter Weise mehr oder minder eilig sich in den Bunkerschutz begaben, verhalten sich jetzt praktisch so, als ob nicht jeden Augenblick die Granaten sie zerreißen könnten. Freilich ist gegen diese ja auch kein Schutz möglich, es sei denn, daß in den nun ohne Unterbrechung geöffneten Bunkern sich alles zusammenpferchte. Doch davon

Die letzten Verteidiger Bremens

ist keine Rede, es sind meist kümmerliche alte Weiblein, die dort bereits Dauerbewohner geworden sind und ihr ihnen offensichtlich so kostbares Leben zu retten sich bemühen. Beinahe spaßhaft war es nur heute morgen zu sehen, als ich gerade den gegen Fliegerbomben ja unzureichenden und daher sonst verlassenen Erdbunker am Theaterberg passierte, wie während eines besonders starken Feuerüberfalles dort viele Passanten sich richtig überkugelnd hineinstürzten und wie Kaninchen in ihren Erdlöchern verschwanden. Ich mußte hingegen schleunigst wieder zum Dienst, wo eine ungeminderte Schar von Patienten untersucht und sogar die Kartothekberichte darüber fortgeführt werden sollten. Ich habe mich aber doch auf ein abgekürztes Verfahren beschränkt und im übrigen erneut festgestellt, daß es schon Methode habe, wenn es gleich Wahnsinn sei. Die Sprechstunde heute Nachmittag war ähnlich der gestrigen auch sehr besucht, kaum ein Arzt wird noch Besuche machen können, so kommt eben der Prophet zum Berg. Die Scharlach-Epidemie geht unvermindert weiter, die gehäuften Lungenentzündungen stehen sonst im Vordergrund. Die Apotheken sind dabei nun wirklich so gut wie ausverkauft, die wichtigsten Medikamente, so vor allem Sulfonamide, gibt es höchstens noch hintenherum. Was soll nicht nur in den nächsten Tagen und Wochen, sondern auch im nächsten Halbjahr und länger wohl werden? Wo wir mangels Medikamenten hilflos vor unseren Patienten dastehen müssen? Auch in dieser Hinsicht droht im ganzen deutschen »Arm« eine öffentlich noch gar nicht erörterte Katastrophe unabsehbaren Ausmaßes. Und auch diese wird einzig der verbrecherisch sinnlosen Fortführung des Krieges, seit dem letzten Halbjahr zumindest, zur Last fallen. – Ahnt man noch immer nicht, welch größtes nationales Unglück der 20.7.44 mit seinem Mißlingen der Befreiung von der Tyrannei des Verruchten für alle gewesen ist? Ein geglückter Anschlag und damit wohl rasch beendeter Krieg, was hätte das an Allerschlimmstem nicht mit Sicherheit noch verhüten können, welche schönsten Städte stünden nicht noch heil oder fast unversehrt, von dem namenlosen Elend der seither im Felde und in der Heimat oder auf der Flucht – Ostpreußen!

– sinnlos Umgekommenen ganz zu schweigen. Gott strafe *Ihn*, der heute zum letzten Mal zu seinem Geburtstag sich feiern ließ! Feiern, allerdings von wem!
Diese Tage schenken in anderer Sicht Erfahrungen, die wir nur so unmittelbar und nie verstandesmäßig erwerben können. Wir begreifen jetzt den Gleichmut des Landsers, der eine relative Ruhe jeweils genießt, so gut er kann, und jede kampffreie Stunde auskostet, obgleich jede Sekunde der Befehl ihn wieder in die Schlacht und den drohenden Tod rufen kann. Wir verstehen auch jetzt die Menschen, die gleich uns etwa auf einer vulkanischen Insel ihr Leben führen, wenn auch jeden Tag die Erdbeben oder Vulkanausbrüche ihren Zoll fordern können. Wie relativ ist doch jede Daseinsform, ich sagte es früher schon, nur liegen Tod oder Verwundung und Leben nicht so dicht und untermischt sonst nebeneinander, wie nun auch für uns in den bevorstehenden Tagen. Wieviele mögen es sein? Illusionen über unser Geschick in der »Festung Bremen«, wie es heute abend zum ersten Mal offiziell benannt wurde, sind nun vorbei, vorbei die Hoffnungen, dieser Kelch werde einigermaßen gnädig an uns vorübergehen. Nach dem Kreisleiter, der die verschärfte Lage ringsum und die Besetzung des nun von uns beschossenen Vorortes Huchting eingestand, stellte sich, wie es hieß, »der Kommandeur des Verteidigungsbezirkes Bremen« der Bevölkerung am Mikrofon seines Bunkers vor. Ein Mensch namens Becker, seines Zeichens Generalleutnant, sprach zu uns in forcierter Schneidigkeit und erwies sich als ein bewußter Nazi-Fanatiker reinsten Wassers! Was sagt so ein Mann? Verpflichtung für alle, gerade am Geburtstag des Führers, der uns dem Sieg ja doch noch zuführen werde, und darum äußerste Verteidigung der Stadt gemäß dem Führerbefehl, der keine offenen Städte mehr kennt und alle mit Mann und Maus dem Untergang weiht, vielmehr, wie der Kerl sagte, dieses Opfer verlangen darf, weil jeder Zeitgewinn und jeder Blutzoll auch beim Feinde den Endsieg sichert!
So sind also die Würfel über uns geworfen und unsere Hoffnung kann nur die sein, daß es nicht zu Viele treffen wird und daß neben den Vernichteten es ja bestimmt auch Überlebende geben wird in einer durch den Häuserkampf und zu erwartende weitere Fliegerbomben vielleicht zu Staub zermahlenen ehemaligen freien Reichsstadt. Werden wir aber uns dieses Lebens noch freuen können? Ob wir unser bescheidenes Heim behalten und ob ich noch die Möglichkeit haben werde, diese meist abendlichen Gedanken weiterzuführen? Wir sitzen in der Falle, und wenn sich auch nicht hundert Mann vermutlich in der ganzen Stadt gegen eine sofortige Übergabe aussprechen würden, mit den Verderbern bleiben wir macht- und willenlos eingeschlossen. Merkt euch auch, Bremer, heute früh erschien laut amtlicher Bekanntgabe ein englischer Parlamentär und forderte zur rechtzeitigen Übergabe auf. »Selbstverständlich konnte unsere Antwort nur im massiven Beschuß der englischen Stellungen bestehen.«

Sonnabend, den 21.4.

Nach einer durch die Kanonaden wieder sehr gestörten Nacht ist es plötzlich ruhig geworden, schon seit den frühen Morgenstunden. Ist das bereits die Ruhe vor dem Sturm? Manches könnte dafür sprechen. Gestern Abend warfen feindliche Flieger Flugblätter ab, daß Bremen noch 24 Stunden Frist gegeben werde, sich die Kapitulation zu überlegen. Alsdann beginne ein gnadenloses Bombardement vor allem auch aus der Luft. Vielleicht sind diese Ankündigungen nicht mehr als der Ausdruck des gegen uns seit langem ja auch versuchten Nervenkrieges, vielleicht beginnt sich unser Schicksal schon heute Abend zu erfüllen; es ist jetzt 18 Uhr, in einer Stunde wäre die Frist um.
Der Wehrmachtsbericht von heute mußte die nun doch an der Ostfront eingetretene »Wendung« zugeben, denn die Russen sind durchgebrochen und eine zusammenhängende eigene Kampflinie besteht im Osten nicht mehr. Die sogenannten Horden der asiatischen Steppe stehen an mehreren Punkten vor den Vororten Berlins, die vermutlich auch schon direkten Beschuß haben.
Noch immer hält die unheimliche Ruhe an, nur vereinzelte Abschüsse unterbrechen diese fast aufweckende Stille. Um 15 Uhr hat der Gauleiter Wegener nun auch zu den Morituri der Stadt Bremen sich vernehmen lassen. Dieser besondere Schurke hat sich nicht entblödet uns vorzumachen, der Widerstand, erst die Opferung Bremens könne Deutschland retten! Derweilen geht die Umzingelung rasch weiter, ohne daß sie uns durch Ari-Kampf direkt hörbar wird. Nicht verschweigen möchte ich, daß ernst zu nehmende Männer heute versicherten, der gestern sich so glänzend als Parteimann einführende General Becker sei im Grunde doch ein einsichtiger Mann, der nur nach außen hin so radikale Töne verlauten lassen müsse, gerade um seinen verständigeren Plänen damit zu dienen. Wir werden es ja erfahren, wenn der eigentliche Kampf, zumal in der Stadt selbst, begonnen haben wird.
Vorhin zog ein großer Trupp von Zwergsoldaten in schmucken neuen Uniformen vorbei, oder waren es lauter überlange Unteroffiziere? Nein, unter den Stahlhelmen schauten die reinen Knabengesichter hervor, es waren Hitlerjungen, die man als Vollsoldaten in den Tod schicken will, 15–16jährige oft nur, sie pfiffen sich dabei ein »Kampflied der Bewegung«, diese verführten und gepreßten Kinder, ahnungslos anscheinend noch immer, daß es jetzt nicht mehr Spiel, sondern blutiger Ernst ist. Auch das soll für immer unvergessen bleiben, was ihr mit unseren Knaben gemacht habt.
Wir sitzen unterdes weiter da und warten. Die Gedanken an unsere Lieben, die wir nicht aufkommen lassen wollen, von denen wir so hoffnungslos abgeschnitten sind, ach, sie sind nicht zu unterdrücken. Wo magst Du heute sein, mein Hanspeter, wie mag es dir ergehen? Bist Du wohl längst in amerikanischer Gefangenschaft und hast Du es nicht zu schlimm getroffen? Verläßt Dich Deine Zuversicht und Dein Humor auch jetzt nicht und erleichtert Dir und den Kameraden Euer schweres Los? Gott gebe es! Und Du, Thea, mitsamt unserem kleinen Enkel Tino? Seid Ihr wohl immer noch in Innsbruck und geht es Euch gesundheitlich jetzt immer gut? Habt Ihr genug zum Sattwerden und auch noch die Mittel, Euch das Nötige zu beschaffen? Oder Ihr, meine lieben alten Eltern, dort oben im höchsten Schwarzwald, der nun umgangen wird und

Nach dem Bombenangriff

Frische Luft mußte mit Handkurbeln in die Bunker gepumpt werden

Euch, wie ich nach wie vor glaube, einen bestmöglichen Schutz vor direktem Kampfgeschehen bis zum Ende gewähren wird. Hat das Leid der Ungewißheit um uns und die täglich verschärften Sorgen, wenn wir im Wehrmachtsbericht erwähnt werden, Euch in Eurer Gesundheit nicht noch weiter beeinträchtigt und Euch den ganzen Jammer Eurer Lage nicht allzu grell vor Augen geführt, Ihr einsamen Alten? Du, liebe Mutter, hast Dir bisher so gut damit helfen können, die trüben Gedanken zu verscheuchen, indem Du eine Deinen Tag ausfüllende rege Korrespondenz mit uns, mit alten Freunden, mit Behörden führtest, soweit Deine mühevolle Pflege des armen Vaters nicht schon Tag und Nacht in Anspruch nahm. Werdet Ihr noch satt? Habt Ihr doch einige Menschen dort, die nicht nur ganz mit ihren eigenen Sorgen beschäftigt auch für Euch ein wenig Zeit und Interesse haben? Oh, könnte ich Euch doch helfen!

Sonntag, den 22.4.

Nichts wesentliches hat sich seit gestern Abend begeben, wir warten und warten also weiter. Es wäre reichlich übertrieben zu behaupten, wir fühlten uns gleichsam auf die Folter gespannt. Wir selbst und die große Mehrzahl der Bevölkerung – mit Ausnahme ängstlicher Naturen, die nun dauernd im Bunker hocken – sind zwar in einer unleugbaren Spannung, da sich die Lage so oder so bald klären muß, aber im Ganzen nicht bedrückter als die beiden letzten Wochen auch schon. Berlin liegt unter Ari-Feuer, in den östlichen Vororten sind Vorhuten bereits im Kampf gegen den Volkssturm. Wenn sich der ebenso schlägt, wie in unserem Huchting, wo er beim er-

Brennende Fabrik im Bremer Osten

sten Schuß ausriß, wie viele erzählten, wird er dem Feind nicht viel anhaben.
Für uns kommt die endlich auch in bisher fanatischen Parteikreisen sich durchsetzende Erkenntnis von der verbrecherischen Sinnlosigkeit jeden weiteren Widerstandes leider zu spät. Aber der durch Flugblätter angesagte Generalangriff läßt auf sich warten, vermutlich sind dazu die Kräfte des zu riskanten Unternehmungen ja längst nicht mehr genötigten Feindes noch zu schwach. Die größten Drohungen bleiben Luftbombardements, doch Optimisten meinen, die Engländer hätten gerade Interesse daran, uns möglichst heil zu überschlucken; möchten die ausnahmsweise richtig raten! Die unheimliche Ruhe dauert an, sie wird einleuchtend damit erklärt, daß die feindliche Ari nun eingeschossen ist und unsere eigenen Batterien ihre neuen Stellungen nicht durch Mündungsfeuer verraten wollen. Trotzdem waren in der Nacht lautstärkste Feuerstöße genug vorhanden, um einen stündlich immer wieder zerhackten Schlaf zu stören. Nun, das ist nichts Schlimmes, sonst werden Viele wieder übermütig. …
Ich habe unzählige Zeugen dafür, daß ich in ihm [Hitler, d. Hrsg.] vom Beginn meiner Laufbahn an ein Unglück heraufkommen sah, dessen unsagbares Ausmaß ich stets ahnte und nirgends und vor niemand verhehlt habe, mehr konnte »mein Kampf« allerdings nicht leisten. Doch wäre es sinnvoll und der Familie gegenüber zu rechtfertigen gewesen, wenn ich in ein Konzentrationslager gesperrt worden und dort vermutlich längst verkommen wäre? Diese latente Gefahr ist mir ja oft genug prophezeit worden und hat mich nie gehindert, mit nicht gerade herausfordernd unvernünftigem Verhalten am falschen Ort meine Meinung zu vertreten und die feigen Geister zu jedem möglichen passiven Widerstand anzufeuern. Nicht nur bemühte ich mich von Anfang an, die getarnte Verruchtheit dieses ganzen Nazi-Systemes immer wieder nachzuweisen, sondern vor allem die Gefahr unseres unabwendbaren Unterganges aufzuzeigen, wenn nicht in der letzten Minute das deutsche Volk seine Verderber abschütteln würde. Vor der Gestapo habe ich immerhin auch gestanden, genutzt hat es niemandem. Doch wenn mich ein im Hitlertum untergegangener früherer bester Freund (Hans Jürges) höhnisch eine Kassandra nannte, ich war wirklich verdammt, im Prinzip fast alles vorauszusehen und maßlos darunter zu leiden.
Nun sind wir nur noch Zeugen der grauenvollsten Götzendämmerung und sehen hinter dieser noch keinen Hoffnungsschimmer heraufsteigender besserer Zukunft.

Montag, den 23.4.
Der gestrige Tag hat böse geendet und der heutige böse begonnen! Nachdem es bis zum späten Nachmittag auffällig ruhig geblieben war und wir mit vielleicht etwas gekünstelter Behaglichkeit unseren Kaffee noch genossen hatten, gingen wieder einmal die Sirenen mit Vollalarm. Die Überklugen wußten zwar schon im Voraus, daß wir wie die ganzen verflossenen drei Wochen lang ja gar nicht mehr ernstlich gemeint seien. Hatte doch auch der Kreisleiter in der heutigen Sonntagszeitung die ätzende Lauge seines aus überlegenem Geist und überlegenem Wissen geborenen Spottes über die Angsthasen ausgegossen, die an warnende englische Flugblätter glaubten oder gar deswegen sich schon vorbeugend im Bunker aufhielten. Das sei eine plumpe Nachahmung unserer Taktik, mit der wir seiner Zeit mit großem Erfolg eine Sorte wie die Franzosen weich und dumm gemacht hätten, bei den klugen Bremern verfingen solche alten Tricks natürlich nicht. Gewiß, der angedrohte Luftangriff kam nicht prompt nach 24 Stunden, sondern erst nach 40, aber er war sehr schlimm. Teppich um Teppich wurden in fast einstündiger Dauer und immer erneuten Anflügen abgeworfen. Unser Bunker schwankte erheblich, und der Krach naher Explosionen ließ keinen Zweifel, daß unser Viertel schwer mitgetroffen sein müsse. Mit der ersten Bombenserie verlosch auch das elektrische Licht (seither sitzen wir ohne Strom da, für Monate vielleicht), alle Meldungen hörten damit auf, bei kümmerlichen Kerzenstümpfen konnte man in der dicht zusammengepreßten Schar meist eine gute Haltung bewahrender, aber rasch eine wenig erfreuliche Luft verursachender Menschen sich kaum noch zurechtfinden. Die elektrische Ventilation war auch außer Betrieb gesetzt und die Handkurbeln fördern viel zu wenig. Rings um den Bunker waren viele Bomben gefallen, unser Viertel ist sehr mitgenommen worden. Besonders die Kronprinzenstraße, in der mehrere Häuser durch Volltreffer zerstört wurden, hat kein heiles Dach mehr aufzuweisen, alle Türen und Fenster sind heraus und es ist fraglich, ob man die Wohnungen überhaupt würde behelfsmäßig herrichten können.

Wir selber konnten nach der Heimkehr uns je nachdem freuen, daß unsere Schäden relativ gering waren, oder doch stöhnen über den Dreck und nicht gleichgültige und auf lange Sicht nicht zu behebende Schäden. Fast alle Türrahmen sind herausgerissen, daß sie erneuert werden müssen, und die Türen hängen schief und nur halb in den Angeln, lassen sich nicht schließen, wie gerade die Abschlußtür zur Wohnung. Das Badezimmer ist noch weniger einladend als vorher, dutzende von Fliesen sind wieder abgefallen. Im Wohnzimmer ist das breite, seit langem mit Pappe vernagelte Mittelfenster mitsamt Rahmen und Gardinenbrett herausgeflogen, die ganze Geschichte läßt sich nicht mehr richtig festmachen und dichten, im Balkonzimmer ist ein Fenster entzwei, kaputte Weingläser und Blumentöpfe sind in alle Winkel verstreut usw. usw. Die mehr nach dem Bürgerpark zu wohnenden Nachbarn sind schlimmer weggekommen. Immerhin hatten wir zwei Stunden zu nageln und zu putzen, um das Gröbste zu richten, dann war es dunkel und Licht gab es ja nicht mehr. Bald kam erneuter Vollalarm, kaum zu hören, weil nur in weiter Ferne noch einige Sirenen funktionierten. Es wurde ein Daueralarm, da Tiefflieger stundenlang alle paar Minuten Minen abwarfen, deren jede sich mit lautem Geheul ankündigte. Neuer Schaden entstand wieder in unserer Gegend, auch bei uns war der Fensterrahmen wieder ganz heraus. Gleichzeitig mit dem ersten Alarm schon war der Beschuß der Stadt wieder sehr heftig geworden, es war nicht lieblich, als die laut krachenden Einschläge immer näher bei uns lagen, vermutlich galten sie den Kasernen in der Vahr. Der anschwellende Heulton der heransausenden Geschosse ist uns nun schon vertraut, und die Chance, getroffen zu werden, nimmt zu. Erst gegen 6 Uhr morgens konnte man den Bunker sehr übernächtigt verlassen. Bei dem Krach der Explosionen draußen wie bei dem Lärm drinnen durch zuknallende Türen, schreiende Kinder usw. war nur für den an Schlaf zu denken, der sich wie unser Sanitäter die nötige Bettschwere besorgt hatte. Warmes Getränk zum Frühstück fällt aus, wir haben ja keinen Strom für den elektrischen Kocher, und den kleinen Behelfsherd in der

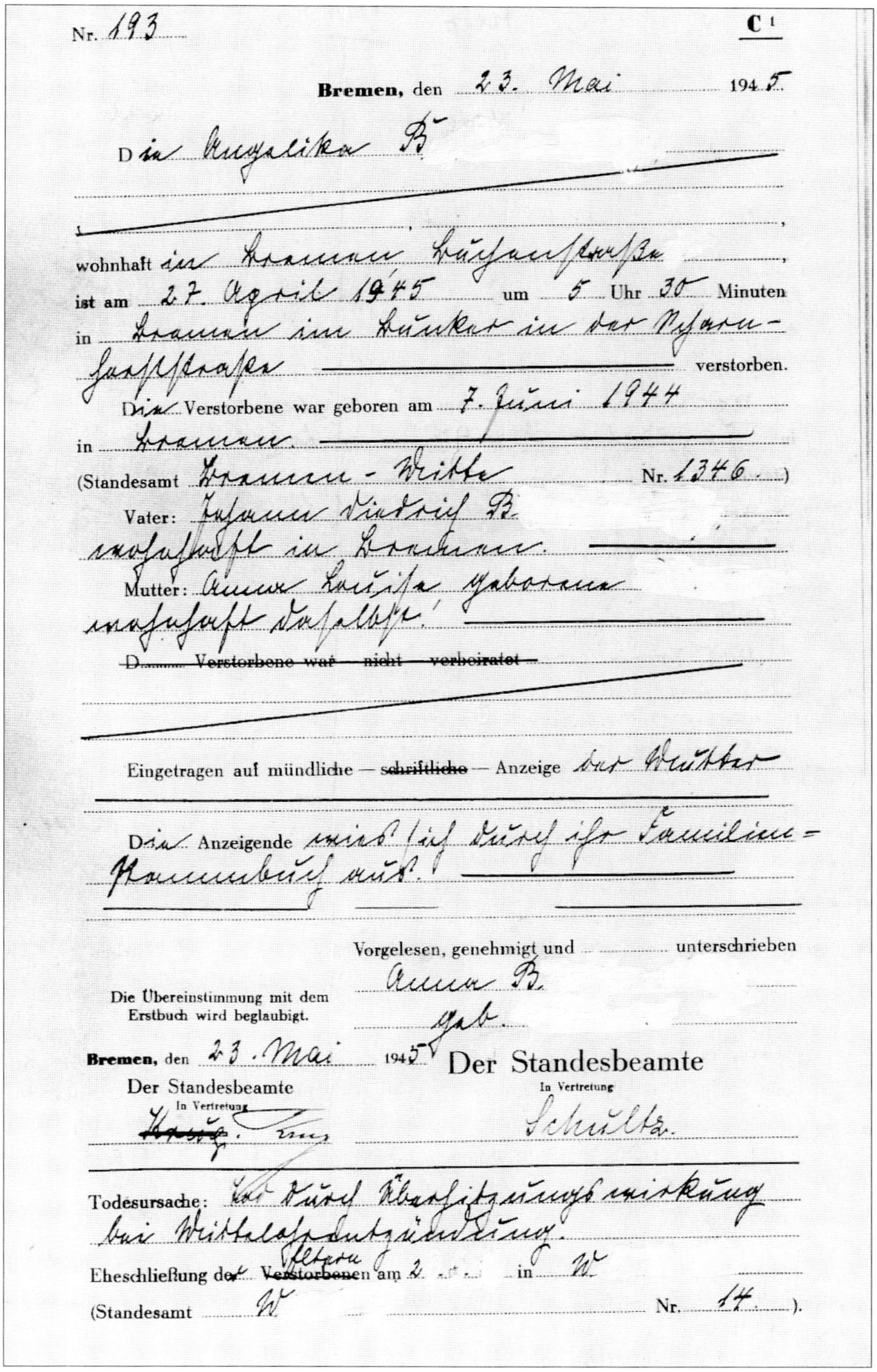
Nr. 193 C 1

Bremen, den 23. Mai 1945.

Die Angelika B.

wohnhaft in Bremen Buchenstraße

ist am 27. April 1945 um 5 Uhr 30 Minuten

in Bremen im Bunker in der Scharnhorststraße verstorben.

Die Verstorbene war geboren am 7. Juni 1944

in Bremen.

(Standesamt Bremen-Mitte Nr. 1346.)

Vater: Johann Diedrich B. wohnhaft in Bremen.

Mutter: Anna Louise geborene wohnhaft daselbst.

~~D... Verstorbene war nicht verheiratet~~

Eingetragen auf mündliche — ~~schriftliche~~ — Anzeige der Mutter

Die Anzeigende wies sich durch ihr Familienstammbuch aus.

Vorgelesen, genehmigt und unterschrieben

Anna B. geb.

Die Übereinstimmung mit dem Erstbuch wird beglaubigt.

Bremen, den 23. Mai 1945

Der Standesbeamte

In Vertretung

Der Standesbeamte

In Vertretung

Schultz.

Todesursache: Tod durch Überhitzungseinwirkung bei Mittelohrentzündung.

Eheschließung der Eltern ~~Verstorbenen~~ am 2. in W.

(Standesamt W. Nr. 14.).

Tod eines zehn Monate alten Mädchens im Bunker Scharnhorststraße.
Todesursache: Tod durch Überhitzung

Das Leben in den Bunkern wurde zusätzlich erschwert durch das unmittelbare Erleben nicht nur von Schmerzen und Qualen, sondern auch vom Sterben in und vor den Bunkern. Das Sterberegister für Bremen-Mitte weist allein 15 Tote nach, die in Bunkern verstorben sind. Dies waren nicht nur ältere Menschen, die an Kreislaufschwäche oder Herzversagen starben, sondern auch vier Kinder im Alter von ein oder zwei Jahren, bei denen Infektionskrankheiten, wie Lungenentzündung, Masern und Diphtherie, oder mangelnde Ernährung und Sauerstoffmangel die Ursachen waren. Es sind aber auch die vielen vor allem älteren Menschen, die auf dem Weg zum Bunker von Geschossen oder Splittern tödlich getroffen wurden oder erst nach langem Leiden dort verstarben, weil ein Transport nicht möglich war. Im Register sind 25 Todesfälle vor oder in der Nähe von Bunkern mit ihren Todesursachen vermerkt: Kopf- und Schädelverletzungen, Lungendurchschuß, eingedrückter Brustkorb, »Verletzungen an Rücken und Bein« usw. oder auch nur lapidar »Feindeinwirkung« heißt es da – die Leiden der Betroffenen und der Angehörigen, die ihre Verwandten oft genug zurücklassen mußten, kann man nur erahnen.
Auch hier sind es die Tage des unmittelbaren Kriegsendes, an denen noch einmal die Zahl der Toten in die Höhe schnellt. Allein am 25. April kommen 27 Menschen vor und in den Bunkern um, z.T. in Erdbunkern verschüttet (Bregenzer Str., Münchener Str.), die nur einen trügerischen Schutz boten. Vor allem in Findorff erreichten viele Menschen die Bunker Neukirchstraße und Holsteiner Straße nicht mehr und wurden dort von Sprengbomben überrascht. Dabei sind es durchaus auch die 35- bis 45jährigen (10), die zu den Todesopfern gehören, nicht nur die über 60 Jahre alten Menschen (12). Die Tatsache, daß drei Viertel der Toten Männer sind, läßt die Vermutung zu, daß häufig schon andere Verletzungen zu eingeschränkten Bewegungsmöglichkeiten geführt hatten, so daß die Bunker deshalb nicht mehr schnell genug erreicht werden konnten – zumal nach Ausfall der Elektrizität nur noch wenige Alarmsirenen in Betrieb waren.
Ein besonders tragisches Ereignis muß sich im und am Bunker Lilienthaler Heerstraße/Lehesterdeich ereignet haben, dort verzeichnet das Sterberegister am 26. April sieben Todesfälle, z.T. mit dem Vermerk »Explosion einer deutschen Mine«.
Auch nach Kriegsende haben offensichtlich Bunker für Obdachlose Unterschlupf geboten, am 3. Mai stirbt eine 84jährige Frau im Bunker Clausewitzstraße und noch am 18. Juni 1945 wird im Sterberegister ein Todesfall eines 70jährigen Mannes im Bunker Ansgarikirchhof verzeichnet.

Dachkammer können wir erst gegen Mittag anheizen. Gas kennen wir ja seit vielen Wochen sowieso nicht mehr, aber katastrophal kann das Versiegen des Wassers werden. Bisher konnten wir aus einer klaren Pumpe an der Gete brauchbares Wasser mühsam herbeikarren, doch wurde ja auch dieses elektrisch gefördert. Was mag an schweren Schäden, unsagbarem Leid und Elend gestern Abend und heute Nacht wieder entstanden sein, noch haben wir keinen Überblick außer über unser engeres Viertel. Rauchschwarz war wieder der Himmel und lodernde Brände erhellten den Horizont die ganze Nacht, die sich zu Großflächenbränden dann auswuchsen. Hastedt, Hemelingen und Sebaldsbrück dürften schwerst verheert oder zerstört sein, aber auch aus der Stadtmitte in Richtung Bürgerpark quollen heute früh die dicken Rauchschwaden empor. So hat also Bremen seinen Krieg, neue Flugblätter sollen ihm angedroht haben, in wenigen Stunden aus der Luft »den Rest« zu bekommen.
Und warum erleiden wir alle diese Schrecknisse, laufen immer mehr Gefahr, die letzte Habe oder gar das Leben einzubüßen? Weil eine Handvoll theoretisch längst gehenkter Schurken nicht Schluß macht mit dem für die Gesamtkatastrophe gänzlich belanglosen »heldenhaften Widerstand bis zum Äußersten«. Für den Wahnsinn dieser kleinen Schicht müssen wir bis zur letzten Stunde weiter büßen, in dem unsere Leiden besonders schwer erträglich machenden Bewußtsein, daß diese jetzt am Ende wenigstens mit Sicherheit vermieden werden konnten. Allerdings, die ganze Atmosphäre hier ist jetzt sozusagen geschwängert mit den Verwünschungen, die fast alle laut gegen die Schufte, wie sie sie endlich beim wahren Namen zu nennen wagen, überall ausstoßen. Doch was hilft das, eine kleine seelische Entlastung ist es höchstens. So lange sich nicht die Männer finden, die die paar Maßgeblichen zur Hölle schicken, wird dieser Zustand für uns weitergehen. Während ich dieses schreibe, sind viermal schon ganze Salven von Fliegerbomben, aus Einzelflugzeugen, die dauernd kreisen, erneut abgeworfen worden, das ganze Haus hat jedesmal mächtig mitgebebt, der Krach war gewaltig. Ich gestehe, daß mich noch vor wenigen Wochen eine solche weiterdrohende Gefahr, gegen die es nur den unerträglichen Schutz pausenlosen Bunkerdaseins gäbe, wohl ziemlich mitgenommen hätte und daß auch ich wohl auf schnellstem Wege wie viele Nachbarn wieder zum Bunker geeilt wäre. Aber die abstumpfende Gewöhnung der letzten 8 Tage hat eine schon erhebliche Lethargie zur Folge gehabt; man kann seinem Schicksal hier doch nicht entrinnen. Wenn es am Ende gut gegangen sein wird, werden wir es jedenfalls viel leichter überstanden haben als jene, die jedesmal in neue Furcht geraten und sich demgemäß zu verhalten suchen.
Heute Nachmittag werde ich ja doch zur Sprechstunde müssen, wo die Räume erstaunlicherweise fast ohne Schaden geblieben sind. Der Dienst in der LVA fiel aus, da ich meine Wohnung erstmal instand setzen muß. Wo man sich aufhält ist ja ziemlich einerlei, die englische Taktik scheint weiter beim Terror zu bleiben und wahllos alle Wohnviertel vor allem zu beschießen und zu bombardieren. Auch diesen Feind hört man überall verfluchen, vor allem aber darum, weil er so feige sei, sich nicht zu beeilen, sondern abzuwarten, bis ein Trümmerhaufen kampflos besetzt werden könne. Wahrhaftig, heroisch ist die englische Taktik nicht, aber für ihre Mannschaft die denkbar schonendste. Krieg eben als berechnetes Geschäft, das ist ihre Art, die deutsche ist auch jetzt noch eine andere! Wieviel Tage wird es noch dauern, bis die in Reichweite ihrer Hände liegende Frucht ihnen reif genug erscheint, gepflückt zu werden? Und was wird die arme Stadt bis dahin noch erleiden müssen, werden wir alle erleiden müssen, immer muß ich es wiederholen: verbrecherisch sinnlos!

Am Montag, den 23.4. konnte ich zum letzten Mal meine regelmäßigen Tagebuchnotizen richtig niederschreiben. Heute ist es Sonntag, der 13. Mai, und die erwartete Katastrophe ist längst eingetreten. Nach drei Tagen heftigsten Kampfes, der noch ungeheuren Schaden durch Beschuß, Straßenkämpfe und Fliegerbomben gebracht

Trotz aller Gefahren: Luftschöpfen im Freien

hat, ist Bremen »gefallen« und zuerst von den siegreichen Engländern besetzt worden. Ungeheuer Schweres haben diese Tage auch noch über uns gebracht. Vielleicht kann ich mich später dazu aufraffen, aus der Erinnerung auch noch über diese Zeit des Unheils, in der wir eigentlich noch mitten drin stehen, zusammenfassend zu berichten. Heute will ich nur versuchen, aus meinen Bleistiftnotizen die turbulenten Ereignisse der letzten Kriegstage zu schildern und so doch das Tagebuch des restlichen Krieges, wie wir ihn durchmachen mußten, einigermaßen im Sinne der bisherigen Aufzeichnungen abzuschließen. So nehme ich also den verlorenen Faden wieder auf und beginne zunächst mit:

Dienstag, den 24.4.

Gestern hielt ich nochmals eine recht gut besuchte Sprechstunde ab, die Kinder zeigten eigentlich alle typische Schäden durch den überlangen Bunkeraufenthalt, die Nerven der Mütter waren so ziemlich verbraucht. Abends, bei Vollalarm, sind wir auch wieder zum Bunker Loignystraße, wo ich als Arzt ja auch ständig mehr in Anspruch genommen werde. Die niemals richtig mehr zu erneuernde Luft dort wird mit jedem Tag unerträglicher und schwüler. In den noch immer kühlen Nächten dampft es aus den Luftluken wie aus einer Waschküche, ein seltsamer Anblick im Mondlicht, tags sieht man dann richtige Bäche von Kondenswasser aus den Luken an den Außenwänden herabsickern.

Wegen Daueralarmes kamen wir erst in der Frühe nach Hause, übernächtigt wie immer. Trotz andauernder heftiger Beschießung pulsierte das Leben in der Stadt unter dem Zwange der Notwendigkeit einigermaßen weiter. Ich ging wieder nach der Contrescarpe zu meiner Dienststelle, doch war hier

nur noch letzte Abwicklung, der leitende Kollege B. hatte sich endlich entschlossen, den vertrauensärztlichen Dienst vorläufig aufzugeben, zumal das Personal zum großen Teil nicht mehr erscheinen konnte und die Verantwortung bei Beschuß ihm allmählich untragbar geworden war. Mit der Behörde in Oldenburg besteht ja keine Verbindung mehr. Auf dem Heimweg sah ich in der Schwachhauser Heerstraße bei unseren Freunden L. deren Haus schwerst beschädigt, in der Nacht zum Montag hatte eine der Luftminen ihr Zerstörungswerk getan, nun hausen sie kümmerlich in Küche und Vorraum inmitten von Dreck und Schutt. Am Nachmittag fiel nun auch die Sprechstunde aus, ein erneuter Daueralarm machte uns wieder zur toten Stadt und zur Dauerbesatzung der Bunker oder Luftschutzräume. In der Nacht auf heute, in toller Hitze halbtot z.T. im Bunker, meist aber davor auf der Straße stehend, erleben wir, was eine moderne Ari-Schlacht bedeutet. Der Endkampf um unsere nun also von den wahnwitzigen Schurken Becker und Schümann bis zum Letzten verteidigte Stadt hat offensichtlich eingesetzt. Ein ununterbrochenes Donnern der Abschüsse von beiden Seiten läßt die Luft pausenlos vibrieren. Die einzelnen Abschüsse oder Einschläge folgen sich so dicht, daß sie nicht zu unterscheiden sind, es ist ein laut brausendes Dauergeräusch, in dem man mit Mühe noch über uns hin und her fliegende Granaten an ihrem Heulton erkennt sowie einzelne besonders heftige Explosionen und das helle Bellen der MG's. Helle und farbige Raketen steigen ringsum auf. Es ist unbeschreiblich und unvorstellbar für den, der es nicht selbst erlebt hat! Uns tröstet einzig die Hoffnung, daß es nicht mehr lange dauern kann, bis wir wenigstens von diesem unerträglichen Bunkerdasein erlöst sein werden, was auch sonst an Übeln uns mit Sicherheit erwartet. Erst gegen morgen wird das Ari-Duell etwas geringer und ich gehe nach Hause, mache heißes Wasser, wasche und rasiere mich. Dann treffe ich mich mit Hanny, die die meiste Zeit bei Bruns gegenüber dem Bunker verbracht hatte, wo eine große Kaffeetafel am gastfreien Küchentisch steigt. Uns fehlt Brot, Hanny will es zu Hause holen, wegen erneut verstärkten Beschusses unserer Gegend ziehe ich es vor, selber gegen 6.30 Uhr nochmals den nun etwas riskanteren Weg zu versuchen. Schon beim ersten Gang heim gegen 5.15 Uhr hatte ich mit Schrekken sehen müssen, daß Infanterie dabei war, den Schutzgraben bei unserem Haus zu besetzen. Es handelt sich vorwiegend um Marineinfanterie, meist Angehörige einer bisherigen U-Bootsbesatzung, die zunächst einen tadellosen Eindruck machen und mich auch darüber beruhigen wollen, daß von ihnen an einen ernsthaften Widerstand – der natürlich eine unmittelbare Gefährdung bedeuten würde – gar nicht mehr gedacht werde. Immerhin, die äußere Verteidigungs linie liegt nun neben unserem Haus und auch dem Bunker bedenklich nahe. Die Wohnung erreiche ich wieder ohne Zwischenfall, muß aber feststellen, daß inzwischen ein Ari-Treffer nicht unerheblichen Schaden an Dachfirst und im Schlafstockwerk angerichtet hat, die Außenwand der Notküche hat ein klaffendes Loch, überall liegen Holzsplitter und Kalk, die Türen sind kaputt usw. Da der Beschuß in der unmittelbaren Nachbarschaft weitergeht, beeile ich mich erklärlicherweise und hole nur rasch das Brot und vom Speicher eine Dauerwurst. Als ich dann wieder die Straße betrete, knallt es plötzlich ringsum wie toll, Dreckspritzer fliegen mir ins Gesicht und überall ist schwarzer Rauch. Während die Knallerei anhält, erreiche ich die Straßenecke, dort liegen in Deckung des Eckhauses Kurfürsten-Allee/Loignystraße ein Unteroffizier und 3 Mann und der Uffz. sagt zu mir: »Ja, wenn sie halt die Kurfürsten-Allee betreten, die wird doch durch Periskop von der Vahr aus eingesehen und auf jeden Einzelnen, der sich zeigt, wird direkt mit der 2 cm geschossen.« Das war denn doch zuviel und ich habe das Rindvieh in nachträglicher Erregung einigermaßen beschimpft, das mich 5 Minuten vorher vom gleichen sicheren Posten aus dorthin gehen sah, ohne mich zu warnen. Meine sehr persönliche und glückhaft abgelaufene Feuertaufe hatte ich nun erhalten, aber das war ein Stück Brot doch nicht wert, als Einzelschießscheibe zu dienen.

Da die Bunkerluft uns einfach unerträglich erschien, hielten wir uns, trotz aller damit verbundenen Gefahren, meist im Parterre oder Garten eines der umliegenden Häuser auf, immer wartend, daß der Spuk bald zu Ende sei. Es kam anders, die Marineleute errichteten in einer Garage, neben dem Bunker, ihr Munitionsdepot mit Panzerfäusten und allem Zubehör; der Mittag verging, während seit dem Morgen wieder eine Gruppe von 6 Bombern regelmäßig etwa alle 10 Minuten erscheint und in Richtung Bürgerpark (Befehlsbunker?) ablädt. Ehe das der Fall ist, gibt es jedesmal ein lebhaftes Rennen und Drängen in den Bunker zurück. Neue Töne mischen sich in das schon gewohnte Höllenkonzert, sollten das Panzer sein? Am Nachmittag kommt tatsächlich über die wohl durch Meldegänge unterrichtete Polizei die Nachricht vom Einrücken englischer Panzer über Hamburgerstraße, St.-Jürgen-Straße bis zu den städtischen Krankenanstalten hin, also gar nicht so fern von uns. So kann es doch nicht mehr so lange dauern, bis auch wir befreit sind von der Erstickungsgefahr im Bunker, so hofft jedermann. Denn dort drin ist die Luft noch sauerstoffärmer geworden, die Kerzen wollen kaum noch brennen, Ohnmachten häufen sich. Nachdem mir der Kommandeur der bei uns eingenisteten Infanterie, ein Kapitänleutnant und großschnauziger Nazi, versichert hat, daß unser Viertel noch fest in unseren Händen und an sein Abrücken überhaupt nicht zu denken sei, daß aber auch keine besondere Gefahr durch Ari-Beschuß, namentlich an der bezeichneten Feuer-Lee-Seite des Bunkers, anerkannt werden könne, lasse ich mit Hilfe der Polizei abwechselnd einige Räume stockweise leeren, damit etwas durchgelüftet werden kann. Vom direkten Zwang wird dabei abgesehen, namentlich die Mütter mit den Säuglingen im Saal vor [den] kleinen Sanitätsräumen folgen nur sehr vereinzelt der Aufforderung, so sehr gerade hier die Luft unatembar und voller Gestank ist. Man bringt es kaum noch über sich, von draußen wieder einzutreten, wenn die Pflicht ruft. Die wackeren Helferinnen der N[ational] S[ozialistischen] V[olkswohlfahrt] arbeiten pausenlos, auf Spirituskochern unter den Eingängen für die Kleinsten Milch zu kochen, auch wird nebenbei Bohnenkaffee bereitet und erweckt etwas die gesun-

Nach einem Angriff

kenen Lebensgeister. Büchsenmilch für die Kleinkinder und Knäckebrot für alle wird verteilt, die eiserne Ration des Notfalles. Leider bestätigt sich die Nachricht, daß wir mit einem Gegenstoß bei der Vahr den Feind sogar etwas zurückgedrängt haben, diese Handvoll Männer gegen eine Panzerarmee, die aber wie früher erwähnt auch gar nichts riskiert und daher weiter ihre so überlegene Ari feuern läßt.

Nach einem heftigen Feuerüberfall in unserer Nähe werde ich von einem Melder zum Bunker Bucherstraße geholt. Dort ist ein Volltreffer neben dem Eingang eingeschlagen, eine ältere Frau liegt seitlich davon, tot, Kopfverletzung, im Sanitätsraum sind, bereits mit Notverband, drei Kinder aufgebahrt, davon zwei schwer verwundet, ich muß Morphiumspritzen geben. Auch im Vorraum liegt neben einigen leichter verletzten Erwachsenen ein schwerverwundeter Mann. Besonders wegen eines kleinen Jungen, dessen Bein wegen spritzender Arterie am zerrissenen Fußstumpf mit Gummigurt abgeschnürt ist, muß für schleunigsten Abtransport in's Lazarett gesorgt werden. Aber wie? Fernsprecher gibt es ja längst nicht mehr, auch die Fernverbindungen der Polizeiwachen haben nun aufgehört. So kann ich nur händeringend jüngere Polizeihelfer auffordern, mittels Streife zu versuchen, einen der öfters gesichteten Ambulanzwagen des Roten Kreuzes anzuhalten und die Verwundeten abholen zu lassen. Abends erhalte ich die Nachricht, daß dies mit bedenklicher Verspätung gelungen sei.

Meine Frau, die schon die verflossene Nacht großen Teiles, schon wegen der Belegung des Sani-Raumes mit Kranken, nicht im Bunker, sondern bei Nachbarn war, will die nun hoffentlich letzte Nacht lieber bei Siemers' in der Großgörschenstraße mit der Familie im sehr gut abgestützten Keller zubringen, ich selber bitte mir ein Quartier gegenüber bei Bruns auf dem Sofa aus, das freundlichst gewährt wird. Dort wird uns und mit untergekrochenen Nachbarn (P.) noch ein Schlummertrunk in Gestalt alten Bordeauxs kredenzt; der gute Vater Bruns schenkt mir sogar noch 2 Flaschen, die ich erst in den Bunker rette (und die später mit allem meinem sonstigen mühsam bewahrten Weinvorrat die Engländer als erstes rauben sollen). Gegen 23 Uhr wollen wir bei eingetretener auffälliger Beschußruhe zu schlafen versuchen, als ein Nachbar in freudiger Erregung uns alle nochmals wecken kommt: eine Polizeimeldung habe amtlich bekanntgegeben, daß für den ganzen Osten Befehl zum Einstellen jeden Widerstandes ergangen ist und daß die Bevölkerung bereits aufgefordert wird, lieber die Bunker zu verlassen und zu Hause den einrückenden Feind zu erwarten. Wiederum kam es anders! In der Nacht gegen 2 Uhr hören wir erst wieder MG-Geknatter: es war unsere Marineinfanterie, die immer noch in dem bewußten Graben und den umliegenden Straßen lag und bereits am Abend sich an Doornkaat unglaublich besoffen hatte, voran der Kaleu, den ich noch in diesem Zustand am Munitionsdepot getroffen hatte, nicht Gutes ahnend. Dieser Kerl also in seinem Tran erklärte den Befehl zum Rückzug als für ihn unverbindlich und ließ seine MG's wieder nach der Vahr hin feuern. Die Antwort kam rasch genug; heftigster neuer Ari-Beschuß direkt auf uns, es waren die Nebenhäuser selbst, die schwere Volltreffer erhielten. Wir zogen uns alle eine Stunde lang in den Bruns'schen Keller zurück, wo die kleinen Enkel und ihre Mutter ruhig weiterschliefen! Endlich ließ das Feuer nach, ich lag kaum wieder auf meiner Couch, als eine Frauenstimme nach mir rief, ich werde wegen Verwundeter im Bunker benötigt. Es war die Mutter meines jungen Freundes und künftigen Kolle-

Einmarsch der Infanterie in die Stadt

gen Chr., die mich benachrichtigte. Keiner der Männer vom Einsatztrupp habe es wegen der Beschußgefahr gewagt, den Arzt gegenüber zu holen, so sei sie eben gekommen! Nun, wir gingen unangefochten die 30 m über die Straße. In meinem Saniraum waren drei anscheinend Schwerverwundete, die Leichtverletzten waren schon versorgt. Zu oberst lag ein Oberfeldwebel und Fallschirmjäger, der von einem deutschen Offizier durch einen Schlag mit seinem Stahlhelm über den Schädel böse getroffen war und vermutlich einen Schädelbruch hatte. Diese traurige Geschichte aus den letzten Kriegsstunden gehört hierher. Der Offizier, laut Bericht auch ein Hauptmann, aber dem Fanatiker von Kapitänleutnant unterstellt, hatte sich mit Recht auf den Befehl zum Einstellen des Widerstandes berufen und die MG-Schießerei, die noch soviel Unheil über uns bringen sollte, zu verhindern gesucht. Der betrunkene Kapitänleutnant brüllte ihn daraufhin an, er sei ein Saboteur und laut dem berüchtigten letzten Tagesbefehl Hitlers umzulegen und gab eben dem Oberfeldwebel den Befehl, ihn festzunehmen. Der aber setzt sich seinerseits in der beschriebenen Weise zur Wehr, trifft damit leider den Unrechten, der ja nur stur gehorcht. Hätte er doch den Kapitänleutnant erschlagen! Ob das Gerücht, der Hauptmann sei gleich darauf erschossen worden, zutraf, konnte ich nicht mehr erfahren. Welche Tragik! Der Offizier, der gegen weiteren Widerstand sich wandte und uns ja damit auch helfen wollte, war zweifellos im Recht gegen den betrunkenen Vorgesetzten. Doch auch dieser Lump konnte sich auf ein Scheinrecht berufen, auf eben den Tagesbefehl des in diesen Stunden noch »obersten Kriegsherrn« Hitlers gegen jeden, der nicht bis zum letzten Atemzug weiterkämpfen würde. So hatte also auch hier diese letzte Schurkerei des auf alle Ewigkeit verdammten »Führers« ihre höllische Frucht getragen. Wie oft mag sich Ähnliches und viel Schlimmeres in den letzten Kriegstagen abgespielt haben.

Zurück zu unseren Verwundeten. Sorge macht uns vor allem ein bewußtloser Sanitäter, sonst Dentist T., mit zuerst stark blutender Schläfenwunde. Zum Glück bestätigte sich im Lazarett am nächsten Tage, daß nur eine Hirnerschütterung nebst Temporalisverletzung vorlag. So war mein Trost an seine Frau berechtigt, die im Vorraum sich gleich wieder faßte und unermüdlich ihre Betreuung der Kleinkinder und Säuglinge fortsetzte, vorbildlich bis zum Schluß. Ihr wie so vielen nun bald Vergessenen, die so tapfer jahrelang ihre freiwillig übernommene Pflicht erfüllten, sei auch hier eine ehrende Erinnerung bewahrt. Auch der Rot-

Britische Soldaten kontrollieren einen Zivilisten

Kreuz-Schwester im Sani-Raum, Frau Suhrkamp, und dem Sanitäter Schmidt samt seiner Frau sei nochmals in diesem Sinne gedankt.

Donnerstag, den 26.4.
Tag der englischen Besetzung unseres Viertels.
So dämmerte allmählich der Morgen herauf. In unserem von Blut und Gestank erfüllten Raum trösteten wir uns gegenseitig, daß der Feind ja endlich kommen müsse, in der Ferne wollte man die anrollenden Panzer schon hören. Wiederum vergingen Stunden, die Marineinfanterie zog sich endlich doch sehr langsam nach der Heerstraße zurück, einige Versprengte wurden nachdrücklichst in diese Richtung verwiesen, wir wollten die noch immer betrunkenen Kerle, die uns einen so traurigen letzten Eindruck von unserer einst so stolzen und bewunderten Wehrmacht hinterließen, schon um unserer eigenen Sicherheit willen möglichst rasch und weit weg haben! Einen betrunkenen Unteroffizier, der unter dem Vorwand einer Auskunft in meinen Sani-Raum eingedrungen war und sich einfach auf die unterste Pritsche gelegt hatte, konnte ich nur durch einen unserer Polizisten nach einer guten Stunde wieder hinausschmeißen lassen.
Gefrühstückt haben wir dann alle wieder bei Bruns, Hanny hatte die Nacht trotz der auch neben Siemers' Haus eingeschlagenen Volltreffer leidlich gut verbracht. Gegen 10 Uhr hörten wir endlich die Panzer auf der Kurfürsten-Allee heranrollen, ich sah die ersten von der östlichen Bunkertür aus, desgleichen die geradezu theaterhaft neben ihnen in halbgebückter Haltung schleichenden Infanteristen. Fünf Minuten später gingen sie bereits aufrecht, doch sehr vorsichtig sichernd, die Panzer feuerten zuweilen, wohl um festzustellen, ob das Gelände nicht mehr verteidigt werde. Doch das war unweit noch der Fall, schon an der Ecke Metzerstraße gab es erneut einen letzten verzweifelten Widerstand der Marineleute, von denen eine ganze Anzahl dort nutzlos noch ihr Leben ließ, ebenso an der Ecke Schwachhauser Ring/Heerstraße. Wir aber harren und harrten, daß nun ein englischer Parlamentär erschiene und unseren Bunker übernähme, die Polizei hatte schon vorher alle wieder hineingeschickt. Wieder vergebliches Warten, endlich kam eine Meldung der Polizisten, die Engländer hätten kein Interesse an dem Bunker und den Anwohnern sei es gestattet, möglichst unauffällig in ihre Häuser zurückzukehren. So kam es bei uns nicht zu einer förmlichen Übergabe, wie wir sie erwartet hatten (und

wie es bei anderen Bunkern auch der Fall gewesen ist). Die Stunde war da, die unsäglich bittere Stunde, wo für uns im örtlichen kleinen Bezirk dieser entsetzliche Krieg endgültig zu Ende war! Noch ist es mir unmöglich, daran zurückzudenken, was diese Kriegsjahre alles über uns gebracht haben. Ich dachte in dieser Stunde damals wie auch heute beim Schreiben vor allem an Dich, mein Hanspeter. Gott gebe es, daß meine feste Überzeugung, Du werdest bald heil zu uns zurückkehren, so wenig ein Wunschtraum ist, wie mich all diese furchtbaren Jahre seit dem 1. September 1939, als ich von Spanien eben noch heimkehrte, meine traurigen Ahnungen vom Untergange Deutschlands leider je getäuscht haben. Hanny wollte zu unserer ja auch nicht unbeschädigten Wohnung raschestens zurück, die glaubten wir doch gerettet zu haben. Meiner warteten noch letzte Pflichten als Bunkerarzt, ich mußte noch mit einem Wachtmeister Totenscheine ausstellen gehen, es lagen in der Umgebung einige Leichen von Opfern des letzten Ari-Beschusses, Opfer also im Grunde der eigenen Leute, wie ja eigentlich alle die vielen Toten dieser Bremer Kriegstage. …

Über den Geist unserer Soldateska, die Bremen in sein letztes Unglück zu stürzen mithalf, sei hier eine kurze Episode vom 25.4. nachgetragen. Ich sprach einen an unserem Graben vorüberziehenden Trupp an, ob sie es sich nie klar gemacht hätten, daß sie mit der Fortsetzung des Kampfes doch nur noch gegen uns, ihre Landsleute kämpften? Antwort eines Unteroffiziers: »Ich habe zu Hause im Rheinland auch alles verloren, weiß nicht, ob Frau und Kinder noch leben, so könnt ihr von mir aus hier auch alle zum Teufel gehen!« Liegt in diesem ebenso verzweifelten wie gemeinen Ausbruch nicht ein Schlüssel dafür, warum der Krieg so lange weitergeführt werden konnte, warum nicht längst die Mannschaft doch zu meutern versuchte?

Der letzte Totenschein galt einem jungen, etwa 19jährigen Mädchen. Sie war nicht durch die englische Ari umgekommen, sondern von der betrunkenen Meute unserer letzten »Verteidiger«, den noch ein letztes Mal hiermit genannten Marinern, erschossen worden, als sie in den Schutz des Bunkers wieder flüchten wollte. Sie konnten trotz der hellen Vollmondnacht in ihrem Rausch Freund und Feind nicht mehr unterscheiden und schossen unterschiedlos auf »alles, was sich bewegte«, so habe ihr Befehl gelautet. Und das ist das Letzte, was ich von der deutschen Wehrmacht berichten kann, es liegt ein grausiger Sinn darin, wenn man alles so kommen sah und ansah wie ich in diesen Jahren.

Dann ging auch ich nach Hause, die paar Dinge aus dem Bunker zuvor mitnehmend. Man atmete auf, ich will es gestehen, und hoffte, das Schlimmste läge endlich hinter einem. Und nochmals kam es anders und damit enden diese Berichte. Wir waren kaum eine halbe Stunde zu Hause, als ein englischer Soldat – uns gegenüber und in der ganzen Allee hatten Panzer halt gemacht – hereinkam und mit Kreide Haustür und Innentüren beschrieb, wortlos. Bald darauf kam ein Dolmetscher in englischer Uniform, als Holländer gleichzeitig gekennzeichnet und offensichtlich ein Jude, und erklärte sehr kurz, wir hätten innerhalb einer halbe Stunde das Haus zu verlassen, die ersten drei Häuser, also genau unser Block, seien beschlagnahmt, für Tage vielleicht nur. Genaueres wisse er nicht, das Nötigste und Handgepäck dürften wir mitnehmen. Andere Soldaten kamen bald, ich gab einem Korporal meinen Arztausweis und protestierte, daß man mir, als dem Roten Kreuz unterstellt, die Wohnung wegnähme. Er ging auch zu einem Offizier, kam aber nach 5 Minuten wieder, es helfe nichts, auch ich müsse räumen, schleunigst! Wir waren wie vor den Kopf geschlagen, das mag manche Unterlassung bei der Auswahl des Mitzunehmenden, die man hinterher nicht begriff und schwer beklagte, einigermaßen entschuldigen. Nach all unseren außerordentlichen Verlusten an Haus und Habe war dies also der Neubeginn des Nicht-mehr-Krieges, von dem wir ja sicherlich nichts Gutes erwartet hatten, nur nicht gerade das, daß ausgerechnet wieder uns – gegenüber den glücklicheren Anwohnern des gleichen Straßenzuges – schon das erste Unheil treffen müsse. Hanny war so konsterniert, daß ich heftig werden mußte, ehe sie sich überhaupt aufraffte, die notwendigsten Lebensmittel einzupacken. Mit 2 Koffern und später mit nochmals zwei Körben zogen wir ab, Hanny wieder zu Siemers', ich für die erste Nacht nochmals zu Bruns. Derweilen machten sich die Engländer schon bei uns breit. Der erste, ein netter Junge, war noch bescheiden und sogar hilfsbereit beim Auskehren. Doch der erste Anschein trog, es waren rüdeste Gesellen meist, die hier und im Unterstock einzogen, und die Rowdies gaben wie üblich in der Masse den Ton an. Als ich nochmals zurückkam, wurde ich vom Korporal schon grob ausgewiesen. Man war machtlos, voll innerlicher Wut auf die Lümmel und nicht minder auf das Schicksal.

Spätere Zeilen mögen schildern, wie dann unsere Wohnung geplündert und wie sie unerhört zugerichtet wurde, was alles an Wertvollem, Unentbehrlichem, Unersetzlichem verschwand, teils als Raub der siegtrunkenen Soldateska, teils als solcher des bereitwillig von ihr unterstützten Russen- und Polengesindels, das schon in den ersten Stunden sich an seine so erfolgreichen Plünderungen begab. Die Schreibmaschine war das erste, von dem jüdischen Dolmetscher, der sich ruhig »Dieb« schimpfen ließ, selber gleich geraubt, es folgten Radio, Kamera, Prismenglas, Gold und Schmuck, vor allem aber Wäsche und Garderobe. Der Weinschrank mit ca. 45 Flaschen war schon am Abend erbrochen und restlos geleert. Doch Schluß mit den Einzelheiten, nur das ganz unentbehrliche Fahrrad sei noch genannt. Der Krieg in Bremen war für uns – für andere Viertel erst am nächsten Tage, so daß es z.B. noch weitere heftige Ari-Duelle über unsere Köpfe hinweg gab – also zu Ende, allein wir selber waren obdachlos. Durch die Freundlichkeit von Siemers' in der Großgörschenstraße nahm uns eine kümmerliche Dachkammer für drei Tage auf. Das war gleichzeitig der Neubeginn des so Schweren, in dem wir, jetzt unter amerikanischer Besatzung, noch mitten drin stecken. So geht für uns im Grunde doch der Krieg weiter, das Elend des sich Abquälens, des Hungerns und der Ungewißheit vor dem nächsten Tag jedenfalls, mögen auch die Luftbombardements und damit die Alarme geendet haben und die Verdunkelung aufgehoben sein. Waren wir vorher so gut wie hilfloses Objekt der Nazis und ihres Terrors, so herrscht heute über uns ein höchst unsentimentaler Sieger, der seine Machtposition kennt und in jeder Weise rücksichtslos ausnützt. Nach wie vor bleiben wir das Objekt anderer. Wann wird das sich endlich einmal wieder ändern oder auf ein erträgliches Maß wenigstens beschränken? Wann werden wir nicht nur immer Amboß, sondern auch wieder Hammer sein? Wir persönlich, unser ganzes verführtes und ausgeblutetes Volk? Deutschland, ich will heute nicht mit Dir rechten, was Du durch Deine eigenen Söhne selbst verschuldet hast, Deine Strafe war die entsetzlichste aller neueren Geschichte und wir Unschuldigen sind mit hineingerissen in den Abgrund Deines Unterganges. Ein erbarmungsloser Feind will, so hat es bisher durchaus den Anschein, uns alle unterschiedslos haftbar machen. Gott sei uns allen und auch unseren Feinden gnädig! Finis.

Das Wohnhaus von Albrecht Mertz, Kurfürstenallee 122 (1995)

Anmerkung:

1 *Dies Tagebuch wurde dem Staatsarchiv Bremen als Fundsache Anfang 1995 überreicht. Nähere Umstände der Entstehung etc., die über das Vorwort des Tagebuches hinausgehen, sind nicht bekannt, desgleichen der zwischenzeitliche Aufbewahrungsort. Der Autor des Tagebuches ist der Kinderarzt Dr. Albrecht Friedrich Julius Mertz, geb. am 28.6.1890 in Saarbrücken, verstorben am 26.2.1953 in Bremen. Sein damaliger Wohnort war Kurfürstenallee 122.*
Das Tagebuch wurde aus dem Original um ca. ein Fünftel gekürzt übernommen, Rechtschreibung und Zeichensetzung behutsam aktualisiert, Abkürzungen meistens ausgeschrieben, Wochentage ergänzt. Ergänzt wurden auch die am Rande »verschluckten« Wortteile. Unterstreichungen wurden nicht vermerkt, da sie offensichtlich von mehreren Händen stammen; die im Original mit Schreibmaschine herausgestellten, unterstrichenen oder gesperrten Textstellen wurden ebenfalls nicht markiert. Das Tagebuch liegt in 9 S 9-25.

Folgende Seiten:
Kriegsgefangene werden aus der Stadt geführt, britische Infanterie rückt weiter vor

Nach dem Einmarsch der Alliierten verlassen die Menschen die Bunker

»Es war der 25. April 1945, als für mich eine Welt zusammenbrach«

Gedanken – Positionen – Erinnerungen Bremer Bürgerinnen und Bürger bei Kriegsende

Hartmut Müller

Bremen's Almost Inhuman Calm – Unter dieser Überschrift berichtete am 29. April 1945 der englische Korrespondent der Tageszeitung »News of the World«, Harry J. Ditton, aus dem besetzten Bremen:
»Bremen war und ist verschieden von allen anderen deutschen Städten, die wir eingenommen haben. Sein Todeskampf war viel schwerer. Es hatte sich entschieden, sich gegen sein Schicksal zu wehren. Und folglich wird es vielleicht als Handels- und Hafenplatz in seiner Entwicklung einhundert Jahre zurückgeworfen werden.
Vierundzwanzig Stunden bevor die Stadt fiel, wurde sie in einen brodelnden Hexenkessel aus Flammen und Rauch verwandelt, so wie es dann und wann schon in den vergangenen drei oder mehr Jahren als das Ergebnis unserer Bombenangriffe geschehen war. Und Artillerie und Mörser trugen das ihre zur Zerstörung bei.
Auf Grund unserer Erfahrungen in anderen Städten erwartete man, daß die Zivilbevölkerung, die dem Hagel von Bomben und Granaten in Kellern und Bunkern entkommen war, einige Zeit brauchen würde, um wieder zu sich zu kommen.
Aber als sie herauskamen, waren da 300.000 (sic!) Sklavenarbeiter in Bremen, und trotz der Flammen und trotz des Rauches füllten sie zusammen mit den Deutschen die Straßen, als unsere Kampfwagen in die Stadt dröhnten.
Es schien, als ob sich die ganze Stadt einen Ferientag genommen hätte; – aber es gab keinen Anlaß für Ferienstimmung.
Das war es vielleicht, was Bremen so von all den anderen Städten, in denen wir einrückten, unterschied: Niemand zeigte auch nur das geringste Anzeichen eines Gefühls. Im Gegenteil, da war eine Haltung und eine Atmosphäre nicht menschlicher Ruhe und totaler Gleichgültigkeit gegenüber dem zu verspüren, was passierte. Da gab es keine Tränen, keine bleichen und gezeichneten Gesichter. Und nicht eine einzige weiße Fahne.

Keine Unterwürfigkeit

Es war solch eine unglaubliche Szenerie, daß ich mich beinahe selbst kneifen mußte, um sicher zu sein, daß all das kein phantastischer Traum war. Hier standen Deutsche, deren Lebensgrundlage zerstört wurde. Der Rest ihrer Häuser ging in Flammen auf. Und dennoch tratschten sie an den Straßenecken angesichts der einrückenden Truppen, als wäre das ein ganz alltägliches Ereignis.
Ich hatte schon lange, bevor ich Belsen be-

News of the World vom 29.4.1945

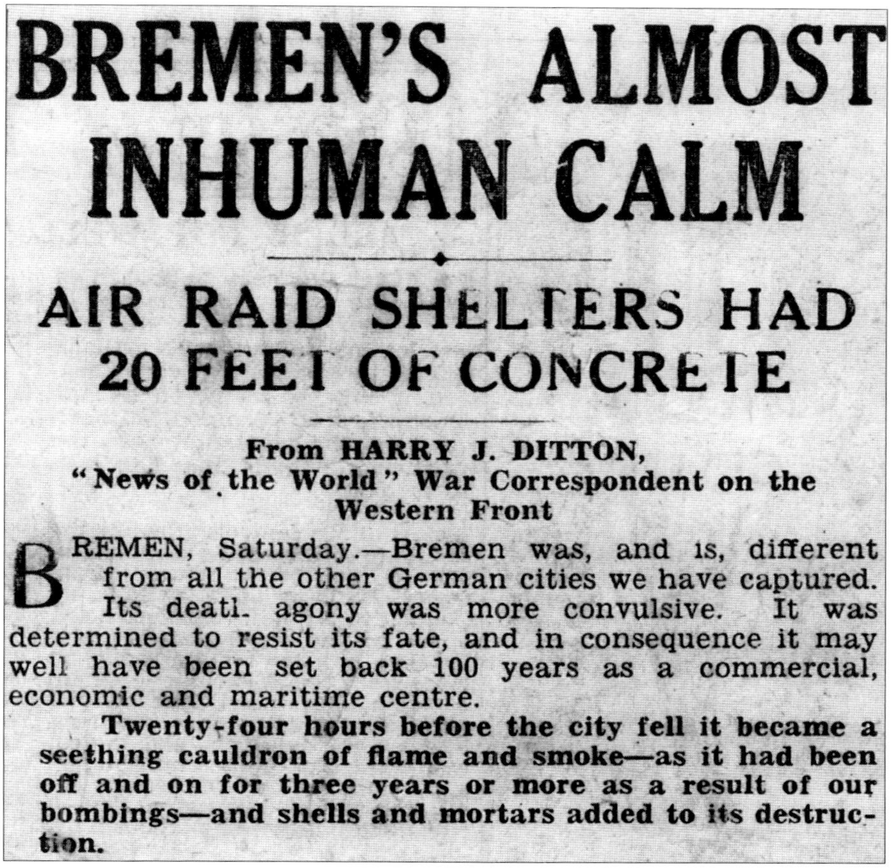

BREMEN'S ALMOST INHUMAN CALM

AIR RAID SHELTERS HAD 20 FEET OF CONCRETE

From HARRY J. DITTON,
"News of the World" War Correspondent on the Western Front

BREMEN, Saturday.—Bremen was, and is, different from all the other German cities we have captured. Its death agony was more convulsive. It was determined to resist its fate, and in consequence it may well have been set back 100 years as a commercial, economic and maritime centre.

Twenty-four hours before the city fell it became a seething cauldron of flame and smoke—as it had been off and on for three years or more as a result of our bombings—and shells and mortars added to its destruction.

Der Schock des verlorenen Krieges saß tief

sucht hatte, festgestellt, daß der durchschnittliche Deutsche wenig menschliche Gefühle zeigt. Es war für mich so selbstverständlich geworden, sie so kriecherisch zu sehen, wenn die ›Nemesis‹ über sie kam, daß einem Bremen einfach den Atem nahm. Nicht ein einziger, den ich ansprach, versuchte mir in einem Gespinst von Lügen vorzugaukeln, dankbar für die Befreiung zu sein.
Aber viele hatten sich standhaft geweigert, an eine deutsche Niederlage zu glauben – bis wir Bremen erreichten. Und einige glaubten immer noch, daß etwas passiere, um Deutschland zu retten. Sie sagten das ganz offen.
Ich fragte eine Gruppe deutscher Frauen, die vor dem Eingang eines Luftschutzbunkers tratschten, ob sie und die Bremer Bevölkerung wirklich noch an einen deutschen Sieg geglaubt hätten, und dies nach unseren Bombenangriffen, nach Stalingrad, nach der Befreiung von Paris und Brüssel, nach dem Übergang über den Rhein und nach der Einnahme von mehr als der Hälfte Deutschlands. Und sie antworteten: ›Wir hörten die Nachrichten im Radio, aber wir hatten immer noch Hoffnung, bis Sie kamen.‹ ›Und jetzt?‹ fragte ich. Sie zuckten nur mit den Schultern, als ob sie sagen wollten: ›Ihr habt uns seelisch noch nicht gebrochen, aber es wäre nicht vernüftig, Ihnen das ins Gesicht zu sagen.‹
Sie können sich jetzt eine Vorstellung davon machen, wie fanatisch diese Leute sind. Es sind die ordinärsten und hochnäsigsten Deutschen, denen ich begegnet bin.
Möglicherweise ist der Grund für ihr Verhalten ganz einfach zu erklären: Sie haben in ihrer Stadt auch unsere Bombenangriffe mitgemacht, aber sie haben nicht die gleiche Feuerprobe bestanden, wie sie die Deutschen in anderen Städten durchgemacht haben.
Unsere Bombardierung Bremens war perfekt, aber die Bremer Luftschutzbunker sind es gleichermaßen gewesen. Einige unterirdische sind durch 20 Fuß dicken Beton geschützt. Andere, turmhoch, waren aus so dickem Beton gebaut, daß nur ein direkter Treffer irgend einen Schaden hätte ausrichten können. Erst wenn man in die Innenstadt und in das Hafengebiet geht, kann man die großartige Arbeit richtig würdigen, die ›Bomber Harris‹ und seine Jungs geleistet haben.
Ein perfektes Beispiel
Bremen sollte in die Geschichte als das Beispiel einer perfekt geplanten Bombardierung eingehen. Nehmen wir zuerst die Vorstädte. Wenn man dorthin kommt, hängen sogar noch die Gardinen an den Fenstern. Und plötzlich sieht man ein gewaltiges Gewirr von verbogenen Trägern und zersprengtem Beton: Eine Flugzeug- oder Panzerfabrik stand einmal hier. Die Deutschen hatten diese Fabriken geschickt in den malerischen Vorstädten versteckt. Aber das hinderte die Royal Air Force nicht daran, sie herauszupicken.
Sie verlassen die Vorstädte und kommen in die Innenstadt: Einige Geschäfte in der Nähe des Rathauses dieser alten Stadt sind mehr oder weniger davongekommen, aber der Rest ist gut und gerne, so kann man sagen, vernichtet worden.
Es ist noch zu früh, um zu sagen, welche Schäden in den Häfen entstanden sind. Viele Schiffe sind gekentert und die Hafenbekken wurden vermint. Wir werden sie räumen. Und wir werden Bremen – wenn nicht während des Krieges, dann später – benutzen, um die Truppen, die das ›Reich‹ besetzen werden, zu versorgen.«[1]
Wer waren nun diese Menschen, die dem englischen Kriegskorrespondenten in Bremen begegneten und die ihn in ihrem, für ihn so seltsamen Verhalten irritierten? Als die Engländer im April 1945 Bremen besetzten, lebten hier gegenüber ursprünglich 450.000 (1939) nur noch schätzungsweise 290.000 Menschen.
Die Mehrheit der Bremer hatte 1933 Adolf Hitler und den Nationalsozialismus nicht gewollt, die Mehrheit der Bremer hatte sie aber auch nicht verhindert. Selbst in der letzten, schon nicht mehr freien Reichstagswahl vom 5. März 1933 hatte die NSDAP in Bremen nur 32,3% der Stimmen gegenüber einem Reichsdurchschnitt von 43,9% erreicht. Die Novemberwahl des

Jahres 1932 hatte ihr sogar nur 21,2% erbracht.
Die Zahl der Mitglieder der NSDAP in Bremen ist unbekannt. Für die Zeit vor Beginn des Zweiten Weltkriegs dürfte man sie auf ungefähr 8000 schätzen. Auf ca. 40 Einwohner kam somit in Bremen ein Parteigenosse.[2] Später wird die Zahl noch etwas angestiegen sein.
Bremen war für den Nationalsozialismus »kein besonders geeigneter Nährboden« gewesen, wie Dr. Alexander Lifschütz, Senator für politische Befreiung in Bremen, 1949 in seinem Schlußbericht über die Entnazifizierung festgestellt hatte.[3] In Bremen waren nur 5% der Bevölkerung vom Gesetz zur Befreiung vom Nationalsozialismus und Militarismus (9. Mai 1947) betroffen gewesen und damit in irgendeiner Form politisch belastet. Hier hatte es prozentual mehr Mitläufer und Entlastete gegeben als in Bayern oder in anderen Teilen der amerikanischen Besatzungszone.[4]
In manchen Bereichen waren jedoch die Anteile der Hauptschuldigen, Belasteten oder Minderbelasteten nicht unerheblich gewesen. So galten 67% der Ärzte als politisch belastet, 65% der Apotheker, 60,4% der Dentisten und 50% der Zahnärzte. Rund 45% der Lehrkräfte waren betroffen. Rund 25% des öffentlichen Dienstes galten ebenfalls als politisch belastet. Im Richterkollegium und im ganzen bremischen Gerichtswesen waren 65% der höchsten Stellungen durch Nationalsozialisten besetzt gewesen. Die Polizei war mit 16% ihres Personals betroffen.[5]
Viele Menschen in Bremen werden an Adolf Hitler, sein Großdeutsches Reich und an einen für sie glücklichen Ausgang des Krieges geglaubt haben. Für die meisten von ihnen dürfte dieser Glaube spätestens mit der Besetzung Bremens und der deutschen Kapitulation am 8. Mai zerbrochen sein. Nun stand eine ungewisse Zukunft vor ihnen: Inhaftierung, Entlassung, Ächtung? Manche fühlten sich verraten, im Stich gelassen, von der politischen Führung, aber auch von der eigenen »Volksgemeinschaft«.
Der Schock des verlorenen Krieges wird für viele Bremer tief gesessen haben. Den einmarschierenden britischen Truppen er-

Nr. 1173 C I

Bremen, den 7. Juli 1945.

Die Lotte M. P., geborene H.,

wohnhaft in Bremen, Oberhofer. Straße,

ist am 1. Mai 1945 um 20 Uhr — Minuten

in Bremen, in der Baracke Verdener Straße 38 verstorben.

Die Verstorbene war geboren am 1920

in Bremen

(Standesamt Bremen-Mitte

~~Vorgelesen, genehmigt und unterschrieben~~

Die Übereinstimmung mit dem Erstbuch wird beglaubigt.

Bremen, den 7. Juli 1945

Der Standesbeamte ~~In Vertretung~~

Der Standesbeamte In Vertretung Schultz

Todesursache: Vergiftung. Selbstmord.

Eheschließung der Verstorbenen am 5.4.41 in Bremen

Selbstmord der 25jährigen Lotte M. am 1. Mai 1945

Selbstmorde am Kriegsende
In den 30 Tagen vom 21. April bis zum 20. Mai 1945 nahmen sich 29 Menschen im Bezirk des Standesamtes Bremen-Mitte das Leben, überwiegend Männer (16). Vor allem die Altersgruppe der 40- bis 60jährigen (13, davon 8 Männer) sah keine Perspektiven mehr oder war mutlos, so daß sie ihrem Leben durch Schlafmittelvergiftung (13), durch Erhängen (8) oder Erschießen (3) ein Ende setzten. Aber auch fünf junge Menschen im Alter zwischen 13 und 20 Jahren begingen Selbstmord. Besonders tragisch ist die Selbsttötung und Tötung von fünf Menschen am 1. Mai in der Verdener Straße: Ein Ehepaar im Alter von 50 und 25 Jahren und deren 4jähriger Sohn sowie zwei weitere Kinder im Alter von acht und fünf Jahren kamen dabei durch Vergiftung zu Tode. Auch die Selbstmorde einer 70jährigen Frau an ihrem Geburtstag (23.4.1945) und eines 65jährigen Mannes zwei Tage vor seinem 66. Geburtstag verdeutlichen die tiefe Verunsicherung, die die Belastungen durch die Luftangriffe und das nahende Kriegsende für die Menschen mit sich brachten. Allein in den Tagen des Endkampfes (25.–28.4.1945) starben neun Menschen von eigener Hand.

schien die Bevölkerung – wie anfangs bereits geschildert – geistig gebrochen und gleichgültig, wehrlos, verwirrt und ohne Hoffnung.[6] »Die Bremer Zivilbevölkerung war außerstande, Widerstand zu leisten. Sie war im physischen Sinne ›happy bombed‹ nach den schrecklichen Schlägen, die sie wenige Nächte zuvor durch die Lancaster (Bomber) erhalten hatte. Sie befand sich psychologisch gesehen in einem verzweifelten Zustand verrückter Überdrehtheit, der oft über Menschen kommt, die es nicht fertigbringen, der rauhen Wirklichkeit der Niederlage ins Gesicht zu sehen.«[7] Und so gab es auch in den letzten Kriegstagen Männer und Frauen, die hieraus ihre ganz persönlichen Konsequenzen zogen und durch Selbstmord aus dem Leben schieden. Reflexionen, die sich in Tagebüchern aus den letzten April- und den ersten Maitagen des Jahres 1945 finden, aber auch in Briefen und späteren Berichten, ermöglichen einen direkten, unverfälschten und ungeschützten Einblick in den emotionalen und geistigen Zustand von Menschen dieser Zeit: vom Ende der Träume, von Verzweiflung und Wut, von dem Wunsch nach geistiger Erneuerung, von dem Glauben, dort wieder anknüpfen zu können, wo man 1933 aufgehört hatte, von Unkenntnis des Geschehenen, aber auch von Scham vor demselben. Und vom Mut, wieder neu anzufangen.

Aus einem Bericht von Frau Anneliese Jäger, bei Kriegsende 17 Jahre alt
(9,S 9-25)

Es war der 25. April 1945, als für mich eine Welt zusammenbrach! Der Tag, an dem die Engländer die Bremer Neustadt einnahmen! Wir hatten nahezu 6 Kriegsjahre hinter uns gebracht und nun lag alles in Trümmern, trotz der ungeheuren Schwierigkeiten, die wir durchgestanden hatten.

... Mutter kehrte zurück und berichtete, daß englische Soldaten auf der Straße gingen. Wir könnten jetzt nach oben kommen, es wären sicher keine Fliegerangriffe und Beschuß mehr zu befürchten.

Da war ich trotz der Entlastung von der körperlichen Gefahr total schockiert und konnte es nicht fassen, daß die ganze Ideologie – der ich gelebt hatte, an die ich geglaubt hatte, auf die ich gebaut hatte – dahin sein sollte. Ich war im nationalsozialistischen Sinne beeinflußt worden. 1934 war ich zur Schule gekommen; als 10jährige zu den Jungmädeln gekommen, sah ich bald in der Idee nur etwas Großes, das unbedingt erstrebenswert war! Jetzt konnte ich nur noch weinen!

So begann für mich ein neues Leben. Viele Leute glaubten, daß nun unser Leben wohl kaum mehr lebenswert wäre. Was sich in Wahrheit alles hinter den »Idealen«, denen wir verfallen waren, abgespielt hatte, erfuhren wir erst nach und nach. Nie hätte ich solche Grausamkeiten – wie wir sie hörten – für möglich gehalten.

All diese Erinnerungen hängen für mich mit dem 8. Mai 1945 zusammen. Eine Welt fiel in Trümmer, ideell und real; und eine neue Welt tat sich auf, in die man sich vorsichtig und völlig ungeschützt hineintasten mußte. Am 25. Mai wurde ich 18 Jahre alt.

... Noch immer fühle ich mich so belogen und hintergangen von dem damaligen Regime, daß ich mir Filme und Bilder aus jener Zeit lieber gar nicht ansehe.

Aus dem Kriegserinnerungsbuch von Frau Adele Wieting, Jahrgang 1893
(7,500)

12.5.1945

Das Ende ist da. Am 8.5.45 haben unsere Truppen bedingungslos kapituliert!

Man kann es noch nicht fassen, wenn man nicht auf Schritt und Tritt Amerikaner sähe und wir alle drei mit sämtlichen Kisten und Kasten, in die unser Hausrat geworfen ist, in einem Zimmer in der Goebenstraße wohnten, weil die ganze König-Albert-Straße für durchziehende Truppen geräumt werden mußte.

Nun ist der Traum von einem Sieg aus und vorbei, das deutsche Volk wird untergehen und nie wieder hochkommen, ja aber warum sollen wir es denn immer sein, die verlieren? Adolf Hitler hat bestimmt sein Bestes gewollt, aber ich höre auf, es ist zu gräßlich. Vielleicht kriege ich später noch einmal wieder den Mut zum Schreiben.

22.5.1945

Ich muß mich doch noch länger über alles auslassen, denn inzwischen sind mir so zahlreiche Gedanken durch den Kopf gegangen, und zwar, ob wir es nicht doch noch hätten schaffen können. Es ist zwar blödsinnig, wenn man so das ganze überdenkt und vielleicht haben auch die Leute

Aus dem Kriegserinnerungsbuch von Ingemarie Wieting, Jahrgang 1928

Auszug aus dem Tagebuch von Ingemarie Wieting

Recht, die jetzt auf Hitler schimpfen und sagen, er hätte früher aufhören sollen, um uns einen einigermaßen günstigen Abgang zu schaffen, was jetzt fast alle Leute tun. Jeder hat plötzlich alles vorausgewußt und war nie in der Partei, ja rühmt sich sogar, wenn er im KZ (Konzentrationslager) gesessen hat. Da denke ich: solche Leute haben doch nie mit Überzeugung gekämpft, sie passen sich eben der Lage an, und mit solchen Leuten konnten wir keinen Krieg gegen die Welt gewinnen. Wir brauchen einen Glauben, der das Volk trägt und der die Materialüberlegenheit des Gegners überflügelt. Statt dessen gab es Gemeinheiten und Verrat in eigenen Reihen als es brenzlich wurde, wie es ja von solchen Leuten, denen alles schnuppe ist, wenn sie nur ihre Ruhe haben, nicht anders zu erwarten ist.

Nein, wir konnten den Krieg nicht gewinnen! Wir müssen es uns selbst zuschreiben, das Volk war nicht reif genug, hätte es jedes Haus, ja jeden Meter zu einer Festung umgewandelt, welche von den Feinden erbittert erkämpft werden mußte, es wäre langsamer gegangen mit dem Rückzug und vielleicht wären auch in dieser Zeit des Aufschubs unsere neuen Waffen fertig geworden. Wenn – Wenn – Vielleicht. Jedenfalls war der Führer zu vertrauensselig, so daß sich in unserer Wehrmacht eine Keimzelle des Schmutzes bildete, die sich Verrat des eigenen Volkes zum Ziel machte. So starben wir schon seit Stalingrad im Schmutz, der sich langsam und stetig verbreitete, wodurch Hitler von vorn und hinten belogen wurde. Ebenso kam der Mordversuch und der Rückzug in Frankreich zustande. Gewiß, die Führung hat Fehler gemacht, aber im Grunde seines Herzens hat jeder von uns langsam am Sieg zu zweifeln begonnen, auch ich, und das ist tausendmal viel schlimmer. Diese Strapazen, die wir noch hätten überdauern müssen, wäre der Kampf von uns so verbissen geführt worden, wie ich es schrieb, hätte ja keiner und wird glaube ich auch niemals ein Mensch durchhalten, dieser Glaube, der nötig gewesen wäre, wird auch wohl kaum fest in einem Menschen sitzen, und deshalb müssen wir es aufgeben, eine Welt zu besiegen, deshalb werden wir für ewig untertauchen in dem Schmutztigel der anderen. Man kann nur sagen, es war einer da, der Deutschland zum Siege führen konnte, doch seine und des Volkes Kraft haben nicht gereicht. Schlechtigkeit hat wieder über Anständigkeit gesiegt und wird es immer tun!

Nun erzählt man sich viele Schweinereien und Greultaten von KZ-Lagern, Greultaten der SS und Lügen der Führung. Ich kann es kaum fassen und doch, wenn es wahr wäre, gehört das nicht alles mit zur Keimzelle des Schmutzes? Sie drängte sich in

die Führung, umhüllte die Anständigen sozusagen mit einem rosigen Schleier und trieb uns von da aus radikal dem Verderben zu. Was zuletzt aus den Anständigen geworden ist, weiß heute noch kein Mensch, und werden wir es jemals erfahren? Vielleicht werden wir es erfahren, aber ob es dann stimmt?
Ich laß und laß und laß es mir nicht nehmen, es ist das beste gewollt worden, wir waren nur zu schwach und vertrauensselig. Das sind unsere Fehler, wir alle hatten nicht erkannt, worum es ging. Niemals werden wir es schaffen, denn fehlt die Vollkommenheit des Volkes, die es ja nicht gibt, so muß ein materieller Rückhalt da sein, der uns auch fehlt. Wie schon gesagt, ich selbst bin nicht besser, sogar noch schlechter als mancher, denn mich begeistern die schikken Soldaten der Feinde ganz toll u.s.w., aber dies sollen ja auch nur meine Gefühle und Gedanken darstellen, die ich, die von nichts eine Ahnung hat, sich so über das Ende macht.
Es ist das beste, ich höre auf, es ist doch alles zwecklos, wir sind nun einmal besiegt und haben damit die Freiheit verloren. Adolf Hitler war zu gut, er hat noch an die Vollkommenheit eines Volkes geglaubt und ist daran gescheitert.
Ich komme mir manchmal vor, als ob ich plötzlich aus dem Elternhaus herausgerissen im Leben stünde, daran erkennt man am besten, was uns mit dieser Regierung verloren gegangen ist.
Ich werde Adolf Hitler mein Leben lang im guten Andenken behalten! Zweifel, die durch böse Redensarten aufkommen, werde ich verscheuchen, es kann nicht alles Lüge gewesen sein!

Aus dem Brief einer Bremerin
(9,S 9-25)
Wir schreiben heute den 20. Mai, erster Pfingsttag 1945. Lange hörten wir nichts voneinander. Unheil über Unheil ist seitdem über unser Volk und Vaterland hereingebrochen. Knechte fremder, feindlicher Mächte sind wir geworden und werden es immer mehr werden, Dank des Größenwahnsinns in der verbrecherischen Führung, die ein Volk belogen und betrogen hat, wie noch nie ein Volk hintergangen worden ist. …
Wir denken nur mit Schrecken an die letzten Tage vor der Besetzung der Stadt zurück. Schrecken und Angst hatte sich so gesteigert, daß die Feinde als Befreier innerlich begrüßt wurden. Ein Verbrechen, eine offene Stadt einer feindlichen Artilleriebeschießung auszusetzen. Wieviele Opfer! Welch unendlicher Schaden wurde noch der schon fast zerstörten Stadt zugefügt. Wieviele Menschen verloren noch in den letzten Tagen Leben und Gesundheit, Haus und Heim. ….
Als wir nun endlich Mittwoch abend den Bunker verlassen durften, kam uns der Einzug der Engländer wie eine Erlösung vor. So weit hat es unsere verbrecherische Führung gebracht, daß wir den Einzug des Feindes als Erlösung empfanden. …
Für heute Gott befohlen. Er hält ein strenges Gericht mit uns. Möge er uns ein Wiedersehen schenken.

Aus dem Tagebuch des Nervenarztes und Direktors der Städtischen Nervenklinik Bremen-Osterholz, Dr. Walter Kaldewey (1896–1954)
(9,S 9-25)
25.4.45. Mittwoch.
Der Gefechtslärm hat nun aufgehört. Fliegeralarm ist nicht mehr zu erwarten. Eine seltene Ruhe ist eingekehrt. Und trotzdem hat die Ruhe nicht den Charakter eines Endes. Die Bevölkerung war wie erlöst, man hörte befreiendes Lachen. Die Menschen haben zu viel durchgemacht. Und doch ist das alles kein Ende, sondern erst ein Anfang, – ob in gutem oder bösem Sinne, wird sich bald zeigen. Die Frage, die riesengroß bei uns allen auftaucht, ist die: sollen 5 Jahre 6 Monate furchtbarsten Leidens, großer Erfolge und schmerzlichster Mißerfolge, nach einem nur wenige Jahre dauernden grandiosesten Aufbau durch den Führer ganz umsonst gewesen sein? Soll die Persönlichkeit, auf bester rassischer Art erwachsen, der Masse unterliegen? Oder wird aus diesem unendlichen Leid unseres Volkes, das bis zum letzten für seine Weltanschauung kämpfte und noch kämpft, größter Segen, langer Friede entstehen? Auch für die andere Welt, die mit ihren Problemen keineswegs fertig wird? Oder ist der Untergang unseres Volkes beschlossen und konnte er abgewendet werden? Quälende Zweifel ziehen durch unsere Seelen, ob die Opfer unseres Volkes in dieser Form notwendig waren und ob weitere noch zu verantworten sind.

26.4.45. Donnerstag.
Nachdem die ersten Engländer das Haus verlassen hatten, gingen wir zunächst in unsere Betten im Keller. Bald aber hörten wir Schritte in dem halb zerstörten Hause. Ich ging hinauf und traf auf 2 Engländer. Als ich nach ihren Wünschen fragte, gingen sie zunächst durch sämtliche Räume, als ob sie »revidierten«. Dann machten sie eine Geste, als wenn sie nach Schlafgelegenheit suchten. Sie wählten den Raum neben der Küche. Ich ging daraufhin wieder zu Bett. Nach einer Weile neue Schritte. Ich ging hinauf, die 2 Engländer waren fort, ich stellte aber fest, daß alles durchwühlt war in sämtlichen Räumen. Es befanden sich aber schon 2 weitere Engländer in der Wohnung, die wieder »revidierten«. Meine energische Frage: »What do you want?« wurde mit einem Vorhalten der Pistole beantwortet. Die »Revision« ging weiter. 4 weitere Engländer tauchten auf, auch sie »revidierten«. Ich ließ sie alle nicht aus den Augen. In der Diele standen inzwischen 4 weitere Tommies. Mir war das jetzt zu viel, ich fragte nach entsprechender Order, gab meiner Verwunderung Ausdruck, daß das »Revidieren« mit dem entsprechenden »Sichaneignen« von brauchbaren Dingen wohl »gentlemanlike« sei. Verlegenes Grinsen. Ausweispapiere wurden gefordert und ich plötzlich als »prisoner« erklärt. Warum, wußte ich nicht, wahrscheinlich deshalb, weil mich jemand als Nationalsozialist denunziert hatte. Ich mußte mich anziehen (wobei ich meine Uhr schnell versteckte), wurde dann vor das Haus des Oberpflegers Giesecke geführt, wo ich etwas (½ Stunde) warten mußte, und kam dann im offenen Auto (1 Engländer als Wache) nach, wie ich später feststellte, Oyten in eine Scheune, die ich voll mit Männern fand. Geschütze dröhnten überall, ein Zeichen, daß die Schlacht noch in

28.4.1945: Der Krieg ist zu Ende, was nun?

vollem Gange war. Man hörte Rasseln von Panzern. Ich muß dann wohl geschlafen haben, wurde wach, als es schon hell war. Bald wurde geweckt. Ich hatte nichts weiter bei mir, nur etwas dünnes Zivil an und feine Halbschuhe. Mein Schicksal war ungewiß. Ich führte keinerlei Gepäck bei mir, keine Verpflegung. Ich hatte daher sofort den Entschluß gefaßt, zunächst zu fliehen. Da ich geländekundig war, hatte ich keine Bedenken. Durch entsprechende Beobachtung der Wachmänner gelang es mir auch, aus dem provisorischen Lager ohne Schwierigkeiten herauszukommen. Ich hatte die Absicht, mich erst richtig zu versorgen, vor allem meine Sanitäts-Heeres-Uniform anzuziehen und mich dann zu stellen, um Euch alle nicht zu gefährden. Ohne irgendwie angehalten zu werden, kam ich auf Nebenwegen ins Haus, wo ich naturgemäß auf entsetzte Gesichter stieß. Angehalten wurde ich nirgends, obgleich ich zuletzt überall an Engländern, vor allem in der Anstalt, vorbeimußte. Ich ging dann sofort zu dem Führer der in der Anstalt liegenden Einheit, bat um etwas Zeit zum Umkleiden, rasierte mich, Mutti packte meinen Rucksack, und dann wurde ich 2 Stunden in den Keller einer Anstaltsdienstwohnung eingesperrt. Gegen 14 Uhr 30 ging es mit englischem Auto, vorn vor dem Fahrer aufsitzend, wieder nach Oyten und von hier in ein Gehöft bei Bassen. In Oyten Körperrevision, Abnahme von Silberbleistift, Füller, allen Metallgegenständen, Streichhölzern, Scheren, Messern usw. In Bassen erneute Körperrevision. Stundenlanges Warten. Gegen Abend Fahrt mit anderen Soldaten durch Achim, Hemelingen, zum Stadion nach Bremen. Auf dem Wege sah man viele Zeugen der Schlacht um Bremen, armes Bremen! Die Schlacht grollte noch in der Ferne. Auch in Bremen selbst wurde noch gekämpft. – Im Stadion Warten unter freiem Himmel. Keinerlei Verpflegung! Die Nacht war kalt, ich schlief nur hin und wieder mal kurze Zeit, auf dem kalten feuchten Boden liegend. Erst gegen 9 Uhr in der Frühe gelang es mir, den betreffenden Lagerführer, einen jungen Leutnant, zu sprechen, ihm klar zu machen, daß ich nicht wisse, warum ich hier sei, ich sei Militärarzt und Leiter der Nervenklinik. Ich zeigte meinen RK-Ausweis und erhielt die Erlaubnis zum Verlassen des Stadions. Um 11 Uhr war ich wieder zu Hause, zur Freude der ganzen Familie. Viele waren froh, daß ich wieder da war (am 27.4.45, 11 Uhr vormittags), denn inzwischen waren die Anstalt und alle Wohnhäuser von Russen

vollkommen ausgeplündert worden, Wäsche, Kleider, Fahrräder, Lebensmittel waren von Banden radikal gestohlen worden. Die meisten hatten sich auch Fahrräder besorgt. Die Anstalt ist ganz schwer geschädigt. Unter dem Druck der Engländer ließ die Räuberei gegen Nachmittag nach. Doch sind alle Volksgenossen in Osterholz schwer geschädigt. Auch die Engländer hatten den meisten Volksgenossen vor allem Schmuck, Uhren, Photoapparate, Orden, sonstige Andenken abgenommen. Der Zustand in den einzelnen Gebäuden ist unbeschreiblich. Das meiste, was nicht unmittelbar brauchbar ist, wird sinnlos zerstört. Auf dem Gutshof ging die Jagd auf die Hühner los. Mutti mußte einmal Schutz vor den Russen bei einer englischen Wache suchen, er wurde ihr auch gewährt, sodaß wir vor weiteren Schäden bewahrt blieben.
Es ist äußere Ruhe eingekehrt, und Ihr könnt nun endlich mal wieder aus den Kleidern, die Ihr fast 8 Tage nicht habt ausziehen können. In der Anstalt zeigen sich viel Russen. Mittlerweile gibt es kaum noch etwas zu stehlen. Die Anstalt bietet ein trostloses Bild dar. Die Wege und Anlagen sind von Panzern zerfahren, Bäume zerstört, fast sämtliche Fenster und viele Türen zersplittert, Dachstühle zerstört oder abgedeckt, alles voller Trümmer, und überall englische Soldaten und Fahrzeuge. Die Männer haben sich in den Wohnungen auch der Umgebung einquartiert, viele Menschen müssen ihre Wohnungen, soweit sie noch welche haben, verlassen, um Engländern Platz zu machen. Man sieht das unerfreuliche Bild, daß Mädchen (sie sind auch danach) sich mit Engländern herumtreiben.

28.4.45. Sonnabend.
Die Nacht habe ich endlich einmal wieder durchschlafen können. Mutti hat viel Arbeit in den Tagen gehabt, aber der Haushalt ist ganz durcheinander. Wir sind mit Gildemeisters ja auf nur die Küche angewiesen. Nachrichten gibt es nicht. Bremen soll heute nach letzten Kämpfen im Westen aufgegeben worden sein. Der Schlachtenlärm ist verstummt. Ab und zu kracht es beim Sprengen deutscher Minen, sodaß die Häuser erzittern und die Scheiben, die noch ganz sind, zerspringen. Langsam kommen wir zur Besinnung. In der Klinik läuft der Betrieb sehr langsam wieder an, und wir denken an das Dachdecken, um das Haus vor letztem Zerfall zu retten, wie auch unsere Sachen. Man hat kein Empfinden mehr für zeitliche Einordnungen, weiß kaum, welcher Tag ist. Über die Lage an den Fronten ist nur gerüchtweise etwas bekannt.

29.4.45. Sonntag.
... Die Engländer sind aus der Anstalt abgezogen, die Plünderungen der Russen haben nachgelassen. Jetzt erst sieht man, welche Verwüstungen die wenigen Tage in der Anstalt angerichtet haben. Es sieht einfach trostlos aus. Auch in anderen Wohnungen der Bevölkerung ist zum Teil recht übel gehaust worden. Viele müssen ihre Wohnungen räumen, sie fanden sie in einem schrecklichen Zustand wieder. Ein Teil vor allem der Offiziere benahm sich allerdings korrekt und hilfsbereit. Die Soldaten sind gut ausgerüstet und gut genährt, es steht alles zur Verfügung. Ihre soldatische Haltung ist schlecht, wenigstens für deutsche Verhältnisse unmöglich. Die Engländer bezeichnen das als »demokratisch«. Aber man kann überzeugt sein, daß eine solche Haltung ernsten Belastungen nicht gewachsen wäre. Die Erfolge, die die Engländer jetzt erringen, verdanken sie nicht sich, sondern einem geschwächten und technisch unterlegenen Gegner, sowie ihren mächtigen Bundesgenossen. Die Einstellung der Soldaten ist verschieden, meist aber primitiv und durch einseitige Propaganda gezeichnet. Sie wollen alle die Nazis bestrafen, kennen aber das Wesen des Nationalsozialismus nicht. Andere sind offensichtlich Bolschewisten und bezeichnen sich als Freunde der Russen, sie tragen auch bolschewistische Abzeichen. Eine solche Truppe ist innerlich schwach, sie täuscht sich über den Wert ihrer Erfolge, denn unsere Wehrmacht kämpft derzeit mit einem Minimum von militärischen Mitteln, und trotzdem kommt der Feind nur langsam vorwärts. Vielleicht hat er auch Zeit genug. ...
Heute abend hört man wieder Kanonendonner. Bei Fischerhude sollen sich noch deutsche Truppen halten. Man vermißt schon die Alarme, denn der Druck der jetzigen Ereignisse ist so groß, daß uns der an sich furchtbare Bombenterror schon nicht mehr so schlimm erscheint. Alle fassen wieder etwas Mut. Wir denken aber doch, daß das Ende so nicht aussehen kann.
Die Engländer toben sich gegen alle nationalsozialistischen Dinge aus! Sie zerstören Führerbilder, werfen verächtlich des Führers »Mein Kampf« in die Gegend – Heldentaten, die sich nur völlig falsch unterrichtete Menschen leisten. Aber mit solchen Mätzchen ist natürlich eine Weltanschauung nicht wirksam zu bekämpfen.

30.4.45. Montag.
Der heutige Tag ist totenstill. Jetzt erst treten die Ereignisse belastend ins Gemüt. Es ist zudem sehr kalt und regnerisch, im Hause zieht es und man friert bis ins Mark. Aus Bremen hört man kaum etwas und überhaupt nichts Zuverlässiges. In der Anstalt beginnen wir neu, aber große Möglichkeiten sind nicht da.
Je mehr man herumhört, umso deutlicher zeigt sich, daß die Engländer übel gehaust haben, von Ausnahmen abgesehen. Mir haben sie mein Auto und Reifen entwendet, sämtliche Instrumente aus dem Zirkelkasten, sie haben in der Anstalt medizinische Apparate zerstört, Taschentücher fehlen massenhaft. In den Wohnungen der Bevölkerung hat es nach dem Abzug der Einquartierung zum großen Teil verheerend ausgesehen, alles durcheinandergeworfen, Möbel als Brennholz verwendet, obgleich Holz an anderen Stellen vorhanden war. Photoapparate sind sehr gefragt: vor allem natürlich Kleinbildkameras als deutsche Werkmannsarbeit erster Weltklasse. Die Reichen bereichern sich an einem armen Volke. Viele Fälle rein mutwilliger Zerstörung werden von allen Seiten berichtet. Daß hierbei vorwiegend der kleine Mann betroffen wurde, gibt den meisten jetzt schon zu denken. Es zeigt sich auch jetzt, wie objektiv unser Nachrichtendienst war. Jeder sehnt sich danach, deutsche Nachrichten zu erhalten, weil man überall erkennen muß, wie unzuverlässig, widersprechend, hetzerisch und aufreizend der feindliche Nachrichtendienst ist.
Langsam beginnen die meisten, den Schock der ersten Tage abzustreifen und wieder wie auch vorher zu glauben an unsere gute Sa-

Städtische Nervenklinik Bremen-Osterholz

che, das umso mehr, wenn man von der Richtungslosigkeit der Gegner Kenntnis nimmt.
Unser Schlafzimmer ist jetzt wieder benutzbar. Wir schlafen alle darin. Die übrigen Räume der Wohnung sind noch nicht benutzbar.

2.5.1945. Mittwoch.
Um 10 Uhr erschienen 2 Amerikaner (die die Engländer in der Besetzung Bremens ablösen sollen) und holten Vati ab zur Vernehmung auf dem Polizeipräsidium in Bremen. Die Anhaltung war wieder mal erfolgt in meiner Eigenschaft als Nationalsozialist, was die Feindseite als Verbrechen anzusehen scheint. Es verlief alles ergebnislos und ich wurde wieder entlassen mit der Weisung, mich jeden 3. Tag auf Zimmer 359 des Polizeipräsidiums zu melden.
Es heißt, daß der Führer gefallen sei. Nach anderen Nachrichten soll er eine Hirnblutung erlitten haben bzw. sonst krank sein. Himmler soll sich ergeben haben, dann wieder gefallen sein. Dönitz (Großadmiral) soll Staatsoberhaupt sein. Man weiß noch nichts Genaues, es ist alles so widersprechend. Wir aber meinen, daß Du und Deine Geschwister unter allen Umständen für Deutschland leben werden, dieses Deutschland, auf das wir stolz zu sein mehr wie berechtigt sind.

4.5.45. Freitag.
Jetzt kommt die Zeit, wo alle Gegenkräfte des deutschen Volkes sich wieder glauben zur Geltung bringen zu müssen; unter diesen, wie immer in erregten Zeiten, auch Psychopathen und sonstige Minderwertige. Sie schimpfen auf alles, was gewesen, und versuchen, sich bei der feindlichen Besatzung eine gute Nummer zu machen. Verächtliche Subjekte, die auch der Gegner nicht schätzt. Jetzt erst lernt man die Volksgenossen richtig kennen, die treu zur Sache des deutschen Volkes stehen. Es sind noch mehr, als es schon vorher waren. Unter dem Druck des furchtbaren Unglücks aber, das uns alle betroffen hat, werden sie jetzt regsam und aus ihren Augen spricht der Glaube an Deutschland. Die paar Schreier aber erwecken den Eindruck, als wenn viele auf der Gegenseite stünden. Aber der Schreier fällt eben immer mehr auf als die vielen fleißigen, stillen, treuen und zuverlässigen Männer und Frauen unseres Volkes.

5.5.45. Samstag.
Es heißt, daß Deutschland auf allen Kriegsschauplätzen kapituliert habe. Genaueres ist nicht zu erfahren. Die wildesten Gerüchte laufen um. Die Depression im Volk ist allgemein, denn jeder will jetzt die Frage beantwortet haben: wozu die furchtbaren Opfer an Gut und Blut?
Die Gegner haben davon gesprochen, uns vom Nationalsozialismus und vom Militarismus endgültig zu befreien. Was aber wer-

S.H.A.E.F.

NUMMER 25 — Supreme Headquarters Allied Expeditionary Force — 8. MAI 1945

FALLSCHIRM-AUSGABE

DAS TÄGLICHE ORGAN DES ALLIIERTEN OBERKOMMANDOS

FRIEDEN

DOENITZ KAPITULIERT

London, 8 Mai

DER Tag des Sieges in Europa ist da.

In Übereinstimmung mit den zwischen den drei Grossmächten getroffenen Vereinbarungen wird das Ende des Krieges in Europa heute nachmittag um 15 Uhr über den Rundfunk offiziell verkündet werden.

Die Nachricht von der bedingungslosen Kapitulation aller deutschen Streitkräfte gegenüber allen Alliierten Mächten wurde zuerst über Radio Flensburg dem deutschen Volk bekannt gegeben.

Der neue Aussenminister des Reiches, Graf Schwerin von Krosigk, erklärte, dass das Oberkommando der Wehrmacht auf Befehl von Grossadmiral Doenitz die Einstellung des Kampfes angeordnet habe.

„Eine Fortführung des Krieges“, so stellte Schwerin von Krosigk fest,“ würde nur sinnloses Blutvergiessen und unnötige Zerstörung bedeuten“.

Fünf Jahre, acht Monate und fünf Tage nach seinem Ausbruch hat der Krieg in Europa nun sein Ende gefunden.

Bis jetzt ist eine offizielle Ankündigung des Alliierten Oberkommandos noch nicht erfolgt, Berichterstatter melden jedoch, dass der Vollzug der bedingungslosen Kapitulation von Deutschland am Montag früh 2.41 Uhr in einem Schulgebäude in Reims stattfand, wo sich das vorgeschobene Hauptquartier von General Eisenhower befindet.

Nach Berichten der Korrespondenten haben das Dokument über die bedingungslose Kapitulation Generaloberst Jodl für Deutschland, General Bedell Smith für die USA und Gross-Britannien, General Iwan Susloparoff für die Sowjet-Union und General Francois Sevez für Frankreich unterzeichnet. Wie noch berichtet wird, hat General Eisenhower dem Unterzeichnungsakt nicht beigewohnt, jedoch später General Smith und den deutschen Admiral v. Friedeberg empfangen.

Das britische Informations-Ministerium kündigte gestern Nacht an, dass der heutige Tag als „Tag des Sieges in Europa“ und zusammen mit dem morgigen Mittwoch als Feiertag gilt. Das Informations-Ministerium gab weiter bekannt, dass entsprechend den Abmachungen zwischen den drei Grossmächten der englische Ministerpräsident am Dienstag um 15 Uhr eine offizielle Erklärung über den Rundfunk abgeben und König Georg VI. am gleichen Tag um 21 Uhr zum gesamten englischen Weltreich sprechen wird.

PRAG VOR DER BEFREIUNG – BRESLAU FÄLLT

DIE vor der Nachricht über die bedingungslose Kapitulation aller deutschen Streitkräfte eingelaufenen Frontberichte meldeten weitere Fortschritte der Alliierten an allen Abschnitten.

Nach einer Belagerung von drei Monaten eroberten russische Truppen Festung und Stadt Breslau. Mehr als 40 000 Mann, einschliesslich des Kampfkommandanten General v. Nikols, wurden gefangen genommen.

Verbände der 3. USA-Armee stiessen nach der Besetzung von Linz und Pilsen weiter vor und drangen in Brez, 80 km südwestlich von Prag, ein. Andere amerikanische Verbände erreichten den Raum von Susic, 37 km nordöstlich von Regen.

Im Westen und Süden von Pilsen erreichten amerikanische Truppen Tschernoschin und Bischofteinitz. Stribrd und Klattau wurden befreit. Im Nordwesten stehen die Amerikaner in der Nähe von Maiersgrun und drangen in Wesenau ein.

Letzte Sowjet - Meldungen sprechen von Kämpfen russischer Truppen um die Zugänge nach Olomouc, wo sie nur noch 27 km von der 2. Ukrainischen Armeegruppe entfernt stehen, die am Sonntag Kojetin unter Vernichtung zweier deutscher Infantrie-Bataillone besetzte.

An der Süd-Front haben französische Truppen Bludenz an der Eisenbahnstrecke Innsbruck-Feldkirch besetzt. Andere französische Verbände erreichten den Arlberg-Pass.

Einheiten der 8. und 5. Armee, die ihren Vormarsch von Italien aus weiter fortsetzten, erreichten den Raum von Villach, 40 km westlich Klagenfurt.

DISZIPLIN BESCHLEUNIGT DIE HEIMKEHR

GENERAL EISENHOWER, der Oberbefehlshaber der alliierten Streitkräfte, hat folgende Anweisungefangegen an alle befreiten Kriegsnen, Fremdarbeiter und zwangsverschickten Personen erlassen:

1. Bleibt an Ort und Stelle. Wartet Befehle ab.

2. Bildet kleine Gruppen Eurer Nationalität und wählt Führer.

3. Weg von den Durchgangsstrassen.

4. Verhütet Zerstörung von Werkanlagen, Vernichtung amtlicher Dokumente, vermeidet Unordnung, Plünderung und Sabotage, die nach den militärischen Gesetzen bestraft werden

Das Oberkommando gibt Euch weiter bekannt, dass das Tempo der Heimsendung für die einzelnen Nationalitäten verschieden sein wird. Die Angehörigen von Westeuropa, Engländer, Franzosen, Belgier, Holländer und Luxemburger, können schneller rückgeführt werden als die Angehörigen von Ost- und Südost-Europa.

Das Oberkommando macht also die befreiten Russen, Polen, Tschechen, Jugoslaven und Griechen darauf aufmerksam, dass sie in ihren Versammlungsräumen länger bleiben können als die Angehörigen der westlichen Nationen, und dass die Schnelligkeit, mit der ihre Rückführung in ihre Heimat durchgeführt werden kann, von ihrer Disziplin und der Befolgung der Befehle abhängt.

Das Oberkommando gibt folgende Spezialanweisungen für alle russischen Staatsangehörigen:

Alle Russen, die sich in den vom Oberkommando kontrollierten Gebieten befinden, werden so schnell wie möglich zu den russischen Behörden gebracht werden.

Für die polnischen Staatsangehörigen gelten folgende Sonderanweisungen:

Befreite Polen, die sich in den Gebieten Deutschlands befinden, die vom Alliierten Oberkommando kontrolliert werden, haben Gelegenheit, ihre Wünsche zu äussern, ob sie nach Polen zurückkehren wollen oder nicht. Jeder Fall wird individuell behandelt werden.

MORDBEFEHL HIMMLERS

Ein Befehl Heinrich Himmlers, dass die Insassen des Konzentrationslagers Dachau den Alliierten unter keinen Umständen noch lebend in die Hände fallen dürfen, wurde jetzt aufgefunden. Bekanntlich wurden die 33 000 Häftlinge des KZ Buchenwald durch amerikanische Truppen befreit.

den sie, die mit ungeheurer Militärmacht über unser unglückliches Vaterland herrschen, an ihre Stelle setzen?

6.5.45. Sonntag.
Ein totenstiller Sonntag. Man lauscht in das Geschehen hinein. Gestern um 8 Uhr soll das Restdeutschland die Waffen gestreckt haben. Näheres ist nicht zu erfahren. Jedenfalls ist mit dem Zerfall, der Auflösung und dem Chaos in unserem geliebten Deutschland zu rechnen. Was aus den führenden Männern in Partei und Staat geworden ist, ist widersprechend und unverwertbar. Es sieht so aus, als sollte über Deutschland ein, bzw. 3 Gegner herrschen, denen der Sieg trotz ihrer ungeheuren Übermacht sehr schwer geworden ist und die nun diesem gewaltigen Deutschland recht ratlos gegenüberstehen. Sie sagen, sie wollten Deutschland von dem Terror, der Unmenschlichkeit und der Ungesetzlichkeit befreien durch Auflösung aller nationalsozialistischen Einrichtungen, Gesetze, Gliederungen und Amtsstellen. Mit einer Regierung rechnet die Gegenseite nicht. Wer sollte sie auch bilden?

7.5.45. Montag.
Viel hört man von Vergewaltigungen und üblen Schamlosigkeiten der hier einmarschierten Engländer. Allein in unserem direkten Gesichtskreis sind mehrere Fälle von Vergewaltigungen vorgekommen. Eins der jungen Mädchen wurde dabei erschossen. Die Fotografie einer anderen jungen Dame wurde gemein besudelt. Die meisten Volksgenossen hätten gerade derartiges von den Engländern nicht erwartet. Die aus den Gefangenenlagern befreiten Russen plündern nach wie vor und treten oft recht bedrohlich auf. Ich wurde heute mit einem Seitengewehr bedroht, weil ich einem Russen einen aus dem Verwahrungshaus der Anstalt offensichtlich entwendeten Gegenstand wieder einnehmen wollte. Schutz dagegen gibt es nur in seltenen Fällen. Das Volk merkt immer mehr, wie recht- und schutzlos es geworden ist. Noch bis zum Einzug des Gegners in Bremen herrschte eine tadellose Ordnung, der sich jeder, auch die Übelwollenden, zwanglos einfügte. Jetzt aber ist plötzlich alles anders und es wird noch viel schlimmer werden.
Jeder sieht jetzt bei jedem die Ursache des Verlustes dieses Krieges. Abgesehen von heute noch nicht klar zu ersehenden Fehlern des nationalsozialistischen Systems ist sie zu suchen in der fantastischen Überlegenheit der feindlichen Luftwaffe, die uns die Produktion aller Kriegsgüter gestört und die Verkehrswege vernichtet, außerdem aber der Zivilbevölkerung unvorstellbares Elend gebracht hat. Dem gegenüber sind wir mit der Abwehr schließlich nicht mehr nachgekommen.

8.5.45. Dienstag.
Die Lage für das Ansehen des deutschen Volkes wird immer bedrohlicher, nachdem

Bereits Stunden nach der Befreiung wird aufgeräumt

bekannt geworden ist, daß tatsächlich in den Konzentrationslägern erhebliche Mißstände geherrscht haben, die bis zu – so viel man glauben kann – Unmenschlichkeiten gediehen sind. Ob es Einzelfälle sind oder System, muß auf Grund der von den Feinden angesetzten Untersuchungen abgewartet werden. Das Ergebnis dieser Untersuchungen wird fraglos ganz erheblich aufgebauscht werden. Auch Unsauberkeiten in der NSDAP werden beleuchtet werden. Es soll aber auf der anderen Seite gerade heute im Unglück nicht vergessen werden, welche guten Dinge der Nationalsozialismus dem deutschen Volke gebracht hat, und wieviel wirklich begeisterte Idealisten ihm gefolgt sind, die nichts von Korruption und Unmenschlichkeiten ahnten. Aber das gesamte Volk wird diese Dinge büßen müssen. Sie sind eigentlich des deutschen Volkes durchaus unwürdig.

11.5.45. Freitag.
Die in der Nachbarschaft untergebrachten Russen sind abtransportiert worden. Damit ist Osterholz von dem ständigen Druck dieser plündernden und oft bedrohlich auftretenden Menschen zunächst bis auf weiteres befreit. Es plündern aber auch die eigenen Volksgenossen. Viele glauben, sich in dem allgemeinen Durcheinander noch schnell bereichern zu können. Die negativen Wesenszüge eines Volkskörpers kommen eben in solchen Zeiten der Rechtlosigkeit sofort zum Vorschein. Diese negativen Seiten niederzuhalten, wird auch dem uns beherrschenden Gegner sehr schwer werden. Er wird daher geneigt sein, das deutsche Volk nur von dieser Seite aus zu bewerten. Unsere Aufgabe aber wird es sein, ihm das wirkliche Deutschland zu zeigen. Dazu braucht es Zeit und Sammlung. – Sämtliche Schulen und Erziehungsinstitute sind bis auf weiteres geschlossen. Eisenbahn, Post, Straßenbahn sind außer Betrieb. Es gibt kein Theater, kein Kino, kein öffentliches Lokal, keine Zeitung, keinen Rundfunk, kein Schrifttum. Es ist alles tot. Zu kaufen gibt es nur Brot, Milch nur in den äußeren Stadtbezirken beim Bauern, und hier und da etwas Fleisch.

15.5.45. Mittwoch.
Inzwischen hat die Aktion zur Auflösung der NSDAP begonnen. Man bringt die Parteigenossen – und es ist eine Schande, daß das unter angeblicher Mitwirkung des Gegners geschieht – aus Arbeit und Brot. Darüber freuen sich die Volksgenossen, die von früher her an einer Spaltung unseres Volkes, an einer Verhinderung der Bildung einer wahren Volksgemeinschaft Interesse hatten. Diese nehmen mit Hilfe des Fein-

des rücksichtslos ihre egoistischen Interessen wahr, auch gegen die Frontsoldaten, die noch nicht heimgekehrt sind und sich nicht wehren können. Die Minderwertigen rühren sich wieder. Sie kennen keine Gemeinschaft des deutschen Volkes, das sich jetzt scheinbar in der Auflösung befindet, aber doch in den Herzen von Millionen lebt. Diese Minderwertigen haben noch bis zuletzt das Gute, das der Nationalsozialismus z.B. in der nationalsozialistischen Volkswohlfahrt, Kinderlandverschickung, Verbilligungswesen usw., in K.d.F. gebracht hat, mitgenommen und genossen, sie haben die ganz hervorragende Lebensmittelbevorratung, die der Bevölkerung Bremens noch unter der Einwirkung des Feindes und der Zerschlagung der Zufuhrwege zu Gute kam, mitgenommen, und heute schimpfen sie und glauben, mit Hilfe des Feindes ihre eigenen Geschäfte besorgen zu können. Sie bereichern sich durch Plündern am Gute anderer Menschen und sind mit Denunziationen am Werk. Sieht man nur sie, so könnte man an unserem Volke verzweifeln. Aber man sieht eben heute nicht die Fleißigen, die Tüchtigen, die Charakterfesten, die Geraden und Aufrechten. Ein Teil dieser ist auch noch in Gefangenschaft oder sonstwie noch nicht in die geliebte Heimat zurückgekehrt. Sie alle sind das wahre, unsterbliche Deutschland. Und dieses will der Feind ein für allemal zerschlagen und versucht es natürlich nicht in den Minderwertigen zu treffen, sondern in den Besten. Diese Millionen von Besten haben bis zuletzt ausgehalten. Von einem Versagen kann nicht die Rede sein, die Mittel waren eben bis zum letzten erschöpft.

Aus: Neuanfang auf Trümmern. Die Tagebücher des Bremer Bürgermeisters Theodor Spitta. 1945–1947, S. 99f.:
Mittwoch, 2. Mai 1945
(...)
Das Ableben Hitlers geht mir nach. Ich bin erleichtert, daß Hitler nicht in Feindeshand gefallen, sondern einen seinem Wesen und Leben entsprechenden Tod gefunden hat, sei es im Kampfe auf den Barrikaden Berlins, sei es durch eigene Hand. Noch weiß man nichts Näheres über seinen Tod; die Art seines Ablebens wird bedeutsam für den Mythos sein, der sich in den kommenden hundert oder zweihundert Jahren um seine Person bilden wird.
Leben und Laufbahn dieses Mannes waren ungewöhnlich, ja einzigartig. Alexander der Große, Karl der Große und Otto der Große, auch Friedrich II. wurden in ihre Herrscherstellung hineingeboren. Cäsar und

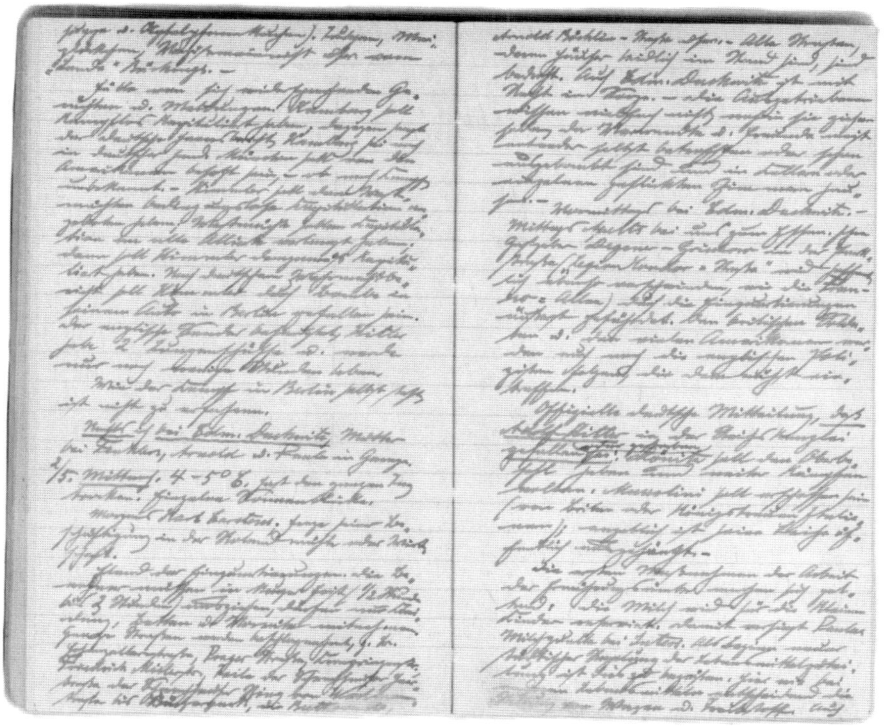

Aus dem Tagebuch von Theodor Spitta, Eintragung Mai 1945

Napoleon verdank[t]en ihre Macht dem Heere, das sie zu Sieg und Ruhm geführt haben. Cromwell wurde von einer religiösen Bewegung getragen und bewahrte sie [die Macht] mit seinen aus religiösem Fanatismus fechtenden Kriegern. Adolf Hitler ist nur durch das Wort, durch Propaganda und Agitation hochgekommen, mit den Mitteln der Demokratie hat er die Demokratie besiegt, als die Not des verlorenen Ersten Weltkrieges schwer auf unserem Volke lastete und keine Partei oder Parteienkoalition Rettung bringen konnte. Hitler hatte große Eigenschaften und Willenskräfte und ebenso große Fehler und Beschränktheiten. Er münzte die schwierigen Probleme der Rasse und die Frage der Stellung des Judentums zur Scheidemünze der Herrenvölker und des Judenhasses um. Er hatte eine große Einfühlung in die Seele des Volks, in seine Leidenschaften, Wünsche, Sehnsüchte, Nöte und Schwächen; er konnte meisterhaft darauf spielen und alle Töne, die er wollte, hervorlocken. In ihm verkörperte sich das Dämonische, wie Goethe es im 20. Buche von »Dichtung und Wahrheit« schildert. Hitler hatte nationale und soziale Ideen von großer Tragweite; er fing die verschiedensten geistigen, politischen und wirtschaftlichen Bewegungen auf und vereinigte sie in einem Brennpunkt. Er konnte Symbole schaffen und sich selbst in der Art seines einfachen, arbeitsamen Lebens und seines äußeren Gebarens zum Symbol machen. Er erfaßte und benutzte für seine Ziele, daß die bürgerliche Welt versank und etwas Neues am geschichtlichen Horizont heraufstieg. Er hat in den ersten fünf Jahren seiner Herrschaft wirtschaftlich, sozial und außenpolitisch Großes erreicht; er hat Größeres gewollt. Aber ihm fehlte das Verständnis für echtes geistiges, religiöses und künstlerisches Leben und für die Kräfte freier schöpferischer Persönlichkeiten. Er glaubte, auch Geistiges kommandieren zu können, und meinte, mit Gewalt alles beherrschen und lenken zu können. Ihm fehlte die letzte religiöse und sittliche Bindung und Verantwortung; jedes Mittel, das nach seiner Meinung Deutschland, seinem Volke oder der nationalsozialistischen Partei nützte, war ihm recht und durch den deutschen oder nationalsozialistischen Zweck geheiligt. Ihm fehlten vor allem Maß und Begrenzung – die so wichtige Gabe, Dinge in ihrer Entwicklung zu sehen und in Geduld reifen zu lassen. Er fühlte sich als Träger einer weltgeschichtlichen Sendung, als Vollstrecker der Vorsehung. Je größer seine Erfolge waren, desto überheblicher und verblendeter wurde er; er überschätzte seine Kraft und die Kraft seines Volkes und unterschätzte die Kräfte der anderen Weltmächte. Sein religiöser Glaube war, daß Gott einem tüchtigen und wertvollen Volke auch Sieg und Glück gewähren müsse – als ob sich die Gerechtigkeit Gottes auf Erden verwirklichen müßte, wie die Juden glaubten («auf daß es dir wohl gehe« usw.). Die Hybris im griechischen Sinne ergriff ihn, eine Hybris, die sich schließlich unheilvoll verband mit einer manischen Erfülltheit von dem Phantasma, daß sein Reich und Volk von 80 Millionen Deutschen entweder mit ihm siegen oder mit ihm untergehen müßten, »wie die Nibelungen«. Diese Hybris war der tiefste Grund für das Schicksal, das ihn nun getroffen hat, der tiefste Grund auch für das unsagbare Unheil und Elend, die über unser Volk kommen.

Im Augenblick dieses Zusammenbruches ist das Urteil der meisten Deutschen über Hitler einseitig und haßerfüllt; die Bevölkerung schiebt alles Leid auf Hitler, zum großen Teil dieselben Menschen, die ihm einst zugejubelt und ihm zur Macht und zur Herrschaft verholfen haben. Dreierlei scheint hauptsächlich die Masse zu bestimmen: einmal, daß immer wieder, noch im März dieses Jahres, eine Wende des Krieges durch neue Waffen und eine Ostoffensive starker Reserven versprochen worden ist und das Volk sich belogen und betrogen fühlt; sodann, daß so viele leitende Männer der Partei und beamtete Persönlichkeiten in den besetzten Gebieten und in Deutschland die Bewährungsprobe nicht bestanden, teilweise bei der Ausübung ihrer Pflichten aus Unfähigkeit oder Feigheit versagt, teilweise auch schamlos gerafft und das Ihre in Sicherheit gebracht haben, schließlich das verzettelte, sinnlose Hinopfern von Men-

Theodor Spitta (1873–1969)

schen und Städten bis herunter zu den als »Soldaten« eingesetzten 16jährigen Hitlerjungen und bis zu den Frauen und Kindern in den letzten Wochen und Tagen. Vergessen ist, wie viele von diesen Leuten noch 1933 aus wirtschaftlicher Not gerettet und in Arbeit und Verdienst gekommen sind und wie viele hoffnungsvolle Anzeichen einer neuen wirtschaftlichen und sozialen Ordnung in den Jahren vor dem Zweiten Weltkriege hervortraten.

Es bleibt zu beklagen, daß Hitler in seinen und seines Reiches Untergang auch fruchtbare und wertvolle Ansätze einer besseren staatlichen, völkischen, sozialen und wirtschaftlichen Zukunft mit hineinreißt. Ein großes deutsches Reich aller Deutschen, eine Einigung Europas in einer Gemeinschaft der europäischen Staaten und Völker (ohne Rußland und ohne das britische Weltreich), die Fernhaltung des Bolschewismus aus diesem Europa, der Versuch mit gelenkter Wirtschaft einen Mittelweg zwischen der kapitalistischen freien Wirtschaft der Anglo-Amerikaner und der Staatswirtschaft der russischen Bolschewisten zu finden, die Arbeiter in ihrer Standesehre zu heben und als gleichberechtigt in Staat und Wirtschaft einzugliedern, jeden Berufsstand zusammenzufassen und mit einer durch Ehrengerichte geschützten Berufsehre zu erfüllen, vor allem aber das Beamtentum zu fördern und zu festigen und die Macht des Währungsgoldes und der anonymen, internationalen Finanzkräfte zu brechen, weiter die Verkündung der Volksgemeinschaft und die Pflege völkischer Art, das waren zukunftsträchtige Ideen, mag ihre Verwirklichung im einzelnen oft unvollkommen und unreif gewesen sein, häufig durch die Unfähigkeit der von Hitler berufenen Männer, bei denen die Eigenschaft eines »alten Kämpfers« alle intellektuellen und sittlichen Mängel decken mußte.

Ein Staatsmann und eine geschichtliche Persönlichkeit wird nicht gewertet und kann nicht gewertet werden nach dem, was er geplant und erstrebt hat, sondern nur nach dem, was er verwirklicht hat. Da ergibt sich bei Hitler folgendes erschütternde Bild:

1.) Hitler erstrebte ein Großdeutschland aller Deutschen; das Ergebnis ist der Untergang des deutschen Reiches und die Aufteilung Deutschlands.
2.) Hitler erstrebte die Einigung Europas; das Ergebnis ist das Ende Europas im alten Sinne.
3.) Hitler erstrebte neues Siedlungsland im Osten. Das Ergebnis ist ein Rückschlag um über 700 Jahre.
4.) Hitler erstrebte die Vernichtung, mindestens die Eindämmung und Schwächung des Bolschewismus; das Ergebnis ist eine Machtstellung des Bolschewismus in Europa und der Welt wie nie zuvor.
5.) Hitler erstrebte die Brechung der Macht des Kapitals; das Ergebnis ist eine Steigerung der anonymen, internationalen Finanzkräfte in der nichtbolschewistischen Welt, besonders in Deutschland.
6.) Hitler erstrebte eine Austilgung des Judentums in Deutschland, möglichst auch in Europa; das Ergebnis ist, daß das Judentum überall zu großem Einfluß kommt und besonders in Deutschland viele leitende Stellen in Staat, Wirtschaft und Kultur einnehmen wird.
7.) Hitler erstrebte einen großartigen Ausbau aller bedeutenden Städte und eine Verschönerung der Siedlung und Wohnung in Stadt und Land; das Ergebnis ist eine Zerstörung von Städten, Dörfern und Kunstwerken, die in der Geschichte ohne Beispiel ist.
8.) Hitler erstrebte, das deutsche Volk zu einem Herrenvolk zu machen; das Ergebnis ist, daß wir ein Sklavenvolk geworden sind.
9.) Hitler erstrebte, den deutschen Namen in der Welt überall geachtet zu machen; das Ergebnis ist, daß wir wegen unmenschlicher Handlungsweisen gegen Juden, Polen und andere Besiegte mit Schuld beladen dastehen und verachtet und geschmäht werden, wenn auch die amerikanischen und englischen oder russischen Verächter und Schmäher selbst um nichts besser dastehen und kein sittliches Recht haben, über deutsche sogenannte »Kriegsverbrecher« abzuurteilen.
10.) Hitler erstrebte eine Volksgemeinschaft in Deutschland; das Ergebnis ist, daß unser Volk unter sich zerrissen und von Haß gegen andersdenkende Deutsche erfüllt ist, ja, daß es schon zum Bürgerkriege kommt, wie in Bayern zwischen den Epp folgenden Wehrmachtsteilen (der Freiheitsbewegung) und den SS-Truppen Himmlers.

So das Bild Hitlers, wie es sich jetzt nach den unvollständigen Unterlagen darstellt. Wie es nach Jahrzehnten, wenn alle in- und ausländischen Quellen, Denkwürdigkeiten und Erinnerungen veröffentlicht sind und alle weittragenden Folgen seines geschichtlichen Handelns und seines Untergangs deutlich vor Augen stehen, sein wird, steht dahin. Die Wissenschaft wird jedenfalls für viele Jahrzehnte Stoff haben, diesen Mann und seine Wirkung immer aufs neue zu behandeln und sich mit diesem zweiten Weltkriege auseinanderzusetzen, der schon den Dritten Weltkrieg in sich trägt, wie der Erste Weltkrieg durch sein aus Unvernunft, Haß und Verblendung erwachsenes Friedensdiktat den Zweiten Weltkrieg geboren hat. – Vielleicht wird auch über Hitler, wie so manches Mal im geschichtlichen Leben, ein Dichter aus seiner Schau das letzte Wort sprechen.

Abends habe ich regelmäßig eine nette Aussprache mit Edmund Duckwitz. Er ist sehr niedergeschlagen und sieht auch seiner persönlichen Zukunft mit größter Sorge entgegen. (...) Auch ich gebe mich über die allgemeine Lage und über die proletarische, entbehrungsreiche persönliche Zukunft keinen Täuschungen hin. Ich bin auf schweres

Bezugspreis monatl. 2,05 RM zuzügl. Botenlohn, durch die Post 2,50 RM (einschl. 18 Rpf Postzeitungsgebühr) zuzüglich 36 Rpf Bestellgeld. Der Bezugspreis ist im voraus zahlbar. — Einzelpreis 10 Rpf.

Nordwestdeutsche Zeitung

Anzeigenpreise u. Aufnahmebedingungen nach Preisliste 9. Aufnahmetermine ohne Verbindlichkeit. Hauptgeschäftsstelle: Wesermünde-L., Hafenstraße 140. Fernruf 400. Postscheckkonto Hamburg 136 96.

Nr. 102 / 51./93. Jahrgang — Wesermünder Neueste Nachrichten — Wesermünde, Mittwoch, 2. Mai 1945

Heldentod des Führers Adolf Hitler

Im Kampf gegen den Bolschewismus in seinem Befehlsstand gefallen

Die Kriegslage

Berlin, 2. Mai. Die Lage in Berlin verschärfte sich in den letzten 24 Stunden weiter. Unter Aufbietung der letzten Kräfte konnte die tapfere Verteidigung noch einmal den konzentrischen Angriff der Bolschewisten auf die Innenstadt abwehren. Besonders heftig wurde um die Untergrundbahnhöfe und um die Bunker gekämpft.

Westlich der Reichshauptstadt wehrten unsere Verbände in der Mehrzahl die bolschewistischen Angriffe ab. Nur an einigen Stellen konnten sich die Bolschewisten unter schwersten Verlusten nach Westen vorschieben.

In Nordwestdeutschland wurde bei Leer (Ostfriesland), beiderseits Bad Zwischenahn, sowie zwischen Bremervörde und Horneburg gekämpft. In letzteren Ort konnten die Gegner eindringen. Panzer-

Berlin, 1. Mai. Aus dem Führerhauptquartier wird gemeldet, daß unser Führer Adolf Hitler heute nachmittag in seinem Befehlsstand in der Reichskanzlei, bis zum letzten Atemzuge gegen den Bolschewismus kämpfend, für Deutschland gefallen ist.

Am 30. April hat der Führer den Großadmiral Dönitz zu seinem Nachfolger ernannt.

Großadmiral Dönitz

sprach als Nachfolger des Führers nach der Bekannt-

nur so werden wir die Leiden, die die kommende Zeit jedem einzelnen von uns bringen wird, mildern und den Zusammenbruch verhindern können. Wenn wir tun,

Führer eingesetzten Nachfolger. Deutsche Soldaten, tut eure Pflicht! Es gilt das Leben unseres Volkes."

Großadmiral Karl Dönitz wurde am 16. September 1891 in Berlin-Grünau als Sohn eines Ingenieurs geboren. Am 1. April 1910 trat er als Seekadett in die Kaiserliche Marine ein. An Bord des Kreuzers „Breslau" erlebte er im August 1914 den Ausbruch des Weltkrieges im Mittelmeer. Nach einem Artilleriekursus übernahm Dönitz am 1. März 1918 „UC 25" und später „UB 68". Für seinen unerschrockenen Einsatz, seinen Angriffsmut und sein rücksichsloses Draufgängertum erhielt Dönitz den Hohenzollern-Hausorden. In der kleinen Kriegsflotte des Reiches fand er nach dem Weltkriege zunächst als Torpedobootskommandant und Referent bei der Torpedoinspektion Verwendung. Anfang Oktober 1930 wurde ihm das Tätigkeitsgebiet des 1. Admiralstabsoffiziers der Marinestation der Nordsee

äußeres und inneres Leid gefaßt. Ich bemühte mich aber, Edmund die Verzweiflung über unser Reich und Volk zu nehmen. Ich suchte darzulegen, daß unser Volk die verschiedensten Kräfte und Gaben in sich habe, politische, militärische, wirtschaftliche, technische, wissenschaftliche, künstlerische, philosophische und religiöse, und daß bald die eine, bald die andere Richtung der Kräfte und Leistungen überwöge, da es unmöglich sei, auf allen Gebieten gleichzeitig das Höchste zu leisten. Jetzt seien die politischen, militärischen und wirtschaftlichen, vielleicht auch die technischen Leistungen zerschlagen und würden für lange Zeit durch feindliche Gewalt niedergehalten. Möglich sei aber, daß unser verkleinertes, politisch, militärisch und wirtschaftlich entmächtigtes Volk wieder ein Volk der Dichter und Denker werde. Unser Volk habe der Welt noch etwas zu sagen, das nur wir Deutschen aussprechen könnten. Es könne uns durch all dies Leid und dies furchtbare Schicksal eine innere Erneuerung beschieden sein, eine religiöse und sittliche Erweckung, die ein anderes Verhältnis von Mensch zu Mensch und ein anderes Verhältnis des Menschen zum äußeren Leben und zu den Dingen dieser Welt hervorrufe. Aus solchem Erleben werde vielleicht ein Dichter und Seher oder ein religiöser Reformator und Verkündiger erstehen, der der ganzen Menschheit Neues schenke. Unser äußeres Leben werde gewiß mehr als einfach, ja, kümmerlich sein. Unser Volk werde aber durch die Not gezwungen werden, mehr als bisher in Kleingärten und in Kleintierzucht einen Teil seiner Ernährung zu suchen und somit der Natur mehr verbunden werden. Die großen Industriestädte würden sich auflösen, die Besiedlung werde dem Lande zustreben. Das Handwerk werde wieder hochkommen. In jedem Haushalt werde jeder das Nötige an handwerklichen Arbeiten selbst machen müssen. Große Musik und große Theatervorstellungen würden schwinden, doch würden Kinderfeste und -vorstellungen, Hausmusik und Volksgesang gestärkt werden, wie in der Jugendbewegung. Wie in der Jugendbewegung würden auch viele wieder töpfern, einfachen Schmuck hämmern, auch Möbel tischlern und Kleider herstellen.

Die Gemeinschaft der Deutschen werde über die politischen Trennungen hinweg bleiben. Das deutsche Buch werde die Verbindung fördern. Bei dem Mangel an Büchern werde jedes Buch einen erhöhten Wert erhalten und häufiger gelesen werden, auch von Hand zu Hand gehen. Die Vielleserei werde aufhören, das eigene Denken und Fühlen dadurch erhöht werden. Niemand komme mehr in ein gemachtes Bett. Schlichtheit und Natürlichkeit des Umgangs würden herrschend werden. Die Menschen würden sich – unabhängig von Beruf, Stand und gelehrter Bildung – mehr als Menschen nehmen und werten.

Diese Zukunft darf man freilich nicht in wenigen Jahren erwarten; es können viele Jahrzehnte vergehen, bis sich die ersten Anzeichen zeigen. Auch kommt diese Zukunft nicht von selbst, sondern muß erstrebt und erarbeitet, auch erlitten werden. Unter Verzicht auf alles, was uns Bürgerlichen an Behaglichkeit des äußeren Lebens, an Bequemlichkeiten der städtischen Einrichtungen, an Genüssen im Essen, Trinken und Wohnen, in gesellschaftlichen und künstlerischen Veranstaltungen, an Überliefertem und Ererbtem lieb und wert, zum Teil lebensnotwendig war, müssen wir unser eigenes Leben bewußt und bejahend auf die neue Zeit umstellen und in unserem Kreise, bei Kindern, Enkeln und Freunden – wenn möglich auch darüber hinaus –, auf eine andere Einstellung zu den äußeren Dingen des Lebens hinwirken, immer mit dem Ziel vor Augen, auf einfachster Lebensgrundlage eine innere Erneuerung vorzubereiten – in gleicher Weise im Kampfe gegen die, die sich leicht und selbstsüchtig, vielfach gewiß auch raffgierig und mammonistisch dem anglo-amerikanischen Wesen angleichen und mit dem westlichen

2. Mai 1945: Besetzte Häfen

Strom schwimmen, wie gegen die, die ihre Kräfte von der Not des Daseins ganz verzehren lassen und in ein Fellachenleben hinabsinken, ebenso aber auch im Kampfe gegen die, die nicht in Geduld und Arbeit Schritt für Schritt die Zukunft heraufführen wollen, sondern mit revolutionären Mitteln, sei es auf bolschewistischer, sei es auf nationalsozialistischer Grundlage, vorgehen und über unser Volk neue Wirren und neues Elend bringen. Das Letzte und Tiefste einer solchen inneren Erneuerung entzieht sich allerdings menschlichem Schaffen; es kann nicht »gemacht« werden, sondern muß als Gabe und Gnade von oben kommen. Voraussetzung für solche Neugeburt unseres Volkes ist, daß es zu einem wesentlichen Teil diese furchtbare Notzeit überlebt. Für die biologische Erhaltung unseres Volkes müssen in den nächsten Jahren alle Kräfte eingesetzt werden.

Diese Zukunft, die mir vorschwebt, die mir freilich nicht eine Gewißheit, aber auch nicht eine leere Utopie ist, gibt mir mehr Hoffnung als der Gedanke Edmunds, daß die Anglo-Amerikaner mit den Russen in immer stärkere Spannung und immer stärkere Gegensätze geraten und die Deutschen gegen Rußland nötig haben würden. Denn eine solche außenpolitische Lage könnte uns bestenfalls das Überleben erleichtern, da die Anglo-Amerikaner uns dann vielleicht nicht ganz auspressen und biologisch versinken lassen würden; sie könnte aber auch dahin führen, daß uns die Anglo-Amerikaner als Kanonenfutter mißbrauchten und Deutschland das Schlachtfeld des Dritten Weltkrieges würde.

Bericht des Oberbaudirektors Dr. Ludwig Plate an Senator Dr. Hermann Apelt über seine Ansprache an die Gefolgschaft der Wasserstraßendirektion in Mittelsbüren anläßlich des Todes Adolf Hitlers

(3-R.1.m.Nr.98)

8. Juni 1945

Zu Ihrer Anfrage, ob ich am 2. Mai d.J. vor Gefolgschaftsmitgliedern der Wasserstraßendirektion Adolf Hitlers aus Anlaß seines Todes am Vortage gedacht habe, teile ich Ihnen folgendes mit:

Am 1. Mai 1945 befand ich mich auf der Dienststelle der Wasserstraßendirektion in Mittelsbüren, wo ich mich anstatt in Bremen aufhielt, den Weisungen des Ministers Speer entsprechend, wonach ich bei drohender Feindbesetzung solange wie mög-

lich ausweichen mußte. Mittelsbüren war am 1. Mai noch nicht von Engländern oder Amerikanern besetzt.
Gegen 22 Uhr des 1. Mai erfuhr ich durch den deutschen Rundfunk, daß Adolf Hitler in der Reichskanzlei im Kampfe gefallen sei und Großadmiral Dönitz am Tage zuvor zu seinem Nachfolger als Reichsoberhaupt bestimmt worden sei. Anschließend teilte der Rundfunk eine Anordnung von Dönitz mit, daß die Adolf Hitler geleisteten Eide jetzt für seine Person gülten.
Am 2. Mai erhielten wir von Brake die Mitteilung, daß im unbesetzten Gebiet aus Anlaß des Todes Adolf Hitlers halbstock geflaggt würde. Ich habe es nicht für angebracht gehalten, dies auf der Dienststelle oder den Fahrzeugen in Mittelsbüren tun zu lassen, obgleich diese auch noch im unbesetzten Gebiet lagen, habe aber geglaubt, zu den in Mittelsbüren anwesenden Gefolgschaftsmitgliedern über dies Ereignis und die Vorgänge sprechen zu müssen, die zu diesem katastrophalen Ende geführt haben. Dies habe ich dann im Eßraum der Belegschaft getan und dabei folgendes ausgeführt:
Zunächst habe ich die durch den deutschen Rundfunk verbreitete Nachricht vom Tode Hitlers wiedergegeben und dabei angefügt, daß ein solcher Untergang mit seinem Werke an altgermanische Vorstellungen erinnere.
Sodann habe ich einen Überblick über die außenpolitische Entwicklung gegeben und gesagt, daß die von Hitler in der Außenpolitik angewandten Methoden nicht richtig gewesen seien, da sie auf Gewalt aufgebaut waren und ihm auch durch sein Verfahren der Tschechei gegenüber das Vertrauen des Auslandes verloren gegangen sei. Trotzdem hätte ich nach den Verhandlungen Hitlers mit dem englischen Ministerpräsidenten Chamberlain in München und Godesberg die Hoffnung gehabt, daß es zu einem Einvernehmen mit England kommen werde, das Hitler selbst angestrebt hat und das meines Erachtens Europa den Frieden gesichert haben würde.
Dies Bestreben sei dann aber durch das Vorgehen gegen die Juden am 9. November 1938, das nicht scharf genug verurteilt werden könne, durchkreuzt worden und Hitler sei dadurch von mir unbekannter Seite in seiner Außenpolitik ein Knüppel zwischen die Beine geworfen worden. Deswegen könne ich nicht glauben, daß Hitler selbst um ein solches Vorgehen vorher gewußt habe, da er sich doch nicht selbst die Grundlagen seiner Verständigungsabsichten mit England hätte untergraben wollen. Der Urheber müsse vielmehr ein anderer gewesen sein, der vielleicht damals schon durch die ihm anvertrauten Machtmittel mächtiger als Hitler selbst gewesen sei. Nur so könne ich es verstehen, daß Hitler ihn damals nicht zur Verantwortung gezogen habe, da durch die Ereignisse des 9. November 1938 eine von Hitler feierlich auf einem Parteitage gegebene Zusage gebrochen sei. Es sei nur zu bedauern, daß Hitler damals nicht die Kraft gefunden hätte, gegen die Urheber dieser Vorgänge in schärfster Weise einzuschreiten, und dadurch habe er eine schwere Mitschuld an dem auf sich geladen, was daraus gefolgt sei.
Als zweiten großen, außenpolitischen Fehler habe ich es dann bezeichnet, daß im August 1939 die vom englischen Gesandten angestrebte Vermittelung zwischen Polen und Deutschland von Hitler nicht mit der notwendigen Geduld ausgenutzt worden sei, um die Streitfragen wegen Danzigs und des polnischen Korridors im Verhandlungswege zu regeln. Es sei damit der gleiche außenpolitische Fehler gemacht worden, den schon das kaiserliche Deutschland gemacht habe, als es 1914 Englands Vermittelungsbereitschaft in der serbischen Frage nicht zum Erfolg verholfen habe. So sei es zu dem Ausbruch des Krieges gegen die großen Weltmächte gekommen, der zu einer Zerstörung der europäischen Kultur hätte führen müssen.
Weiter bin ich dann noch auf die Unterschätzung der großen Weltmächte durch Hitler eingegangen und auf manche Fehlschläge während des Krieges, die auf den Eigenwillen Hitlers zurückzuführen seien und schließlich zu dem furchtbaren Ende des Krieges geführt hätten.
Im Anschluß hieran habe ich dann gesagt, daß ich wünschte, es möchte in der uns bevorstehenden schweren Zeit das nicht verloren gehen, was Hitler in seinen Ideen Gutes für das deutsche Volk gebracht hätte. So wünschte ich besonders, daß uns die Zukunft keine Zerreißung in viele Parteien bringen möge, die sich gegenseitig bekämpften, daß nicht der Klassenhaß wieder aufleben möge, sondern daß alle Volksschichten in gegenseitiger Achtung zu einander lebten, die Leistungen anerkannt würden und nicht Neid und Scheelsucht herrschten, daß nicht Raffgier einzöge, sondern der Grundsatz erhalten bleibe, daß ein jeder Deutscher sich für das Volksganze einzusetzen habe und darnach sein Tun und Trachten zu richten habe. Besonders habe ich noch hervorgehoben, daß die vertrauensvolle Zusammenarbeit zwischen Betriebsführer und Gefolgschaft und die Treue zum Betriebe uns erhalten bleiben möchten. Diese im Gedankengut Hitlers verankerten guten Grundsätze sollten uns Deutschen nicht verloren gehen und darin sollten wir auch noch nach Hitlers Tode ihm als Führer folgen.
So habe ich Hitlers nach seinem Tode vor der Gefolgschaft der Wasserstraßendirektion gedacht, in schlichter Weise und ohne Verschweigen seiner schweren Schuld an dem furchtbaren Ausgang seiner Führung, aber frei von Gehässigkeit, wie es sich einem Toten gegenüber geziemte, dem ich selbst und die Gefolgschaft den Treue-Eid geleistet hatten.

Schreiben des Bremer Regierenden Bürgermeisters Erich Vagts an den Direktor der amerikanischen Militärregierung Colonel Welker wegen der Ansprache Dr. Plates anläßlich des Todes Adolf Hitlers

(3-R.1.m.Nr.98)
23. Juni 1945

Ich fühle mich verpflichtet, über den im folgenden geschilderten Vorfall zu berichten. Der Leiter der Wasserstraßendirektion Bremen, Oberbaudirektor Plate, befand sich am 1. Mai d.Js. auf seiner Dienststelle in Mittelsbüren, einer Gemeinde des bremischen Landgebietes; diese Gemeinde war am 1. Mai 1945 noch nicht von Engländern oder Amerikanern besetzt, sondern noch in deutscher Hand. Gegen 22 Uhr an diesem Tage erfuhr Oberbaudirektor Plate durch den deutschen Rundfunk, daß Hitler

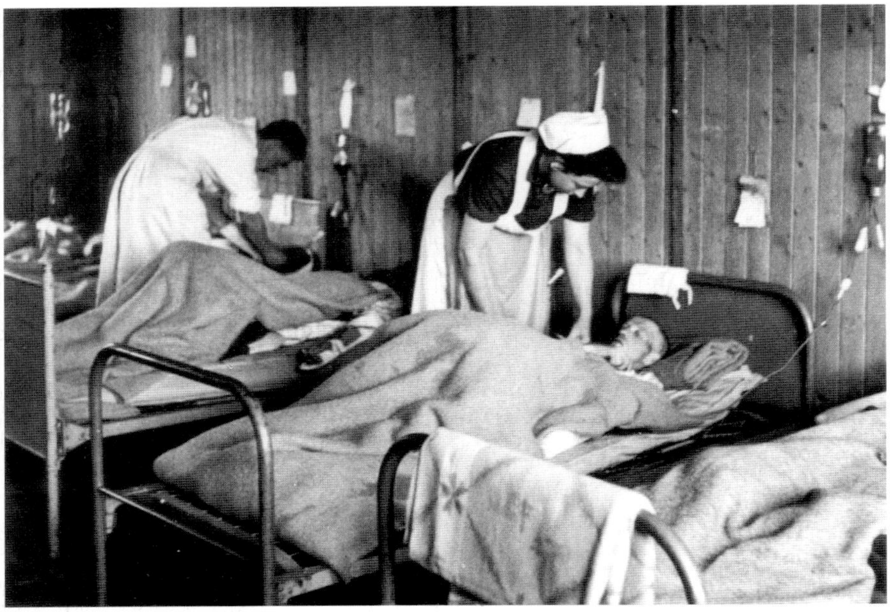

Zur Pflege verpflichtete Krankenschwester im ehemaligen Konzentrationslager Sandbostel

gefallen sei und der Großadmiral Dönitz, als sein Nachfolger, angeordnet habe, daß die Hitler geleisteten Eide jetzt für seine Person gelten. Am 2. Mai 1945 erhielt er von Brake (ebenfalls noch unbesetzt) die Mitteilung, daß im unbesetzten Gebiet aus Anlaß des Todes Hitlers halbstock geflaggt würde. Er hat dies trotz der Anordnung nicht getan und hat sich darauf beschränkt, zu den in Mittelsbüren anwesenden Gefolgschaftsmitgliedern seiner Behörde über das Ereignis und die Vorgänge zu sprechen, die zu dem katastrophalen Ende Deutschlands geführt haben. Der Oberbaudirektor Plate hat in seiner Rede lebhafte Kritik an der Politik Hitlers und seiner Mitarbeiter geübt und darauf hingewiesen, daß die schweren Fehler, die begangen wurden, notwendigerweise zu einem völligen Zusammenbruch hätten führen müssen. Er hat abschließend gesagt, man dürfe jedoch nicht vergessen, daß in den Ideen Hitlers manches Gute gesteckt hätte, was bei echter Durchführung dieser Ideen sich auch als gut erwiesen haben würde; er fühle sich als Deutscher verpflichtet, dies auszusprechen, nachdem Hitler gefallen sei.
An den genannten Tagen befand sich der Oberbaudirektor Plate noch auf unbesetztem Gebiet und war infolgedessen als hoher Reichsbeamter fraglos an die Weisungen der Reichsregierung oder auch des Nachfolgers von Hitler gebunden.
Plate ist ein besonders wertvoller Beamter und genießt in seinem Fach als Wasserbauer einen hohen Ruf, nicht nur in Deutschland, sondern in Europa. Er hat niemals ein Amt in der Partei bekleidet und ist niemals als Parteimitglied hervorgetreten. Ich bin überzeugt, daß ihm die Absicht einer nazistischen Kundgebung ferngelegen hat und daß er lediglich in dem Bewußtsein einer für ihn unter den gegebenen Umständen unausweichlichen Pflicht gehandelt hat. Er hat dies, wie mir auch von anderer Seite bestätigt wird, in einer Form getan, die ihn sehr unangenehmen Folgen von seiten der nationalsozialistischen Regierung aussetzen konnte.
Wenn ich diesen Vorfall berichte, so geschieht es deswegen, weil ich mich als der verantwortliche Regierende Bürgermeister der Freien Hansestadt Bremen, auf deren Boden sich der Vorfall zugetragen hat, verpflichtet fühle, Vorkommnisse solcher Art zu melden, denn es könnte sonst der Eindruck entstehen, als ob ich sie wissentlich verschwiege. Das jedoch werde ich jetzt und in Zukunft unter keinen Umständen tun.
Vermerk: Das Schreiben habe ich heute dem Colonel Welker persönlich überreicht. Er las es durch und war sehr befriedigt; meine Frage, ob von mir aus in der Sache irgendetwas zu tun sei, verneinte er. Die Sache ist also damit für die bremische Zivilverwaltung erledigt.

Aus dem Tagebuch Dr. Friedrich Nebelthaus, (1863–1947), Senator, 1919–1933 Bremischer Gesandter beim Reichsrat in Berlin
(7,500)
8.5.1945
Um 0 Uhr wurde der Waffenstillstand in Berlin unterzeichnet. Das Deutsche Reich ist nun vernichtet, untergegangen; und mit ihm mein geliebtes Bremen. Der Krieg hat mir viel Leid und Unglück gebracht… (Kinder gefallen, Haus zerstört; Anm. d.Hrsg.) Bin ich so ins Unglück geraten, so habe ich meine seelische Freiheit wiedergewonnen. Das Gefühl der Schmach, ein Deutscher zu sein, liegt nun hinter mir. Die Regierung des Dritten Reiches war nie eine Sache des Volkes, sondern von Anfang an nur der Partei. Hemmungslos entfernte sie sich je länger desto mehr vom Boden des Rechts und der Gerechtigkeit, vernichtete jede Freiheit, verfuhr nur nach Willkür und scheute vor keinem Unrecht und keinem Verbrechen zurück. Ausgeübt wurde sie nur zu oft von unerfahrenen, ungebildeten, eigennützigen und bestechlichen Männern, die dem hohen Beruf des Beamten zur Schande gereichten.
Nun ist der Umschwung da, Bedrückung, Not und Elend erwarten uns. Aber ich gebe die Hoffnung nicht auf, daß sich Bremen seiner neuen geschichtlichen Aufgabe gewachsen zeigen wird.

Aus: Neuanfang auf Trümmern. Die Tagebücher des Bremer Bürgermeisters Theodor Spitta. 1945–1947, S. 130:
Mittwoch, 16. Mai
… Magdalene [Tochter des ehemaligen Stellvertretenden Regierenden Bürgermeisters Dr. Richard Duckwitz] mit anderen früheren B.D.M. zur Reinigung des Konzentrationslagers in Bremervörde befohlen, schon neun Tage dort.

Aus dem Tagebuch eines 17jährigen Mädchens: W. Borgsen/K. Volland, Stalag XB Sandbostel, Bremen 1991, S. 225:

1.5. Die Engländer mußten so schnell wie möglich Hilfe und Pflegepersonal haben. Deshalb kamen sie auf den Gedanken, Schulmädchen zu holen. – So sind wir hierher gekommen. Und morgen werden wir die Häftlinge waschen und säubern müssen! ... Daß uns etwas Fürchterliches bevorstehen mußte, das wußten wir nun.

2.5. Ich habe gerade etwas Zeit. Ich will schnell niederschreiben, was heute los war. Um 5 Uhr wurden wir von Franzosen geweckt. Ich bin gegen Morgen doch noch ein wenig eingeschlafen. Nachts mußte ich immer an all das Schreckliche denken. Das glaubt uns ja zuhause keiner, wenn wir das berichten. Ich mußte immer daran denken, wie wir den Führer geliebt hatten. Alles, was er uns sagte, war Lüge!

Was ist das gewesen, der Nationalsozialismus? Wir dachten doch immer, das sei etwas Schönes und Edles. Wieso war alles so grausam? Warum bringen die denn unschuldige Menschen um, die so hilflos sind? Man kann doch mit seinen Feinden nicht so umgehen! Das ist ja unfaßbar.

In dieser Nacht bin ich endgültig fertig geworden mit all dem, was ich für gut gehalten habe. Menschen sind widerliche Schweine, alle, alle – ich eingeschlossen. Und dann soll es einen Gott geben? Und der läßt das alles zu?

9. Mai 1945
Etwa 400 junge Mädchen aus dem Ostertorviertel und Schwachhausen, die Mitglieder und Führerinnen der Hitlerjugend gewesen waren, wurden von der Besatzungsmacht nach Sandbostel bei Bremervörde transportiert. Dort wurden sie für etwa vier Wochen als Helferinnen zur Pflege der von den britischen Truppen befreiten politischen Häftlinge des dortigen Konzentrationslagers, die zum großen Teil an Typhus erkrankt waren, eingesetzt. Die Eltern der Mädchen wurden über den Verbleib ihrer Kinder nicht unterrichtet. *Aus: Fritz Peters, Zwölf Jahre Bremen. 1945–1956, Bremen 1976, S. 7*

Aus dem Bericht von Frau Anne Loesche, geb. 1920
(9,S 9-25)

... Hemelingen und Sebaldsbrück waren von den Engländern wenige Tage später erobert worden. Das kleine Krankenhaus war stark zerstört, das Mobiliar von der Bevölkerung gekapert worden. In unserem Schwesternzimmer sah es wüst aus, aber am meisten betroffen machten uns Zeitschriften und Illustrierte, die die englischen Soldaten auf dem Fußboden zerstreut hatten. Es waren die ersten Photos von Konzentrationslagern, schreckliche Bilder mit Bergen von Leichen. Ich holte meine Mitschwestern und sagte empört: »Schaut Euch mal an, wie die lügen! Das soll es bei uns gegeben haben!« Wir hatten zwar zwei Patienten gehabt, von denen bekannt war, daß sie in einem KZ gewesen waren. Aber keiner der beiden hatte auch nur einen Satz darüber berichtet. – Nicht sehr viel später wußten wir, weshalb sie Stillschweigen bewahrt hatten. – .... Eines Tages bekamen wir die Nachricht, wir, d.h. die Hemelinger Schwestern, wir waren acht, würden versetzt werden und sollten uns am nächsten Morgen im Pförtnerhaus einfinden. – Ein kleiner Lastwagen mit geschlossenem Verdeck brachte uns aus Bremen heraus. Wohin würden wir gebracht werden? Wir hatten die russischen Trümmerfrauen gesehen und die russischen Medizinstudentinnen, die zwangsverpflichtet auf unseren Stationen gearbeitet hatten und unerschrokken ihren Stalin gelobt hatten. Würden wir nach Rußland gebracht werden? Durch einen kleinen Seitenspalt im Verdeck konnte ich nach ca. einer Stunde Fahrt das Ortsschild »Zeven« entdecken. Am späten Nachmittag lud man uns aus. Wir standen vor hohen Bretterzäunen. Auch Wachttürme konnten wir sehen. Ein gespenstisches Bild. Wir betraten das Gelände. Rote-Kreuz-Schwestern aus Bassum trugen Tragen mit Toten an uns vorbei. »Ihr werdet Entsetzliches erleben wie wir« ....

Die Arbeit wurde verteilt. Ich bekam als examinierte Krankenschwester mit englischen und französischen Sprachkenntnissen eine Baracke mit 100 Doppelstockbetten, also für 100 Patienten. Die halbverhungerten Patienten hatten in den ersten Ta-

Lagerinsasse von Sandbostel nach der Befreiung (30.4.1945)

gen nichts anzuziehen, eine Tasse und ein Löffel waren zunächst das einzige Geschirr, ein Eimer in der Mitte des Zimmers ersetzte die Toilette. Ein englischer Arzt leitete die Station, zwei russische Ärzte assistierten ihm. Ich hatte eine Rote-Kreuz-Schülerin zur Hilfe und ein junges Mädchen aus Oberneuland. Man hatte sie wie andere »vornehme Töchter« aus den reichen Vierteln in eine Schule zum Putzen bestellt und sie dann nach Sandbostel gebracht. Viele erlitten dort Nervenzusammenbrüche und wurden wieder nach Bremen transportiert. Die Angehörigen der jungen Mädchen hatten wie auch unsere Angehörigen nicht erfahren, wo sie oder wir geblieben waren. Heute kann ich – und auch damals recht schnell konnte ich – die grausamen Maßnahmen, denen wir zunächst ausgesetzt waren, verstehen. – Mußten die in Deutschland einmarschierenden Soldaten doch die Folgen einer unerhörten Barbarei ansehen und konnten nicht glauben, daß »wir« nichts davon gewußt hatten. Ich möchte diese entsetzliche Zeit als unfreiwillige Zeitzeugin nicht aus meinem Leben streichen. Vielleicht glaubte ich heute noch nicht, daß es diese Lager wirklich gab und so viel Menschenverachtendes damals geschehen konnte. Wir waren so erschüttert, daß das auch unseren Ärzten nicht entging, und nach ca. 2 Wochen rief mein englischer Arzt durch die Baracke: »My sister Anne, I go to tea«, und die russischen Ärzte teilten die Kuchen, die sie bekamen, mit uns. Wir konnten vielen unserer Patienten nicht mehr helfen. Was der Hunger aus Menschen macht, ist nicht zu beschreiben! Alles persönliche verschwindet dabei. Aber welches Wunder bei denen, die sich erhalten. Es war wie eine zweite Geburt. Und ich erfuhr, was ich unbedingt wissen wollte, weshalb man sie ins KZ gebracht hatte.

Dafür nur zwei Beispiele. Da war der junge, eben verheiratete zwangsverpflichtete Franzose, der aus Sehnsucht nach seiner jungen Frau zweimal in Richtung Frankreich geflüchtet war. Er hatte als einziges ihm verbliebenes Eigentum ein Medaillon mit dem Photo seiner Frau behalten und zeigte es mir stolz. »Mon petit chat« rief er mich. Er ist in Sandbostel gestorben. Wie gerne würde ich seiner Frau geschrieben haben, aber wir kannten ja nicht einmal seinen Namen. Da war der Berliner Apotheker, der erst seine beiden Söhne, sie waren gefallen, dann seine Frau und sein Haus im Bombenangriff verloren hatte. Da verlor er alle Vorsicht und fing an, auf Hitler zu schimpfen. Ein Nachbar hatte ihn verpfiffen. Er genas. Ich habe jeden, den ich befragen konnte, befragt …

»Frieden«, wir wußten mit dem Wort gar nicht so viel anzufangen. Ich war 19 Jahre alt gewesen, als der Krieg begonnen hatte und 25 Jahre alt, als er aufhörte. Aber wir wußten, daß das Morden aufgehört hatte. Zuletzt hatte ich in Sandbostel noch ein Zimmer mit ca. 20 Franzosen zu betreuen. Sie warteten auf ihre Rückkehr nach Frankreich. Sie wußten nicht so genau, ob

Daily Mirror
FRIDAY, APRIL 20
HEAD OFFICE:

GERMAN TRIUMPH:
THE PIT OF BELSEN

Der Daily Mirror berichtet in verschiedenen Ausgaben über die Greueltaten in den deutschen Konzentrationslagern,
Artikel über Bergen-Belsen vom 20. April 1945

ich ihre Sprache verstand. Ich hörte ihre Racheschwüre. – Aber da war ein einziger, ein junger französischer Lehrer, der sagte: »Nicht alle Deutschen waren so. Es gab auch Anständige, Menschliche, selbst unter den Bewachern. Ihr müßt gerecht sein.« – Das war »der Friede«.

Aus: Neuanfang auf Trümmern. Die Tagebücher des Bremer Bürgermeisters Theodor Spitta. 1945–1947, S. 133:

Freitag, 18. Mai

Um 12 Uhr, bei warmer Sonne zu Sanders ins Deichhaus gewandert. Bei Becker-Glauchs trifft überraschend Dr. Elisabeth Becker-Glauch ein [Ärztin, Tochter des Bremer Gerichtsarztes Dr. med. Kurt Becker-Glauch]. Sie mußte mehrere Wochen im Konzentrationslager bei Bremervörde die erkrankten Ausländer behandeln. 16.000 unterernährte, elende, teils kranke Ausländer. Gelenktyphus und Diphtherie. Ihre Schilderung erschütternd. Die britischen Ärzte sagten ihr, als sie zuerst diesen Jammer sah: »What do you say now?« Sie glauben nicht, daß das deutsche Volk das nicht gewußt hat. Diese sittliche Schuld ist das Schwerste, was der Nationalsozialismus unserem Volk auferlegt hat. Aber die Amerikaner und Engländer, die unsere Städte zerstört und die Zivilbevölkerung einschließlich der Frauen und Kinder hingemordet haben, sind nicht berufen, über die Deutschen zu Gericht zu sitzen. Die B.D.M-Mädel, die dort arbeiten und das Lager rein halten müssen, sollten es als Sühne für die deutsche Schuld auf sich nehmen.

Anmerkungen:

1 *9,F-1945-23131*

2 *Herbert Schwarzwälder, Geschichte der Freien Hansestadt Bremen, Bd. 4. Hamburg 1985, S. 284.*

3 *Walther Richter, Dr. Alexander Lifschütz, Senator für politische Befreiung in Bremen, in: Denazification. Zur Entnazifizierung in Bremen, Beiträge zur Sozialgeschichte Bremens, Bd . 13. Bremen 1992, S. 53.*

4 *ebd.*

5 *Friedrich Buschmann, Dienstlicher Bericht über die Entnazifizierung in Bremen, in: Denazification. Zur Entnazifizierung in Bremen, Beiträge zur Sozialgeschichte Bremens, Bd. 13. Bremen 1992, S. 31ff.*

6 *Hubert Essame, The 43rd Wessex Division at War 1944–1945, London 1952, S. 264.*

7 *George Blake, Mountain and Flood. The History oft the 52nd (Lowland) Division 1939–1945, Glasgow 1950, S. 203.*

Folgende Seiten: Soldaten und Marineoffiziere werden gefangengenommen

Mit dabei im Untergang: Die Strafjustiz

Hans Wrobel

Das Sondergericht Bremen am Ende des Krieges

Aus der Geschichte wissen wir: Die Richter der NS-Justiz judizierten in der Euphorie der Siege im »Blitzkrieg« so zuverlässig wie in der Bitternis der sich abzeichnenden Niederlage. So war es auch in Bremen. Das Sondergericht Bremen blieb bis zuletzt aktiv. Der Stillstand der Rechtspflege trat bloß deswegen ein, weil die Briten die bremischen Gerichte schlossen. Vor allem der Tätigkeit des Sondergerichts setzten sie gezielt ein Ende.

Mit Recht. Die Sondergerichte waren ein wichtiges Teil der Kriegsmaschinerie des Dritten Reiches [1] Die Geschichte des Zweiten Weltkrieges kann man nicht schreiben, ohne an diese Gerichte der »Heimatfront« zu erinnern. Die Führung hatte in der Vorbereitung des Krieges alles getan, um das zu verhindern, was 1918 angeblich zur Niederlage geführt hatte: Nie wieder sollte die niederbrechende Heimat das im Felde unbesiegte Heer um den Erfolg bringen. Im Reich sollte Ordnung herrschen. Eine rigorose Bewirtschaftung der Rohstoffe und Lebensmittel sollte die ausreichende Versorgung sichern; einen »Steckrüben-Winter« wie 1917 durfte es nicht mehr geben. Alle sollten die Gewißheit haben, daß schonungslos eingeschritten wurde gegen jene, die meinten, sie könnten die durch den Krieg bedingten besonderen Umstände für sich ausnutzen – das galt für die Bekämpfung von Schiebern genauso wie für Einbruchsdelikte, während die Bewohner wegen Luftalarms im Bunker saßen. Und auch das sollte verhindert werden: Defätismus, jede Gefährdung der Wehrkraft des Militärs oder der Kriegsbereitschaft des Volkes. Um dies zu erreichen, setzte die Reichsregierung mit Kriegsbeginn umfangreiche Rechtsvorschriften in Kraft.[2] Wer dagegen verstieß, wurde mit härtesten Strafen bedroht. Zahlreiche neue Straftatbestände wurden geschaffen, bestehende Vorschriften wurden verschärft. Die »Pflege« dieses speziellen Kriegsstrafrechts wurde den Sondergerichten übertragen. Sie waren für die nach den Maßstäben der Führung schwere Kriegskriminalität zuständig; daneben blieben die übrigen Strafgerichte – wenn auch eingeschränkt – in Funktion.

Man nannte die Sondergerichte »die Panzertruppe der Rechtspflege«. Dieses Bild trifft den Kern. Die Schnelligkeit der Entscheidung, das hart zupackende Judizieren war entscheidend. Die Strafe sollte der Tat auf dem Fuße folgen und sie sollte die Täter nachhaltig treffen. Abschreckung Aller durch Bestrafung Einzelner war das Ziel. Rechtsmittel gegen Urteile des Sondergerichts gab es nicht. An der Entscheidung wirkten nur Berufsrichter, keine Laienrichter mit.

Seit dem 15. März 1940 hatte auch Bremen ein Sondergericht. Tagungsort war gewöhnlich der Strafkammersaal des Landgerichts. Nominell führte der Präsident des Landgerichts den Vorsitz. Praktisch wurde das Gericht aber zumeist von dem altgedienten bremischen Landgerichtsdirektor Dr. Emil Warneken geleitet, dessen Beisitzer gleichfalls seit vielen Jahren in Bremens Justiz tätig gewesene Richter waren. Dem Sondergericht als Anklagebehörde zugeordnet war eine spezielle Abteilung der Staatsanwaltschaft Bremen, die der Erste Staatsanwalt Dr. Waldemar Seidel leitete.[3]

Das Sondergericht Bremen war eine wichtige Erscheinung im bremischen Leben in den Jahren des Krieges. Wer sich nicht an die Ordnung des totalen Krieges hielt und seinen Beitrag zur Erlangung des Endsieges nicht in der gehörigen Weise leistete, der hatte das Sondergericht zu fürchten. Zu Beginn des Jahres 1945 konnte es auf fast fünf anstrengende Jahre zurückblicken. Es hatte bis dahin um die 500 Verfahren gegen fast 900 Angeklagte abgewickelt.[4] Dabei hatte es das ganze Spektrum dessen durchmessen, was strafbar war in jenem Krieg und der Zuständigkeit des Sondergerichts unterlag. Es hatte Freisprüche verkündet, es hatte Geldstrafen, Gefängnisstrafen, Zuchthausstrafen und auch gut 50 Todesstrafen verhängt.

In den Anfängen des Krieges hatten sich vornehmlich Rundfunkverbrecher[5] – das waren Personen, die ausländische Sender abhörten, was streng verboten war – zu verantworten gehabt. Dazu waren damals Defätisten und solche Angeklagte gekommen, die einen »Witz« erzählt oder die den Führer und andere Würdenträger der Bewegung oder die Wehrmacht beleidigt hatten.[6] Mit der Zeit hatten sich die Schwerpunkte des Gerichts verlagert. Die »Kriegswirtschaftsverbrechen«[7] waren in den Mittelpunkt getreten. In diesen Verfahren hatte sich das Gericht mit all denen zu befassen, die gegen die umfangreichen Vorschriften zur Bewirtschaftung von Rohstoffen und Lebensmitteln verstoßen hatten. Hier eröffnete sich ein unendlich weites Feld des Kampfes gegen Schwarzschlächter, Schwarzbutterer und Schieber, nicht zu vergessen die Taten derer, die sich gegen Preisvorschriften vergingen, verbotene Tauschgeschäfte tätigten oder verbotene Manipulationen mit Lebensmittelkarten versuchten.

Daneben beschäftigten die »Volksschädlingsverbrechen« das Gericht. Als Volksschädling war zu verurteilen, wer gegen die Verordnung gegen Volksschädlinge vom 5. September 1939[8] verstieß. Diese Verordnung bedrohte das Plündern nach einem Bombenangriff mit dem Tode. Sie drohte schwerste Strafen bis hin zur Todesstrafe

Bremer Richter und Staatsanwälte bei der Amtseinführung des Landgerichtspräsidenten Dr. Karl Rüther am 4.Mai 1936

denen an, die unter Ausnutzung der zur Abwehr von Fliegergefahr getroffenen Maßnahmen ein Verbrechen oder Vergehen gegen Leib, Leben oder Eigentum begingen. Denen, die durch Brandstiftung oder ein sonstiges gemeingefährliches Verbrechen die Widerstandskraft des deutschen Volkes schädigten, drohte gleichfalls die Todesstrafe. Besondere Bedeutung in der Praxis des Gerichts erlangte die Verordnung dadurch, daß sie die Möglichkeit schuf, jede Straftat erheblich schärfer zu bestrafen, die unter Ausnutzung der durch den Kriegszustand verursachten außergewöhnlichen Verhältnisse begangen wurde. Auch in solchen Fällen konnte die Todesstrafe verhängt werden, wenn das »gesunde Volksempfinden« wegen der besonderen Verwerflichkeit der Tat dies erforderte.
Auf der Grundlage dieser Verordnung hatte das Sondergericht Plünderer,[9] Brandstifter[10] und andere Volksschädlinge verurteilt. Es ging gegen Sittlichkeitsverbrecher[11] vor, die zum Beispiel unter Ausnutzung der Dunkelheit Frauen belästigten. Es befaßte sich mit Wirtshausschlägereien, die zur Zeit der Verdunkelung stattgefunden hatten.[12] Weitaus prägender waren allerdings jene Verfahren, die sich mit Eigentumsdelikten bei Aufräumungsarbeiten oder mit dem Diebstahl aus von Bomben beschädigten Häusern befaßten.[13] Das Sondergericht wehrte allen, die meinten, sie könnten beim Abrechnen von Bombenschäden gegenüber den Behörden höhere Verluste angeben, als sie tatsächlich erlitten hatten.[14] Besonders die Bekämpfung von Posträubereien und Eisenbahndiebstahl[15] hatte sich das Sondergericht zur Aufgabe gemacht. Andere Verfahren waren hinzugekommen. Die Staatsanwaltschaft machte des öfteren von ihrer Möglichkeit Gebrauch, auch andere Fälle von schwerer Kriminalität vor das Sondergericht zu bringen.[16] Nicht zu vergessen sind die Verfahren gegen Bremerinnen, die mit ausländischen Gefangenen gar zu intim geworden waren,[17] ganz zu schweigen von solchen Frauen, die desertierte Soldaten bei sich verborgen hatten.[18] Und dann waren da noch die Verfahren gewesen wegen Wehrkraftzersetzung, Sabotage, Wehrkraftbeschädigung und Gehorsamsverweigerung.[19]
Noch etwas? Ja. Es hatte auch ein Verfahren gegen einen Hilfsprediger der Bekennenden Kirche gegeben, der wegen Kanzelmißbrauchs[20] verurteilt wurde – er hatte zum Gebet für verhaftete und drangsalierte Mitglieder der Bekennenden Kirche aufgerufen. Nicht nur gegen Deutsche hatte das Sondergericht judiziert. Bremen war in den Jahren des Krieges voll von Ausländern. Sie lebten hier als Zwangsarbeiter, als

Kriegsgefangene, als mehr oder weniger freiwillig nach Deutschland gekommene Arbeiter aus den besetzten Zonen Europas. Gerade ihnen hatte das Sondergericht viel Arbeit zu »verdanken«. Besonders ärgerlich war – aus Sicht des Gerichts – in diesen Sachen gewesen, daß viele Ausländer anscheinend nicht begriffen hatten, daß Deutschland ihnen damals doch »Arbeit, Lohn und Gastrecht« gewährte. Umgekehrt war solchen Deutschen mit dem Strafrecht zu begegnen gewesen, die sich gegenüber Ausländern einer Straftat schuldig gemacht und dadurch das deutsche Ansehen bei Ausländern gefährdet hatten.

Die Staatsanwaltschaft am Sondergericht am Ende des Krieges

Auch die Staatsanwaltschaft hatte zu Beginn des Jahres 1945 Anlaß, auf fast fünf arbeitsreiche Jahre zurückzuschauen. Sie hatte ermittelt und angeklagt vor dem Sondergericht und in der Verhandlung die Anklage vertreten. Sie hatte regelmäßig über den Generalstaatsanwalt in Hamburg an das Reichsjustizministerium in Berlin berichtet. Sie hatte zu melden, welche Strafanträge sie zu stellen gedachte. Wenn das Reichsjustizministerium Weisungen erteilte – etwa die Weisung, bestimmte Strafanträge zu stellen –, so war dem zu entsprechen. Nach der Verhandlung mußte wieder berichtet werden. Wenn das Urteil gesprochen war, war die Arbeit noch lange nicht getan. Jetzt galt es, die Urteile des Sondergerichts zu vollstrecken. Die Staatsanwaltschaft hatte die Hinrichtung der zum Tode Verurteilten in die Wege zu leiten. Dazu war die Entscheidung des Reichsjustizministeriums zur Gnadenfrage einzuholen – sprich: Berlin hatte zunächst darüber zu befinden, ob eine Begnadigung zu Zuchthaus in Frage kam oder ob – so hieß die amtliche Formel – der Gerechtigkeit freier Lauf zu lassen war. Wenn dies geschehen sollte, begann ein arbeitsintensiver bürokratischer Ablauf. Der Transport des Verurteilten zur Richtstätte nach Hamburg war zu organisieren. Es war zu entscheiden, was mit dem Leichnam geschehen sollte – zumeist »übernahm« die Anatomie die Hingerichteten. Der Scharfrichter war herbeizurufen. Dann war ein Staatsanwalt als Leiter der Vollstreckungshandlung nach Hamburg zu entsenden. Das bedeutete Genehmigung und Abrechnung einer Dienstreise – ganz zu schweigen von der haushaltsrechtlich korrekten Entlohnung des Scharfrichters und seiner Gehilfen.[21]

All dies war neben der übrigen Tätigkeit zu erledigen – und das war schon genug. So hoch belastet war die Staatsanwaltschaft zuweilen, daß der Oberstaatsanwalt seinen Kollegen in Hamburg bitten mußte, man möge doch einen Hamburger Staatsanwalt beauftragen, »Bremer Hinrichtungen« zu leiten.[22] Selbstredend war auch die Strafvollstreckung im übrigen zu gewährleisten gewesen. Geldstrafen waren ordnungsgemäß zu verbuchen. Zu Freiheitsstrafe Verurteilte waren zum Strafantritt zu laden, die Strafzeit war vorschriftsmäßig zu berechnen. Das für die Vollstreckung zuständige Gefängnis, Zuchthaus, Gefangenen- oder Straflager – z.B. in den Mooren des Emslandes – war zu bestimmen. Die Gefangenen waren sodann auf »Transport zu setzen«. Oft baten Verurteilte um Strafaufschub, Urlaub oder gnadenweise Entlassung vor Ablauf der Zeit, etwa deswegen, weil ihre Familie einen Bombenschaden erlitten hatte und sie ihr in dieser schweren Lage beistehen wollten. Überhaupt nahmen Gnadenentscheidungen im Vollzug viel Zeit und Kraft in Anspruch. Strafen waren auf Bewährung auszusetzen, Strafreste nach Ablauf der Bewährungszeit »in Gnaden« zu erlassen. Zu entscheiden war über die Gesuche der Leiter kriegswichtiger Betriebe, die Staatsanwaltschaft wolle doch davon absehen, einen mit wichtigen Rüstungsaufträgen beauftragten Mitarbeiter tatsächlich einzusperren und ihn so seiner Aufgabe im Dienste der Wehrkraft des deutschen Volkes zu entziehen. Kaufleute, die wegen Kriegswirtschaftsverbrechen verurteilt waren, baten darum, im Interesse der Versorgung ihrer Kundschaft in Freiheit bleiben zu dürfen.

Und auch darüber war zu befinden gewesen: Ob Verurteilten die während des Krieges verbüßte Zeit auf die Strafe anzurechnen sei. Dabei ging es um dies: Gefangene, die an sich wehrfähig gewesen wären, sollten durchaus nicht glauben, daß sie in der Heimat im Zuchthaus sitzen könnten, während anständige junge Männer an den Fronten des Krieges ihr Leben für Volk und Führer riskierten. Um dies »auszugleichen«, konnte die Staatsanwaltschaft anordnen, daß die Verbüßung der Strafe erst mit Ende des Krieges begann, d.h., die bis dahin in Unfreiheit verbrachte Zeit wurde auf die Strafe nicht angerechnet.[23] Oft waren solche Entscheidungen im Laufe der Zeit zu korrigieren gewesen. Nicht selten war über die Gewährung von Strafunterbrechung zu entscheiden, weil Gefangene den Wunsch hatten, zur Wehrmacht einzurücken oder amtlich eingezogen wurden. Einige Gefangene gerieten auf diese Weise in Strafeinheiten der Wehrmacht. Andere Gefangene waren in Konzentrationslager abzutransportieren. All dies mußte in den Vollstreckungsakten penibel festgehalten werden.

Und dann war da noch ein Arbeitsdruck ganz besonderer, man kann sagen: justizinterner Art gewesen. Natürlich spielte die Erwartung der Führung eine Rolle, daß gerade die Sondergerichte die Strafe der Tat unmittelbar folgen lassen sollten. Das zwang zu größtem Arbeitseinsatz. Seit der Führer persönlich in seiner unter Juristen berüchtigten Reichstagsrede vom April 1942 der Justiz zu lasche Urteile vorgehalten und gedroht hatte, er werde künftig alle Richter aus dem Amte schmeißen, die die Zeichen der Zeit nicht verstünden, wehte ein scharfer Wind der Lenkung in der Justiz. Der Präsident des Hanseatischen Oberlandesgerichts erfand das Lenkungsinstrument der Vor- und Nachschauen.[24] Das hatte neue Lasten für die bremische Justiz gebracht. Mehrmals im Monat mußten der Vorsitzende des Sondergerichts und ein Vertreter der Staatsanwaltschaft nach Hamburg reisen, um dort beim Präsidenten und im Kreise führender Juristen des Gerichtsbezirks Vortrag zu halten über anstehende Sondergerichtssachen. Die Versammelten gaben Ratschläge und Empfehlungen, wie die Entscheidung lauten müßte. Nach Verkündung der Urteile mußte erneut berichtet werden, wie die Sache ausgegangen war und weshalb ggf. Abweichungen von den Empfehlungen vorgekommen waren. Dieses Verfahren sicherte zwar die von der Führung für richtig gehaltene Linie der

Gerichtsgebäude, Aufnahme aus dem Jahre 1936

Rechtsprechung. Aber es war aufwendig und es erforderte Zeit und Kraft.

Sondergericht und Öffentlichkeit

Die Arbeit des Sondergerichts wurde in der bremischen Öffentlichkeit sehr wohl wahrgenommen. Berichterstattung in der Zeitung über die Urteile des Sondergerichts war an der Tagesordnung. Die Gerichtsverhandlungen selbst waren öffentlich. Das Sondergericht sorgte gelegentlich selbst für gesteigerte Publizität – etwa als es um die Bekämpfung der Posträubereien ging. Da die Beraubung insbesondere von Feldpostpäckchen geradezu ein Massendelikt geworden war, sorgten Postverwaltung und Sondergericht dafür, daß Postbedienstete als Zuhörer an den Gerichtsverhandlungen gegen Posträuber teilnahmen. In zwei dieser ganz besonders groß aufgezogenen Verhandlungen waren Todesurteile verkündet worden.[25] Als später andere Postbedienstete wegen Postraubs vor dem Sondergericht zu erscheinen hatten, wurde ihnen in das Urteil geschrieben, ihre Strafe hätte höher ausfallen müssen, da sie offensichtlich aus der Teilnahme an derartigen Verhandlungen nicht die nötigen Lehren gezogen hätten.[26]

Im übrigen hatte die Staatsanwaltschaft von Amts wegen dafür zu sorgen, daß die Vollstreckung von Todesurteilen publik wurde: Regelmäßig wurden nach vollzogener Hinrichtung überall in der Stadt rote Plakate angeschlagen, in denen die Vollstreckung bekannt gemacht wurde. Nicht zur Ausführung gelangten Überlegungen der Staatsanwaltschaft, in Plünderungsfällen solle das Gericht sofort nach Ende des Luftangriffs zur »Bombenschadenstelle« eilen, um dort ein Urteil zu sprechen: Dies sei, so entschied der Präsident des Hanseatischen Oberlandesgerichts, zu viel des Guten.[27]

Das Sondergericht Bremen von Januar bis April 1945

Sondergericht und Staatsanwaltschaft arbeiteten bis zum Ende mit vollem Einsatz. Bis zuletzt hatte sich das Sondergericht mit Kriegswirtschaftssachen zu befassen. Am 9. Januar 1945 ging es gegen fünf Angeklagte, die Zigaretten verschoben hatten; sie bekamen Gefängnisstrafen.[28] Am 10. Januar 1945 standen drei Sachen zur Verhandlung. Ein Jahr Gefängnis war die Strafe für eine Postfacharbeiterin, die 25 Zigaretten aus einem Einschreibebrief herausgenommen hatte.[29] Vier Jahre Zuchthaus erhielt ein Dieb, der als Volksschädling verurteilt wurde.[30] Ihm schrieb das Gericht in das Urteil: Wer sich in der jetzigen Notzeit des deutschen Volkes in so bedenkenloser Weise unter Ausnutzung der Kriegsverhältnisse an dem Eigentum anderer Volksgenossen vergreife, sei nach allgemeiner Anschauung ein Volksschädling. Am gleichen Tag erhielt ein Tscheche vier Jahre Zuchthaus zudiktiert, gleichfalls als Dieb und Volksschädling.[31] Am 16. Januar 1945 wurden zwei Angeklagte vom Vorwurf des Diebstahls freigesprochen: Sie konnten nachweisen, daß sie nicht stehlen wollten, als sie aus einem beschädigten Haus Türen und Türrahmen ausbauten. Vielmehr hätten sie auf die Einwilligung des Eigentümers vertrauen dürfen.[32]

Man mag es glauben oder nicht: Die Richter und Staatsanwälte des Sondergerichts rangen selbst angesichts des sich abzeichnenden Endes um Rechtsfragen. Beweis: Das am 23. Januar 1945 gefällte Todesurteil.[33] Es traf einen Zuchthausgefangenen, der am 26. Juni 1944 nach einem Fliegerangriff zu Aufräumungsarbeiten befohlen worden war. Ein Erdbunker hatte einen Volltreffer erhalten, 23 Insassen waren zu Tode gekommen. Der Angeklagte sollte die noch im Bunker liegenden blutigen Körperteile und Fetzen sowie die Sachen der Toten und Verwundeten herausholen und bergen. Bei dieser Gelegenheit hatte er eine Armbanduhr, eine Pfeife, eine Tabaksdose, einen Rasierpinsel, einen Schlüsselbund, eine Nagelschere, zwei Feuerzeuge und eine geschnitzte Zigarettenspitze mit Etui geborgen. Er hatte die Gegenstände von Blut und Schmutz gereinigt und behalten. Sie hatten zwei der Umgekommenen gehört, lediglich die Zigarettenspitze gehörte einem überlebenden Arbeiter.

Dieser Fall war rechtlich nicht einfach und verlangte sorgfältige Vorbereitung. Der Oberstaatsanwalt berichtete nach Berlin, er werde die Sache als Diebstahl und Volksschädlingsverbrechen anklagen und voraussichtlich die Todesstrafe verlangen. Der Generalstaatsanwalt in Hamburg hielt den Bericht an und wies die Staatsanwaltschaft Bremen an, die Anklage auf den ausschließlich mit der Todesstrafe bedrohten Tatbestand der Plünderung zu stützen. Ein rechtlich komplizierter Vorschlag! Schließlich waren die weggenommenen Gegenstände von sehr geringem Wert. Und war ein Erdbunker ein »Gebäude« im Sinne des Plün-

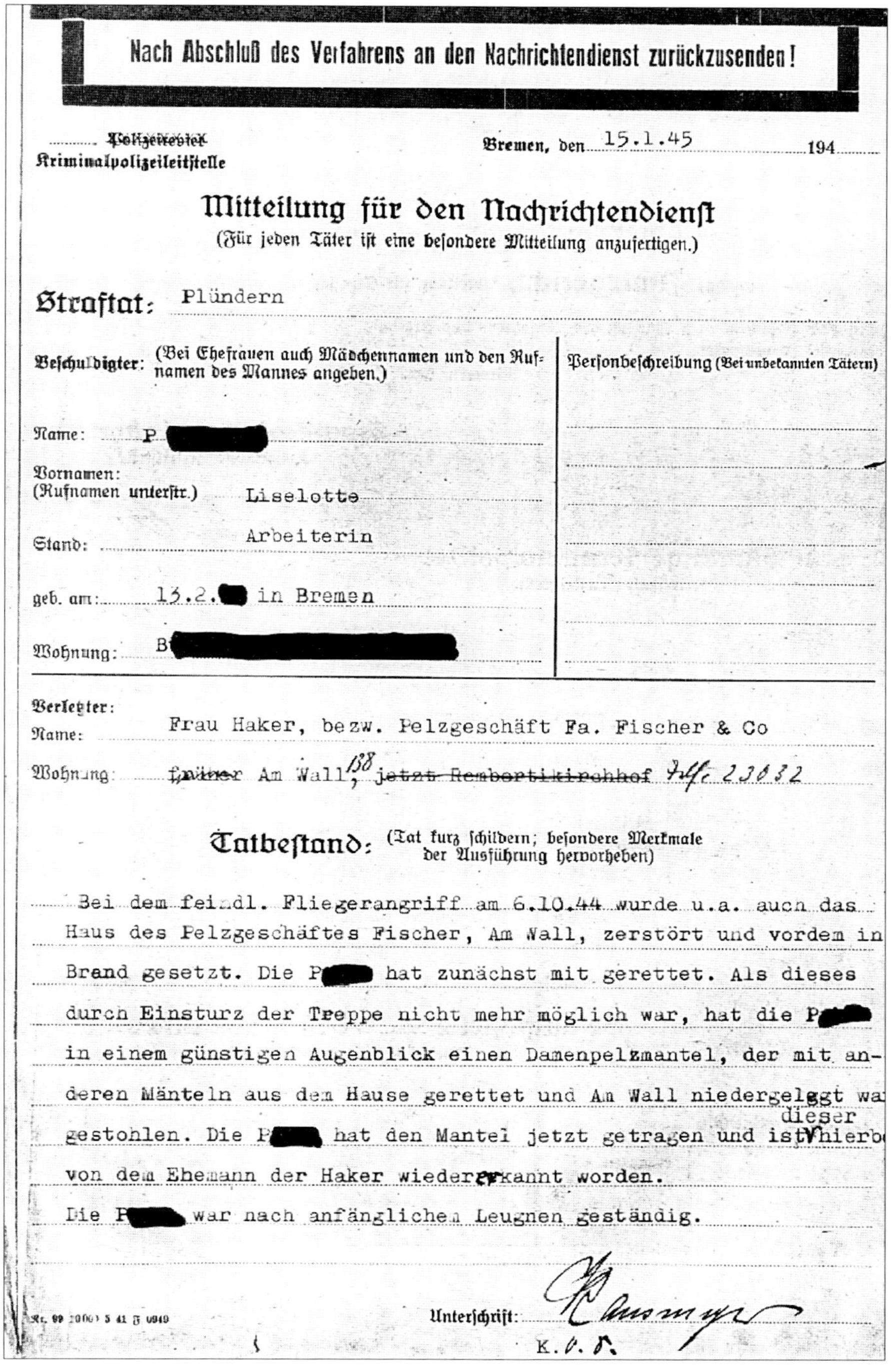

Nach Abschluß des Verfahrens an den Nachrichtendienst zurückzusenden!

~~Polizeirevier~~
Kriminalpolizeileitstelle

Bremen, den 15.1.45 194

Mitteilung für den Nachrichtendienst
(Für jeden Täter ist eine besondere Mitteilung anzufertigen.)

Straftat: Plündern

Beschuldigter: (Bei Ehefrauen auch Mädchennamen und den Rufnamen des Mannes angeben.)

Name: P[redacted]
Vornamen: (Rufnamen unterstr.) Liselotte
Stand: Arbeiterin
geb. am: 13.2.[redacted] in Bremen
Wohnung: B[redacted]

Personbeschreibung (Bei unbekannten Tätern)

Verletzter:
Name: Frau Haker, bezw. Pelzgeschäft Fa. Fischer & Co
Wohnung: ~~Kleiner~~ Am Wall, 138 ~~jetzt Rembertikirchhof~~ [illegible] 23832

Tatbestand: (Tat kurz schildern; besondere Merkmale der Ausführung hervorheben)

Bei dem feindl. Fliegerangriff am 6.10.44 wurde u.a. auch das
Haus des Pelzgeschäftes Fischer, Am Wall, zerstört und vordem in
Brand gesetzt. Die P[redacted] hat zunächst mit gerettet. Als dieses
durch Einsturz der Treppe nicht mehr möglich war, hat die P[redacted]
in einem günstigen Augenblick einen Damenpelzmantel, der mit anderen Mänteln aus dem Hause gerettet und Am Wall niedergelggt wa
gestohlen. Die P[redacted] hat den Mantel jetzt getragen und ist dieser hierb
von dem Ehemann der Haker wiedererkannt worden.
Die P[redacted] war nach anfänglichem Leugnen geständig.

Unterschrift: [signature]
K.O.S.

Aus den Akten des Sondergerichtes Bremen

derungstatbestandes? Die Staatsanwaltschaft nahm in bewährter Weise Fühlung mit dem Vorsitzenden des Sondergerichtes auf und fragte an, wie er denn die Sache rechtlich sähe. Das Resultat ist in den Akten nachzulesen: Der Oberstaatsanwalt schrieb am 8. Januar 1945 u.a. dies nieder: »Ich habe mit dem Vorsitzenden des Sondergerichts Rücksprache genommen, der mir erklärte, daß die Frage, ob Plündern vorliegt, auf alle Fälle in der Hauptverhandlung erörtert werde. Als ich die Anklage erhob, habe ich mich bei der Verneinung des Plünderungstatbestandes nicht nur von dem Gedanken der Geringwertigkeit der entwendeten Gegenstände..., sondern auch von einem rechtlichen Gesichtspunkt leiten lassen, den in die Anklageschrift aufzunehmen mir untunlich erschienen war. Es fragt sich nämlich, ob der zerstörte Erdbunker, der von dem Bergungstrupp nach Eingeschlossenen und Lebenden und Toten durchsucht wurde, also nicht menschenleer war, als ›geräumtes Gebäude‹ im Sinne des § 1 VVO (d.i. der Tatbestand des Plünderns, d. Verf.) anzusehen ist. Daß den Angeschuldigten die Todesstrafe – m.E. als gefährlichen Gewohnheitsverbrecher – treffen muß, ist auch meine Ansicht. Ich glaube, daß es auch die Auffassung Direktor Warnekens (d.i. der Vorsitzende des Sondergerichts, d. Verf.) ist. Auf meinen Wunsch hat Direktor Warneken, der auch Zweifel hegte, ob der Tatbestand des Plünderns erfüllt ist, heute den Termin zur Hauptverhandlung vom 16. Januar 1945 abgesetzt, damit der Fall auf der nächsten Hamburger Konferenz (18. Januar 1945) erörtert werden kann.« Das Urteil entsprach den Überlegungen: Todesstrafe wegen Plünderns. Gerade dieses Verfahren zeigt, wie geübt Richter und Staatsanwaltschaft die Instrumente der Absprachen und der Lenkung der Rechtspflege im Sinne der Führung zu handhaben verstanden.

Neben solchen Verfahren, in denen um die richtige Begründung für ein Urteil gerungen wurde, standen immer wieder Routinesachen. Am 24. Januar 1945 wurden vier französische, belgische und niederländische Angeklagte zu Strafen zwischen drei Jahren Zuchthaus und fünf Monaten Gefängnis verurteilt.[34] Ein Franzose und ein Belgier hatten aus einem »durch Feindeinwirkung« zerstörten Keller Lebensmittel gestohlen und diese in der Notunterkunft der mitangeklagten französischen und niederländischen Frauen versteckt; gemeinsam hatte man den Inhalt von vier Konservendosen verzehrt. Die beiden Frauen hatten überdies bei ihrer Firma zwei Wolldekken mitgenommen, um sich damit zu wärmen; weil sie nicht wieder zur Arbeit gegangen waren, lastete ihnen das Gericht eine Unterschlagung der Decken an. Der folgende Tag sah ein Verfahren gegen sechs Männer und Frauen wegen Schwarzschlachtung.[35] Am 26. Januar 1945 wurden drei weitere Schwarzschlachter verurteilt.[36] Am 30. Januar 1945 – Jahrestag der Machtergreifung – wurde eine Hausgehilfin zu fünf Jahren Zuchthaus verurteilt, die als Angestellte in einem Arzthaushalt über Jahre nicht nur ihren Dienstgeber, sondern auch dessen Patienten bestohlen hatte.[37] Sie sei eine diebische Elster, hielt das Gericht ihr vor, sie habe keine Achtung vor fremdem Eigentum, stehle mit unglaublicher Frechheit, sei eine verstockte Lügnerin und könne nur durch eine langjährige Zuchthausstrafe davor bewahrt werden, in den Abgrund des Gewohnheitsverbrechertums zu geraten. Tags darauf, am 31. Januar 1945, erhielt ein tschechischer Hilfszugschaffner zwei Jahre Zuchthaus wegen Diebstahls und Hehlerei; seine Taten standen im Zusammenhang mit einem umfangreichen Verfahren des Sondergerichts gegen eine Bande deutscher und ausländischer Arbeiter, die auf dem Verschiebebahnhof Güterwagen ausgeraubt hatten.[38] Eine als Volksschädling verurteilte Postfacharbeiterin bekam – am gleichen Tage – drei Jahre Zuchthaus; sie hatte aus Feldpostsendungen Zigaretten herausgeholt.[39]

Wie gesagt: Das Gericht hielt aus auf seinem Posten, mochten auch die Umstände, unter denen das Recht im nationalsozialistischen Geist zu pflegen war, immer schwieriger werden. Und es wurde immer schwieriger. Wie sollte man denn judizieren, wenn die Akten verloren gegangen waren? So war es im Verfahren gegen eine Hausfrau gewesen. Sie mußte sich am 20. Februar 1945 für angebliche defätistische Äußerungen verantworten, die sie vor gut anderthalb Jahren getan haben sollte.[40] Schon am 26. Juli 1943 sollte sie nach einem der schweren Angriffe auf Hamburg gesagt haben, die Bombardierung von Hamburg und Bremen sei die gerechte Strafe dafür, daß die nationalsozialistische Regierung sämtliche nach Polen geführten Juden samt Frauen und Kindern umgebracht habe. Das Verfahren vor dem Sondergericht hatte sich deswegen so lange hingezogen, weil die Akten auf dem Weg in das Reichsjustizministerium in Berlin vermutlich durch Feindeinwirkung verlorengegangen waren und erst rekonstruiert werden mußten. Die Wiederherstellung verlorener Akten gehört zu den höheren Künsten der Verwaltung; sie erfordert Können und braucht Zeit und sie mag zu Zeiten des Krieges noch schwieriger sein. Immerhin: Die Rekonstruktion gelang, das Gericht verhandelte – und sprach frei.

Der sich ständig steigernde Bombenkrieg beeinträchtigte selbstverständlich auch die äußeren Arbeitsbedingungen der Justiz. Das Gerichtsgebäude wurde von Bomben getroffen, eine davon zerstörte die Beweisstückstelle der Staatsanwaltschaft. Gerichtstermine fielen aus oder mußten unterbrochen werden, weil Luftalarm gegeben wurde oder weil Verfahrensbeteiligte wegen der Umstände ausgeblieben waren. Hin und wieder stellte sich heraus, daß ein Angeklagter nicht mehr greifbar war; er war eingezogen worden. Die Umstände zehrten auch physisch an den Gerichtspersonen: Dies macht vor allem eine Bemerkung deutlich, die ein Staatsanwalt in die Akten schrieb, als ein Angeklagter geltend machte, er sei doch nur aus Hunger zu seiner Tat gekommen. Der Staatsanwalt kommentierte: »Hunger haben wir alle.«[41] Immer schwieriger wurde selbst die Wahrung der Formalien. Ein Urteil vom 18. April 1945 wurde entgegen den Vorschriften des Gesetzes nicht mehr von allen Richtern unterzeichnet – »infolge der kriegerischen Ereignisse und starken Beschusses.«[42] Und auch das Protokoll trug keine Unterschrift – aus den gleichen Gründen.

Andere zeitbedingte Erschwernisse stellten sich dem Lauf der Justiz hemmend in den Weg: Der Verteidiger erschien nicht »wegen Alarms«.[43] Gelegentlich erschienen Angeklagte nicht zur Hauptverhandlung – so geschehen z.B. am 9. März und 27. März 1945, als zwei des Eisenbahnraubs angeklagte Gepäckarbeiter ausblieben – sie waren in den Osten abkommandiert worden.[44] In einer Sache, die am 14. März 1945 verhandelt werden sollte, mußte das Gericht die Hauptverhandlung aussetzen. Grund: Der Angeklagte war aus der Untersuchungshaft entlassen und der Gestapo »zugeführt« worden.[45] Seither war er verschwunden. Das Protokoll des Gerichts schließt mit dem Hinweis: »Die Gestapo ist ersucht, die Anschrift des Angeklagten festzustellen und mitzuteilen.« Die Zeitumstände erzwangen das Ende eines Verfahrens gegen zwei Frauen, die wegen defätistischer Äußerungen angeklagt waren.[46] In der Hauptverhandlung vom 3. April 1945 waren zwei entscheidend wichtige Zeuginnen ausgeblieben. Das Gericht setzte das Verfahren aus; einer vom 14. April 1945 datierten Anregung der Staatsanwaltschaft, die Sache alsbald zu terminieren, folgte es nicht mehr. Vielmehr schrieb der Vorsitzende am 20. April 1945 – Führers letztem Geburtstag – in die Akte: »Neuer Verhandlungstermin kann im Augenblick nicht angesetzt werden, da den auswärtigen Zeugen bei den jetzigen Reiseverhältnissen nicht zugemutet werden kann, zu einem Gerichtstermin nach Bremen zu kommen. Die Sache selbst ist auch, da die Straftat bereits im Jahre 1943 begangen sein soll, in keiner Weise eilbedürftig oder sonst von besonderem Interesse. Wiedervorlage: 2 Monate.«

Indes sollte es für das Sondergericht Bremen keinen 20. Juni 1945 und damit auch keine Wiedervorlage in dieser Sache geben. Schließlich gab es auch das: Eine Anklage konnte beim besten Willen nicht mehr verhandelt werden. Sie war am 20. April 1945 gegen einen Franzosen wegen Diebstahls erhoben worden.[47] Bevor das Gericht Termin ansetzen konnte, waren die Alliierten in Bremen und der Angeklagte auf dem Weg in die Heimat.

Die Staatsanwaltschaft am Sondergericht von Januar bis April 1945

Die Staatsanwaltschaft hatte nicht weniger zu tun in diesem beginnenden Jahr 1945. Sie klagte unverdrossen an – die letzte Anklage datiert vom 20. April 1945 und richtete sich gegen den schon erwähnten Franzosen. Der Dienstbetrieb lief allen Schwierigkeiten zum Trotz, wie es vorgeschrieben war. Das Reichsjustizministerium wurde ständig durch Berichte auf dem laufenden gehalten. Gelegentlich war Stellung zu nehmen zu der Frage, ob gegen ein Urteil des Sondergerichts Nichtigkeitsbeschwerde eingelegt werden sollte oder nicht. In einem dieser Fälle kam es darüber zu einer Korrespondenz. Das Reichsjustizministerium beanstandete – fiat justitia, pereat mundus – mit Schreiben vom 5. März 1945 ein Urteil des Sondergerichts, weil es eine Änderung in der Rechtsprechung des Reichsgerichts nicht berücksichtigt habe. Daher solle der Oberstaatsanwalt in Bremen bei dem Oberreichsanwalt in Leipzig die Einlegung der Nichtigkeitsbeschwerde anregen. Dem versagte sich der Oberstaatsanwalt in Bremen dann doch. Unter dem 16. April 1945 schrieb er seinem vorgesetzten Generalstaatsanwalt in Hamburg: »Von der Anregung der Nichtigkeitsbeschwerde habe ich – dortiges Einverständnis voraussetzend – angesichts der Zeitverhältnisse Abstand genommen.«[48]

Die »Zeitverhältnisse« entzogen der Staatsanwaltschaft auch auf andere Weise Arbeitskraft. Der Leiter der Anklagebehörde mußte zusätzlich die Aufgaben des Anklägers bei dem Standgericht übernehmen, das Anfang April 1945 vom Reichsverteidi-

Sollte morgen früh der Beschuß gleich derartig losgehen, daß ein Fahren in die Stadtmitte unmöglich sein würde, so werde ich mich zum Befehlsstand des Kreisleiters (2. Bürgerparkbunker) durchschlagen. Als Standgerichtsankläger habe ich bereits sechs Sachen zu bearbeiten gehabt. Angeklagt habe ich nicht einen. Da das Standgericht nur die Todesstrafe kennt, bin ich sehr froh, daß ich um eine Anklage bislang herumgekommen bin. Den schwierigsten Fall hatte ich gestern und heute bearbeitet. Drei Bauern aus Werder bei Thedinghausen haben sich verantworten müssen, weil sie die weiße Fahne gesetzt haben.
In Ostfriesland hat ein Standgericht einen solchen Menschen zum Tode durch den Strang verurteilt. Er wurde dann in Papenburg öffentlich gehängt. Ich habe die drei Bauern wieder aus der Haft entlassen und das Verfahren mit einer sehr geschickten Begründung eingestellt. Ein Todesurteil wäre ein Verbrechen gewesen. Gott sei Dank hatte ich mich vergewissern können, daß Senator Fischer (als Stellvertretender Reichsverteidigungskommissar) mich deckte, ferner auch der Vorsitzende des Standgerichts, Präsident Schmidt. Ich hoffe, daß Kreisleiter Schümann nun nicht mich anstelle der Bauern hängen wird.

Aus: Waldemar Seidel, Tagebuch der letzten Wochen, 20. April 1945 (BN 20.4.1985)

Bremer Zeitung vom 12.4.1945

Agitationsschwindel

In das Dröhnen der Bombenteppiche und der Feuerschläge der feindlichen Artillerie mischt sich immer vernehmlicher das Trommelfeuer des Nervenkrieges. So oder so wollen die Anglo-Amerikaner das immer blutiger werdende Ringen, das ihnen zu lange dauert, beenden. Jetzt werden alle Materialmassen in den Kampf geworfen und alle Register der Agitation gezogen: „Bringt den Krieg hinter euch, trennt euch von euren Führern, hißt die weiße Fahne an eurer Wohnung, wir werden euch schonen; denn wir führen keinen Krieg gegen Frauen und Kinder", so schreit es von allen Flugblättern, und so dröhnt es über alle Feindsender.

So sicher scheinen die Anglo-Amerikaner ihrer Sache also nicht zu sein, wenn sie die ältesten Ladenhüter des letzten Wilson-Schwindels wieder hervorkramen müssen. Der weiße Lappen der Kapitulation, das würdelose Zeichen der Unterwerfung, hat noch niemals einem Feinde Achtung oder Mitleid abgerungen. Im Gegenteil!

Das Hissen der weißen Fahne soll das deutsche Volk kapitulationsreif machen, Panikstimmung verbreiten und Verwirrung ins Land tragen. Zum anderen aber soll der weiße Lappen den kriegsmüden Yankees und Tommies, die lieber heute als morgen den feuerspeienden Kontinent verließen, Mut einflößen und neuen Auftrieb geben. Er soll ihnen immer wieder einhämmern: „Der Sieg liegt greifbar vor euch, seht, sie wollen schon kapitulieren!" Wer den weißen Lappen zeigt, wo immer der Krieg sich ins Land wälzt, handelt als Landesverräter, leistet dem Feind Vorschub und begibt sich in die größte Gefahr! Verräter aber fallen früher oder später durch den Richterspruch des Volkes! Die Vollstrecker sind überall. Nirgendwo sind bekanntlich Verräter sicher!

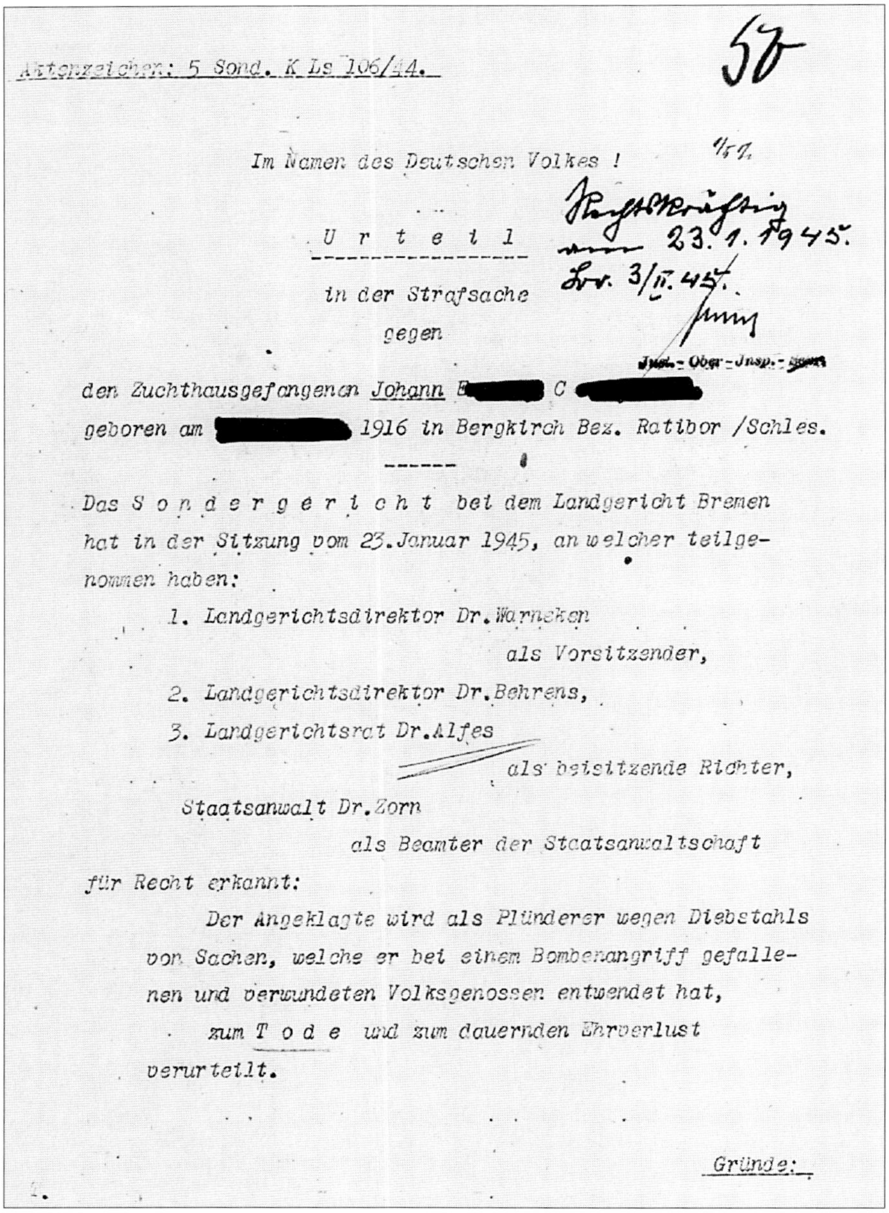
Aktenzeichen: 5 Sond. K Ls 106/44.

58

Im Namen des Deutschen Volkes !

Urteil

23. 1. 1945.

in der Strafsache

gegen

den Zuchthausgefangenen Johann [redacted] C [redacted]

geboren am [redacted] 1916 in Bergkirch Bez. Ratibor /Schles.

Das Sondergericht bei dem Landgericht Bremen hat in der Sitzung vom 23. Januar 1945, an welcher teilgenommen haben:

1. Landgerichtsdirektor Dr. Warneken als Vorsitzender,
2. Landgerichtsdirektor Dr. Behrens,
3. Landgerichtsrat Dr. Alfes als beisitzende Richter,

Staatsanwalt Dr. Zorn als Beamter der Staatsanwaltschaft

für Recht erkannt:

Der Angeklagte wird als Plünderer wegen Diebstahls von Sachen, welche er bei einem Bombenangriff gefallenen und verwundeten Volksgenossen entwendet hat, zum Tode und zum dauernden Ehrverlust verurteilt.

Gründe:

gungskommissar in Bremen eingerichtet worden war. Dieses Standgericht schwächte übrigens auch die Arbeitskraft des Sondergerichts: Dessen Vorsitzender, Landgerichtspräsident Dr. Schmidt, hatte den Vorsitz auch im Standgericht zu führen.[49]

Bis zuletzt funktionierte die der Staatsanwaltschaft obliegende Vollstreckung der vom Sondergericht verhängten Strafen. Der am 23. Januar 1945 wegen Plünderns zum Tode verurteilte Mann wurde nach Wolfenbüttel transportiert und dort am 15. März 1945 hingerichtet. Dann war das Gnadenverfahren betreffend eine am 3. April 1945 zum Tode verurteilte junge Arbeiterin zu betreiben und zur Gnadenfrage nach Berlin zu berichten.[50] Schließlich waren zwei am 20. Dezember 1944 zum Tode Verurteilte noch nicht hingerichtet.[51] Sie sollten ursprünglich in Wolfenbüttel zu Tode gebracht werden; tatsächlich wurden sie aber am 8. April 1945 von dort nach Magdeburg überführt, um nun dort enthauptet zu werden. Dazu kam es nicht mehr – sehr wahrscheinlich gelangten die für eine »ordentliche Hinrichtung« unentbehrlichen Strafakten nicht rechtzeitig dorthin.

Auch angesichts des Herannahens der Feinde hatte alles mit rechten Dingen zuzugehen. Auch jetzt hätte nichts die Gefangenhaltung von Leuten rechtfertigen können, die nicht rechtskräftig dazu verurteilt oder begnadigt waren. Wenn der Oberstaatsanwalt nach einer gewissen Haftdauer die Verbüßung des Restes der Strafe im Gnadenwege zur Bewährung aussetzte, war der Gefangene sofort in Freiheit zu setzen – alles andere wäre Freiheitsberaubung gewesen. So geschah es auch am 20. April 1945. Eine Frau wurde an diesem Tag vom Oberstaatsanwalt mit Wirkung vom 21. April 1945 begnadigt. Sie saß im Zuchthaus Lübeck-Lauerhof ein. Keine Schwierigkeit! Die Feinde mochten noch so nah vor Bremen stehen, das Ende mochte sich noch so deutlich abzeichnen: Die Staatsanwaltschaft teilte den Gnadenerweis sofort telegrafisch nach Lübeck mit, wofür die Reichspost eine Gebühr von RM 2,40 berechnete. Die Frau kam pünktlich frei.[52]

Bis in die letzten Tage vor dem Einmarsch der Sieger erließ der Oberstaatsanwalt Strafreste, nachdem die Bewährungszeit ohne neue Straftaten verstrichen war. Strafunterbrechungen und Strafaufschub wurden gewährt und überwacht. Anträge auf Entlassung zur Wehrmacht oder zur Waffen-SS waren zu prüfen und zu bescheiden. Die Strafvollstreckung war für erledigt zu erklären, wenn Gefangene in der Haft verstarben; die Akte war alsdann wegzulegen. Die Dinge komplizierten sich, seitdem Gefangene nach Zerstörung oder Räumung ihrer Strafanstalten unverhofft in Freiheit gesetzt wurden. Das konnte die Bürokratie durcheinanderbringen, weil in kaum einem dieser Fälle eine ordentliche Entlassungsmitteilung zu den Vollstreckungsakten gebracht wurde. Auch sonst steckte die Strafvollstreckung voller Schwierigkeiten: Eine am 30. Oktober 1944 zu vier Jahren Zuchthaus verurteilte belgische Zivilarbeiterin sollte am 1. Februar 1945 von Bremen aus in das Zuchthaus Cottbus transportiert werden. Indes langte die Gefangene am 21. Februar 1945 wieder im Untersuchungsgefängnis Bremen-Stadt ein, weil der Transport »infolge Feindeinwirkung« nicht ausgeführt werden konnte.[53] Es war wahrlich schwer, das Geschäft der Strafvollstrekkung zu betreiben zu Zeiten, in denen der Feind tief im Vaterlande stand.

Die letzten Wochen

Doch trotz aller dieser Probleme: Gericht und Staatsanwaltschaft funktionierten.[54] Und so kam er heran, der April 1945. Am 3. April 1945 fällte das Sondergericht das letzte seiner 55 Todesurteile.[55] Es traf – wegen Plünderns – eine 19 Jahre alte, nicht vorbestrafte Arbeiterin. Sie hatte nach einem Bombenangriff vom 6. Oktober 1944 geholfen, aus einem brennenden Pelzgeschäft Pelze zu bergen. Dabei hatte sie einen Pelzmantel im Wert von RM 475,– und ein Fuchsfell im Wert von RM 33,– an sich genommen. Dies war nach den Rechtsbegriffen der Zeit »plündern« – und wurde vom Gesetz mit der Todesstrafe bedroht. Das Gericht sah keine Möglichkeit, diese Todesstrafe zu vermeiden. Über das Gnadengesuch wurde bis zur Ankunft der Briten nicht mehr entschieden; die Verurteilte kam mit dem Leben davon.

Im übrigen waren Fälle der kleineren Kriminalität zu verhandeln. Am 10. April 1945 hatte sich ein Angehöriger eines Werkschutzes zu verantworten.[56] Seine Vorgesetzten hatten wegen der ernsten militärischen Lage angeordnet, der gesamte Werkschutz habe ständig auf dem Werksgelände zu bleiben, niemand dürfe nach Hause gehen. Der Angeklagte war dennoch nach Hause gegangen. Die Staatsanwaltschaft hatte dies als Gehorsamsverweigerung im Sinne des Militärstrafgesetzbuches angeklagt. Eine ernste Sache! Der Angeklagte suchte sich zu rechtfertigen: Er habe sich der Anordnung nicht entzogen, weil er sie mit Rücksicht auf die militärische Lage für zwecklos angesehen habe, sondern weil er wegen seines angegriffenen Gesundheitszustandes geglaubt habe, einen dauernden Aufenthalt in der feuchten Bunkerluft nicht aushalten zu können. Dazu das Gericht: Gehorsamsverweigerung liege vor. Sie wiege deshalb so schwer, weil sie in einer Zeit begangen sei, in welcher der Feind sich tief im deutschen Land befinde. In dieser Zeit sei es die bedingungslose Pflicht eines Soldaten, den Befehlen seiner Vorgesetzten Gehorsam zu leisten und Manneszucht zu bewahren. Wer sich dem widersetze, verdiene daher nicht zuletzt aus Abschrekkungsgründen eine strenge Bestrafung. Allerdings liege kein schwerer Fall vor. Der

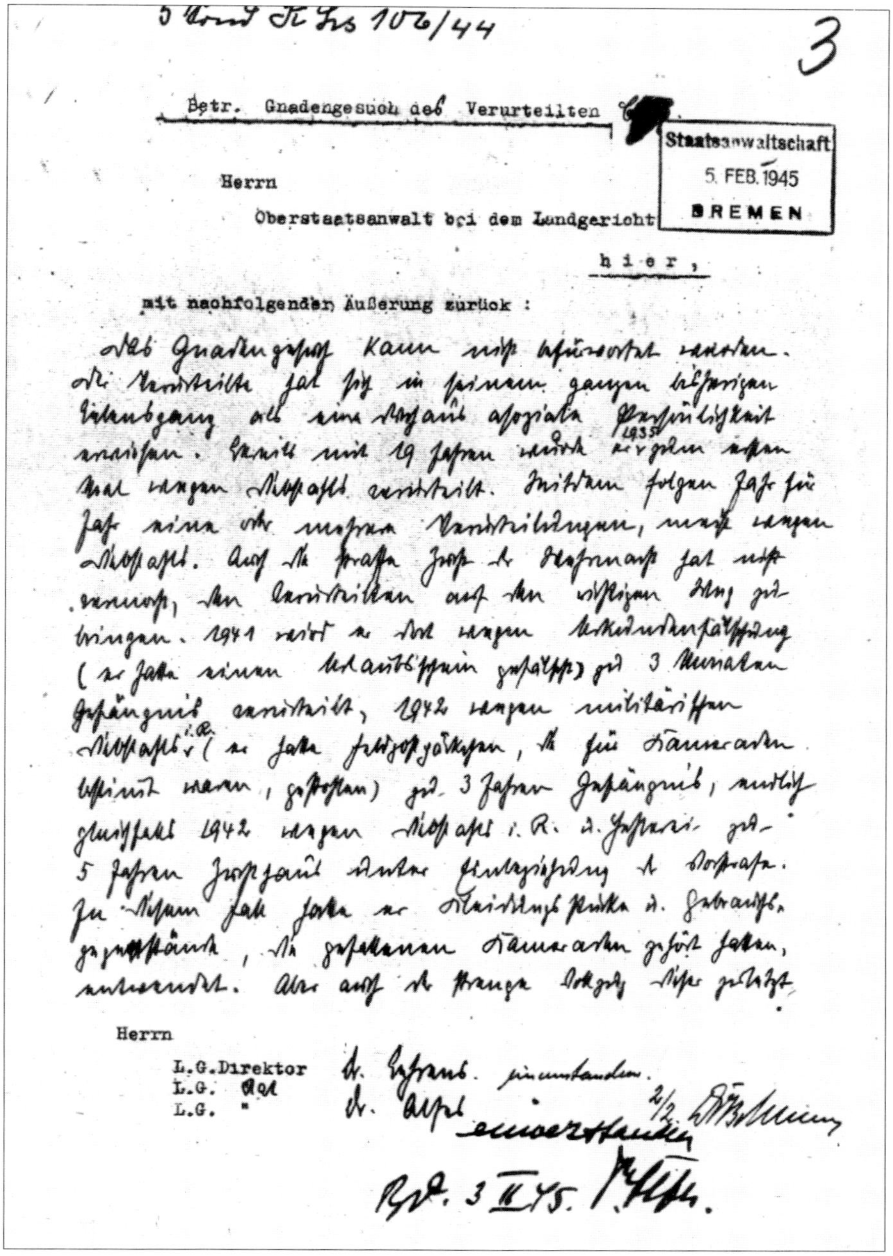
Betr. Gnadengesuch des Verurteilten [redacted]

Staatsanwaltschaft
5. FEB. 1945
BREMEN

Herrn
Oberstaatsanwalt bei dem Landgericht
hier,

mit nachfolgender Äußerung zurück :

[illegible]

Herrn
L.G.Direktor
L.G.
L.G.

[illegible]

Ablehnung des Gnadengesuches für Johann C. vom 25. Februar 1945

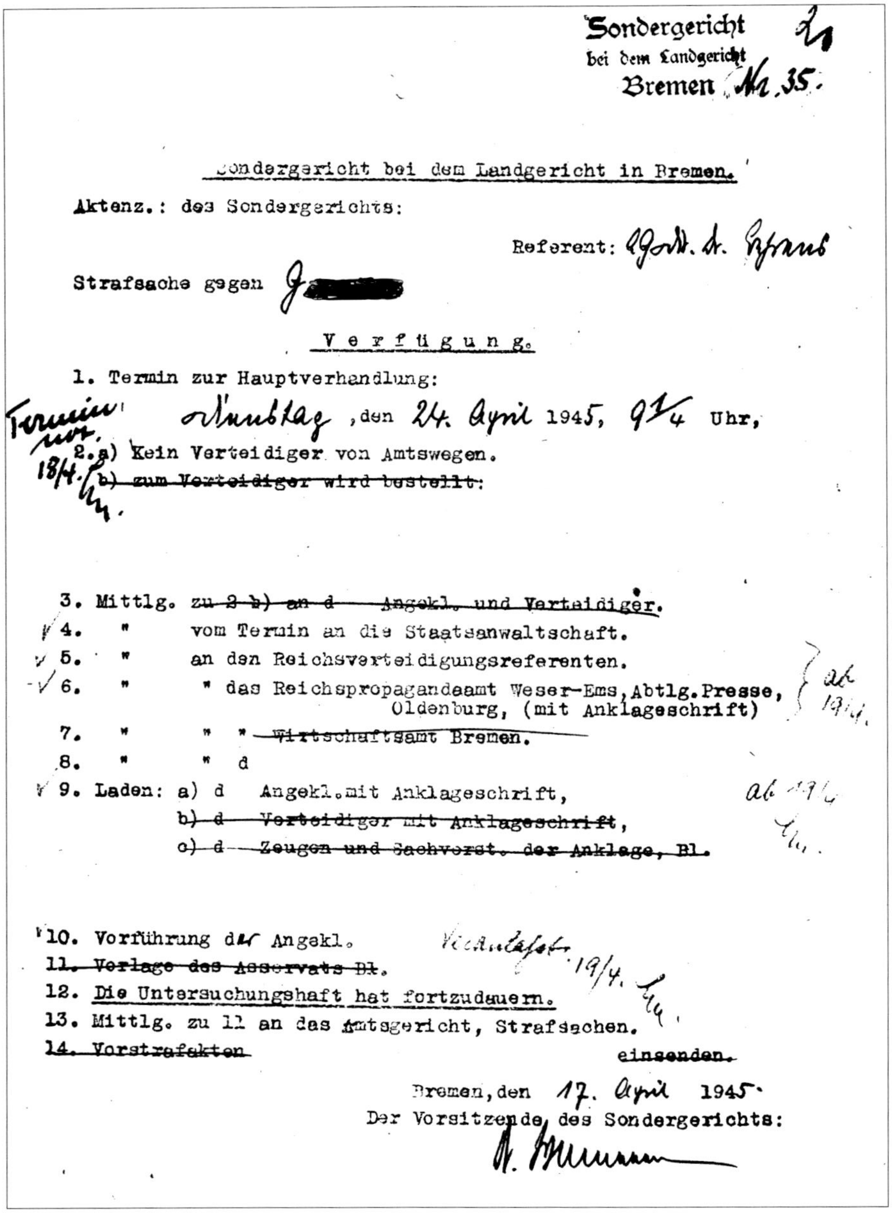

Sondergericht
bei dem Landgericht
Bremen Nr. 35.

Sondergericht bei dem Landgericht in Bremen.

Aktenz.: des Sondergerichts:

Referent:

Strafsache gegen J[redacted]

Verfügung.

1. Termin zur Hauptverhandlung:
Montag, den 24. April 1945, 9 1/4 Uhr,
2. a) Kein Verteidiger von Amtswegen.
~~b) zum Verteidiger wird bestellt:~~

3. Mittlg. ~~zu 2 b) an d Angekl. und Verteidiger.~~
4. " vom Termin an die Staatsanwaltschaft.
5. " an den Reichsverteidigungsreferenten.
6. " " das Reichspropagandaamt Weser-Ems, Abtlg. Presse, Oldenburg, (mit Anklageschrift)
7. " " " ~~Wirtschaftsamt Bremen.~~
8. " " d
9. Laden: a) d Angekl. mit Anklageschrift,
~~b) d Verteidiger mit Anklageschrift,~~
~~c) d Zeugen und Sachverst. der Anklage, Bl.~~

10. Vorführung der Angekl.
~~11. Verlage des Asservats Bl.~~
12. Die Untersuchungshaft hat fortzudauern.
13. Mittlg. zu 11 an das Amtsgericht, Strafsachen.
~~14. Vorstrafakten einsenden.~~

Bremen, den 17. April 1945.
Der Vorsitzende des Sondergerichts:

Ladung zur letzten Verhandlung des Sondergerichtes Bremen am 24. April 1945

Angeklagte habe nicht aus Feigheit vor dem Feind gehandelt, sondern tatsächlich geglaubt, er könne den ständigen Aufenthalt im Bunker wegen seines schlechten Gesundheitszustandes nicht durchstehen. Er sei immer straffrei geblieben, zeige Reue und sei offensichtlich nur einmalig entgleist. Strafe: vier Monate Gefängnis.

Am 17. April wurde ein des Diebstahls zweier Schwarzbrote angeklagter Tscheche zu vier Monaten Gefängnis verurteilt.[57] Zwar habe er, so das Gericht, die kriegsmäßige Verdunkelung ausgenutzt, sei aber dennoch kein Volksschädling: Ihm sei nicht zu widerlegen gewesen, daß er nur wegen eines starken Hungergefühls der Versuchung nicht habe Herr werden können. Am gleichen Tag wurde gegen einen Klempner verhandelt, der im September 1944 in eine von Bomben beschädigte Waschküche gegangen war, um dort aus einer zerstörten Waschmaschine den Motor auszubauen.[58] Diesen Motor benützte er zum Antrieb seiner Drehbank. Die Staatsanwaltschaft hatte darin ein Volksschädlingsverbrechen gesehen. Anders das Gericht: Es handele sich um einen einfachen Diebstahl, weil die Waschmaschine nicht erst wegen des Bombenschadens gebrauchsunfähig geworden sei, sondern schon lange zuvor wegen zu geringen Wasserdrucks nicht mehr benutzt haben werden könne. Allerdings grenze die Tat an ein Volksschädlingsverbrechen. Daher: sechs Monate Gefängnis. Dagegen erhielt der am 18. April 1945 vor Gericht erscheinende und schwer vorbestrafte Mann drei Jahre sechs Monate Zuchthaus als Volksschädling.[59] Er hatte am Abend des 23. Januar 1945 die Notverglasung eines Lebensmittelladens entfernt, war eingestiegen und hatte Brot, Wurst und Lebensmittelmarken entwendet.

Die letzte Gerichtsverhandlung

Die letzte Gerichtsverhandlung vor dem Sondergericht Bremen fand am 24. April 1945 statt.[60] Man tagte in kleinem Rahmen: Das Gericht war nur mit einem Richter – dem Präsidenten des Landgerichts persönlich – besetzt. Ein Staatsanwalt fehlte. So waren Richter, Protokollant, Verteidiger und die Angeklagte unter sich. Das Urteil lautete auf neun Monate Gefängnis wegen Beraubung von Feldpostsendungen, die als unzustellbar aus dem Felde zurückgekommen waren. Die Angeklagte machte geltend, sie habe der Versuchung nicht widerstehen können, die in den Päckchen befindlichen Lebensmittel herauszunehmen und zu verzehren. Das Gericht war milde gestimmt. Zwar liege ein Volksschädlingsverbrechen vor, die Angeklagte sei aber offenbar von wirklicher Reue erfaßt. Mit Rücksicht auf den persönlichen Eindruck, den sie auf das Gericht gemacht habe, wegen ihrer bisher einwandfreien Lebensführung und mit Rücksicht darauf, daß es sich nicht um Feldpostpäckchen gehandelt habe, die für Soldaten an der Front bestimmt gewesen seien, sondern um solche Päckchen, die als unzustellbar zurückgekommen seien, erscheine eine besondere Strafschärfung im Sinne der Volksschädlingsverordnung nicht erforderlich. Die Untersuchungshaft seit dem 23. Februar 1945 sei ein erheblicher Denkzettel für die Angeklagte; sie werde sich nach der Überzeugung des Gerichts in Zukunft von strafbaren Handlungen fernhalten.

Das Ende

Anders als die Polizei sahen weder Gericht noch Staatsanwaltschaft Anlaß, Akten zu vernichten, Spuren zu verwischen oder sich abzusetzen. Sie hätten sicherlich weiter judiziert, wenn nur die Briten sie gelassen hätten. Diese verstanden sich aber durchaus nicht dazu. Sie taten in Bremen, was sie überall dort getan hatten, wo sie eingezogen waren. Sie vollzogen das, was der Oberbefehlshaber der westlichen Alliierten in seiner »Proklamation Nr. 1 an das deutsche Volk!« unter Ziffer I verkündet hatte: »In dem deutschen Gebiet, das von den Streitkräften unter meinem Oberbefehl besetzt ist, werden wir den Nationalsozialismus und den deutschen Militarismus vernichten, die Herrschaft der NSDAP beseitigen, die NSDAP auflösen sowie die grausamen, harten und ungerechten Rechtssätze und -einrichtungen, die von der NSDAP geschaffen worden sind, aufheben.« Und die einmarschierenden Truppen vollzogen, was in Ziffer III der Proklamation ausgesprochen war und ganz unmittelbar die Gerichte anging: »Alle deutschen Gerichte … werden bis auf weiteres geschlossen. Dem Volksgerichtshof, den Sondergerichten, den SS- und Polizeigerichten und allen anderen außerordentlichen Gerichten wird überall im besetzten Gebiet die Gerichtsbarkeit entzogen …«[61]
Und so endete, gleichsam aus dem vollen Lauf heraus, die Geschichte des Sondergerichts Bremen nach 5 Jahren 1 Monat und 12 Tagen seiner Existenz.

Die Kapitulation – ein Neubeginn für die Justiz?

Der Einzug der Briten war das Ende des Sondergerichts Bremen. Die Kapitulation vom 8. Mai 1945 war das Ende der NS-Justiz insgesamt. Ein Zustand brach aus, den Juristen als ius stitium, als Stillstand der Rechtspflege bezeichnen. Die führenden Männer, allen voran Reichsjustizminister Thierack, saßen in Haft. Verhaftet waren die früheren Staatssekretäre des Reichsjustizministeriums Franz Schlegelberger, Herbert Klemm und Curt Rothenberger – jener Curt Rothenberger, der bis 1942 Präsident des Hanseatischen Oberlandesgerichts in Hamburg gewesen war und von dort aus Einfluß genommen hatte auf die Urteilspraxis des zu seinem Bezirk gehörenden Sondergerichts Bremen. Dessen Vorsitzender war ebenso interniert wie der Chef der Anklagebehörde. Diese Juristen mochten sich in der Haft so ihre Gedanken machen über die vergangenen zwölf Jahre in der Geschichte deutscher Justiz …
Das indes taten die aus ihren Gerichten ausgesperrten, aber in Freiheit gebliebenen anderen Richter und Staatsanwälte auch. Viele von ihnen empfanden – glaubt man ihren Selbstzeugnissen – die ersten Monate nach der Kapitulation als spannende und besinnliche, vielleicht sogar schöpferische Pause, in der in Erwartung des Kommenden Gelegenheit zu einer ersten geistigen Sammlung war.[62] Auch die einstigen Richter des ehemaligen Sondergerichts Bremen blickten zurück auf das Gewesene. Der ständige Vorsitzende schrieb einen »Tätigkeitsbericht des Sondergerichts Bremen« nieder, der im August 1945 fertiggestellt war.[63] Sein Verfasser erklärte später, der Bericht sei im Einvernehmen mit den übrigen Richtern des Sondergerichts Bremen niedergelegt worden, um der amerikanischen Besatzungsmacht eine wahrheitsgemäße Darstellung von der Tätigkeit des Gerichts in den Jahren 1940 bis 1945 zu geben.

Der Rechenschaftsbericht der bremischen Sonderrichter vom August 1945: Erfolgsmeldung und Apologie

Die Grundlinien dieses Berichtes sind diese: Sondergerichte habe es schon seit 1931, also zu Zeiten der Weimarer Republik gegeben. Die Zuständigkeit der unter der nationalsozialistischen Regierung tätigen Sondergerichte sei gesetzlich genau geregelt gewesen. 1940 seien sämtliche Mitglieder des Sondergerichts vom Oberlandesgerichtspräsidenten in Hamburg in Übereinstimmung mit den gesetzlichen Vorschriften für ihre Aufgaben bestimmt worden. Diese Bestimmung sei ein Dienstbefehl gewesen, dem man bei Meidung einer Disziplinarstrafe zu gehorchen gehabt habe. Weil die Sondergerichte kraft gesetzlicher Vorschrift in erster und letzter Instanz entschieden, hätte sich für die Richter die Pflicht und Notwendigkeit ergeben, den Sachverhalt besonders gründlich zu erforschen und Zeugen und Sachverständige zu hören. Alle am Sondergericht Bremen tätig gewesenen Verteidiger würden bestätigen können, daß das Sondergericht dieser Verpflichtung stets in besonderem Maße nachgekommen sei. Der Umstand, daß Verurteilte nur in verschwindend wenigen Fällen Anträge auf Wiederaufnahme des Verfahrens gestellt hätten, beweise dies: Auch die verurteilten Angeklagten hätten anerkennen müssen, daß der Sachverhalt vollständig und richtig erfaßt und die Beweisaufnahme erschöpfend gewesen sei. Hervorzuheben sei die im Vergleich mit anderen Sondergerichten anzunehmende Ausnahmestellung des bremischen Gerichts. Im bewußten Gegensatz zu anderen Sondergerichten – besonders in Hannover und Oldenburg –, die zum Teil durch sehr harte Strafen bekannt geworden seien, habe das Sondergericht Bremen keine härteren Strafen ausgesprochen, als nach der Sachlage unbedingt geboten gewesen sei. Wegen seiner angeblich zu milden Urteile hätten übergeordnete Stellen in Hamburg und Berlin dem bremischen Gericht wiederholt Schwierigkeiten bereitet und Vorwürfe erhoben. Mit der Gestapo habe man die ganze Zeit hindurch niemals zusammengearbeitet. Mehrfach sei Anlaß gewesen, sich bei der Gestapo wegen unzulässigen Verhaltens und ihrer Eingriffe in den Bereich der Justiz zu beschweren. Ebenso hätte die wiederholt zutage getretene Unzuverlässigkeit der Vernehmungsniederschriften der Gestapo dem Gericht erhebliche Schwierigkeiten bereitet; wiederholt habe es ganz andere Urteile zugunsten der Angeklagten gegeben, als die Ermittlungen der Gestapo zunächst hätten erwarten lassen. Zudem sei das Sondergericht des öfteren der Behauptung von Angeklagten nachgegangen, sie seien von Gestapo-Beamten bei der Vernehmung geschlagen worden. Das Verhältnis zur Rechtsanwaltschaft sei ganz anders gewesen. Hier habe ein besonders gutes, harmonisches und reibungsloses Zusammenarbeiten obwaltet. Dieses gute Verhältnis habe in Bremen von jeher bestanden und auch hier, in der Zusammenarbeit mit den Verteidigern, habe sich das Sondergericht Bremen von anderen Sondergerichten unterschieden. Die gute Zusammenarbeit mit der Rechtsanwaltschaft habe ohne Zweifel zur vollständigen Aufklärung der Tatbestände sowie zu einer gerechten Beurteilung der Angeklagten sehr wesentlich beigetragen. – Nach diesen Ausführungen handelt der Bericht die Straftaten ab, die Gegenstand der Verfahren waren. Die Bilanz, so die Richter, war nicht so schlecht. Die Erfahrung habe gezeigt, daß das Sondergericht durch seine Strafen zum Beispiel bei den Post- und Eisenbahnräubereien einen erheblichen Rückgang der Straftaten erreicht habe. Bei den Kriegswirtschaftsverbrechen sei es gelungen, ein Kriegsschiebertum großen Stils, wie es sich im Kriege 1914 bis 1918 breitgemacht habe, nicht aufkommen zu lassen. Der Bericht schließt: »Das Sondergericht Bremen hat nach alledem die ihm gestellte Aufgabe, nämlich während des Krieges auf dem ihm übertragenen Arbeitsgebiet für Ordnung in seinem Bezirk zu sorgen und das schwere Verbrechertum niederzuhalten, nach Möglichkeit zu erfüllen gesucht.«

Dieser Bericht ist fürwahr keine selbstkritische Auseinandersetzung mit der Vergangenheit. Er ist keine Reflexion über die Funktion der Justiz im eben überstandenen Krieg. Er ist Apologie und Erfolgsmeldung in einem. Hier meldet ein maßgeblich beteiligter Richter auch im Namen seiner Kollegen: Eine dem Gericht von oben per Dienstbefehl gestellte Aufgabe ist nach den Regeln des juristischen Handwerks nach dem Maß der Kräfte erledigt worden und die äußeren Bedingungen waren beileibe nicht einfach. Die Grundlage seiner Urteilspraxis war das geltende und im Gesetzblatt verkündete Recht. Der Sachverhalt wurde korrekt ermittelt, die Beurteilung der Angeklagten war stets und immer gerecht. Und dafür haben wir Zeugen! Kurzum: Die Richter des Sondergerichts liefern uns kein Zeugnis kritischen Nachdenkens. Es fehlt jedes Zeichen für die Bereitschaft, über das Bekenntnis zu eigenen Fehlern und eigener Schuld zu einem Neubeginn zu kommen. Ganz im Gegenteil: Sie sprechen sich selbst frei von jeder Verantwortung. Ihr Tätigkeitsbericht ist beileibe keine bloße Bremensie. Er ist ein frühes Beispiel für die Art und Weise, wie die in der Justiz des Dritten Reichs tätig gewesenen Richter und Staatsanwälte nach 1945 ihre Rolle gedeutet haben. Diese Deutung weist fast nur Lücken auf. Betont wird ein ums andere Mal, wie korrekt das Gericht den Sachverhalt festgestellt habe – so, als ob dies die einzige und alles entscheidende Aussage über den Ablauf eines Prozesses vor dem Sondergericht wäre. Der Bericht verschweigt, was auch in der späteren Apologie der deutschen Juristen immer unterdrückt worden ist: Die Bereitschaft, sich von oben lenken zu lassen, wird mit keinem Wort erwähnt. Kein Wort über die »Fühlungnahmen« zwischen Staatsanwaltschaft und Gericht vor der Fällung des Urteils. Kein Wort von der längst vor der Verhandlung bestehenden Absicht, Todesurteile zu verkünden. Keine Erwähnung der exemplarisch verhängten Strafen, in denen der Abschreckungseffekt alles und die Einwirkung auf die Person des Angeklagten fast nichts war. Selbstverständlich wird nichts gesagt zu der Praxis, schwere Strafen zu verhängen mit der Begründung, ein Reichsminister habe in einer Rede angekündigt, ab jetzt würde gegen Kriegswirtschaftsverbrecher mit härtesten Strafen vorgegangen. Keinerlei Erwähnung findet die nationalsozialistisch verseuchte Suada gegen jene Angeklagten, die nach Auffassung von Gericht und Staatsanwaltschaft als Asoziale, gefährliche Gewohnheitsverbrecher und Volksschädlinge im Namen des gesunden Volksempfindens aus der Volksgemeinschaft auszumerzen waren und unter deren unwertes Leben ein Schlußstrich zu ziehen war. Die Frage bleibt aus, ob das justizmörderische Todesurteil gegen den polnischen Knaben Walerjan Wróbel wirklich nicht härter war als nach Sachlage unbedingt geboten (Walerjan Wróbel, als 16jähriger zur Arbeit nach Bremen verbracht, litt unter Heimweh; in der Annahme, man werde ihn gleichsam zur Strafe nach Hause schicken, legte er bei dem Bauern, dem er zugeteilt war, Feuer. Er wurde aber nicht nach Hause, sondern zunächst für neun Monate in das Konzentrationslager Neuengamme geschickt. Das Sondergericht Bremen verurteilte ihn am 8. Juli 1942 zum Tode. Er wurde am 25. August 1942 in der Untersuchungshaftanstalt Hamburg-Stadt hingerichtet).[64] Kein Nachdenken über – zum Beispiel – das Urteil gegen jenen Angeklagten, der bittere Wahrheiten über das Konzentrationslager Sachsenhausen und dessen Kommandanten verbreitet hatte und dem das Sondergericht ins Urteil geschrieben hatte, er habe durch seine Behauptungen die ganze Einrichtung der KZ-Lager und das Verfahren dort schlechtgemacht und dadurch das Ansehen des Reiches und der Reichsregierung schwer geschädigt; insbesondere habe er den ständigen Angriffen der Auslandspresse gegen die KZ-Lager neuen Boden gegeben und die Hetze gegen das Reich geschürt…[65]

Eines allerdings unterscheidet den Bericht der bremischen Sonderrichter von der Apologie der Juristen aus der späteren Zeit. Er vermeidet einige der besonders dreisten Lügen der Selbstfreisprechung der Juristen, wie sie die Diskussion der ausgehenden 40er und der 50er Jahre geprägt haben. Als tumbe Toren haben sie sich nicht hingestellt. Sie haben nicht behauptet, sie seien wegen ihrer geistigen Herkunft aus der juristischen Denktradition des Positivismus unfähig gewesen, den Unrechtscharakter der von den Nazis erlassenen Gesetze zu erkennen. Sie haben auch auf das freche Märchen verzichtet, sie hätten lieber unter der Tarnkappe nationalsozialistischen Geschreis Angeklagte zu Unrecht verurteilt, als sie der schon vor dem Gerichtssaal lauernden Gestapo in die Hände fallen zu lassen. Unter dem Eindruck ihrer eigenen Beobachtungen und Erinnerungen hätten sie solche Darstellungen dann doch als zu grobe Verzeichnungen der Wahrheit empfunden. Aber im übrigen nimmt der Bericht die spätere Juristenapologie vorweg. Vorzuwerfen hat man sich nichts. Anlaß zum Umdenken besteht nicht. Man hat – bitteschön – seine Pflicht getan …

Und doch ein Neubeginn: Die Justiz – durch die Landesverfassung zur Demokratie verurteilt

Nein, das Ende des Krieges für Bremen und die Kapitulation vom 8. Mai 1945 waren für die bremischen Richter am Sondergericht so wenig ein geistiger Neuanfang wie für die übrigen Juristen in den westlichen Besatzungszonen und in der sich daraus bildenden Bundesrepublik Deutschland. Das Juristen-Gerede von der besinnlichen und anregenden Pause erscheint uns nur als solches: Im Grunde war der Sachverhalt mit solch verräterisch blumenreicher Rhetorik richtig umschrieben. Man wartete ab und folgte, nachdem man wieder Gelegenheit hatte zu judizieren, den jetzt von den Militärregierungen und den sich bildenden deutschen Regierungen und Parlamenten gesetzten Leitlinien. Die Zeiten hatten sich geändert und mit ihnen die Juristen.

Und doch gab es damals gerade in Bremen Bestrebungen, einen neuen Geist der Demokratie in die Justiz hineinzutragen. »Hineinzutragen« ist wörtlich zu nehmen, denn diese Versuche hatten ihre Wurzeln in Bereichen außerhalb der Justiz. Die Rede muß sein von den Verfassungen, die 1946 und 1947 in den damals neu gegründeten Ländern der westlichen Besatzungszonen erlassen wurden. Unter den Verfassungsschöpfern dieser Jahre war über Zonen und Parteigrenzen hinweg die Auffassung herrschend, daß die Justiz zwischen 1918 und 1933 unter dem Schutz der richterlichen Unabhängigkeit einen keineswegs unwesentlichen Beitrag zur Untergrabung der Weimarer Republik geleistet hatte; weithin Konsens war, daß die Justiz dem NS-Staat eine verläßliche Stütze gewesen war und »Im Namen des Deutschen Volkes« sogar Verbrechen begangen hatte. Darauf sollten die neuen Verfassungen reagieren. Gewiß: Die Richter sollten unabhängig sein. Aber: Es sollte von Verfassungs wegen verhindert werden, daß Richter jemals wieder im Schutz ihrer Unabhängigkeit gegen den demokratischen Staat arbeiteten oder unter dem Deckmantel einer scheinbaren Legalität gegen die primitivsten Menschenrechte verstießen. Deshalb wurde die richterliche Unabhängigkeit verknüpft mit Sicherungen vor ihrem Mißbrauch durch die Richter selbst. Die hessische Verfassung von 1946 führte beispielhaft die Wahl der Richter ein und ließ die Wahl nur solcher Persönlichkeiten zu, die die Gewähr dafür boten, daß sie ihr Richteramt im Geist der Demokratie und des sozialen Verständnisses ausüben würden. Erfüllten die Gewählten diese Erwartung später nicht, so konnten sie vor dem hessischen Staatsgerichtshof angeklagt und ihres Amtes für verlustig erklärt werden. Die Grundtendenz der Verfassungsberatungen jener Zeit läßt sich so zusammenfassen: Der neue Richter sollte ein Demokrat auf dem Richterstuhl werden, der als Teil der unabhängigen Dritten Gewalt das Seine zum Gelingen der Demokratie beitrug. Diese Tendenz haben später erlassene Landesverfassungen bei unterschiedlicher Ausgestaltung der Einzelheiten aufgenommen. Auch die bremische Landesverfassung griff diese damals diskutierten Ideen über die künftige Rechtspflege auf.[66] Im Senatsentwurf zur Verfassung der Freien Hansestadt Bremen vom Februar 1947 war dies in Ansätzen schon angelegt. Bürgermeister und Justizsenator Spitta, der maßgebliche Verfasser des Entwurfs, hatte so formuliert: »Die Richter sind unabhängig und nur dem Gesetz unterworfen.« Sein Entwurf band die Rechtsprechung eben-

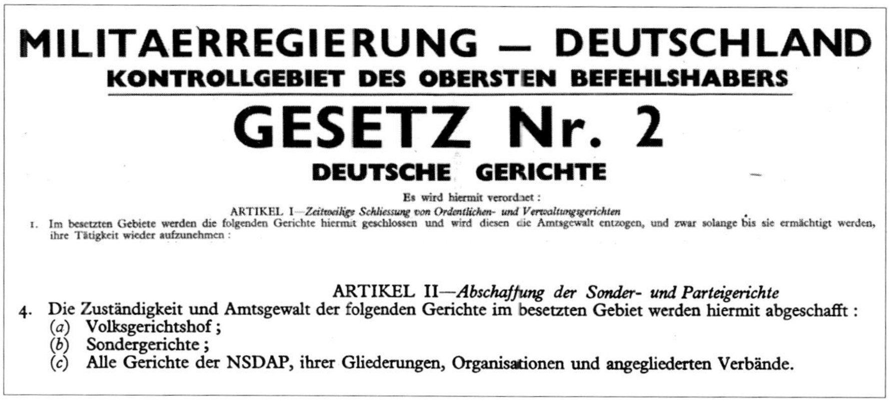

MILITAERREGIERUNG – DEUTSCHLAND
KONTROLLGEBIET DES OBERSTEN BEFEHLSHABERS

GESETZ Nr. 2

DEUTSCHE GERICHTE

Es wird hiermit verordnet:

ARTIKEL I—*Zeitweilige Schliessung von Ordentlichen- und Verwaltungsgerichten*

1. Im besetzten Gebiete werden die folgenden Gerichte hiermit geschlossen und wird diesen die Amtsgewalt entzogen, und zwar solange bis sie ermächtigt werden, ihre Tätigkeit wieder aufzunehmen:

ARTIKEL II—*Abschaffung der Sonder- und Parteigerichte*

4. Die Zuständigkeit und Amtsgewalt der folgenden Gerichte im besetzten Gebiet werden hiermit abgeschafft:
(*a*) Volksgerichtshof;
(*b*) Sondergerichte;
(*c*) Alle Gerichte der NSDAP, ihrer Gliederungen, Organisationen und angegliederten Verbände.

2. Mai 1945: Die ersten Gesetze und Verordnungen der Militärregierung

so wie Gesetzgebung und Verwaltung »an die allgemein anerkannten Gebote der Sittlichkeit und Menschlichkeit«. Allerdings sah Spittas Entwurf die Richteranklage und auch die Richterwahl noch nicht vor. Das Verdienst, diese Ideen aufgegriffen und in die bremische Verfassungsdebatte des Jahres 1947 eingeführt zu haben, kommt wesentlich dem von Wilhelm Schmidt, Annemarie und Werner Mevissen sowie Hans Warninghoff erarbeiteten Verfassungsentwurf der SPD für das Land Bremen zu. Dieser Entwurf erklärte die Richter für unabhängig und unterwarf sie nur der Verfassung und dem Gesetz. Dies wurde dahin präzisiert, daß die Richter genauso wie Gesetzgeber und Verwaltung unmittelbar an die unabänderlichen Menschenrechte gebunden werden sollten. Ausführlich geregelt war die Berufung der Richter: Sie sollten gewählt werden – aber zunächst nur auf sechs Jahre. Erst nach Ablauf dieser Zeit sollte der Richterwahlausschuß über die Berufung auf Lebenszeit entscheiden. Er sollte prüfen, ob die Kandidaten nach ihrer Persönlichkeit und ihrer richterlichen Tätigkeit die Gewähr dafür boten, ihr Amt im Geist der Menschenrechte und des sozialen Verständnisses auszuüben. Gegen Richter, die vorsätzlich oder grob fahrlässig ihre Pflicht verletzten, sollte eine Richteranklage möglich sein, wenn dies zum Schutz der Verfassung oder ihres Geistes gegen mißbräuchliche Verwendung der richterlichen Gewalt erforderlich erschien. Diese Vorschläge sind mit Ausnahme der Anregung, Richter zunächst nur auf sechs Jahre zu berufen, Verfassungsrecht geworden. Bremische Richter werden von einem aus Senatoren, Mitgliedern der Bürgerschaft und Richtern bestehenden Wahlgremium gewählt. Die Richteranklage kann in zwei Fällen stattfinden: Sie ist möglich, wenn ein Richter nach seiner Wahl auf Lebenszeit sein Amt nicht im Geist der Menschenrechte und der sozialen Gerechtigkeit ausübt. Sie ist weiter zulässig, wenn Richter vorsätzlich ihre Pflicht verletzen, das Recht zu finden, und wenn die Anklage zum Schutz der Verfassung oder ihres Geistes gegen Mißbrauch der richterlichen Gewalt erforderlich erscheint.

Daß die bremische Verfassung die damals diskutierten Versuche der Sicherung des Staates und seiner Bürger vor der richterlichen Gewalt umfassend aufgriff, hat seine Ursachen neben der Auseinandersetzung mit der eben durchgemachten Epoche auch in der aktuellen Justizgeschichte Bremens im Jahre 1947. Besonderen Eindruck auf die Verfassungsberatungen hat das am 6. Mai 1947 verkündete Urteil des Landgerichts Bremen gemacht. Im Prozeß gegen zwei SA-Leute, die in der »Reichskristallnacht« den jüdischen Kaufmann Rosenblum erschossen hatten, war eine erstaunlich milde Verurteilung wegen Totschlags herausgekommen – der Staatsanwalt hatte wegen Mordes lebenslange Zuchthausstrafe beantragt. Die bremische Öffentlichkeit hatte auf dieses Urteil mit einer Arbeitsniederlegung am 9. Mai 1947 reagiert. Der öffentliche Protest galt nicht zuletzt der Tatsache, daß der Vorsitzende des Gerichts NSDAP-Mitglied und Kriegsgerichtsrat gewesen war. Für viele war dies die betrübliche Bestätigung ihrer Beobachtung, daß die personelle und vollends die geistige Erneuerung der Justiz in Bremen ausgeblieben war. In der Sitzung der Bürgerschaft vom 8. Mai 1947 verlangte der Abgeordnete Hollmann, FDP, »daß endlich dieses ewig in der Rückständigkeit beharrende Justizwesen einer Reform unterzogen wird. … Es hat gar keinen Sinn, uns über eine Verfassung zu unterhalten, wenn das reaktionäre Instrument der Vergangenheit, nämlich die Justiz, nicht endlich in ein fortschrittliches verwandelt wird.«[67]

Die Rechtspflegeartikel der Bremischen Landesverfassung sind ein Versuch, die Justiz endlich in ein fortschrittliches Element zu verwandeln. Dieser Versuch kam von außen. Für die Richter und Staatsanwälte des Sondergerichts Bremen markierte das Ende des Krieges in Bremen nur den Tag, an dem die Sieger ihr Dienstgebäude zusperrten. Das selbstkritische Nachdenken über das Sondergericht und die NS-Justiz überhaupt war ihre Sache nicht. Sie sahen sich als Opfer der Besetzung, denen eine gerechte öffentliche Würdigung ihrer Arbeit in den schweren Jahren des Krieges versagt blieb. Daß die Sieger sie vom Tribunal herunterstürzten, empfanden sie als Kränkung durch die Siegermacht und als bitteres Unrecht. Als Opfer konnten sie sich umso eher fühlen, als sie sich in dem sicherlich nicht unberechtigten Gefühl wiegen durften, sie hätten in den Tagen des Bombenkrieges gegen Bremen mit ihren Urteilen durchaus nicht gegen die Mehrheit der Bevölkerung judiziert.

Ob das Ende des Krieges für sie eine Befreiung gewesen sei? Die Richter des Sondergerichts und ihre Kollegen von der Staatsanwaltschaft hätten diese Frage nicht verstanden.

Anmerkungen:

1 Die fast vollständig überlieferte Judikatur des Sondergerichts Bremen ist veröffentlicht in der von dem Senator für Justiz und Verfassung der Freien Hansestadt Bremen herausgegebenen Dokumentation »Strafjustiz im totalen Krieg – Aus den Akten des Sondergerichts Bremen 1940–1945«, Bd. 1, Bremen 1991, bearbeitet von Hans Wrobel, Bd. 2 und 3, Bremen 1994, bearbeitet von Hans Wrobel und Henning Maul-Backer, im folgenden zitiert als Dokumentation mit Band und Seite. Soweit die folgenden Fußnoten auf einzelne Urteile des Sondergerichts Bremen hinweisen, wird zunächst die laufende Nummer zur Signatur des Staatsarchivs Bremen (4,89/5-5 Sond.) mitgeteilt und sodann der Hinweis auf die Fundstelle in der Dokumentation gegeben.

2 Eine Übersicht über diese Vorschriften gibt die Dokumentation Bd. 1, S. 34ff., Bd. 3, S. 10ff.

3 Näheres zur Vita dieser und anderer Richter und Staatsanwälte in Dokumentation, Bd. 1, S. 21ff.

4 Vgl. dazu die Übersichten in Dokumentation, Bd. 3, S. 330f. (Angaben im Bericht Dr. Warneken) und S. 349.

5 Dokumentation Bd. 1, S. 57ff.

6 Dokumentation Bd. 1, S. 73ff.

7 Vgl. Dokumentation Bd. 3, der ausschließlich Verfahren in Kriegswirtschaftssachen behandelt.

8 Der Text dieser Verordnung ist abgedruckt in Dokumentation Bd. 1, S. 46.

9 Dokumentation Bd. 1, S. 168ff.

10 Dokumentation Bd. 2, S. 170ff.

11 Dokumentation Bd. 2, S. 203ff.

12 Dokumentation Bd. 2, S. 183ff.

13 Dokumentation Bd. 1, S. 194ff.

14 Dokumentation Bd. 2, S. 126ff.

15 Dokumentation Bd. 1, S. 354ff., Bd. 2, S. 9ff.

16 Vgl. etwa Dokumentation Bd. 2, S. 215ff., 225ff.

17 Dokumentation Bd. 2, S. 262ff.

18 Dokumentation Bd. 2, S. 269ff.

19 Dokumentation Bd. 2, S. 277ff.

20 Nr. 12, Dokumentation Bd. 2, S. 256ff.

21 Vgl. bei Nr. 139, Dokumentation Bd. 2, S. 215ff.

22 Vgl. bei Nr. 449, Dokumentation Bd. 1, S. 184ff.

23 Vgl. dazu Dokumentation Bd. 1, S. 49f.

24 Zum Ganzen vgl. Dokumentation Bd. 1, S. 24ff.

25 Nr. 287, Dokumentation Bd. 2, S. 28ff., Nr. 295, Dokumentation Bd. 2, S. 31ff.

26 Nr. 340, Dokumentation Bd. 2, S. 43f.

27 Vgl. Dokumentation Bd. 1, S. 20.

28 Nr. 502, Dokumentation Bd. 3, S. 248.

29 Nr. 508, Dokumentation Bd. 2, S. 67f.

30 Nr. 503, Dokumentation Bd. 1, S. 291.

31 Nr. 506, Dokumentation Bd. 1, S. 293.

32 Nr. 512, Dokumentation Bd. 1, S. 294.

33 Nr. 507, Dokumentation Bd. 1, S. 190.

34 Nr. 513, Dokumentation Bd. 1, S. 295f.

35 Nr. 504, Dokumentation Bd. 3, S. 144ff.

36 Nr. 509, Dokumentation Bd. 3, S. 147ff.

37 Nr. 515, Dokumentation Bd. 1, S. 297f.

38 Nr. 514, Dokumentation Bd. 1, S. 392f.

39 Nr. 517, Dokumentation Bd. 2, S. 68f.

40 Nr. 413, Dokumentation Bd. 1, S. 149.

41 Vgl. bei Nr. 220, Dokumentation Bd. 3, S. 154.

42 Vgl. bei Nr. 531, Dokumentation Bd. 1, S. 353.

43 Vgl. bei Nr. 518, Dokumentation Bd. 2, S. 123.

44 Vgl. bei Nr. 530, Dokumentation Bd. 1, S. 396ff.

45 Vgl. bei Nr. 510, Dokumentation Bd. 1, S. 168.

46 Vgl. bei Nr. 411, Dokumentation Bd. 1, S. 148.

47 Nr. 535, Dokumentation Bd. 2, S. 124.

48 Nr. 483, Dokumentation Bd. 1, S. 188ff

49 Näheres bei Herbert Schwarzwälder, Bremen und Nordwestdeutschland am Kriegsende 1945, Bd. 2: Der britische Vorstoß an die Weser, S. 72; dort auch einiges zu den Verfahren, mit denen sich das Standgericht, soweit bekannt, befaßt hat.

50 Nr. 528, Dokumentation Bd. 1, S. 192ff.

51 Nr. 505, Dokumentation Bd. 1, S. 351ff.

52 Nr. 479, Dokumentation Bd. 3, S. 260f.

53 Nr. 483, Dokumentation Bd. 1, S. 180f.

54 Weitere Urteile aus der Zeit von Februar bis März 1945 sind dokumentiert in Bd. 1: Nr. 524, S. 231; Nr. 466, S. 278; Nr. 498, S. 289; Nr. 521, S. 300; Nr. 525, S. 301; Nr. 489, S. 344 (abgetrenntes Verfahren); Nr. 529, S. 395; Nr. 530, S. 396. In Bd. 2: Nr. 527, S. 169; Nr. 526, S. 252; Nr. 516, S. 281; Nr. 523, S. 283. In Bd. 3: Nr. 522, S. 41.

55 Nr. 528, Dokumentation Bd. 1, S. 192ff.

56 Nr. 511, Dokumentation Bd. 2, S. 285.

57 Nr. 532, Dokumentation Bd. 2, S. 124.

58 Nr. 533, Dokumentation Bd. 1, S. 302f.

59 Nr. 531, Dokumentation Bd. 1, S. 353.

60 Nr. 534, Dokumentation Bd. 2, S. 69f.

61 Die Proklamation ist abgedruckt in Dokumentation Bd. 1, S. 51.

62 Vgl. dazu Hans Wrobel, Verurteilt zur Demokratie – Justiz und Justizpolitik 1945 bis 1949, Heidelberg 1989, passim.

63 Abgedruckt in Dokumentation Bd. 3, S. 325ff.

64 Nr. 207, Dokumentation Bd. 2, S. 174ff.

65 Nr. 63, Dokumentation Bd. 1, S. 100ff.

66 Vgl. dazu Hans Wrobel, Artikel Rechtspflege, in: Volker Kröning, Günter Pottschmidt, Ulrich K. Preuß, Alfred Rinken (Hrsg.), Handbuch der Bremischen Verfassung, Baden-Baden 1991, S. 471ff., mit weiteren Nachweisen.

67 Verhandlungen der Bremischen Bürgerschaft vom Jahre 1947, S. 200f.

Zuchthaus Bremen-Oslebshausen

Politische Gefangene

Henning Maul-Backer

Niemand kennt die genaue Zahl der bei Kriegsende in Bremen inhaftierten Gefangenen. Die von den Kriegs-, Sonder- und Strafgerichten Verurteilten, die Zwangsarbeiter und die vielen Kriegsgefangenen waren nicht nur in den Strafgefängnissen und dem Zuchthaus Bremen-Oslebshausen untergebracht, sondern überwiegend in den über das ganze Stadtgebiet verteilten Außenarbeitsstellen und Gemeinschaftslagern interniert. Ein vollständiger Überblick über das Schicksal all dieser Menschen nach Einmarsch der alliierten Truppen scheint angesichts der spärlichen Quellen heute nicht mehr möglich. Die Militärregierung und die nach und nach wieder in Gang gesetzten Behördenapparate hatten andere Sorgen, als der Nachwelt eine lückenlose Dokumentation zu hinterlassen. So bietet es sich an, den Blick exemplarisch auf die Gefangenen des Sondergerichts Bremen zu richten. Denn die Akten dieses Gerichts, die nicht nur das Votermittlungs- und das Gerichtsverfahren bis zum Urteil dokumentieren, sondern auch Auskunft über die Vollstreckung geben, sind fast vollständig im Staatsarchiv Bremen erhalten.[1] Zahlreiche der über 700 zwischen dem 15. März 1940 und dem 24. April 1945 zu Freiheitsstrafen Verurteilten saßen bei Kriegsende noch in Haft.

Nach ihrem Einmarsch legten die britischen Truppen den gesamten Justizapparat in Bremen vorläufig still. Dem Sondergericht, seit dem 15. März 1940 für die Aburteilung politischer Straftaten von sogenannten Kriegshetzern und Volksschädlingen, Brandstiftern, Plünderern, Wehrkraftzersetzern und Saboteuren, Kriegsschiebern, Schwarzschlächtern und gefährlichen Gewohnheitsverbrechern zuständig, war der »Kampfauftrag« entzogen. Die »innere Front«, die zu schützen die Justiz sich zum Ziel gesetzt hatte, war zusammengebrochen. Die letzte Anklage der Staatsanwaltschaft[2] zum Sondergericht Bremen trägt das Datum vom 20. April 1945, Hitlers letztem Geburtstag. Dem Angeklagten, einem 20jährigen Franzosen, dem vorgeworfen wurde, während eines Fliegeralarms im Lager »Graf Spee« mindestens drei Schränke von Arbeitskameraden aufgebrochen und daraus Lebensmittel und ein paar alte Gebrauchsgegenstände entwendet zu haben, blieb der Prozeß erspart. Zusammen mit anderen ausländischen Gefangenen befreiten ihn die Briten am 26. April 1945 aus dem Gerichtsgefängnis Bremen-Stadt. Am 24. April 1945 fand die letzte Verhandlung vor dem Sondergericht Bremen statt.[3] Es verurteilte eine 23jährige Postfacharbeiterin als Volksschädling zu einer Gefängnisstrafe von neun Monaten, weil sie der Versuchung nicht hatte widerstehen können, einige von der Front als unzustellbar zurückgekommene Feldpostpäckchen aufzureißen und Süßwaren an sich zu nehmen. Die Posthelferin hatte Glück. Vielleicht unter dem Eindruck der bereits unmittelbar vor der Stadt stehenden alliierten Truppen setzte das Sondergericht die Gefängnisstrafe zur Bewährung aus und ordnete die Entlassung der Verurteilten aus der Haft noch für den gleichen Tag an.

Was aber geschah kurz vor und nach dem Einmarsch der Alliierten mit den vielen anderen Gefangenen des Sondergerichts Bremen? Soweit zu kürzeren Gefängnisstrafen verurteilt, verbüßten viele ihre Haftzeiten im Gerichtsgefängnis Bremen-Stadt, andere im Strafgefängnis Vechta. »Moortaugliche« Zuchthausgefangene wurden von Oldenburg aus in die Emslandlager geschickt. Wieder andere verschlug es in die Zuchthäuser Brandenburg-Görden, Zwikkau oder Hamburg-Fuhlsbüttel. Die meisten Frauen waren in den Zuchthäusern Lübeck-Lauerhof und Anrath bei Krefeld untergebracht. Etliche weibliche Gefangene mußten in dem Gefangenenlager Elbregulierung Griebo härteste körperliche Arbeit leisten.

Das Schicksal derjenigen Gefangenen, die ihre Strafe in den später von russischen Truppen eingenommenen Gebieten verbüßten und dort meist in Arbeitslagern untergebracht waren, blieb für die Vollstreckungsbehörden wegen der unterbrochenen Nachrichtenverbindungen vielfach und zum Teil über Monate unklar. So teilte der Vorstand des Zuchthauses Brandenburg-Görden erst unter dem 23. November 1945 mit, alle dortigen Gefangenen seien »bei dem Russeneinbruch entlassen bzw. von der Roten Armee befreit worden«.[4] Die meisten Insassen des Zuchthauses Zwickau, darunter zahlreiche Ausländer, die das Sondergericht Bremen verurteilt hatte, und des Gefangenenlagers Elbregulierung Griebo wurden von Angehörigen der Roten Armee im Mai und im Juni 1945 befreit.

Westlich von Bremen hatten die Nationalsozialisten kurz vor dem Zusammenbruch selbst für die Entlassung vieler Gefangener gesorgt und waren so einer Befreiung der Inhaftierten durch die alliierten Truppenverbände zuvorgekommen. So wurden ab 4. April 1945 aus dem im Bezirk des Generalstaatsanwalts Oldenburg gelegenen Strafgefängnis Vechta zahlreiche Häftlinge entlassen. In einer Akte des Sondergerichts Bremen findet sich hierzu folgender Vermerk vom 6. August 1945:[5]

»Es handelt sich um die Anordnung der vorgesetzten Dienststelle – Generalstaatsanwalt Oldenburg –, daß im Falle einer drohenden feindlichen Besetzung alle Strafgefangenen mit Strafresten bis zu 9 Monaten, in besonderen Fällen bis zu einem Jahr, zu entlassen seien. Der Plan, in dem alle zu treffenden Maßnahmen im Falle einer Invasion enthalten waren, wurde SS-Plan

Im ehemaligen Hotel »Europäischer Hof« war ein Gemeinschaftslager eingerichtet worden

Durch nationalsozialistische Richter der Freiheit beraubt

genannt. Er war als ›geheime Reichssache‹ zu behandeln und ist nicht mehr vorhanden.«

Von der Anordnung des Generalstaatsanwalts Oldenburg profitierten mindestens drei vom Sondergericht Bremen zu Gefängnisstrafen Verurteilte: ein wegen defätistischer Äußerungen über deutsche Soldaten an der Ostfront zu einem Jahr und sechs Monaten Gefängnis verurteilter Zimmermann,[6] ein wegen Verleumdung der Gestapo zu neun Monaten Gefängnis verurteilter Maschinenbauer[7] und ein Kaufmann, dem das Sondergericht wegen Verbrechens nach der Kriegswirtschaftsverordnung ein Jahr und zwei Monate Gefängnis auferlegt hatte, weil er von Januar 1940 bis März 1941 insgesamt 653 kg Butter ohne die erforderlichen Bezugsscheine an seine Kunden abgegeben hatte.[8] Offenbar hat es eine ähnliche Regelung auch in Bremen gegeben. Am 1. Februar 1945 hatte das Sondergericht einen von der Organisation Todt bei dem Bauvorhaben »Hornisse« auf dem Gelände der AG Weser eingesetzten Italiener wegen leichtfertiger Beschädigung einer kriegswichtigen Maschine zu einer Gefängnisstrafe von einem Jahr verurteilt.[9] Am 20. April 1945, die alliierten Truppen näherten sich bereits Bremen, gewährte der Oberstaatsanwalt dem Verurteilten Strafunterbrechung von drei Monaten mit der Begründung: »Strafreste von neun Monaten sollen ausgesetzt werden.« Tags darauf wurde er aus dem Gerichtsgefängnis Bremen-Stadt entlassen.

Was bedeutete nun der Einmarsch britischer und amerikanischer Truppen für die in der Stadt inhaftierten Gefangenen?

Zunächst sammelten die Alliierten Gefangene, die überall im Stadtgebiet in Lagern und Außenarbeitsstellen verteilt waren, und brachten sie in das Zuchthaus Bremen-Oslebshausen, wo am 30. April 1945 insgesamt 1313 Häftlinge einsaßen, obwohl die Anstalt zum damaligen Zeitpunkt lediglich über 874 Plätze verfügte.[10] Manche Gefangene nutzten auch die Gunst der Stunde und flohen; in aller Regel wurde ihnen später die restliche Strafe erlassen. Die Befreiung des Gerichtsgefängnisses Bremen-Stadt, das später als Untersuchungshaftanstalt diente und heute die Diensträume der

Strafgefangene im Zuchthaus Bremen-Oslebshausen

Staatsanwaltschaft Bremen beherbergt, war eine der ersten Amtshandlungen der in die Stadt einmarschierenden Truppen am 26. April 1945. Sämtliche Ausländer wurden auf freien Fuß gesetzt.
Unter ihnen befanden sich neben dem bereits erwähnten Franzosen[11] auch fünf vom Sondergericht Bremen Verurteilte, nämlich drei Italiener, die wegen Diebstahls von 15 l Wein während eines Arbeitseinsatzes als Kriegsgefangene im Hafen am 14. Dezember 1944 zu je sechs Monaten Gefängnis verurteilt worden waren,[12] ein am 17. April 1945 verurteilter Tscheche, der wegen Diebstahls zweier Schwarzbrote eine Gefängnisstrafe von vier Monaten verbüßte[13] und eine Belgierin. Diese war 1940 freiwillig als Arbeiterin nach Deutschland gekommen. Sie wohnte in dem Gemeinschaftslager, das die Focke-Wulf-Werke im ehemaligen Hotel »Europäischer Hof« eingerichtet hatten. Das Haus brannte nach dem Luftangriff in der Nacht vom 18. auf den 19. August 1944 teilweise aus. Nach der Bergung aus den Trümmern des Hotels waren 30 Koffer in einem bewachten Raum untergestellt worden. Um ihr Hab und Gut transportieren zu können, leerte die Belgierin den Koffer einer Arbeitskollegin und packte ihre eigenen Sachen hinein. Als der Koffer sichergestellt wurde, fehlten mehrere Kleidungsstücke und etwa 100 Reichsmark in bar.
Das Sondergericht verurteilte die Belgierin am 31. Oktober 1944 als Volksschädling wegen Diebstahls zu drei Jahren Zuchthaus.[14] Ihre Entlassung am 26. April 1945 und möglicherweise auch ihr Leben hatte sie den Wirren der letzten Kriegswochen zu verdanken: Die Verurteilte blieb zunächst zur Verbüßung der Strafe im Gerichtsgefängnis Bremen-Stadt. Sie sollte am 1. Februar 1945 zur Strafverbüßung in das Zuchthaus Cottbus transportiert werden. Am 21. Februar 1945 kam sie wieder im Untersuchungsgefängnis Bremen-Stadt an, denn »der Transport konnte infolge Feindeinwirkung nicht ausgeführt werden«. Während dieser Vorgänge hatte der Oberstaatsanwalt den Ausgang des Verfahrens nach Berlin berichtet. Der Reichsjustizminister äußerte am 5. März 1945 Bedenken gegen das Urteil und wies den Oberstaatsanwalt an, beim Oberreichsanwalt die Einlegung der Nichtigkeitsbeschwerde mit dem Ziel einer Verurteilung der Belgierin wegen Plünderns anzuregen. Die Todesstrafe wäre die unweigerliche Folge gewesen. Der Oberstaatsanwalt, der vor dem Prozeß an den Reichsjustizminister berichtet hatte, er werde die Todesstrafe beantragen, in der Verhandlung tatsächlich aber fünf Jahre Zuchthaus gefordert hatte, schrieb unter dem 16. April 1945 seinem vorgesetzten Generalstaatsanwalt: »Von der Anregung der Nichtigkeitsbeschwerde habe ich – dortiges Einverständnis voraussetzend – angesichts der Zeitverhältnisse Abstand genommen. Die erkannte Strafe wird meines Erachtens dem Unrechtsgehalt der Tat gerecht.« Auf Nachfrage nach dem Verbleib der Verurteilten teilte der Vorstand des Gerichtsgefängnisses am 8. August 1945 dem Oberstaatsanwalt mit: »Die C. wurde am 26. April 1945 durch die Besatzungstruppe entlassen.« Am 13. August 1945 erklärte der Oberstaatsanwalt die Strafvollstreckung für erledigt.
Die im Zuchthaus Bremen-Oslebshausen einsitzenden Gefangenen mußten länger auf ihre Befreiung warten. Die Militärregierung legte Wert darauf, jeden einzelnen Fall genau zu prüfen. Dies geschah in einem besonderen Verfahren, und zwar in mehreren Schritten.
Am 16. Mai 1945 beauftragte die amerikanische Militärregierung zwei Offiziere, Lt. Col. Wahl, prisons officer, und Capt. Guthrie, legal officer, mit der Überprüfung von Gefangenen, die Staatsangehörige einer der alliierten Mächte waren oder als politische Gefangene angesehen wurden. Bereits am 25. Mai 1945 hatte diese Kommission nach dem Bericht der Militärregierung[15] sämtliche politischen Gefangenen entlassen. Ihre genaue Zahl wird nicht mitgeteilt. Weit überwiegend dürfte es sich um ehemalige KZ-Häftlinge, Kriegsgefangene und Verurteilte der Kriegsgerichte gehandelt haben. Aus den Akten ergibt sich, daß sechs vom Sondergericht Bremen Verurteilte, ein Franzose, ein Italiener und vier Deutsche, auf Veranlassung dieser ersten Kommission zwischen dem 17. und dem 25. Mai 1945 aus dem Zuchthaus Bremen-Oslebshausen in die Freiheit entlassen wurden.
Der 1925 geborene Franzose stammte aus dem Elsaß, das durch den Versailler Vertrag von 1919 wieder französisches Staatsgebiet geworden war. Von einem Kriegsgericht wegen Wehrkraftzersetzung verurteilt, verbüßte er in Bremen eine Zuchthausstrafe von fünf Jahren. Zeitweise war er einer Transportkolonne im Industriehafen zugeteilt, von wo ihm während des Luftangriffs am 24. Juni 1944 die Flucht gelang. Aus einem unverschlossenen und von den Bewohnern wegen des Luftalarms verlassenen Haus nahm er eine Jacke und eine Hose. Mit einem kurz nach der Entwarnung entwendeten Fahrrad ergriff er die Flucht, die im Teufelsmoor mit seiner Verhaftung endete. Das Sondergericht Bremen erwog die Verhängung der Todesstrafe und sah hiervon nur ab, »weil der Angeklagte zur Zeit der Tat erst kurz vor der Vollendung des 19. Lebensjahres stand und bei dem Diebstahl offensichtlich unter der seelischen Einwirkung des Bombenangriffs gestanden hat«. Als Volksschädling wird er am 7. November 1944 wegen Diebstahls unter Ausnutzung des Fliegeralarms zu fünf Jahren Zuchthaus verurteilt.[16] Die Militärregierung verfügte seine Entlassung als »politischer Ausländer« am 17. Mai 1945. Ebenfalls am 17. Mai 1945 wurde ein italienischer Zuchthausgefangener entlassen, den das Sondergericht in einer seiner letzten Sitzungen, am 13. März 1945, als Volksschädling wegen Verbrechens nach der Verordnung zur Ergänzung der Strafvorschriften zum Schutze der Wehrkraft des deutschen Volkes zu fünf Jahren Zuchthaus verurteilt hatte.[17] Der Verurteilte war als italienischer Kriegsgefangener bei einer bremischen Firma beschäftigt gewesen. In den Abendstunden des 16. Januar 1945 wurde Luftalarm gegeben. Die Abwesenheit seiner Arbeitskollegen nutzte er zur Zerstörung einer Blechschneidemaschine, deren Reparatur fast eine Woche dauerte. Dadurch fielen elf Arbeitsschichten aus, und die Firma kam mit »äußerst kriegswichtigen Lieferungen« in Verzug. Auch hier erwog das Sondergericht die Todesstrafe, von der es nur absah, weil der Angeklagte seine Entlassung und einen anderweitigen Arbeitseinsatz erreichen wollte und »sich weitere Gedanken über die nach-

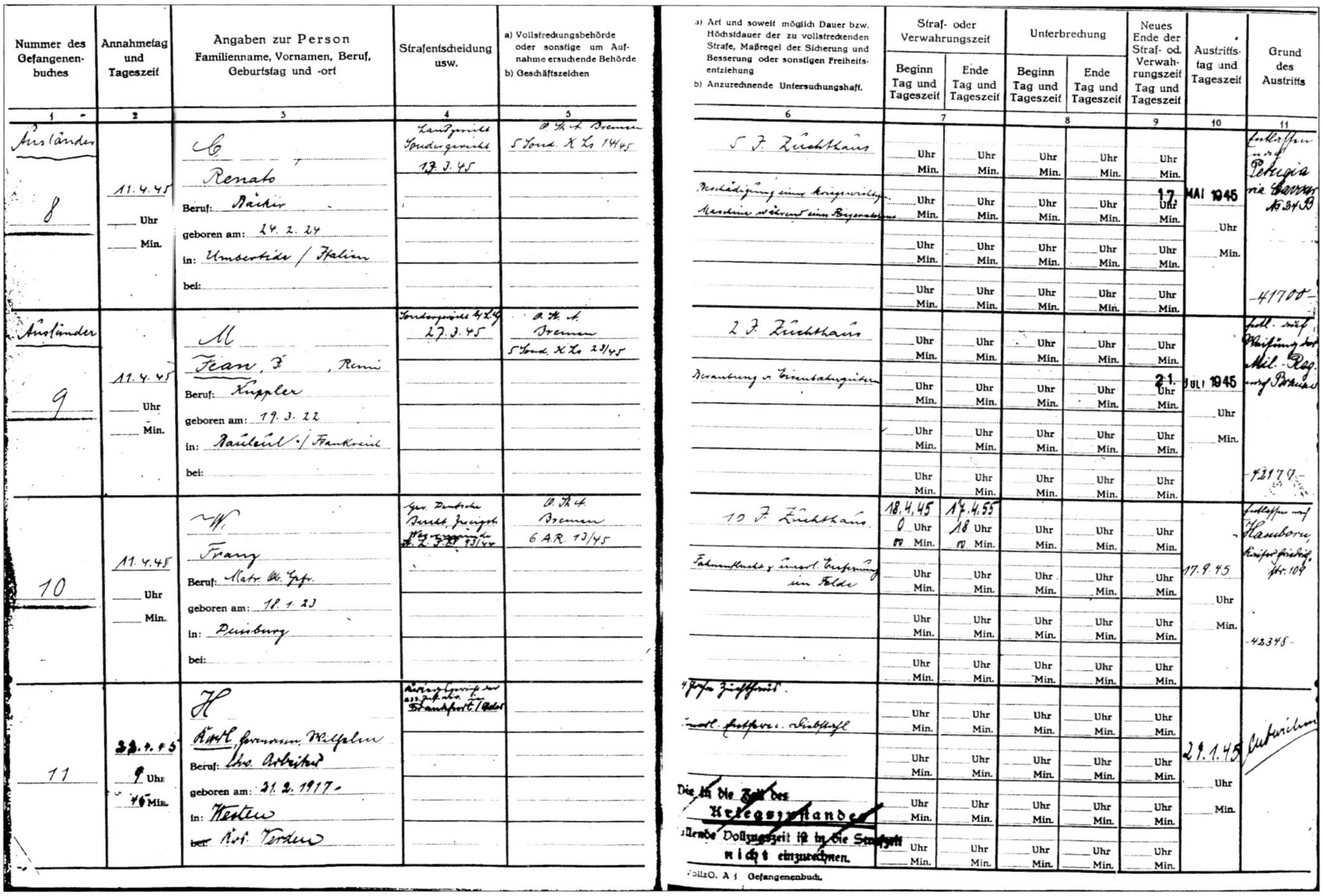

Nummer des Gefangenenbuches	Annahmetag und Tageszeit	Angaben zur Person Familienname, Vornamen, Beruf, Geburtstag und -ort	Strafentscheidung usw.	a) Vollstreckungsbehörde oder sonstige um Aufnahme ersuchende Behörde b) Geschäftszeichen	a) Art und soweit möglich Dauer bzw. Höchstdauer der zu vollstreckenden Strafe, Maßregel der Sicherung und Besserung oder sonstigen Freiheitsentziehung b) Anzurechnende Untersuchungshaft.	Straf- oder Verwahrungszeit Beginn Tag und Tageszeit	Straf- oder Verwahrungszeit Ende Tag und Tageszeit	Unterbrechung Beginn Tag und Tageszeit	Unterbrechung Ende Tag und Tageszeit	Neues Ende der Straf- od. Verwahrungszeit Tag und Tageszeit	Austrittstag und Tageszeit	Grund des Austritts
1	2	3	4	5	6	7	7	8	8	9	10	11
Ausländer 8	11.4.45 Uhr Min.	C Renato Beruf: Bäcker geboren am: 24.2.24 in: Umbertide / Italien bei:	Landgericht Sondergericht 17.3.45	O. St. A. Bremen 5 Sond. K Ls 14/45	5 J. Zuchthaus Beschädigung einer kriegswichtigen Maschine während eines [illegible]	Uhr Min.	Uhr Min.	Uhr Min.	Uhr Min.	17.	MAI 1945 Uhr Min.	Entlassen nach Perugia via Brenner Nr. 34 B -41700-
Ausländer 9	11.4.45 Uhr Min.	M Jean, J., Remi Beruf: Kuppler geboren am: 19.3.22 in: [illegible] / Frankreich bei:	Sondergericht 4 KLs 27.3.45	O. St. A. Bremen 5 Sond. K Ls 23/45	2 J. Zuchthaus Beraubung v. Eisenbahngütern	Uhr Min.	Uhr Min.	Uhr Min.	Uhr Min.	21.	JULI 1945 Uhr Min.	Entl. auf Weisung der Mil.-Reg. nach [illegible] -42177-
10	11.4.45 Uhr Min.	W Franz Beruf: Matr. Ob. Gefr. geboren am: 18.1.23 in: Duisburg bei:	Ger. Deutscher Bucht, Zweigstelle [illegible] 93/44	O. St. A. Bremen 6 AR. 13/45	10 J. Zuchthaus Fahnenflucht u. unerl. Entfernung im Felde	18.4.45 0 Uhr 00 Min.	17.4.55 18 Uhr 00 Min.	Uhr Min.	Uhr Min.	Uhr Min.	17.9.45 Uhr Min.	Entlassen nach Hamborn, Kaiser Friedrich Str. 109 -42348-
11	23.4.45 9 Uhr 45 Min.	H Karl, genannt Wilhelm Beruf: [illegible] Arbeiter geboren am: 21.2.1917 in: [illegible] bei: Kr. Verden	Kriegsgericht der [illegible] in Frankfurt/Oder		4 Jahre Zuchthaus unerl. Entfernung, Diebstahl Die in die Zeit des Kriegszustandes fallende Vollzugszeit ist in die Strafzeit nicht einzurechnen.	Uhr Min.	Uhr Min.	Uhr Min.	Uhr Min.	Uhr Min.	29.1.45 Uhr Min.	Entwichen

VollzO. A 1 Gefangenenbuch.

Gefangenenbuch des Zuchthauses Bremen-Oslebshausen

teiligen Folgen seiner Tat für die deutsche Kriegsrüstung und Reichsverteidigung kaum gemacht hat«.

Am 18. Mai 1945 sorgte die Militärregierung für die Entlassung eines am 17. November 1944 zu zwei Jahren und sechs Monaten Zuchthaus verurteilten[18] ehemaligen KZ-Häftlings, der auf seiner Flucht aus der Konzentrationslagerhaft im Mai 1944 ein Damenfahrrad gestohlen hatte und in einen bombenbeschädigten Laden eingebrochen war, um sich Zivilkleider zu beschaffen.

Die Entlassung eines weiteren vom Sondergericht Bremen verurteilten Gefangenen verfügte die Militärregierung am 23. Mai 1945. Zusammen mit einem anderen Strafgefangenen war der Angeklagte am 22. Dezember 1943 zur Beseitigung eines Sprengbombenblindgängers in einem geräumten Haus eingesetzt. Unter der Kellertreppe fanden sie zwei Paar Arbeitsstiefel, die sie anzogen, während sie ihr eigenes Schuhzeug zurückließen. Das Urteil vom 18. Juli 1944[19] zeigt, mit welch unerbittlicher Härte das Sondergericht zuschlagen konnte, wenn es die »innere Kriegsfront« gefährdet sah und meinte, die Volksgemeinschaft schützen zu müssen. Einen der beiden Täter verurteilte das Gericht als Volksschädling und gefährlichen Gewohnheitsverbrecher zum Tode; am 28. August 1944 wurde er in der Untersuchungshaftanstalt Hamburg-Stadt hingerichtet. Sein Kamerad kam mit einer Zuchthausstrafe von drei Jahren davon, die bis zur Entlassung am 23. Mai 1945 im Zuchthaus Bremen-Oslebshausen vollstreckt wurde.

Die beiden letzten im Mai 1945 verfügten Entlassungen beziehen sich auf zwei deutsche Gefangene, die bereits im Jahre 1942 wegen Diebstahls zu Gefängnisstrafen von vier bzw. sechs Monaten verurteilt worden waren, weil sie sich bei ihren Arbeitseinsätzen als Zuchthausgefangene relativ geringwertige Sachen aus bombenbeschädigten Häusern angeeignet hatten. Obwohl in beiden Fällen die Vollstreckung unter normalen Umständen Anfang 1944 erledigt gewesen wäre, saßen beide im Mai 1945 immer noch ein. Die Staatsanwaltschaft hatte – wie in vielen anderen Fällen auch – verfügt, die in die Zeit des Kriegszustandes fallende Vollstreckungszeit nicht in die Strafzeit einzurechnen. Grundlage für diese Praxis war die Verordnung vom 11. Juni 1940 über die Vollstreckung von Freiheitsstrafen wegen einer während des Krieges begangenen Tat.[20] Nach den Vorstellungen

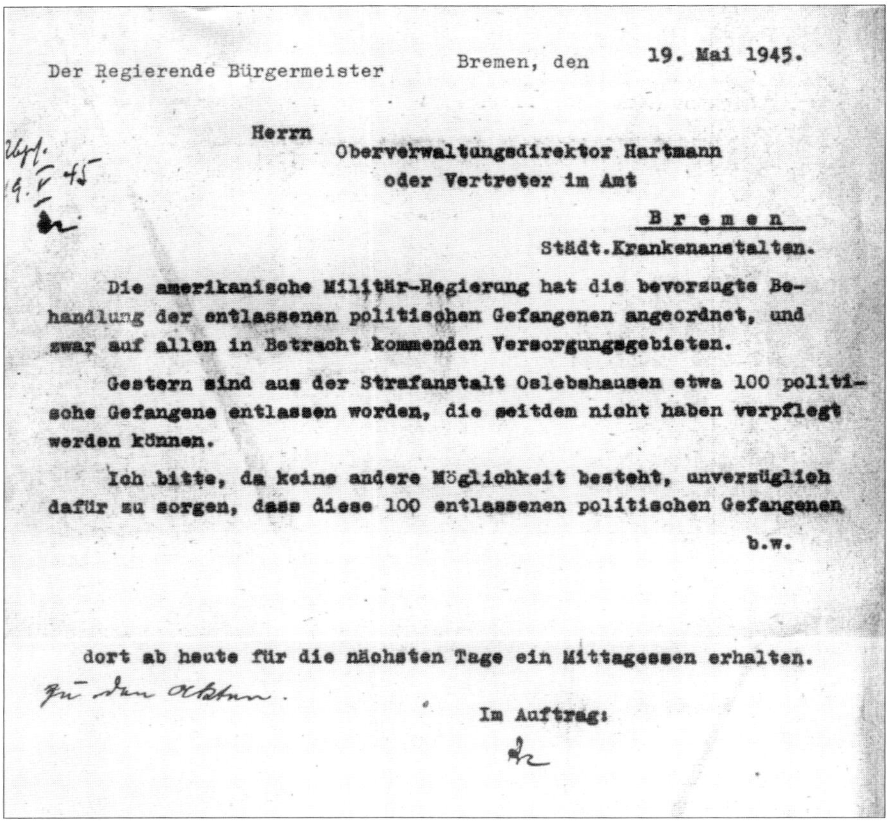

Der Regierende Bürgermeister Bremen, den 19. Mai 1945.

Herrn
Oberverwaltungsdirektor Hartmann
oder Vertreter im Amt

Bremen
Städt.Krankenanstalten.

Die amerikanische Militär-Regierung hat die bevorzugte Behandlung der entlassenen politischen Gefangenen angeordnet, und zwar auf allen in Betracht kommenden Versorgungsgebieten.

Gestern sind aus der Strafanstalt Oslebshausen etwa 100 politische Gefangene entlassen worden, die seitdem nicht haben verpflegt werden können.

Ich bitte, da keine andere Möglichkeit besteht, unverzüglich dafür zu sorgen, dass diese 100 entlassenen politischen Gefangenen

b.w.

dort ab heute für die nächsten Tage ein Mittagessen erhalten.

Im Auftrag:

Entlassung der ersten politischen Gefangenen aus der Strafanstalt Bremen-Oslebshausen

der Nationalsozialisten sollte kein wehrfähiger Mann sicher in Haft sitzen, während deutsche Soldaten an der Front ihr Leben riskierten.

Die Vollstreckungsakten der Staatsanwaltschaft sprechen für sich. Im ersten Fall[21] verfügte der zuständige Rechtspfleger am 8. September 1942:[22]

1. *Zu vollstrecken ist eine Gefängnisstrafe von sechs Monaten. K. befindet sich zur Zeit für das Amtsgericht Nürnberg [zur Vollstreckung einer Zuchthausstrafe von einem Jahr wegen Urkundenfälschung und Betruges, d. Verf.] in Oslebshausen in Strafhaft. Er ist Kriegsverbrecher (Strafzeitberechnung nach Kriegsende). Diese Strafe ist anschließend zu vollstrecken.*
2. *Aufnahmeersuchen an das Zuchthaus in Bremen-Oslebshausen. Diese Strafe ist anschließend zu vollstrecken (nach Kriegsende). …*

8. Nach 1 Jahr vorl.

Pünktlich wurde die Akte vorgelegt. Unter dem 8. September 1943 ist zu lesen:

1. Der Krieg dauert noch an.

2. Nach 1 Jahr.

Am 8. September 1944 lautet die Verfügung des Rechtspflegers:

Nach 1 Jahr

Tatsächlich wurde die Akte schon am 8. August 1945 vorgelegt. Unter diesem Datum liest man im Vollstreckungsheft:

Laut fernmündlicher Auskunft des Zuchthauses Oslebshausen ist der Verurteilte K. am 23. Mai d. J. auf Veranlassung der Militärregierung aus der Strafhaft entlassen worden.

Die Akte schließt mit der Verfügung vom 8. August 1945:

Die Strafvollstreckung ./. K. gilt als erledigt. … Weglegen.

Im zweiten Fall[23] vermerkte der Rechtspfleger nach dem Krieg (am 5. Sept. 1945):[24]

1. Sch. ist durch die Strafkammer Osnabrück wegen widernatürlicher Unzucht am 25.9.1941 zu 2 Jahren Zuchthaus verurteilt worden. Strafbeginn nach Kriegsende – Verordnung v. 11.6.1940. Sch. saß wegen dieser Strafe im Zuchthaus Bremen-Oslebshausen ein.
2. *Am 15.4.1942 ist Sch. durch das Sondergericht Bremen wegen Diebstahls als Volksschädling zu vier Monaten Gefängnis verurteilt worden. Strafbeginn im Anschluß an die Zuchthausstrafe.*
3. *Bei Nichtanwendung der Verordnung vom 11.6.1940 wäre die Zuchthausstrafe zu 1 etwa im September 1943 verbüßt, so daß der Zeitpunkt des Strafbeginns der Gefängnisstrafe zu 2, der Verbüßungstag der Zuchthausstrafe, etwa im September 1943 gewesen wäre. Die Gefängnisstrafe wäre danach etwa im Januar 1944 verbüßt.*
4. *Lt. Mitteilung v. 1.9.1945 des Zuchthauses Bremen-Oslebshausen ist Sch. am 25.5.1945 auf Anordnung der Militärregierung aus der Strafhaft entlassen worden.*

Die Strafvollstreckung galt als erledigt. Abschlußverfügung vom 8. September 1945: *Weglegen.*

Einen weiteren deutschen Gefangenen entließ die Militärregierung am 5. Juni 1945. Ihn hatte das Sondergericht am 15. August 1944 zu vier Jahren Zuchthaus verurteilt,[25] weil er in der Zeit von September 1943 bis Februar 1944 in fünfzehn bis zwanzig Fällen während seiner Tätigkeit als Nachtwächter den englischen Nachrichtensender abgehört hatte.

Die Schwierigkeiten, mit denen die Verwaltung nach der Entlassung der Gefangenen zu kämpfen hatte, illustriert ein Brief des Regierenden Bürgermeisters vom 19. Mai 1945 an die Städtischen Krankenanstalten Bremen:[26]

Die amerikanische Militär-Regierung hat die bevorzugte Behandlung der entlassenen politischen Gefangenen angeordnet, und zwar auf allen in Betracht kommenden Versorgungsgebieten.

Gestern sind aus der Strafanstalt Oslebshausen etwa 100 politische Gefangene entlassen worden, die seitdem nicht haben verpflegt werden können.

Ich bitte, da keine andere Möglichkeit besteht, unverzüglich dafür zu sorgen, daß diese 100 entlassenen politischen Gefangenen dort ab heute für die nächsten Tage ein Mittagessen erhalten.

Nicht unerhebliche Probleme bereitete auch der Rücktransport der Entlassenen in ihre Heimat. Am 2. Juni 1945 vermerkte der Senator für die Finanzen in den Akten:[27]

Es handelt sich darum, etwa 156 entlassene Zuchthäusler nach ihrer Heimat zurückzubringen, und zwar 90 Personen nach Mitteldeutschland und Süddeutschland und 66 Personen ins Rheinland.

Diese Zuchthäusler kosten täglich dem Wohlfahrtsamt 600 RM; ihr Dasein gefährdet die Sicherheit ganz erheblich, so daß das dringendste Interesse daran besteht, diese Personen aus Bremen zu entfernen.

Hierfür ist für die Verwendung von zwei Autobussen eine Summe von 4.000 RM notwendig, mit deren Aufwendung ich mich einverstanden erklärt habe.

Der nachfolgende Briefwechsel mit dem Wohlfahrtsamt und dem Regierenden Bürgermeister – Innere Verwaltung – endet in der Mitteilung des Finanzsenators an den Regierenden Bürgermeister, die Aufwendungen für die Heimschaffung der entlassenen Zuchthausgefangenen seien in dem überplanmäßig genehmigten Titel »Zuschüsse usw. für KZ-Entlassene« zu buchen.

In der Zeit vom 20. bis zum 27. Juli 1945 überprüfte eine weitere Kommission mit den Offizieren Major Watson, legal officer, Capt. Guthrie, legal officer, und Capt. Zimmermann, public safety prisons officer, die Fälle von 121 weiblichen Gefangenen polnischer und tschechischer Staatsbürgerschaft. 82 Frauen wurden in ein nahe gelegenes Lager entlassen, von wo aus sie später in ihre Heimat zurückgebracht wurden.[28] Eine Verurteilte des Sondergerichts Bremen befand sich nicht unter ihnen.

Allerdings entließ die Militärregierung am 21. Juli 1945 zwölf ausländische Häftlinge, die das Sondergericht in den letzten eineinhalb Jahren seiner Tätigkeit unter Anwendung der Volksschädlingsverordnung (mit einer Ausnahme) zu langjährigen Zuchthausstrafen verurteilt hatte. Ihre Freiheit erhielten zurück:

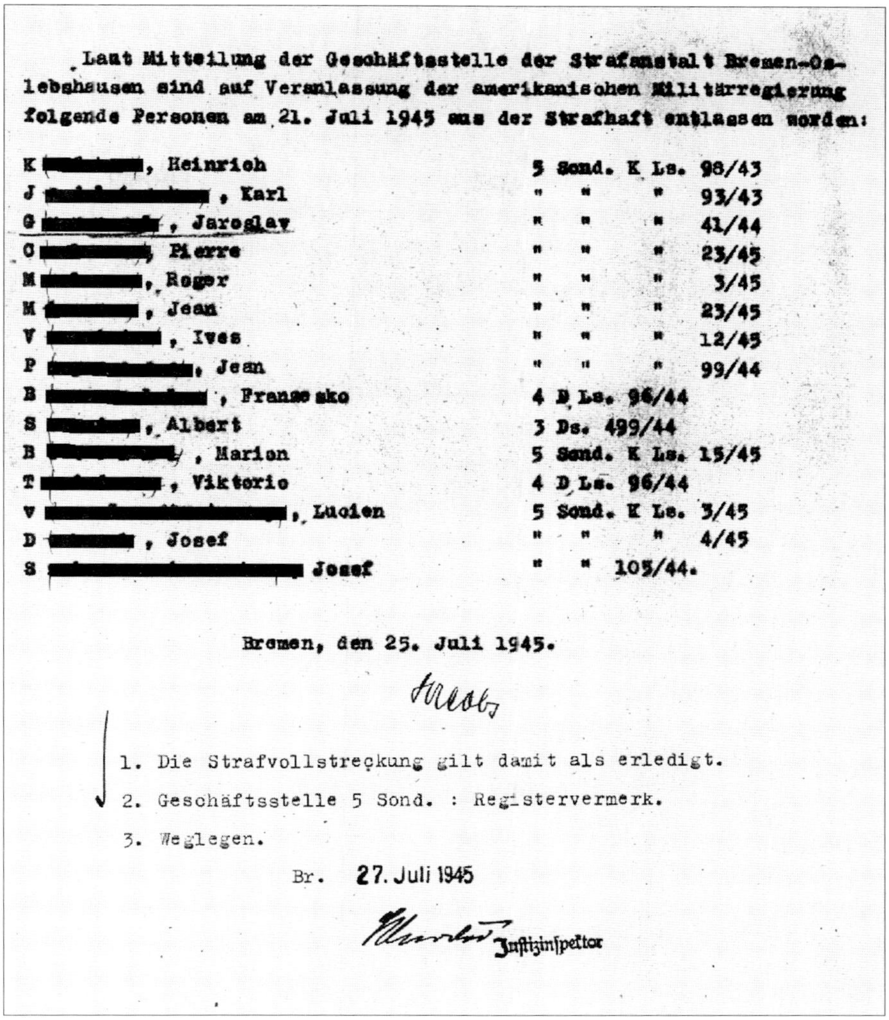

Laut Mitteilung der Geschäftsstelle der Strafanstalt Bremen-Oslebshausen sind auf Veranlassung der amerikanischen Militärregierung folgende Personen am 21. Juli 1945 aus der Strafhaft entlassen worden:

K [redacted], Heinrich	5 Sond. K Ls. 98/43
J [redacted], Karl	" " " 93/43
G [redacted], Jaroslav	" " " 41/44
C [redacted], Pierre	" " " 23/45
M [redacted], Roger	" " " 3/45
M [redacted], Jean	" " " 23/45
V [redacted], Ives	" " " 12/45
P [redacted], Jean	" " " 99/44
B [redacted], Franzesko	4 D Ls. 96/44
S [redacted], Albert	3 Ds. 499/44
B [redacted], Marion	5 Sond. K Ls. 15/45
T [redacted], Viktorio	4 D Ls. 96/44
V [redacted], Lucien	5 Sond. K Ls. 3/45
D [redacted], Josef	" " " 4/45
S [redacted] Josef	" " 105/44.

Bremen, den 25. Juli 1945.

1. Die Strafvollstreckung gilt damit als erledigt.
2. Geschäftsstelle 5 Sond. : Registervermerk.
3. Weglegen.

Br. 27. Juli 1945

Justizinspektor

Entlassung ausländischer Häftlinge aus der Strafanstalt Bremen-Oslebshausen

- ein Tscheche, geboren 1907, seit Februar 1940 im freiwilligen Arbeitseinsatz in Bremen, verurteilt am 15. Dezember 1943 zu drei Jahren Zuchthaus wegen Diebstahls einer Brieftasche in einem Luftschutzbunker während des Fliegeralarms in der Nacht zum 4. September 1943;[29]
- ein Tscheche, geboren 1922, am 17. Mai 1944 wegen Erschleichens von Bezugsscheinen für Kleidung zu drei Jahren Zuchthaus verurteilt;[30]
- ein weiterer Tscheche, geboren 1923, seit 1943 in Bremen, am 28. November 1944 wegen Diebstahls eines Lastkraftwagens während der Verdunkelung und Einbruchsdiebstahls bei einem Schausteller zu vier Jahren Zuchthaus verurteilt;[31]
- ein Franzose, geboren 1920, seit Mai 1944 im Arbeitseinsatz in Bremen, am 7. Dezember 1944 zu zwei Jahren Zuchthaus verurteilt wegen Diebstahls von Eisenbahngütern, vorwiegend von Lebensmitteln aus beschädigten Paketen;[32]
- ein Tscheche, geboren 1924, seit 1941 freiwillig in Bremen, am 10. Januar 1945 verurteilt wegen Diebstahls von Kleidungsstücken aus einem Luft-

Nach der Schließung der deutschen Gerichte übernehmen Briten und Amerikaner die Rechtsprechung in Bremen

schutzkeller und Fahrraddiebstahls zu vier Jahren Zuchthaus;[33]
- ein Franzose, geboren 1918, und ein Belgier, geboren 1923, am 24. Januar 1945 zu drei Jahren Zuchthaus bzw. zwei Jahren und sechs Monaten Zuchthaus verurteilt wegen Einbruchs in Kellerräume und Diebstahls von 50 Konserven und einem kleinen Sack Zucker während der Verdunkelung;[34]
- ein Tscheche, geboren 1920, seit 1942 nach Bremen kommandiert und bei der Reichsbahn beschäftigt, am 31. Januar 1945 wegen Hehlerei von vier Flaschen Weinbrand und Diebstahls von 50 Paketen Tabak, drei Flaschen Öl und fünf Paar neuen Handschuhen zu zwei Jahren Zuchthaus verurteilt (in diesem Fall wendete das Sondergericht die Volksschädlingsverordnung nicht an);[35]
- ein Franzose, geboren 1925, seit Oktober 1942 in freiwilligem Arbeitseinsatz bei den Borgward-Werken, am 20. Februar 1945 wegen Einbruchs in den Gepäckraum des Luftschutzbunkers der Kapitän-König-Schule und Kameradendiebstahls zu drei Jahren Zuchthaus verurteilt;[36]
- ein Italiener, geboren 1912, nach dem Kriegsaustritt Italiens im September 1943 als Kriegsgefangener in deutschen Gewahrsam genommen und nach der Entlassung aus dem Kriegsgefangenenverhältnis seit Sommer 1944 als Zivilarbeiter im Lager »Admiral Brommy« untergebracht, am 6. März 1945 wegen Diebstahls eines Fernglases aus dem Schutt bei Aufräumungsarbeiten an dem Gebäude der Deutschen Dampfschiffahrtsgesellschaft »Hansa« nach dem Bombenangriff vom 6. Oktober 1944 zu einem Jahr und sechs Monaten Zuchthaus verurteilt;[37]
- zwei Franzosen, geboren 1921 und 1922, beide freiwillig zum Arbeitseinsatz in Bremen, am 27. März 1945 wegen Diebstahls einer Wolldecke, eines Regenmantels, eines Koffers mit Wäsche und von zwei Kilogramm Margarine aus mehreren Eisenbahnwaggons zu je zwei Jahren Zuchthaus verurteilt.[38]

Nach den beschriebenen Aktivitäten der Militärregierung kam der deutsche Justizapparat allmählich wieder in Gang. Schon am 27. Juni 1945, also genau zwei Monate nach dem Einmarsch der britischen Truppen, hatte die amerikanische Militärregierung in einem Festakt im Schwurgerichtssaal des Gerichtshauses die Justizverwaltung an den Regierenden Bürgermeister Vagts und Justizsenator Theodor Spitta übergeben.[39] In der am gleichen Tage vom Regierenden Bürgermeister erlassenen Verordnung betreffend die Wiedereröffnung der Gerichte im Staatsgebiet der Freien Hansestadt Bremen[40] heißt es:

Die Gerichte nehmen ihre Tätigkeit mit dem heutigen Tage wieder auf und üben sie entsprechend den Weisungen der Militär-Regierung aus.

Mit nur zwei von Spitta vereidigten Berufsrichtern und etlichen zu Hilfsrichtern bestellten Rechtsanwälten begannen das Landgericht und das Amtsgericht Bremen sogleich mit der Arbeit. Ihre Aufgabe – bezogen auf die Urteile des Sondergerichts Bremen – fanden sie in einem Schreiben des Senators für Justiz und Verfassung vom 19. Juli 1945 an den Kommissarischen Präsidenten des Landgerichts Dr. Lahusen und den Kommissarischen Oberstaatsanwalt Dr. Bollinger:[41]

Nach Ziffer 8 des Gesetzes Nr. 1 der Militär-Regierung darf keine grausame oder übermäßig hohe Strafe verhängt werden. Nach Ziffer 10 desselben Gesetzes müssen alle Strafen, die vor dem Inkrafttreten des Gesetzes Nr. 1 verhängt wurden und im Widerspruch zu diesem Gesetz stehen und noch nicht vollstreckt sind, abgeändert werden, um den Vorschriften dieses Gesetzes zu entsprechen, oder sind aufzuheben. Diese Bestimmungen sind geltendes, die Gerichte und Staatsanwaltschaft bindendes Recht.

Vorbehaltlich anderer Bestimmungen der Militär-Regierung und vorbehaltlich der im Artikel 7 des Gesetzes Nr. 2 der Militär-Regierung festgesetzten Rechte der Militär-Regierung, insbesondere des Rechtes, im Verwaltungswege alle Entscheidungen deutscher Gerichte zu überprüfen, für nichtig zu erklären, aufzuheben, umzuwandeln oder sonstwie die getroffenen Feststellungen, Urteile oder Erkenntnisse irgendeines Gerichtes abzuändern, wird über das auf Grund des Artikels 4 Ziffer 10 des Gesetzes Nr. 1 einzuschlagende Verfahren folgendes bestimmt:

Es ist von Amts wegen zu prüfen, ob vor dem Inkrafttreten des amerikanischen Gesetzes Nr. 1 Strafen verhängt sind, die im Widerspruch zu dem amerikanischen Gesetz Nr. 1 stehen, vor allem zu der Bestimmung, daß keine grausame oder übermäßig hohe Strafe verhängt werden darf.

Es wird in erster Linie Sache der Staats-

anwaltschaft sein, zu prüfen, ob in den vergangenen Jahren grausame oder übermäßig hohe Strafen verhängt worden sind, und gegebenenfalls beim Gericht einen entsprechenden Antrag zu stellen, doch kann auch das Gericht, das seinerzeit in erster Instanz mit der Angelegenheit befaßt war, von sich aus die damals verhängte Strafe abändern oder aufheben…

Zwei Tage später wies der Justizsenator den Oberstaatsanwalt an, »keinen Gefangenen auf Grund meiner Verfügung vom 19. Juli d.J. in Freiheit zu setzen, ehe nicht die Militär-Regierung dazu ihre Zustimmung gegeben hat.«[42]

Obwohl die Militärregierung die Fälle von ausländischen Strafgefangenen weiter der Nachprüfung durch die von ihr eingesetzte Kommission vorbehalten und dem deutschen Gericht nur die Überprüfung der Urteile von Deutschen und Österreichern übertragen hatte, kam eine Menge Arbeit auf das wiedereröffnete Landgericht zu. Wohl in der Mehrzahl der Fälle beantragte die Staatsanwaltschaft in den folgenden Monaten und Jahren die Abänderung der Urteile des Sondergerichts und die Herabsetzung der erkannten Strafen. In der Regel folgte das Landgericht den Anträgen der Staatsanwaltschaft. Zahlreiche Häftlinge wurden danach vorzeitig mit Zustimmung der Militärregierung entlassen. Im November 1945 hatte die Arbeit mit der Überprüfung der Urteile, deren Vollstreckung bis dahin noch nicht erledigt war, einen gewissen Abschluß gefunden. In einem Bericht des Oberstaatsanwalts an den Senator für Justiz und Verfassung heißt es:

Sowohl die Staatsanwaltschaft als auch der Landgerichtspräsident haben dieser Angelegenheit die größte Aufmerksamkeit geschenkt und dahin gewirkt, daß beschleunigt trotz dem erheblichen Mangel an Richtern und Staatsanwälten … Überprüfungen und Entlassungen auf Grund besonderer Gerichtsbeschlüsse in jedem einzelnen Falle vorgenommen werden. Die Zahl der auf diese Weise aus der Strafanstalt Entlassenen ist bis jetzt auf fast 200 zu beziffern. Während die Strafanstalt noch am 15. Mai 1945 1275 Insassen hatte, hatte sie am 15. Oktober 1945 526 Insassen. Gefangene, die aus politischen Gründen in den letzten Jahren ihrer Freiheit beraubt worden sind, sind seit langem sämtlich freigelassen.

Das Landgericht Bremen hatte sich noch bis in das Jahr 1947 mit der Überprüfung von Sondergerichtsurteilen zu befassen, deren Vollstreckung vor Kriegsende bereits erledigt war. Weit überwiegend wurden auch hier die Strafen herabgesetzt, und zwar zum Teil erheblich. Auffallend häufig allerdings hielt das Landgericht die vom Sondergericht Bremen wegen Verstoßes gegen die Kriegswirtschaftsverordnung ausgesprochenen Strafen für angemessen und lehnte deshalb eine Reduzierung ab. Die justitielle Aufarbeitung der Sondergerichtsurteile ist bis heute nicht abgeschlossen. Der berühmt gewordene Fall des polnischen Fremdarbeiters Walerjan Wróbel,[43] den das Sondergericht Bremen am 8. Juli 1942 als 17jährigen wegen Brandstiftung zum Tode verurteilt hatte,[44] wurde für die Staatsanwaltschaft Bremen zum Anlaß, nach und nach die Aufhebung sämtlicher Todesurteile zu beantragen. Von den 43 vollstreckten Todesurteilen hat das Landgericht Bremen inzwischen 19 aufgehoben.

Anmerkungen:

1 *StAB 4,89/5-5 Sond.; vergleiche auch die vollständige, vom Senator für Justiz und Verfassung herausgegebene Dokumentation »Strafjustiz im totalen Krieg – Aus den Akten des Sondergerichts Bremen 1940–1945, Bd. 1. Bremen 1991, bearbeitet von Hans Wrobel, Bd. 2 und 3, Bremen 1994, bearbeitet von Hans Wrobel und Henning Maul-Backer [zitiert: »Dokumentation«]. Soweit die folgenden Fußnoten auf Urteile des Sondergerichts Bremen hinweisen, wird zunächst die laufende Nr. zur Signatur des Staatsarchivs Bremen mitgeteilt und sodann der Hinweis auf die Fundstelle in der Dokumentation gegeben.*

2 *Nr. 535; Dokumentation Bd. 2, S. 124f.*

3 *Nr. 534; Dokumentation Bd. 2, S. 69f*

4 *Vgl. z.B. Nr. 492, Dokumentation Bd. 1, S. 231; Nr. 485, Dokumentation Bd. 1, S. 285.*

5 *Nr. 405; Dokumentation Bd. 1, S. 145.*

6 *Nr. 405; Dokumentation Bd. 1, S. 145.*

7 *Nr. 415; Dokumentation Bd. 1, S. 149f.*

8 *Nr. 106; Dokumentation Bd. 3, S. 204f.*

9 *Nr. 516; Dokumentation Bd. 2, S. 281f.*

10 *16, 1/2 - OMGBRE FHMG B.1., 26.4. - 30.9.45 Part I, S. 170.*

11 *Nr. 535; Dokumentation Bd. 2, S. 124f.*

12 *Nr. 520; Dokumentation Bd. 1, S. 299f.*

13 *Nr. 532; Dokumentation Bd. 2, S. 124.*

14 *Nr. 483; Dokumentation Bd. 1, S. 188f.*

15 *16, 1/2 OMGBRE FHMG B.1., 26.4. - 30.9.45 Part I, S. 170.*

16 *Nr. 476; Dokumentation Bd. 1, S. 283f.*

17 *Nr. 523; Dokumentation Bd. 2, S. 283f.*

18 *Nr. 489; Dokumentation Bd. 1, S. 344ff.*

19 *Nr. 449; Dokumentation Bd. 1, S. 184f.*

20 *RGBl. I S. 877.*

21 *Nr. 235; Dokumentation Bd. 1, S. 214ff.*

22 *Nr. 235, Vollstreckungsheft.*

23 *Nr. 162; Dokumentation Bd. 1, S. 210f.*

24 *Nr. 162, Vollstreckungsheft.*

25 *Nr. 472; Dokumentation Bd. 1, S. 71f.*

26 *3-S.11. Nr. 750.*

27 *3-S.11. Nr. 751.*

28 *16, 1/2 OMGBRE FHMG B.1, 26.4. - 30.9.45 Part I, S. 171.*

29 *Nr. 389; Dokumentation Bd. 1, S. 264f.*

30 *Nr. 445; Dokumentation Bd. 2, S. 160f.*

31 *Nr. 495; Dokumentation Bd. 2, S. 121f.*

32 *Nr. 501; Dokumentation Bd. 1, S. 390ff.*

33 *Nr. 506; Dokumentation Bd. 1, S. 293f.*

34 *Nr. 513; Dokumentation Bd. 1, S. 295f.*

35 *Nr. 514; Dokumentation Bd. 1, S. 392f.*

36 *Nr. 521; Dokumentation Bd. 1, S. 300f.*

37 *Nr. 524; Dokumentation Bd. 1, S. 231f.*

38 *Nr. 529; Dokumentation Bd. 1, S. 395f.*

39 *Walther Richter, Die Organisation der ordentlichen Gerichte in der Enklave Bremen 1945–1947, Bremen 1990, S. 39.*

40 *Brem.GBl. S. 18.*

41 *Zit. in: Dokumentation Bd. 1, S. 53f.*

42 *Zit. in: Dokumentation Bd. 1, S. 54.*

43 *Christoph U. Schminck-Gustavus, Das Heimweh des Walerjan Wróbel. Ein Sondergerichtsverfahren 1941/42, Berlin/Bonn 1986. Unter dem gleichen Titel wurde der Fall 1992 von Rolf Schübel verfilmt.*

44 *Nr. 207; Dokumentation Bd. 2, S. 174ff.*

Wie Bremer Frauen das Kriegsende erlebten

Renate Meyer-Braun

Einleitende Bemerkungen

Warum überhaupt ein gesondertes Kapitel über Frauen? Geht es nicht darum, zu beschreiben oder daran zu erinnern, wie die Menschen in Bremen, egal ob Männer oder Frauen, das Kriegsende erlebten? Waren sie nicht – völlig unabhängig vom Geschlecht – erleichtert oder auch bedrückt? Sicher, der Schrecken angesichts der in den letzten Tagen noch zerstörten Wohnung, die Sorge um abwesende Familienangehörige, aber auch die Freude über das Ende der Bombardierung und Beschießung – all das waren »allgemein menschliche« Erfahrungen und Gefühle. In der Mehrzahl waren es jedoch Frauen und Kinder, die in den zahlreichen Bremer Bunkern saßen und auf das Kriegsende warteten, während die meisten Männer, soweit sie nicht unabkömmlich waren, an der Front standen. Und außerdem gab es Bereiche, in denen das Geschlecht schon eine erhebliche Rolle spielte. Es machte eben durchaus einen Unterschied, ob eine Frau oder ein Mann sich allein einem Soldaten der britischen Kampftruppen gegenübersah. – Genauso übrigens, wie es für den Engländer nicht unerheblich war: Der Mann konnte ein deutscher Soldat, also gefährlich sein, die Frau in der Regel nicht. – Den Bremerinnen hatte die Nazi-Propaganda genau wie allen anderen deutschen Frauen das Bild vom plündernden und vergewaltigenden Feind eingehämmert. Oder, um ein weiteres Beispiel zu nennen: Das Gefühl der Verantwortung für die Familie, für die Sicherheit und Ernährung der Kinder, war bei den Frauen auf Grund ihres Rollenverständnisses ganz anders ausgeprägt als bei den Männern. Es macht also durchaus Sinn, den Frauen ein extra Kapitel zu widmen. Gerade für Extremsituationen wie Krieg, Kriegsende und Nachkriegszeit zeigt sich deutlich, daß Geschichte von Frauen und Männern unterschiedlich erlebt wird und sich z.T. auch unterschiedlich auswirkt.

Die Rolle der Frauen in dieser Epoche unserer Geschichte ist lange Zeit kaum, in den letzten Jahren dagegen häufiger thematisiert, ja, auch gewürdigt worden. So widmete Richard von Weizsäcker in seiner berühmten Rede anläßlich der 40. Wiederkehr der Kapitulation am 8. Mai 1985 den Frauen einen ganzen Abschnitt:

»Den vielleicht größten Teil dessen, was den Menschen aufgeladen war, haben die Frauen der Völker getragen. Ihre Leiden, ihre Entsagung und ihre stille Kraft vergißt die Weltgeschichte nur allzu leicht. Sie haben gebangt und gearbeitet, menschliches Leben getragen und beschützt. Sie haben getrauert um gefallene Väter und Söhne, Männer, Brüder und Freunde. Sie haben in den dunklen Jahren das Licht der Humanität vor dem Erlöschen bewahrt.

Am Ende des Krieges haben sie als erste und ohne Aussicht auf eine gesicherte Zukunft Hand angelegt, um wieder einen Stein auf den anderen zu setzen, die Trümmerfrauen in Berlin und überall. Als die überlebenden Männer heimkehrten, mußten die Frauen oft wieder zurückstehen. Viele Frauen blieben auf Grund des Krieges allein und verbrachten ihr Leben in Einsamkeit.

Wenn aber die Völker an den Zerstörungen, den Verwüstungen, den Grausamkeiten und Unmenschlichkeiten innerlich nicht zerbrachen, wenn sie nach dem Krieg langsam wieder zu sich selbst kamen, dann verdanken wir es zuerst unseren Frauen.«

Mag der Stil dieser Passage manch einer zu pathetisch klingen und das hier gezeichnete Frauenbild selbstbewußten Frauen nicht behagen, so hatte der damalige Bundespräsident in der Sache doch recht.

Bunkerleben

Die Aufforderung der vor Bremen stehenden britischen Truppen vom 20. April, die Stadt kampflos zu übergeben, war von den größenwahnsinnigen politischen und militärischen Führern abgelehnt worden. Es folgten Luftangriffe und Artilleriebeschuß, denen Hunderte von Bremern und Bremerinnen noch in den letzten Tagen zum Opfer fielen. Man mußte also im Bunker bleiben. Die meisten Menschen verbrachten den größten Teil der Zeit vom 22. April, einem Sonntag, bis zum 26.4., dem Donnerstag, oder gar bis Freitag früh, in den verhaßten, aber Schutz bietenden Hochbunkern, unter dem Kommando von oft uneinsichtigen, verbohrten Blockwarten. 116 gab es von diesen Bunkern in Bremen, viele stehen heute noch, graue häßliche Betonkolosse. Der bloße Gedanke, sich darin tage- und nächtelang aufhalten zu müssen, erfüllt uns heute noch mit Schaudern.

Wie mögen sich die Menschen damals gefühlt haben in den stickig heißen, übel riechenden »Betonsärgen«, in denen häufig elektrisches Licht und sanitäre Anlagen nicht mehr funktionierten? Tagebücher, Briefe, Erinnerungen, z.T. nach 50 Jahren aufgeschrieben, und Gespräche mit Zeitzeugen vermitteln uns Heutigen eine Vorstellung davon, wie es gewesen ist. So liefert zum Beispiel die damals 43jährige Hedwig Lotze, die bis 1963 das bekannte Bremer Eisen- und Haushaltswarengeschäft ihres gefallenen Bruders führte, in einem ihrer Briefe an ihre Angehörigen eine genaue Beschreibung. Die Briefe konnten nicht mehr zugestellt werden, da der Postverkehr eingestellt worden war, und sind deshalb in Bremen erhalten geblieben. Unter dem Datum vom 22. April 1945 heißt es in einem ihrer Briefe:

»Ihr könnt Euch kaum die Qualen in dem übervollen Bunker (an der Braunschweiger Straße, d. Verf.) vorstellen, am schlimmsten waren die Nächte, es wurde uns auch kaum erlaubt, vorübergehend unten Luft zu schöpfen. Die Wände trieften von den Ausdünstungen der Menschen. Dreimal habe auch

25.4. 1945: Die Menschen in der Neustadt können die Bunker verlassen

ich für 10 Minuten an der Entlüftungsmaschine gedreht. Auf den Treppen, auf den Gängen mußte man über schlafende, sitzende oder liegende Menschen steigen. Ein Bild des Jammers. Wie viele andere hatte auch ich ganz dicke Beine bekommen.«

Die damals 17jährige Anneliese Jäger aus der Neustadt erinnert sich:

»Die letzten Kriegstage verbrachten wir in einem Bunker an der Hardenbergstraße. Es herrschte gutes Sommerwetter mit sommerlichen Temperaturen. Der Bunker war Tag und Nacht voll belegt. Meine Familie hatte Plätze ganz oben im 8. und 9. Stockwerk. Die Menschen schwitzten, die Frauen saßen z.T. in Unterwäsche auf den Holzbänken. Strom gab es nicht mehr. Einige Leute hatten Kerzen mitgebracht. Die Kerzen brannten aber nicht mehr, weil der Sauerstoff einfach nicht mehr ausreichte. Da läßt sich denken, wie beschwerlich das Atmen war! Wir Jüngeren nutzten jeden ruhigeren Augenblick, um eben mal auf der Straße frische Luft zu schöpfen. Sobald Flugzeuge sich näherten, drängte alles wieder in den Bunker. Es herrschten katastrophale Zustände. Junge Frauen stürzten oft panikartig nach draußen; etliche Kinder sind im Bunker gestorben!«[1] Die Familie beschloß am 24. April, auf eigene Faust den Bunker zu verlassen, weil es einfach nicht mehr auszuhalten war. Sie verbrachten als einzige der aus sechs Familien bestehenden Hausgemeinschaft die letzten zwei Tage im Keller ihres Hauses in der Gastfeldstraße. Das war zweifellos riskant und sicher auch nicht gestattet, aber ihnen passierte zum Glück nichts.

Immer wieder wird erzählt, wie man sich für ein, zwei Stunden davonstahl, um sich im eigenen Bett einmal auszustrecken. Im Bunker gab es nur harte Holzbänke, auf denen meistens die Menschen dicht gedrängt sitzen mußten. »Aber doch heißt es wieder: hinein in den Bunker, in diesen schwarzen Brutkasten.«[2] Oder: »Ich habe mich aus dem Bunker herausgeschlichen. Daß man sich immer wieder hineinjagen läßt in dieses Massengrab!«[3]

Mütter und Großmütter liefen zwischendurch, wenn der Beschuß etwas nachgelassen hatte und die Wohnung nicht zu weit entfernt war, immer mal wieder schnell nach Hause, um Essen für die Kinder aufzuwärmen. Dabei saß ihnen stets die Angst im Nacken, beim nächsten Alarm nicht rechtzeitig genug in den Bunker zurückzukommen.

Die Kinder schrien vor Angst, wenn die Artilleriegeschosse gegen die Bunkerwand prasselten, und die Erwachsenen fragten sich voller Sorge, ob der Bunker wohl halten würde, wenn er bedrohlich ins Schwanken geriet. Die Hochbunker waren relativ sicher, anders als die Tiefbunker. »Wenn es ganz schlimm wurde, haben die Mütter uns Kinder in die Arme genommen«, erinnert sich die heute 62jährige Annefriede Osmer, geb. Nullmeier. Und sie fügt hinzu: »Was waren das für starke Frauen, die am Tage hamsterten und arbeiteten, damit wir was zu essen hatten. Die am Abend bei den Bombenangriffen uns Kinder in die Arme nahmen und uns so das Gefühl gaben, uns könne nichts passieren, und in der Nacht um ihren Mann oder Sohn weinten und beteten, sie möchten heil aus dem Krieg nach Hause kommen.« Von ihrer Großmutter, die bei ihnen im Bunker war, berichtet Frau Osmer, daß sie den Kindern bei ganz schlimmen Angriffen eine hölzerne Wäscheklammer gab, die sie in den Mund stecken sollten, »damit wir uns nicht die Zunge kaputtbissen. Der Druck der Bomben war so groß, daß dieses schon passiert war.«

In den letzten Apriltagen muß schönes Frühlingswetter geherrscht haben. Des öfteren wird in Tagebüchern auf den Gegensatz zwischen dem blauen Himmel, den blühenden Obstbäumen in den Gärten und der düsteren Ruinenlandschaft, in die ganze Straßenzüge verwandelt waren, hingewiesen. Welch eine Erlösung, als die Menschen die dunklen Bunker verlassen konnten. »Und als dann langsam der Krach abflaute, haben wir uns wie die Mäuse aus dem Mäuseloch herausgewagt und haben uns am Bunker in die Sonne gesetzt. Wir haben die Sonne richtig genossen und die Ruhe nach dem Sturm. Es war ein wundervoller sonniger Tag«, so schildert Frau Schulz, Jahrgang 1913, das Kriegsende, das sie zusammen mit ihrer Mutter im bzw. vor dem Hochbunker Am Dobben erlebte.

Erste Begegnung mit dem »Feind«

Auffällig ist, daß häufig in zeitgenössischen Tagebüchern und Briefen, auch wenn sie aus der Feder durchaus kritischer Beobachter stammen, offensichtlich ganz unreflektiert der Begriff »Feind« benutzt wird, wenn es um die heranrückenden britischen oder amerikanischen Truppen geht. Verbreitet war auch die Bezeichnung aus dem Landserjargon, »der Tommy«. Die neutrale Bezeichnung »die Engländer« oder »die Amerikaner« wird allerdings auch verwandt. Das Wort »die Befreier« jedoch gehörte offenbar nicht zum Wortschatz der damaligen Bremer Bevölkerung, jedenfalls nicht in ihrer großen Masse. Befreier waren – auch subjektiv – die fremden Truppen eher für die Tausende ausländischer Zwangsarbeiter, die aus ihren Lagern auf die Straßen strömten und die britischen Panzer jubelnd begrüßten, sowie die Bremer und Bremerinnen, die im offenen und inneren Widerstand gegen das nationalsozialistische Regime gestanden und unter ihm zwölf Jahre lang gelitten hatten.

»War der Tommy schon in Sicht? Obgleich es erst den Anschein hatte, daß alles vorbei wäre, gingen wir wieder zum Bunker; denn der Feind sollte ein Stück zurückgeschlagen sein. Gut, daß wir nicht im Haus blieben, denn das Höllenfeuer ging noch einmal los. Gott sei Dank, mittags konnten wir nach Hause gehen. Bremen war gefallen«, schrieb die damals 24jährige Frau S. am 26. April 1945 in ihr Tagebuch.

Interessant ist, wie das Herannahen des »Feindes« mit quasi geschärftem Gehörsinn wahrgenommen wurde. Ehe man ihn sah, hörte man ihn. Die in Kellern und Bunkern eingepferchten Menschen lauschten ängstlich auf jede akustische Veränderung. »Stundenlang hörten wir die Einschläge der Granaten, das Heulen der Bomben. Keiner sagte noch was, wir waren alle verstummt. Auf einmal wurde es draußen still, so still, daß uns der Atem ungefähr stillstand. Wir hoben die Köpfe und lauschten. Dann hörten wir plötzlich ein Geräusch, ein Geräusch, welches wir noch nie gehört hatten. Es kam immer näher. ›Das sind die Panzer!‹ rief einer im Keller. ›Das sind die englischen Panzer!‹ – Ich bin heute 62 Jahre alt, aber dieses Geräusch werde ich nie vergessen.«[4]

Eine Bremerin erlebte das Kriegsende als neunjähriges Kind in einem Keller an der Bismarckstraße. Auch in ihrer Erinnerung spielen Geräusche bzw. das Verstummen von Geräuschen eine große Rolle. »Die Front rückte dann immer näher, und wir hörten im Keller die Panzer auf der Straße vorbeirattern, es war furchtbar. Dann wurde es ruhig, und wir hörten Schritte und Stimmen … Im Keller war es mucksmäuschenstill, ich glaube, man hätte eine Nadel zu Boden fallen hören. Doch irgendwie

Britische Panzer rücken vor

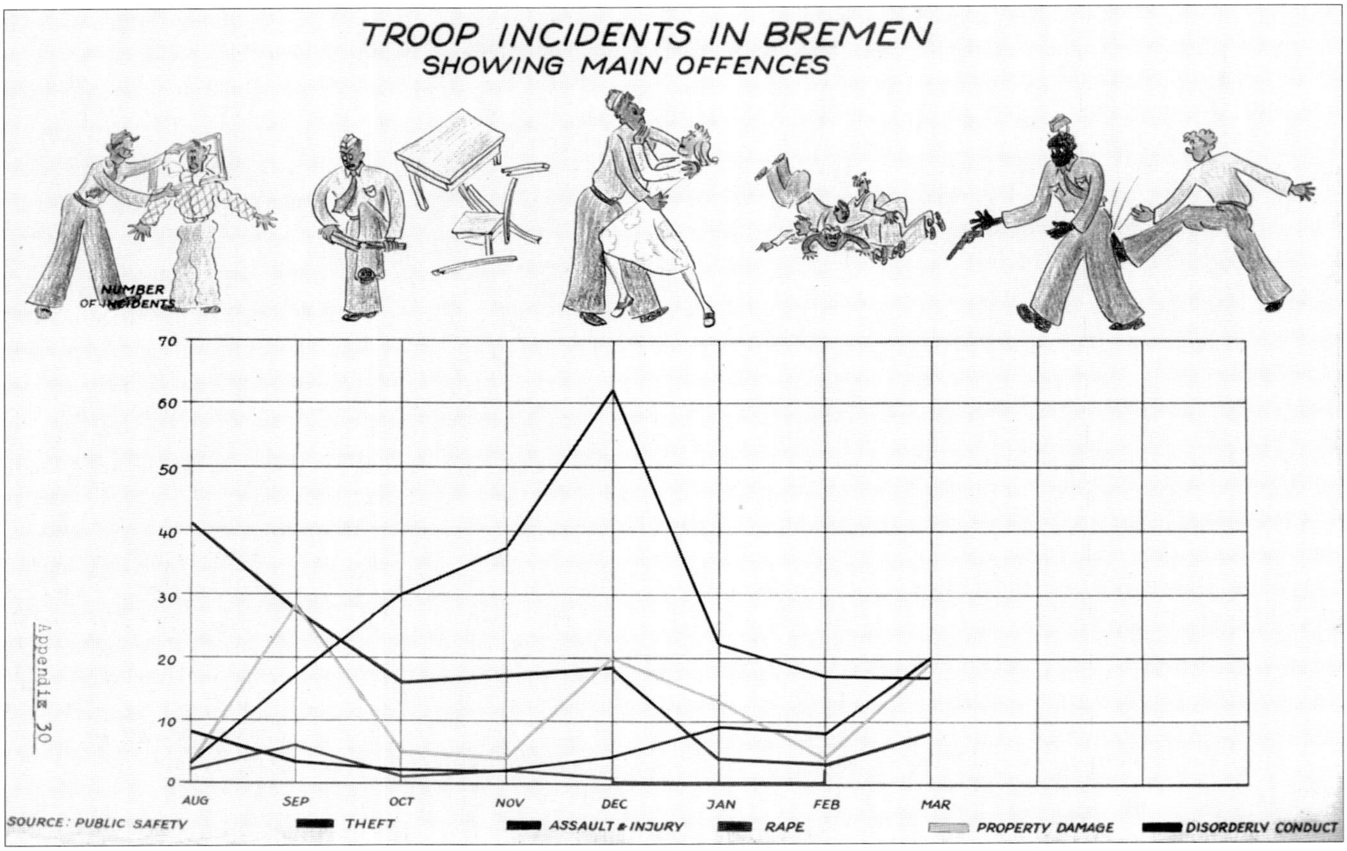

Statistik der amerikanischen Militärregierung. Unter »troop incidents« wurden verstanden: Diebstahl, Körperverletzung, Vergewaltigung, Sachbeschädigung und Prügeleien. Die Zahl der Vergewaltigungen war in Bremen im Vergleich zu anderen Großstädten in der französischen oder sowjetischen Besatzungszone gering

hatten die Soldaten uns doch wohl wahrgenommen, und sie kamen in den Keller, tasteten uns alle ab, und dann mußten wir in einer Kellerecke stehenbleiben.« Die Spannung, die noch durch Verständigungsschwierigkeiten verstärkt wurde, löste sich u.a. dadurch auf, daß ihr einer der englischen Soldaten ein Kaugummi schenkte.

Die Gefühle der Bremer und Bremerinnen beim Einzug der Briten waren in der Regel wohl äußerst gemischt. Zwar herrschte sicherlich in den letzten Tagen die Hoffnung auf ein Ende des Kriegsgrauens vor: »Bald wird alles ein Ende haben, und wir sind erlöst.«[5] Oder es heißt in einem Brief, der allerdings am 20. Mai, also nach dem Kriegsende in ganz Deutschland, geschrieben wurde: »Als wir nun endlich Mittwoch abend (den 25. April, d.Verf.) den Bunker verlassen durften, kam uns der Einzug der Engländer wie eine Erlösung vor. So weit hat es unsere verbrecherische Führung gebracht, daß wir den Einzug des Feindes als Erlösung empfanden.«[6]

Aber bei den Männern mag die Furcht, zur Verantwortung gezogen zu werden, hinzugekommen sein. Bei den Frauen, besonders den jungen, mischten sich unterschwellig Vergewaltigungsängste mit in die Hoffnung auf ein Ende des Krieges. Eine damals Neunzehnjährige, die den Einmarsch der Engländer in Huckelriede miterlebte, erinnert sich an ihre damaligen Gefühle. Sie hatte tagelang mit ihren Eltern und ihrer Schwester in dem Bunker an der Werderhöhe ausgeharrt. Die wenigen älteren Männer standen vor dem Bunker und beobachteten die Luftangriffe und hörten die Granateneinschläge in Brinkum. »Wir drinnen bangten und hofften, daß es bald vorbei sein möge. Aber wie würde das Ende aussehen? Wir jungen Mädchen hatten Angst, ich war gerade 19 Jahre alt. Wie würden sich die Eroberer verhalten? Und dann am 25.4. hieß es: sie sind da!« Die Mädchen durften mit allen anderen den Bunker verlassen, es passierte ihnen nichts. Aber, zurück in ihrer Wohnung, wurden auch an den folgenden Tagen die Holzläden vor den Fenstern geschlossen gehalten. »Wir Mädchen ließen uns nicht am Fenster sehen, es stand ein dicker Panzer vor unserem Haus. Wir hatten Angst.«[7]

Eine junge Mutter, die mit einer Gruppe befreundeter Frauen, die alle einem Wassersportclub angehörten, das Kriegsende auf einem Zeltplatz im Teufelsmoor erwartet hatte, sagte in einem Interview: »Das Kriegsende haben wir übers Radio erfahren. Da waren wir natürlich alle sehr erleichtert, aber wir haben uns auch gefragt, was wird jetzt? Was machen die Engländer mit uns Frauen? Wir dachten, was die Nazis mit denen gemacht haben, das machen die jetzt mit uns.«

Aus vielen Berichten von Frauen gewinnt man den Eindruck, daß sie regelrecht erstaunt waren, wie wenig aggressiv, ja sogar menschlich sich die einmarschierenden fremden Soldaten ihnen gegenüber verhielten, nachdem sie sich davon überzeugt hatten, daß die Frauen keine deutschen Wehrmachtsangehörigen oder Waffen in den Kellern versteckt hielten.

Selbst wenn alles gut gegangen war, blieb doch häufig ein gewisses Mißtrauen. »Wir sehnten das Ende herbei! ... Zuerst kamen die Engländer in unser Haus, die benahmen sich anständig. ... Als sie in unserem Haus einen offenen Kamin entdeckten, kamen sie an zwei folgenden Abenden als freundliche Menschen und brachten auch etwas zu essen mit, Butter und Cracker und Tee. ... Nach den Engländern kamen die Amerikaner, die waren häufig betrunken. Außer Gefahr waren wir sechs jungen Mädchen bzw. Frauen im Haus noch lange nicht.« Aber auch hier erwies sich die Angst als unbegründet. Es gelang der Betreffenden nämlich mühelos, einen »stockbetrunkenen Amerikaner«, der an ihrer Haustür nach Schnaps verlangte, abzuwimmeln, indem sie in bestem Schulenglisch an sein Ehrgefühl als Gentleman appellierte.[8]

Die Propaganda der Nationalsozialisten hatte ständig die Schrecken der Besetzung ausgemalt, in der Absicht, auf diese Weise, den »Wehrwillen« der Bevölkerung zu stärken. Briten und Amerikaner seien letztlich nicht besser als die Russen, hieß es. So tadelte die nationalsozialistische »Bremer Zeitung« in ihrer Ausgabe vom 13. April 1945 unter dem Titel »Schokolade vom Tommy?« diejenigen, die Geschichten von angeblich freundlichen englischen Soldaten Glauben schenkten:

»Merkwürdige Histörchen sind im Umlauf. Da hat man irgendwo angegeben, mit diesen harmlosen Engländern zusammen Tee oder Kaffee getrunken zu haben, in einem anderen Ort hat man die Einwohner auf den Panzern spazierengefahren, in einem dritten haben sie Schokolade unter die Kinder verteilt. ... Und so etwas wird nun erzählt im Kreise von Männern und Frauen, die, weiß Gott, in der Vergangenheit bewiesen haben, daß sie deutschbewußt bis zum letzten ... sind. ... Aber kein einziger von ihnen kommt auf den auch nur leisesten Gedanken, sich zu überlegen, daß das, was man ihm da einflüstert, entweder ein aufgelegter Schwindel ist oder aber, wenn es wahr sein sollte, eine wahrhaft teuflische Raffiniertheit, mit der der gute Deutsche übertölpelt werden soll. In Wirklichkeit handelt es sich um die gleiche Methode, wie sie die Bolschewisten im Osten schon angewandt haben. Ihre Panzerspitzen triefen vor Biederkeit und menschlichem Empfinden, aber hinter ihnen kommt die eigentliche Truppe, kommt das ganze Elend, das mit einer unmenschlichen feindlichen Besetzung verquickt ist. ... Nein, wer so etwas erzählt, ist entweder so blöd, daß er den Schwindel nicht begreift, der mit ihm getrieben wird und der sich dadurch selbst unbewußt zu einem Feindagenten macht, oder er ist wirklich einer. ... Darum wehrt euch gegen diese Leute. ... Denn nur in unserer seelischen Widerstandskraft, die man auf diese Weise untergraben will, liegt die Rettung Deutschlands!«

Angst und Schrecken wurden in besonderem Maße über die schwarzen Soldaten der »Anglo-Amerikaner« verbreitet. So berichtete die »Bremer Zeitung« einen Tag später unter der Überschrift »Neger terrorisieren deutsches Städtchen«, die Stadt Iphofen sei von amerikanischen Panzern »mit aufgesessener Neger-Infanterie« besetzt worden. Die »Neger« hätten sich »sinnlos betrunken« und seien »gröhlend und blindlings in die Gegend feuernd« durch die Stadt gezogen. »Nach Einbruch der Dunkelheit machte die betrunkene Soldateska von Haus zu Haus Jagd auf deutsche Frauen und Mädchen. Mehr als 170 Frauen und Mädchen, davon mehrere Schulkinder und Krankenschwestern, wurden geschändet und mißhandelt. ... Diese schandbaren Vorgänge sind ein neuer Beweis dafür, daß die deutsche Bevölkerung in den besetzten Westgebieten des Reichs von den Anglo-Amerikanern nicht Besseres zu erwarten hat als das deutsche Volk im Osten von den Bolschewisten.«

Die nationalsozialistische Propaganda hatte ständig die Schrecken der Besetzung ausgemalt

Eine Bremer Gruppe des Bundes Deutscher Mädel (BDM)

Die Wirkung dieser Art Berichterstattung zeigt sich in den beschriebenen Gefühlen von Bremerinnen bei Kriegsende. Sie hielt sich in der Folgezeit hartnäckig, als mit den amerikanischen Besatzungstruppen, die die britischen Kampftruppen ablösten, Schwarze in Bremen einzogen. »Das einzige wovon geredet wurde, war, als dann die Neger kamen. Da gingen Schauermärchen um. Und da war es nun so, daß man die ersten paar Tage als Frau ein bißchen Angst hatte. Aber da war gar nichts.« »Die Besatzungssoldaten? Ja, mir hat keiner was getan. Ich weiß nicht – die sollen damals ja auch Frauen angefallen haben, besonders die Schwarzen. Aber da kann ich mich nicht beschweren.«[9]

Die nationalsozialistische Propaganda konnte mühelos an das Gerede von der »schwarzen Schmach« anknüpfen, das sich auf die farbigen Kolonialsoldaten der französischen Besatzungarmee bezog, die nach dem Ersten Weltkrieg einen Teil der linksrheinischen Gebiete besetzt hatte. Während einer Sitzung des Bremer Frauenausschusses im Jahre 1946 hieß es sogar, »die schwarze Schmach« sei schlimmer als nach dem Ersten Weltkrieg. »Im ersten Krieg mußte man den Bordellen der Schwarzen die jungen Mädchen zwangsweise zuführen, heute laufen sie denen nach.«[10]

Junge deutsche Frauen, die Verbindungen mit Besatzungssoldaten eingingen – welcher Art auch immer – , wurden gesellschaftlich geächtet; ganz besonders galt dies, wenn es sich dabei um farbige Soldaten handelte.

Zusammenbruch

Der Sieg der Alliierten über die deutsche Wehrmacht wurde allgemein von den Zeitgenossen als »Zusammenbruch« bezeichnet. Das Wort drückt viel mehr aus als »Niederlage«; die kann man überwinden. Die Vorstellung von Zusammenbruch beinhaltet dagegen etwas Endgültiges, etwas, wonach ein Weitermachen, ein Wiederbeginn, gar Neubeginn kaum vorstellbar ist. Es ist voll dumpfer Verzweiflung über das, was das deutsche Volk verloren hatte. Scham über das, was die Deutschen selbst getan hatten, Reue darüber, daß man alles mitgemacht hatte, schwang darin nicht mit.

Das Wort Zusammenbruch bezog sich nicht nur auf das Ende eines politischen Regimes, sondern für viele, selbst für solche, die Hitler und seine Anhänger nicht unterstützt hatten, auf den Niedergang ganzer Ordnungs- und Wertesysteme, auf das Ende jeglicher Orientierung. Daß gerade dieser Begriff in den zeitgenössischen Sprachgebrauch einging, macht vielleicht deutlich, wie sehr es den Nationalsozialisten in den kurzen zwölf Jahren gelungen war, das Denken und Fühlen breiter Schichten zu beeinflussen.

Die meisten Menschen, das gilt wohl für Bremen genauso wie für das übrige Deutschland, empfanden den 8. Mai bzw. in Bremen den 27. April nicht als Tag der Befreiung; als Erlösung vom Bunkerleben ja – dieses Wort kommt in den Erinnerungen und Tagebüchern häufiger vor –, aber nicht als Befreiung von einem verbrecherischen Regime, das einen gefesselt gehalten und daran gehindert hatte, für Menschlichkeit und Gerechtigkeit einzutreten.

Frauen haben zwar nicht den Nationalsozialismus an die Macht gebracht, wie es ein sich hartnäckig haltender Mythos immer noch wahrhaben will, sie waren aber auch nicht weniger anfällig für ihn als Männer. Die Tatsache, daß sie im nationalsozialistischen Machtapparat keine Rolle spielten – und auch nicht spielen durften –, berechtigt nicht dazu, von der »Frau als Unschuldige qua Gnade der weiblichen Geburt« zu sprechen.[11] Aus Autobiographien und Interviews mit ehemaligen BDM-Führerinnen wissen wir, wie sich junge Frauen von der NS-Ideologie begeistern ließen, dabei alles Beunruhigende konsequent verdrängten und nach 1945 in einem äußerst schmerzhaften Prozeß feststellen mußten, daß sie blind gewesen waren und sich hatten betrügen lassen. So erging es auch jungen Frauen in Bremen.

Anneliese Jäger, 1945 eine Siebzehnjährige, schildert ihre Empfindungen so: »Es war der 25. April 1945, als für mich eine Welt zusammenbrach! Der Tag, an dem die Engländer die Bremer Neustadt einnahmen. Wir hatten nahezu 6 Kriegsjahre hinter uns gebracht, und nun lag alles in Trümmern, trotz der ungeheuren Schwierigkeiten, die wir durchgestanden hatten. ... Da war ich trotz der Entlastung von der körperlichen Gefahr total schockiert und konnte es nicht fassen, daß die ganze Ideologie – der ich gelebt hatte, an die ich geglaubt hatte – dahin sein sollte. Ich war im nationalsozialistischen Sinne beeinflußt worden. 7 war ich zur Schule gekommen, als 10jährige zu den Jungmädeln gekommen, sah ich bald in der Idee nur etwas Großes, das unbedingt erstrebenswert war! Jetzt konnte ich nur noch weinen! ... Eine Welt fiel in Trümmer, ideell und real; und eine neue Welt tat sich auf, in die man sich vorsichtig und völlig ungeschützt hineintasten mußte. ... Noch immer fühle ich mich so belogen und hintergangen von dem damaligen Regime, daß ich mir Filme und Bilder aus jener Zeit lieber gar nicht ansehe. Seither weiß ich, Jugend ist leicht zu begeistern, wenn man es richtig anzufangen weiß. Für meine Kinder und Enkelkinder kann ich nur wünschen und hoffen, daß sich so etwas für sie nie wiederholen möge.«[12]

Frau Kirmse, ebenfalls damals eine junge Frau, schrieb am Dienstag, den 24.4.1945, in ihr Tagebuch:

»... Um 17.30 erschien plötzlich Frau B. an unserem Küchenfenster: in Sebaldsbrück wären die Engländer durchgestoßen! Nun wurde es ernst. Die letzten äußeren Zeichen der Zugehörigkeit zur Partei wurden versteckt, Ausweise, Silber und Schmuck vergraben. Wie traumhaft erscheint mir mein bisheriges Leben angesichts solcher Vorbereitungen und Maßnahmen. Jahrelang waren wir im Glauben an den Nationalsozialismus aufgewachsen und erzogen, und nun soll mit einem Schlage alles aus sein?«[13]

Bei Frau Harms, Jahrgang 1923, mischen sich Entsetzen und Scham über die Nazi-Greuel mit Fassungslosigkeit und Verzweiflung über den Niedergang der Größe Deutschlands. Sie vertraute am Pfingstmontag 1945 (20.5.) ihrem Tagebuch an:

»Etwas Bestimmtes weiß niemand. Alles sind Gerüchte. Nach englisch-amerikanischen Zeitungen und Meldungen müssen die in den KZ-Lagern verübten Greuel derart furchtbar sein, daß sie alles bisher Gehörte in den Schatten stellen. ... Wenn alles wahr ist, ist es unausdenkbar schrecklich, unfaßbar. Und wir haben es alle nicht gewußt. Und haben unbewußt mit an diesem Elend gebaut. Ob Deutschland zerbrechen mußte, damit diesen armen Menschen geholfen wird? ... Was wird aus unseren Soldaten, die so namenlos gelitten haben? Kann Deutschland in einem Unwürdigen seinen Führer gesucht haben? Eins ist sicher: der Nationalsozialismus hat es verstanden, in Einzelnen eine Kraft wachzurufen, die ungeheuer war, so gewaltig, daß man wußte, diese Menschen haben die Erfüllung ihrer heißesten Sehnsucht von Adolf Hitler erhofft: die Errichtung des Heiligen Reiches deutscher Nation. Es sollte nicht sein. Hat das deutsche Volk die Probe nicht bestanden? Ist es unwürdig? Man faßt es alles nicht.«[14]

Und am 9.7.1945 notierte die Zweiundzwanzigjährige: »Wird es nie wieder ein Deutschland geben? Ist alles umsonst? Herr Gott, Vater im Himmel du! Verlaß, verlaß uns Deutsche nicht! Ich flehe dich an, o Herr, hilf, laß die Deutschen nicht ihr Erbe verlieren. Deutsche Frauen, Deutsche Treue, o, ich bitte dich, gib uns unsere innere Lauterkeit und edles Streben nach dem Guten zurück!«

Als Demütigung empfanden sie und andere die Tatsache, daß Bremen von fremden Truppen besetzt wurde, nicht etwa als gerechte Strafe oder auch nur als logische Konsequenz aus dem von Deutschland entfachten und verlorenen Krieg. »Entrechtet und schutzlos im eigenen Land«, fühlte sich Frau Harms als junge Frau 1945. Eine damals Vierzehnjährige aus Arsten erinnert sich, daß sie in Tränen ausbrach, als die Engländer einmarschierten. »Irgendwie hab ich geweint, daß jetzt einfach fremde Leute bei uns ins Dorf einzogen. Man hatte dann selbst gar nichts mehr zu sagen. Man wurde praktisch vereinnahmt, so habe ich das empfunden.«[15]

6.8.1943:
Deutschland 1945

Der Traum ist zerronnen, das Reich ist zerstört;
wir sehen vor Augen, was wild uns empört:
Der Feind steht im Lande, regiert und befiehlt;
wir folgen gehorsam dem Lumpen, der stiehlt.
Die Städte vernichtet, Millionen sind tot,
der Glaube zerbrochen, der Stütze uns bot.
Woran ein Jahrtausend gewerkt und geschafft,
hat sinnloses Kämpfen uns Deutschen entrafft.
Entrechtet und schutzlos im eigenen Land!
Zur Faust ballt sich nutzlos – entwaffnet – die Hand.
Wir dürfen nur schweigen und ducken das Haupt.
Erlaubt ist nur eins noch, der Tod ist erlaubt!
Wer schwach ist, der lächelt den Eindringling an
und hofft, daß er Gnade erbetteln sich kann.

Aus: Tagebuch Harms 9,S 9-25

Frauen in der Zusammenbruchsgesellschaft

Es waren die Mütter, die erwachsenen Frauen, die als erste wieder »Tritt faßten«. »Deutschlands Schicksal liegt in der Hand seiner Frauen«, dies war in der ersten Nachkriegszeit ein oft zitierter Ausspruch, der zwar eine gehörige Portion Heuchelei enthielt, denn an die Machtpositionen, die ja bald schon wieder in Wirtschaft und Gesellschaft entstanden, wurden nach wie vor keine Frauen herangelassen, doch die Bewältigung des Alltags, die leisteten die Frauen. Sie haben »als erste und ohne Aussicht auf eine gesicherte Zukunft Hand angelegt, um wieder einen Stein auf den anderen zu setzen«, heißt es in der oben zitierten Rede des Ex-Bundespräsidenten, und damit sind nicht nur die berühmten »Trümmerfrauen« gemeint.

Frauen waren in mancher Hinsicht seelisch robuster als Männer; ein Indiz dafür mag die Tatsache sein, daß unter den Selbst-

Aufräumen in den ersten Stunden

mordfällen, die im Jahr des »Zusammenbruchs« in Bremen »die ungewöhnliche Höhe von 158 Fällen« erreichten, wesentlich weniger Frauen als Männer auftauchen.[16] Sie waren auch zupackender, sahen eher, was im Augenblick zu tun war, konnten sich aus Sorge um die praktische Bewältigung des Alltags weniger Sentimentalitäten leisten als die Männer. Dafür gibt es in der zeitgenössischen Zeitschriftenliteratur, in Interviews und Berichten zahlreiche Beispiele.

Da war die Mutter von Frau S. aus der Prager Straße in Schwachhausen. Die Familie mußte Anfang Mai wie die meisten Familien der benachbarten Straßen ihr Haus für amerikanische Armeeangehörige räumen. Sie beschreibt in ihrem Tagebuch, wie sie so viel wie möglich an Vorräten und Hausrat aus ihrem Haus abtransportierten und wie sich die Mutter durch einen Trick Zugang zu dem bereits belegten Haus verschaffte. Über ihren Vater notiert sie: »Vati war völlig niedergeschlagen, denn für diese Männer das schöne eigene Haus räumen zu müssen, war einer der schlimmsten Augenblicke seines Lebens.« Die Familie zog in eine Baubude an der Scharnhorststraße. »Nachdem wir die erste Bitterkeit über diesen Schlag heruntergeschluckt hatten, begann es uns Spaß zu machen, die Bude so schön und gemütlich wie möglich einzurichten. Namentlich unsere Mutti war in ihrem Element. Ich habe es nie so wie jetzt deutlich erkannt, was doch eine tapfere und auch in den schwierigsten Lebenslagen ruhige und umsichtige Frau für einen Mann bedeutet. Nicht ein Wort der Klage ist über Muttis Lippen gekommen. Durch ihren frohen Mut sind uns allen, besonders Vati die Tage wohl weniger schwer geworden.«[17] Es wurde sogar ein Blumenstrauß auf den behelfsmäßigen Tisch in der Baubude gestellt. Frauen hatten möglicherweise auch weniger Skrupel, sich über gültige Normen hinwegzusetzen und z.B. Lebensmittel, die für das Überleben der Familie nötig waren, auf mehr oder weniger legalem Wege zu »organisieren«. In gutbürgerlichen Familien durften die Ehemänner häufig nichts davon erfahren – bzw. wollten es gar nicht erfahren –, wenn z.B. Essensreste aus der Küche des Großen Krankenhauses an der St. Jürgenstraße unter den prüfenden Blicken des Pförtners heimlich durch das Tor gebracht werden mußten oder wenn es galt, in aller Herrgottsfrühe Kohlköpfe von den Feldern vor der Stadt zu stibitzen. »Mein Mann durfte das nicht wissen; für ihn als Ingenieur kam Klauen nicht in Frage. Ich habe ihm dann gesagt, der Bauer hätte mich so früh aufs Feld bestellt«, so eine Bremerin, Jahrgang 1911, im Gespräch.[18]

Die Bewältigung des Alltags leisteten die Frauen

Frauen versuchten, inmitten der Anormalität so etwas wie Normalität zu bewahren, inmitten der Zusammenbruchsgesellschaft Strukturen aufrechtzuerhalten – gleichsam als Gerüst, an das man sich klammern konnte. Das gilt auch für die klassische patriarchalische Struktur innerhalb der Familie. Wie bangten viele Frauen nach Kriegsende darum, daß bei der Rückkehr der Männer ihre Kinder den »fremden Mann« doch ja als ihren Vater (an)erkennen möchten! Und was taten sie nicht alles, um die Autorität des Vaters als Familienoberhaupt nicht zu gefährden, auch wenn tatsächlich sie es waren, die die Entscheidungen trafen.

Frauen-Aufbruch

Trotz des weitverbreiteten Gefühls von allgemeinem Zusammenbruch gab es bei einer Minderheit von Frauen, nämlich bei denen, die auf der politischen Linken standen, doch auch so etwas wie Aufbruchsstimmung. Sie fühlten sich mitverantwortlich für den Aufbau einer friedliebenden, demokratischen Gesellschaft. Unmittelbar nach der Besetzung Bremens, also noch vor Kriegsende, gründete ein Kreis antifaschistischer Frauen in enger Zusammenarbeit mit der »Kampfgemeinschaft gegen den Faschismus« (s. dazu das Kapitel von H.G. Hofschen in diesem Buch) den »Frauenclub 1945«.[19] Mitglied durften nur solche Frauen werden, die weder der NSDAP noch einer ihrer Unterorganisationen angehört hatten. Neben Zielen wie Erziehung der Jugend zur Demokratie, gerechter Verteilung von Lebensmitteln und Wohnraum, kam es dem »Frauenclub« darauf an, durch die Ausrottung des Nationalsozialismus »das Wort ›Deutsch‹ wieder ehrlich zu machen, ... Deutschland eine anständige Stellung wieder in der Welt zu erringen«. Das sei »wichtiger ... als jede kleinliche Hausarbeit.«[20] Interessant, diese Betonung der nationalen Ehre aus der Feder einer linken Frau!

Es gab nach Kriegsende zahlreiche Frauen – und auch Männer –, die der Ansicht waren, das weibliche Geschlecht sei in besonderer Weise gefragt, mit dafür zu sorgen, daß der Krieg für alle Zeiten gebannt werde. So hieß es z.B. in der Zeitschrift »Frauenwelt« in einem Artikel »Die Frau und der Krieg«: »Frau – Krieg, es sind zwei Begriffe, die nicht zusammen harmonieren. Die Frau, Bewahrerin alles Lebenden – der Krieg, das Prinzip der Vernichtung, das Tötende.«[21] Schlug 1945 »die Stunde der Frauen«, weil das männliche Prinzip versagt hatte? Stand das weibliche Prinzip für Frieden, das männliche für Zerstörung, also für Krieg? Das ist wohl eine reichlich platte Gegenüberstellung.

Bremerinnen aus der »Kampfgemeinschaft gegen den Faschismus«, die sehr starke Hoffnungen auf die Mitarbeit der Frauen

Auch das Brennholz mußte besorgt werden

setzten, hoben andererseits auch die Mitschuld der deutschen Frauen am Nationalsozialismus hervor, »weil sie nichts taten gegen Kriegsverherrlichung und Heldenbegeisterung«.[22] Auch Helene Kaisen, die Frau Bürgermeister Kaisens, differenzierte: Sie rief die Frauen Bremens auf, beim »politischen Neubau« mitzuhelfen, und sie fragte: »Sind die Männer in den braunen Kolonnen mit blödem Kraftmeiertum und Schlachtgesängen marschiert oder die Frauen?« – fügte aber gleich hinzu: »... wahr ist, daß neben und hinter den braunen Kolonnen auch Frauen liefen ...«[23]

Durchaus selbstkritisch, was die Rolle der Frau im Nationalsozialismus betraf, zeigten also politisch engagierte Bremerinnen, die sich selbst diesbezüglich keinerlei Vorwürfe zu machen brauchten, öffentlich ihre Bereitschaft an, beim Aufbau einer demokratischen und friedliebenden Gesellschaft mitzuwirken.

In diesem Zusammenhang ist die Bedeutung des »Bremer Frauenausschusses« besonders hervorzuheben, der im März 1946 nach längerer Vorbereitungszeit an die Öffentlichkeit trat. In ihm arbeiteten Frauen aus verschiedenen politischen Lagern mit – auch diejenigen aus der »Kampfgemeinschaft gegen den Faschismus«, nachdem sich diese Organisation Ende 1945 aufgelöst hatte. Es dominierten zunächst Frauen aus der Bremer Arbeiterbewegung.[24] Unter dem Motto »Oh Völker, oh dürften doch endlich Frauenhände Euch lenken helfen!« (aus einem Gedicht von Richard Dehmel) hieß es in dem »Wir rufen Euch Frauen!« betitelten Aufruf: »Wir haben einen Frauenausschuß ins Leben gerufen, der helfend, beratend, aufrüttelnd und mobilisierend unter den Bremer Frauen wirken will.« Es gelte, »Frauenwillen und Frauenkraft mit einzusetzen beim Wegräumen der äußeren und inneren Trümmer, beim Neuplanen und Neuschaffen und vor allen Dingen: beim Heilen der furchtbaren Wunden, die der Krieg allen unseren Menschen fast ohne Unterschied geschlagen hat.«[25]

In der Kindererziehung, für die sie sich in besonderer Weise verantwortlich fühlten, wollten die Frauen neue Wege beschreiten. Das fing beim Kriegsspielzeug an. »Seht Euch die Spielecke der Kinder an«, schrieb die Sozialdemokratin Auguste Zscherp und fuhr fort: »Da steht die Burg mit den Soldaten, Tanks, Kanonen, ein Stahlhelm – Hinweg damit! Die Kriegsbücher der Jungens – Ins Feuer! Zwar gibt es jetzt noch keinen Ersatz dafür, aber eine erfinderische Mutter weiß sich auch da zu helfen. ... Bedenkt immer: Aus Knaben werden Männer, und nichts haftet so unauslöschlich fest im Gemüte des Menschen als das Erleben in der Jugend.«[26] Auf der Frauenseite des Weser-Kurier erschien unter der Überschrift »Nie wieder Bleisoldaten – Eine Mahnung an alle Eltern und Erzieher« ein Artikel, in dem »die Gedankenlosigkeit der älteren Generation« angeprangert wurde, »die die Vergiftung der jugendlichen Seelen widerspruchslos« geduldet habe. »Frauen und Mütter! ... Nicht nur ›Nie wieder Krieg!‹ – sondern auch ›Nie wieder Bleisoldaten‹ ist die erzieherische Forderung unserer Zeit. Die Erneuerung und Umgestaltung des deutschen Volkes führt über die Seele seiner Kinder.«[27]

Gegen Mutlosigkeit und Verzagtheit angesichts dieser gewaltigen Aufgaben fand Auguste Zscherp aufrüttelnde Worte: »Und sind wir auch in unseren Bestrebungen zurückgeworfen worden, wir müssen anfangen mit allen Kräften zum Wohle der ganzen Menschheit!«[28]

Das Kriegsende bedeutete also nicht nur das Gefühl von Ohnmacht und totalem Zusammenbruch, sondern es führte außer zu Gefühlen der Erleichterung über das Ende der Bombennächte auch bei einer Reihe von Frauen zur Freisetzung von Kräften, die sie sich vorher nie zugetraut hätten. Neben der kräftezehrenden Bewältigung des Familienalltags, die weitgehend auf ihren Schultern ruhte, fanden sie noch Zeit und Energie, sich um übergeordnete Fragen des Neuanfangs zu kümmern. Diese Energien wurden im Nachkriegsbremen dringend benötigt.

Anmerkungen:

1 *9,S 9-25.*

2 *9,S 9-25, Tagebuch Martha Lübbren, April 1945.*

3 *9,S 9-25, Tagebuch aus Oslebshausen, 8. April 1945.*

4 *9,S 9-25, Bericht Annefriede Osmer.*

5 *9,S 9-25, Tagebuch Martha Lübbren.*

6 *9,S 9-25, Einsendung Käthe Schröder-Wetjen.*

7 *9,S 9-25, Erinnerung Helga Schröder.*

8 *9,S 9-25, Erinnerung Margot Rotman.*

9 *Vgl. hierzu und im folgenden: Renate Meyer-Braun, Bremerinnen begegnen der Besatzungsmacht, in: Beate Hoecker/Renate Meyer-Braun, Bremerinnen bewältigen die Nachkriegszeit. Frauen-Arbeit-Alltag-Politik, Bremen 1988, S. 22ff. und S. 35.*

10 *Meyer-Braun, a.a.O., S. 24.*

11 Claudia Koonz, Mütter im Vaterland. Frauen im Dritten Reich, deutsche Ausgabe Reinbek bei Hamburg 1994, S. 18. Vgl. zu dieser Thematik auch Angelika Ebbinghaus (Hrsg.), Opfer und Täterinnen. Frauenbiographien des Nationalsozialismus, Nördlingen 1987.

12 9,S 9-25, Erinnerungen Anneliese Jäger.

13 9,S 9-25, Tagebuch Rosemarie Kirmse.

14 9,S 9-25, Tagebuch Johanne Harms.

15 Zit. auch bei Hoecker/Meyer-Braun a.a.O., S. 18.

16 Statistische Mitteilungen aus Bremen, hrsg. vom Statistischen Landesamt Bremen, Heft 4/6, 3. Jg., 1948, S. 16. Zit auch bei Hoecker/Meyer-Braun a.a.O., S. 21.

17 Zit. auch bei Hoecker/Meyer-Braun, a.a.O., S. 78.

18 Vgl. hierzu das Kapitel »Frauen leisten Überlebensarbeit«, ebd., S. 46ff. Dort findet sich u.a. auch dieses Zitat. Sehr aufschlußreich in diesem Zusammenhang ist das Buch von Christian Graf von Krockow, Die Stunde der Frauen. Ein Bericht aus Pommern 1944–1947, Stuttgart 1988. Der Autor beschreibt, wie seine Schwester in der Zeit des Kriegsendes und der Vertreibung aus Pommern das Überleben der Familie organisierte, während der Vater, ein pensionierter hoher Offizier, in dieser Extremlage völlig versagte. Sein preußischer Ehrenkodex erlaubte ihm beispielsweise nicht, das für das Überleben eines Kleinkindes dringend benötigte Gemüse aus seinem inzwischen enteigneten eigenen Garten zu stehlen.

19 Vgl. hierzu den originalgetreuen Nachdruck des »Aufbau«, Organ der Kampfgemeinschaft gegen den Faschismus (KGF), Bremen 1945/46, der als Reprint 1978 im Röderberg-Verlag, Frankfurt/M., unter dem Titel »Gemeinsam begann es 1945. Der ›Aufbau‹ schrieb das erste Kapitel« erschienen ist. Der »Frauenclub 1945« stellt sich in der Nr. 5 des »Aufbaus« vor, Juli 1945: Emma Keller, Wir Frauen und das neue Deutschland.

20 ebd., S. 3, vgl. auch S. 5.

21 aus: Elisabeth Mehling: »Die Frau und der Krieg«, Frauenwelt 1946/2 (I), 3–4, abgedruckt in: Annette Kuhn (Hrsg.), Frauen in der deutschen Nachkriegszeit, Bd 2. Düsseldorf 1986, S. 173.

22 Heidi Niekisch, Die Frauen und die Kampfgemeinschaft, »Aufbau« Nr. 8, September 1945.

23 Weser-Kurier vom 10.11.1945.

24 Zum »Bremer Frauenausschuß« vgl. Hoecker/Meyer-Baun, a.a.O., S. 107ff., und Renate Meyer-Braun, Frauen und Frauenbewegung in Bremen während der 50er und 60er Jahre, in: Christoph Butterwegge/Hans G. Jansen (Hrsg.), Neue Soziale Bewegungen in einer alten Stadt, Bremen 1992, S. 58–70.

25 Weser-Kurier vom 16.3.1946.

26 Auguste Zscherp, Wir Frauen und die Politik, Diskussionsbeilage »Aufbau« Nr. 3, Juni 1945, a.a.O.

27 Weser-Kurier vom 13.10.1945, zitiert nach: Reinhard Bockhofer/Helmut Donat, Kampf gegen Kriegsspielzeug, in: »Nieder die Waffen – Die Hände gereicht!« Friedensbewegung in Bremen 1898–1958, hrsg. von Helmut Donat und Andreas Röpcke, Bremen 1989, S. 152.

28 Zscherp, a.a.O.

Die tägliche Sorge der Frauen galt den Kindern

Zwangsarbeiter begrüßen die britischen Angriffsspitzen in Bremen

»Wir waren frei. Es klingt so unwirklich. Und doch war es wahr«

Zwangsarbeiter und Kriegsgefangene bei Kriegsende in Bremen

Hartmut Müller

»Ich befinde mich inmitten der Altstadt Bremens, wenn man diese Trümmerhaufen, in denen unsere Soldaten mit vor den Mund gebundenen Handtüchern sich mit Hilfe von Bulldozern einen Weg freizuschaufeln versuchen, noch so nennen kann. Hier und da noch aufrecht stehende Mauerstücke oder einsame Fabrikschornsteine, doch kein Anzeichen von Ordnung oder neuer Hoffnung in diesem Gerippe von Stadt, die sich einmal Bremen nannte. Dieser ungehinderte Blick in die engen Gassen, wo sich kleine Häuser hilfesuchend an aus dem Lot geworfene Mauerecken anlehnen, wo das Auge durch weggerissene Wände in riesige Wohnblocks starrt und die persönliche Habe der Menschen in Bombentrichtern wild verstreut liegt, übertrifft meine schlimmsten Erwartungen. Bremen war eine Stadt mit vielen Tausend Menschen. In den Vororten aber, die wir passierten, war kaum noch ein Haus bewohnbar, und wahrscheinlich hatte dort auch nicht erst jemand versucht zu überleben. Jeder hat sich in diese riesigen Betonbunker gerettet, die nun aus diesem Trümmerfeld herausragen. Diese Monstren haben die Bombenangriffe schadlos überstanden. Jetzt wagen sich die verängstigten Menschen aus dem vor uns stehenden Bunker heraus an das Licht, sie schauen entgeistert auf die Panzer und Bulldozer sowie auf die Kanonen, die in diesem Augenblick an uns vorbei in das Herz der Stadt vorrücken. Einige dieser Menschen beginnen sofort, scheinbar wahllos in diesem Trümmergewirr herumzuhantieren. Die Fremdarbeiter – es müssen Tausende davon hier in Bremen gewesen sein – sind bereits auf dem Weg nach draußen. Sie ziehen an unseren Jungs vorüber und winken ihnen zu, wenn diese ununterbrochen mit Jeeps, Lastkraftwagen und Bulldozern dieser Stadt zustreben. Die Einwohner der Stadt aber müssen in diesem Trümmerhaufen zurückbleiben. Sie haben jetzt genügend Zeit, sich die Früchte eines totalen Kriegs vor Augen zu führen.«

Mit diesen Worten meldete sich am 26. April 1945 der englische Reporter der BBC Thomas Wynford Vaughan aus dem von britischen Truppen besetzten Bremen.[1]

Die Befreiung der Kriegsgefangenen und Zwangsarbeiter hatte von Anfang an zu einem der hohen Kriegsziele der Alliierten gehört. Erklärtes Ziel auf deutscher Seite war dagegen seit der Landung der Alliierten in Frankreich gewesen, die Zwangsarbeiter auf keinen Fall in die Hände der vorrückenden Gegner fallen zu lassen. Im Sommer 1944 hatte daher die Geheime Staatspolizei genaue Listen der in Bremen lebenden Zwangsarbeiter und Kriegsgefangenen aufgestellt und organisatorische Vorbereitungen getroffen, sie im Falle der Verteidigung Bremens zu evakuieren.[2]

Mit dem Jahresbeginn 1945 hatte sich überall in Deutschland eine steigende Unruhe unter den Zwangsarbeitern bemerkbar gemacht. Viele von ihnen verfügten über geheime Rundfunkgeräte, durch die sie über die militärischen Erfolge und den Vormarsch der Alliierten genau informiert waren. Immer häufiger war zu beobachten, wie sie sich trotz ihrer persönlichen Bedrohung an den Erfolgen der alliierten Flächenbombardements freuten, brachte sie doch jeder Angriff ein Stück der ersehnten Befreiung näher.

Die Deutschen reagierten unterschiedlich auf diese für sie neue Situation. Während SS und Wachmannschaften oftmals den Terror in den Lagern noch steigerten und versuchten, in Alkoholexzessen die Augen vor dem sich abzeichnenden Ende der nationalsozialistischen Herrschaft zu verschließen, traten andere den Fremdarbeitern plötzlich mit vorher ungekannter Großzügigkeit und Sympathie entgegen und waren bemüht, sich durch kalkulierte Zuvorkommenheit gegenüber den Zwangsarbeitern eine Art persönliche Versicherung für die immer deutlicher werdende Zukunft zu verschaffen. So beschloß die Direktion der Bremer Straßenbahn am 7. April plötzlich, ihre aus den nördlichen Niederlanden kommenden Zwangsarbeiter zu entlassen. In ihre Entlassungspapiere schrieb man »Dat de Direktie van de Straßenbahn altijd zijd uiterste best heeftgedaan om het de ›Ausländer‹ zo aangenaam mogelijk te maken, en dat het dikwijls erg moeilijk was vanwege de ›Krieg‹ enzovoort«.[3]

Am 4. April war in Bremen »Alarm Küste« ausgegeben worden. Die Evakuierung der Bremer Außenkommandos des Konzentrationslagers Neuengamme begann. Für die Räumung der vielen Zwangsarbeiter- und Kriegsgefangenenlager war es jedoch angesichts der schnell zusammenbrechenden Westfront schon zu spät. Am 11. April, als britische Truppen bereits im Süden Bremens vor Kirchweyhe und Brinkum standen, diskutierten die politisch Verantwortlichen im Bremer Rathaus noch die Verlegung der rund 42.000 »ausländischen Arbeiter« nach Norden hin in Richtung Farge. Zugleich mußten sie jedoch feststellen, daß ein geschlossener Abtransport nicht mehr möglich war.[4] Wo Lager, wie im Süden der Stadt, in unmittelbarer Nähe des Flugplatzes, besonders bedroht waren, wurden kleinere Einheiten verlegt. Besonders die Polen begann man am 18. April in

Sammellagern zusammenzufassen: Frauen und Kinder im Lager »Riespott«, Männer an der Grambker Heerstraße.[5] Betroffen war auch der erst siebzehnjährige polnische Zwangsarbeiter Julian Oleg Nowak aus Posen: »Mitte April kam der Befehl, das Lager zu räumen. Wohin wir verlegt werden sollten, war unbekannt. Nur soviel war klar, daß die Engländer schon direkt vor Bremen standen. Wir haben also unsere Koffer gepackt und alles hineingestopft, was wir nur hatten, auch Kartoffeln und Mohrrüben aus dem Lagermagazin. Wir waren voller Unruhe, denn niemand wußte, wohin wir jetzt gejagt werden sollten. Was würden sie mit uns anfangen? Aufgestellt in Dreierkolonnen, marschierten wir los, einige Kilometer in nördliche Richtung bis nach Grambke, einem Vorort von Bremen. Dort war wieder ein Lager; es hieß ›Grambker Mühle‹; es lag neben der Chaussee vor einer Bahnunterführung; hinter dem Lager waren mehrere Bahngleise, ein großer Spitzbunker und zwei hölzerne Flaktürme. Wir wurden in diesem Lager in eine Baracke gesteckt. Es war ein großes Lager und außer den Polen mit Franzosen belegt; ringsum war es wieder mit Stacheldraht eingezäunt und im Innern nochmals mit einem Drahtzaun unterteilt. Am Eingang lagen Betonunterstände mit Schießscharten für die Wachmannschaften.«[6]

Aus Angst vor den beginnenden Auflösungserscheinungen und wegen der Gefahr, daß es bei einer Besetzung der Stadt zu Plünderungen kommen würde, begann man, in den Lagern eine Lagerpolizei einzurichten.[7] Noch waren Mitte April die Lager für drei Wochen bevorratet, doch sanken die Rationen schnell unter das schon bislang kärgliche Essen, »... ein erbärmliches Essen zwar, aber immerhin besser als gar nichts.«[8] Wenige Tage vor dem englischen Schlußangriff auf Bremen, als der nicht abreißende Artilleriebeschuß das nahe Ende ankündigte, brach die Aufsicht über die Lager der Kriegsgefangenen und Zwangsarbeiter zusammen. Lagerführung und Wachmannschaften setzten sich ab: »Am 22. April 1945 haben sich der Lagerführer und ein Teil der SS-Wachmannschaften noch aus dem Staub gemacht. Bevor sie sich absetzten, haben sie uns noch bedroht. Einer von ihnen sagte, wir sollten es nicht wagen, an das Lagertor oder an die Umzäunung zu gehen. Die Wachsoldaten, die an den Ecken des Lagers in ihren Betonunterständen postiert sind, hätten Anweisung, ohne Anruf sofort scharf zu schießen.«[9] Im Mißlerlager in Findorff übergab der »chef de camp« Schlüssel und Leitung des Lagers an einen französischen Kriegsgefangenen: »Il me dit, je me sens pas très bien, je vais me reposer à la campagne.«[10] Holländische Zwangsarbeiter versuchten auf eigene Faust nach Nordwesten hin die britische Front zu erreichen. Einige Belgier dagegen beschlossen, »ons lot in eigen handen te nemen«, verließen ihre Lager in Bremen-Nord und überquerten die Lesum: »Kwamen de Engelsen niet tot bij ons, dan zouden wij hen wel opzoeken.«[11]

Ungeschützt in ihren Barackenlagern, in Privatquartieren oder in Luftschutzbunkern verbrachten Russen, Polen, Franzosen, Tschechen und Italiener die letzten Tage und Stunden vor ihrer Befreiung. Ausgesetzt dem Trommelfeuer ihrer Befreier, umgeben von Deutschen, die in Angst und dumpfer Ergebenheit einem ungewissen Schicksal entgegensahen, fühlten auch sie sich zerrissen zwischen Angst, Hoffnung und Freude.

Paul Marcy, französischer Kriegsgefangener, der die letzten Tage in der Nähe des Schlachthofs in einem Luftschutzbunker verbrachte, notierte am 25. April für seine Geliebte zu Hause in sein Tagebuch:

»Am Abend. Stunden entscheiden, ob wir leben werden. Die Artillerie ist noch dabei, sich auf unseren Bunker einzuschießen. ... Bald drei Uhr morgens. Dir die Stimmung hier zu erklären oder Dir zumindest einen Eindruck von ihr zu geben, ist schwierig. Womit könnte ich sie vergleichen? Mit einer besetzten Fabrik während eines Streiks? Ich weiß nicht. Meine Kleine, ich fühle mich beherrscht von einer Mischung aus Ausgelassenheit und großem Ernst, von einem tiefen und schrecklichen Druck, der sich durch nichts beruhigen läßt. Draußen die Waffen der Angreifer, hier drinnen der Schutzraum auf dem Siedepunkt. Eine Situation, die fast etwas tragisches an sich hat, aber auch beinahe wieder ekelhaft und widerwärtig auf mich als Fremden wirkt, der eigentlich jubeln sollte. Zuviel Freude und Angst zugleich, um glücklich zu sein. Straßenkämpfe. Jungen, die noch gutgläubig sind, deren Blut vergossen wird. Andere, die sich besaufen. Noch nie habe ich solch ein Nebeneinander erlebt. Es hat etwas Widerwärtiges an sich, daß ich nicht vergessen werde. Diese Bombenangriffe, diese Brände, der Artilleriebeschuß und all das, während sie (die Briten) näher kommen, bis zum Bahnhof, dann wieder zurückgehen, und dann morgen vielleicht ...? Aber über all dem beherrscht eine große, übergroße Freude mein Herz, eine Freude, die mich träumen läßt. Diese einzige Vision, Dich an mich zu drükken. Einmal wenigstens noch in meinem Leben möchte ich verrückt werden vor Freude, aber das mit Dir. Meine Kleine, was werden meine Kameraden auf der anderen Seite der Weser jetzt machen, werden sie schon frei sein? Sind sie überhaupt gesund und sicher? Meine kleine künftige Frau, inmitten dieser verrückten Welt weine ich, um mich zu entspannen, um einen klaren Kopf zu behalten.«[12]

Wem wie Polen und Russen der Zutritt zu den Luftschutzbunkern bis zuletzt verwehrt blieb, mußte – wie Julian Nowak – das Entsetzen der letzten Kämpfe über sich ergehen lassen:

»Noch am 26. April lag schweres Granatfeuer auf der Stadt. Auch auf den Bahngleisen neben dem Lager schlugen ständig die Granaten ein. Es wurde immer gefährlicher, dort zu bleiben. Ich bin mit Jurek aus unserer Baracke gerannt. Wir haben angreifende Tiefflieger gesehen. Sie schießen aus ihren Bordwaffen und feuern Granaten ab. Drei Maschinen fliegen direkt auf unser Lager zu. Wir werfen uns auf die Erde. Über uns das Heulen der Motoren, ringsum das Krachen der explodierenden Granaten. Es kommen immer wieder Flugzeuge, die die Bahnkörper angreifen. Diese Hölle hat vielleicht 20 Minuten gedauert, vielleicht eine halbe Stunde. Endlich können wir uns aufrichten und um uns schauen. Die drohenden Maschinengewehre in den Betonunterständen sind verschwunden, der Stacheldraht an vielen Stellen aufgerissen. Ist das die Freiheit? Auf dem Appellplatz liegen Blindgänger. Eine Baracke ist getroffen und halb zerstört. Drinnen liegen Tote und Verwundete.«[13]

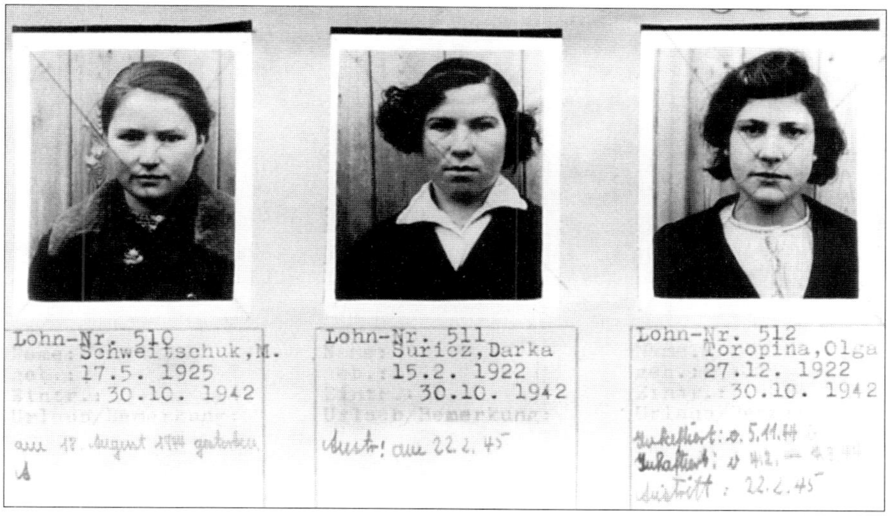

Alarmstufe II

Lfd. Nr.	Firma	Gemeinschaftslager	Pol. Rev.	Anzahl der ausl. Arbeiter M.	F.	ges.	Begleitung	Kleinlager unter 50 Mann zu überführen in Gemeinl.	Sammellager
1	2	3	4	5			6	7	8
1.	Borgward, Bremen	Osterd. 150	2	302	-	302	18	Osterd.150	Oyten
2.	Borgward, Bremen	Föhrenstr. 76/78	2	645	-	645	36	Föhrenstr. 76/78	Oyten
3.	St.Ketels, Rosenberg	im Werk	2	-	30	30	2	"	"
4.	Lloyd-Dynamo, Osterd.253	im Werk	2	7	-	7 682	1	"	"
5.	Borgward, Bremen	Behrensstr.	1	645	-	645	36	Behrensstr.	"
6.	Arbergem Blechwarenf. Arbergen	im Werk	1	-	10	10	1	"	"
7.	Hem.Akt. Brauerei, Hemelingen	im Werk	1	18	3	21	1	"	"
8.	Hans.Silberwarenf. Hemelingen	im Werk	1	38	-	38	2	"	"
9.	Hornkohl, Woltmersh. Straße	Turnhalle W'hausen	11	27	-	27	2	"	"
10.	Stadtwerke Findorffstr.	Sebaldsbr. Heerstr.15	2	6	-	6	1	"	"
11.	H.Wulf, Kohlhökerstr.53	Werkslager Mahndorf, Bahndamm	1	19	-	19	1	"	"
12.	Steiniger & Co., Hemel.-Langenstr. 114/116	im Werk	1	2	-	2 768	1	"	"
13.	Borgward	Osterh.Heerstr.	2	1017	-	1017	60	Osterh.Heerstr.	Achim
14.	Atlaswerke	Casino a.d. Häfen	5	245	3	248	15	Casino	Syke
15.	Atlaswerke	Hotel Falke, Falkenstr.	7	-	15	15	1	"	"
16.	Atlaswerke	Vegesackerstr. 43	16	59	-	59	3	"	"
17.	Schäfer & Co, Fehrfeld 39/41	im Werk	3	23	1	24	2	"	"
18.	"	Hemel., Bremerstr. 29	1	27	1	28 374	2	"	"

Oben:
Personalunterlagen Bremer Zwangsarbeiterinnen

Unten:
Gestapoliste der Bremischen Zwangsarbeiterlager, Sommer 1944

Holländische und französische Zwangsarbeiter bejubeln ihre britischen Befreier

Erst die tatsächliche Begegnung mit den vorrückenden britischen Panzern und Infanteristen ließ die Befreiung für die Kriegsgefangenen und Zwangsarbeiter Wirklichkeit werden. Für manche von ihnen war es ein Augenblick, den sie ihr Leben lang nicht mehr vergessen sollten. »Der erste Tag der Befreiung. Einige englische Granaten pfeifen vorbei, die ersten Tommies sind zu sehen, ein Gefühl, das ich nicht beschreiben kann. Nichts hält mich mehr. Die Tränen, die ich vergieße, sind Freudentränen«, notierte Paul Marcy am 26. April in sein Tagebuch und fuhr am folgenden Tage fort: »Als ich sah, daß sie (die Engländer) nicht zu uns kamen, bin ich ihnen entgegengegangen. Ich werde niemals mehr dieses erste Bild von einer Karikatur eines Engländers vergessen, das Gewehr unter dem Arm, und dann kamen die anderen und dann die Raupenfahrzeuge auf den Platz. Ein Gefühl der Entspannung und die dann doch nicht eintritt. Wie eine fast vergessene Kraft, die uns festhält und uns in unseren Gefühlen hemmt.«[14] Der belgische Zwangsarbeiter Arthur De Paep erinnerte sich viele Jahre später: »Het was een van die zeldzame ogenblikken dat men zou kummen lachen en wenen tegelijk, dat men het zou kunnen uitschreeuwen van vreugde, maar waarop men niets van dat alles doet doch gewoon heel stil wordt en'n beetje koud van binnen van ontroering. Weer vrij, na vijfentweintig lange maanden verknechting, het leek zo onwerkelijk. En toch was het waar.«[15]

Befreiung und Tod lagen manchmal noch ganz eng beieinander, wie für den Polen Petrzak, der noch im Moment der Befreiung des Lagers »Grambker Mühle« durch die Briten starb: »Am nächsten Morgen weckt uns eine Schießerei in der Nähe des Lagers. Dann hört man plötzlich das knirschende Rasseln von Panzerketten. Es kommt näher. Es sind englische Panzer. Sie fahren in unser Lager hinein. Wir rennen alle aus den Baracken. Es ist ein großes Schreien und Durcheinander. Wir sagen den Panzersoldaten, daß hier nur Polen liegen. Sie stellen sofort eine Funkverbindung her. Krankenwagen, Sanitäter, Ärzte und ein Feldlazarett werden herbeikommandiert. Die Schwerverwundeten werden in die Krankenwagen gelegt. Wer von uns noch Kraft hat, hilft dabei. Als wir unseren Kameraden Petrzak, der schwer verwundet ist, auf den transportablen Operationstisch legen, stirbt er, noch bevor ihm der Arzt helfen kann. Auch für ihn ist die Befreiung zu spät gekommen. ... Auf dem Grab haben wir zwei Holzkreuze aufgestellt und einen Lattenzaun darum gezogen. Dazu eine Tafel mit der Inschrift: Hier ruhen tragisch Verstorbene im Moment der Auferstehung. Weil drei Stunden vor der Befreiung am 26.4.1945. Polen deportiert zur Zwangsarbeit nach Deutschland. ... Das war unsere Befreiung.«[16]

Auf ihrem Vormarsch durch die Stadt kamen den britischen Truppen überall Zwangsarbeiter entgegen, die ihre Befreier willkommen hießen, »releasing them from their oppressive and brutal treatment in servicing the Nazi war machine.«[17]

Zwangsarbeiter und Kriegsgefangene feierten ihre Befreiung, soweit sie in ihrem gesundheitlich desolaten Zustand hierzu überhaupt in der Lage waren, verbrüderten sich untereinander oder mit ihren Befreiern. »Aus den Kellern und Baracken schwärmten Tausende von Russen und Polen aus, alle mit einer Flasche Alkohol oder mit anderem Trinkbaren in der Hand. Sie hatten schon vorher große Mengen von Schnaps getrunken und glaubten nun, die britischen Truppen mit wildem Gestikulieren, einer Mischung aus gutem Willen und Schnaps, begrüßen zu müssen. Das enthusiastische Willkommen wurde uns aber langsam lästig, als es schien, daß jeder Soldat persönlich umarmt werden sollte. Aber für solche Freundschaftsbezeugungen hatten wir keine Zeit«,[18] berichteten Einheiten des 5th Batalion The King's Own Scottish Borderers über ihre ersten Begegnungen.

»Für mich endete das«, erzählte der französische Zwangsarbeiter Yves Berteaux später, »mit einem Bild, das wirklich von ausnehmender Komik war. Eines Abends, vielleicht am 28. April, hörte ich aus einem Wartungswagen der Straßenbahn, es war schon spätabends, Singen und Grölen. Ich ging in diesen kleinen Bauwagen hinein, und es waren da drinnen gerade sieben Russen dabei, Pfannekuchen zu bakken und eine Flasche nach der anderen zu leeren, wobei sie sich nicht die Mühe machten, die Korken zu ziehen, sondern sie schlugen sie nach adeliger Herrenmanier am Halse auf. Auch waren sie in Frack und Schwalbenschwanz, die sie sicher in einem sehr eleganten Geschäft in der Obernstraße geklaut hatten. Und dann haben wir getrunken, grölend einen Toast auf de Gaulle, einen auf das Wohl Stalins ausgebracht. Offensichtlich waren sie sturzbetrunken und ich wurde es so langsam auch. All das macht deutlich, wie lächerlich und herrlich zugleich das Leben war und daß man davongekommen war.«[19]

Spontane Racheakte ehemaliger Zwangsarbeiter

Die Befreiung hatte jedoch nicht nur Gefühle der Freude freigesetzt, sondern auch solche der Rache und Vergeltung. Jahrelang waren besonders Polen und Russen schikaniert, terrorisiert, gedemütigt und durch Zwangsarbeit und »Straferziehungsmaßnahmen« bis an den Rand des Todes getrieben worden. Die meist spontanen Racheakte der ersten Stunden und Tage trafen Schuldige und Unschuldige gleichermaßen, Deutsche, aber auch eigene Landsleute, die als Handlanger ihrer Unterdrükker schuldig geworden waren. So wurden am 26. April in der Bremer Neustadt vorrückende Einheiten des Middlessex Regiments, 43rd Division, Zeugen einer blutigen Szene, die sich in ihre Erinnerung tief eingeprägt hat: »Ein Haufen von einigen vierzig oder fünfzig Russen, in ihrer zerlumpten Gefangenenkleidung, hatte einen festen Kreis außerhalb des Tors ihres Barackenlagers gebildet. Wahnsinniges Geschrei und wildes Gestikulieren reichten aus, um uns halt machen zu lassen, um den Grund des Aufruhrs zu erkunden. Vorsichtig näherten wir uns, durchstießen den Kordon und konnten gerade noch das Ende der Exekution von drei Kapos miterleben. Die Instrumente, die sie hierzu benutzten, waren dreibeinige Hocker, einer der wenigen Einrichtungsgegenstände, mit denen die Deutschen sie versehen hatten. Einige Gefangene hielten ihre ehemaligen Peiniger fest, während andere sie mit den Hokkern totschlugen. ... Wir machten uns schnell davon, übel und abgestoßen, und wir fanden es schwierig zu akzeptieren, daß es hier zweifelsohne um eine Rache ging: Auge um Auge.«[20]

So verständlich diese Racheakte waren, so stießen sie doch selbst bei manchen befreiten Zwangsarbeitern auf Ablehnung. Paul Marcy notierte am 28. April angesichts seines erschossen aufgefundenen ehemaligen Chefs der »Fleischmehl«: »Es läuft einem kalt den Rücken herunter, selbst wenn ich ihn nicht persönlich kannte. Schnelljustiz. Gerechtigkeit? Wer weiß? Das ist nicht gut, egal was es ist.« Deutsche traten nun zur Seite auf die Straße und zogen die Mützen, wenn ihnen befreite Zwangsarbeiter oder Kriegsgefangene auf den Bürgersteigen entgegen kamen. »Les flics saluent méme les prisoniers de guerre!« Für den einen ein Gefühl der Genugtuung, für Paul Marcy »Gesten, die weh tun«. »Diese alten Polizisten, die von den jungen Burschen jetzt terrorisiert werden, die ihre Auszeichnungen herunterreißen, Heil Hitler rufen müssen«, schrieb er am 27. April und fuhr nachdenklich fort: »Diese große Angst der Bewohner. Ich weiß, was diese vernichtende Niederlage bedeutet, diese Erniedrigung, und ich kann doch nicht helfen. Besonders auch nicht vor der Anmaßung der Ausländer; dieser Dünkel und die Dreistigkeit dieser Russen. Diese geplünderten Häuser. Liebling, Du weißt, daß ich das nicht machen kann. Ich könnte niemals einem armen Schlucker ein Fahrrad stehlen oder eine Familie ausplündern, eher würde ich 100 km zu Fuß gehen oder vor Hunger krepieren. Haben die denn noch immer nichts aus dem Krieg gelernt? Gibt es nicht schon genug Elend hier? Der Anfang ist noch relativ harmlos, aber was wird dann kommen? Ein schreckliches Elend wird sich über Deutschland ausbreiten, etwas ganz Abscheuliches, und ich sage das ganz ohne Vorbehalt, ich bedaure aus ganzem Herzen diese unschuldigen Kreaturen, die darunter leiden werden. Wegen einer Handvoll Banditen, Wesen ohne Glaubwürdigkeit, Wilden, wird ein ganzes Volk leiden. Ginette, ich verspreche Dir, daß ich niemals einen Akt der Taktlosigkeit zum Schaden eines armen Kerls unternehmen werde. Besonders zu plündern, um schamlos und sinnlos zu stehlen. Und überhaupt ...«[21]

Karikatur aus dem Daily Mirror vom 19.4.1945 – Befreit! Hungernde Sklavenarbeiter im befreiten Territorium, nach Nahrung und Kleidung plündernd, werden von ehemaligen Nazis verprügelt, die von den Alliierten eingestellt wurden, um die Ordnung aufrechtzuerhalten

Das Bild, das sich den britischen Truppen und der Bevölkerung in den ersten Tagen der Besetzung Bremens bot, war jedoch auch geprägt von den tausenden osteuropäischen Zwangsarbeitern und Kriegsgefangenen, die losgebrochen und über die Schnapsvorräte der Stadt hergefallen waren. Ihr Verhalten, besonders das der Russen, erschreckte nicht nur die Deutschen, sondern auch die Engländer. Die brutale Behandlung durch die Deutschen, so meinten sie jedoch, »hatte sie unter das Niveau von Tieren gedrückt.«[22] Deutlich wird, daß die in Deutschland vorrückenden britischen Truppen nicht vorbereitet waren auf das, was ihnen als Ergebnis nationalsozialistischer Schreckensherrschaft auf deutschem Boden begegnen sollte. Was ihnen als zerlumpte, ausgehungerte, bindungs- und hemmungslose Gestalten aus den befreiten Russenlagern entgegenströmte, waren einmal Männer und Frauen, Jungen und Mädchen gewesen, die die Deutschen nach ihrem Überfall auf die Sowjetunion im Jahre 1941 planmäßig aus ihrem Leben herausgerissen und aus Städten und Dörfern als Zwangsarbeiter ins Deutsche Reich verschleppt hatten. Spätestens mit dem Erreichen von Kriegsgefangenenlagern wie Sandbostel oder Konzentrationslagern wie Bergen-Belsen und Neuengamme änderte sich das Verhalten der Engländer gegenüber den verschleppten Menschen aus Osteuropa, aber natürlich auch gegenüber der deutschen Zivilbevölkerung.

Den Plünderungen und Nahrungsmitteldiebstählen war die Bremer Bevölkerung zunächst schutzlos ausgeliefert, und die Plünderungen sind in die Erinnerung der Bremer an die ersten Tage nach Kriegsende tief eingegraben geblieben. Empört und betroffen reagierten besonders Teile des Bremer Bürgertums auf die Plünderungen. Der ehemalige bremische Gesandte beim Reichsrat in Berlin fand »die hier gebliebenen Russen, teils Gefangene, teils Arbeiter, ›lästig‹. Sie plündern und werden sogar bedrohlich«, wie er am 29. April in seinem Tagebuch vermerkte.[23] Den Briten war es ausgesprochen lästig und zuwider, sich immer wieder die Klagen der deutschen Bevölkerung über die Plünderungen der Zwangsarbeiter und Kriegsgefangenen anzuhören und sie vor den Folgen ihrer eigenen vorausgegangenen Handlungen zu schützen. »There was nowhere a feeling of guilt only of relief, that the threats of bombing were over. The looting of clothes was proceeding on a large scale and it was difficult not to sympathize with the feelings of all those people who had suffered far more then most of the germans would ever suffer, even in defeat«, empörte sich der britische Colonel J.D.W. Renison in seinem Kriegstagebuch[24] über Scheinheiligkeit und Verhalten der Bremer.

Die schnelle Kriminalisierung der ehemaligen Zwangsarbeiter und Kriegsgefangenen, die im übrigen von manchem Briten und Amerikaner vorschnell geteilt wurde, diente vielen Deutschen offensichtlich dazu, von ihrer eigenen Schuld abzulenken und sie zu verdrängen, indem man die Rechtfertigung des Verursachers betrieb. »Jedenfalls war vermutlich nichts besser geeignet, jene wohltuend stabilisierende Selbstgerechtigkeit zu erzeugen, hinter der die Schuld als Verursacher nur noch sekundären Rang besaß, wenn man die Zwangsarbeiter mit dem Image der generellen Kriminalität abstempelte.«[25] Und entsprach nicht in den Augen vieler Deutscher das Verhalten der ehemaligen Zwangsarbeiter dem Bild, das ihnen die NS-Propaganda und die Gerüchteküche der Volksgemeinschaft von gewalttätigen Erhebungen der Ausländer vorgezeichnet hatte? Besonders verwerflich war es offensichtlich auch, daß es die bis dahin wehrlosen Opfer waren, die nun zu Tätern wurden. Wann immer es in der Folge zu kriminellen Handlungen kam, wurde der Verdacht zunächst einmal gegen die ehemaligen Zwangsarbeiter gelenkt.[26] Schnell konnten so schon bald aus den Zwangsarbeitern, den DP's, den Displaced Persons,[27] »Deutschlands Parasiten« werden.

Abgesehen von den Exzessen einzelner Randalierender, die auf durch die Befreiung spontan freigesetzte Rache- und Freiheitsgefühle der ersten Besatzungstage zurückgeführt werden müssen, waren die kriminellen Übergriffe der Kriegsgefangenen und ehemaligen Zwangsarbeiter in den späteren Wochen und Monaten das Ergebnis professioneller Banden. Betrachtet man die von der amerikanischen Besatzungsverwal-

tung in Bremen für die Zeit vom 1. Mai bis zum 15. November 1945 vorgelegte Kriminalstatistik, so wird deutlich, daß die Verbrechensrate der Ausländer durchaus mit der der deutschen Bevölkerung vergleichbar war. Hinsichtlich der Eigentumsdelikte lagen die Ausländer sogar deutlich unter der Norm der Bremer Bevölkerung.[28]
Geplündert hatten nämlich auch die Bremer, wie die britischen Truppen nach der Besetzung der Stadt berichteten: »Die Zivilbevölkerung kam aus ihren Kellern und begann systematisch die Stadt zu plündern. Wenn einer etwas zu essen fand, wollte es ihm ein anderer wegnehmen.« »Sie hatten begonnen, wild zu plündern, zu saufen, jeder gegen den anderen um Lebensmittel zu kämpfen.« »... Es war richtig lustig, Deutsche gegen Deutsche kämpfen zu sehen.«[29]
Nicht immer ging es nur um das, was zum Überleben am Tage notwendig war. Zutage kam auch, was in Geschäften und Lagern offensichtlich zurückgehalten worden war, wie Heinrich H. am 26. und 27. April empört in seinem Tagebuch notierte:
»Die niedrigen Instinkte der Menschen setzen jetzt auch ein. Nicht allein die Ausländer, sondern auch die Deutschen fangen an zu rauben und zu plündern. Schlachterläden werden ausgeräumt, Verpflegungsmagazin der ›Neptun‹ usw. Vor nichts wird Halt gemacht. Ob es die Menschen gebrauchen können oder nicht, sie nehmen es. Wein, Spirituosen, Lebensmittel, Bekleidung usw. Ein Chaos ist eingetreten, aber wir dürfen nicht klagen, denn ein Teil der Einwohner trägt hierzu selbst bei. Wenn man heute sieht, was alles aus den Läden herausgeholt wird, so kann man sich nur an den Kopf fassen. Z(um) B(eispiel) habe ich Bezugscheine für Kissen, Matratzen, Bettwäsche in der Tasche. Ich habe mich täglich bemüht, diese Sachen zu bekommen, aber meine Wege waren immer vergeblich. Jetzt muß ich sehen, daß aus den Geschäften, die mir gestern nichts geben wollten (sie sagten, sie hätten nichts), heute die Waren mit Fuhre herausgeholt wurden. Es ist doch ein Skandal, daß diese Geschäfte nicht verkauft haben.«[30]
Nach einigen Tagen ließen die wilden Plünderungen in der Stadt nach, begannen zunächst die Briten, später die Amerikaner die

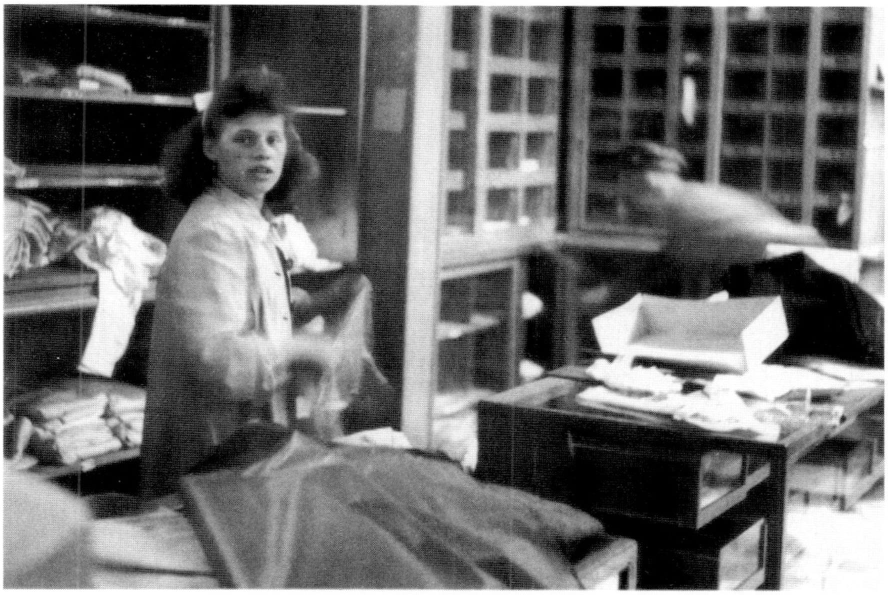

Plünderung eines Textilgeschäftes

Kontrolle über Ausländer wie Deutsche wieder herzustellen. Es blieb die Angst, aber auch bei manchem ehemaligen Zwangsarbeiter oder Kriegsgefangenen – wie Paul Marcy – die Scham, mit diesen Plünderern identifiziert zu werden:
»Dort (in der Hamburger Straße, wo ihm eine Bleibe zugewiesen worden war) war ich in einer Wohnung. Sie sah schrecklich aus. Ich habe mir dort alles angesehen. Unter anderem fand ich dort Briefe. Also, ich habe mir dann diese in Deutsch geschriebenen Briefe angeschaut, das hat mich amüsiert, ich nehme an, es waren die Briefe, die der Ehemann von der Front nach Hause geschrieben hatte. Ich las sie und plötzlich sah ich zu meiner Überraschung eine Frau in der Tür. Eine junge Frau. Und ich habe sie gefragt ›was machen Sie hier?‹ Sie weinte. Und sie sagte zu mir ›entschuldigen Sie, aber das ist meine frühere Wohnung‹. Und ich sagte ›Sie Unglückliche, Sie werden getötet werden, da unten sind Posten, Engländer‹. Sie antwortete ›was wollen Sie, ich bin zurückgekommen, um sie mir zu holen, können Sie sie mir überlassen, die Briefe?‹ Ich sagte zu ihr ›nehmen Sie alles, was sie wollen, das gehört mir doch nicht. Nehmen Sie doch, nehmen Sie die Briefe, nehmen Sie alles,was Sie wollen, aber lassen Sie sich nicht sehen‹. Und da hat die Arme alles genommen, alles was sie finden konnte. Das war einer der peinlichsten Augenblicke in meinem Leben. Sie hat genommen, was sie mitnehmen konnte, sie hat diese Briefe genommen und was weiß ich noch. Dann ist sie gegangen. Und mir machte das Kummer, denn ich sagte mir, sie wird glauben, daß ich es war, der dies alles hier gemacht hatte. Die Wohnung war verwüstet, alles war zerstört, es waren schon vor mir welche da gewesen. Das waren Russen, die das angerichtet hatten. Die meisten von ihnen hatten wohl noch nie in ihrem Leben eine Wohnung gesehen. Da waren die Sofas mit Messern aufgeschlitzt, die Wände mit Kot beschmiert, alles was, man sich nur vorstellen konnte. Kurz, ich sagte mir, sie wird glauben, das warst Du, der das getan hat, sie wird schon eine sonderbare Meinung von Dir haben. ... Dann habe ich sie durch das Fenster gesehen, ich habe sie herauskommen gesehen, sie gab mir ein kleines Zeichen, das ist mir für immer in Erinnerung geblieben. Und wie war mir das peinlich, in diesem Haus zu bleiben.«[31]
Ziel der alliierten Politik war es gewesen, die Kriegsgefangenen und Zwangsarbeiter in Deutschland nicht nur zu befreien, son-

Britische Panzertruppen verteilen Zigaretten an befreite holländische und französische Zwangsarbeiter

dern sie auch zu versorgen und sie in ihre Heimat zurückzubringen. So galt auch die erste Sorge der in Bremen einmarschierenden Engländer der Sammlung und Versorgung der überall befreiten Ausländer. Im Süden der Stadt stießen britische Truppen am 26. April am Neustädter Bahnhof auf ca. 1500 Menschen, die von den Vorausabteilungen der britischen Armee im Laufe des Tages aufgegriffen und hierhin dirigiert worden waren. Eine benachbarte Möbelfabrik wurde als Auffanglager eingerichtet, und am Abend waren es bereits 3500 Personen, die versorgt werden mußten. Als in den frühen Morgenstunden des 27. April in dem Lager aus Unachtsamkeit Feuer ausbrach, wurden die Insassen evakuiert. In wenigen Stunden entstand in einem Wohnblock der Hamburger Straße ein neues Lager zunächst für Holländer, Franzosen und Belgier.[32] Das Deutsche Rote Kreuz richtete im Erdgeschoß des Rathauses eine Erste-Hilfe-Station ein, mit 50 Betten, einem Waschraum, der Versorgung mit Kaffee am Morgen und einer Wache für die Nacht.[33] Wo immer in der Stadt Engländer auf befreite Kriegsgefangene und Zwangsarbeiter stießen, wurden diese zuvorkommend behandelt – so erzählen es die Zeitzeugen –, mit Lebensmitteln und Zigaretten versorgt und wo nötig und möglich ärztlich behandelt. Aus den nördlichen Vororten der Stadt wurden in den folgenden Tagen Tausende von insbesondere Polen und Russen evakuiert, um sie vor dem Beschuß deutscher Truppen zu schützen, die zunächst noch jenseits der Lesum lagen. Die Erfassung der befreiten Kriegsgefangenen und Zwangsarbeiter war schwierig. Und die erste Übersicht über die Lager und ihre Insassen, die die Amerikaner am 1. Mai erstellten, war noch mehr als ungenau und keinesfalls zuverlässig.[34] Für die Franzosen gab es im Rathaus, über dem neben dem Union Jack auch die Trikolore wehte, schon kurz nach der Besetzung bei der amerikanischen Militärregierung einen französischen Verbindungsoffizier, der von hier aus die ungeduldig herbeigesehnten Rücktransporte organisierte. Kleinere Lager wurden zu großen Einheiten zusammengefaßt. Die größten unter ihnen waren bald das Tirpitz-Lager, das Lager »Grambker Mühle« und das Lager Hamburger Straße, das als Transit-Lager für die ehemaligen westeuropäischen Zwangsarbeiter diente, in dem aber auch Russen und besonders Polen untergebracht worden waren und in dem offensichtlich ein mehr als lebhaftes Treiben herrschte. Hier hatte auch Paul Marcy nach seiner Befreiung eine Bleibe gefunden. Von seinem ersten Eindruck berichtete er am 1. Mai: »Morgen werde ich in die Hamburger Straße ziehen. Heute habe ich mich schon einmal dort umgeschaut. Was für ein Tollhaus, aber was soll's. Es ist traurig zu sehen, wie diese Häuserkomplexe einer aufgeregten und wenig umgänglichen Bande überlassen werden. Doch ich werde versuchen, so schnell wie möglich von dort wieder fort zu kommen.«

In den Lagern wurden eigene Lagerleiter gewählt und eine eigene Lagerpolizei organisiert. Kranke kamen in besondere Krankenräume, Schwerkranke in das Städtische Krankenhaus St. Jürgen und in das St. Joseph-Stift Nach dem 8. Mai wurde das ehemalige Marine-Hospital in Farge als zentrales Krankenhaus für die Ausländer eingerichtet. Eine besondere Einheit der Militärregierung übernahm die Verantwortung für die Verpflegung und die Verteilung von Lebensmitteln in den Lagern. Die täglichen Rationen für die Ausländer betrugen zunächst 2300 Kalorien, mehr als man der deutschen Bevölkerung zubilligte. Ein Problem stellte auch die mangelnde Versorgung der befreiten Ausländer mit Kleidung und Decken dar. Als die amerikanische Militärregierung am 11. Mai vom Regierenden Bürgermeister Vagts die Lieferung von je 5000 vollständigen Männer- und Frauenbekleidungen sowie 10.000 Decken und Matratzen für die ehemaligen ausländischen Arbeiter forderte und androhte, sie gegebenenfalls in den Häusern durch die Polizei einsammeln zu lassen,[35] war die Aufgeregtheit groß. Theodor Spitta sprach von »›Kleidungskontribution‹, offenbar zugunsten der Ausländer (Polen usw.) ... Kürzlich sind schon Betten beschlagnahmt worden. Jetzt ist von Eßbestecken und Decken die Rede. ... 3200 Matratzen sollen in wenigen Stunden geliefert werden (für die Ausländer).«[36] Doch alle Aufregung war umsonst. Die Lagervorräte der Stadt reichten aus, auf die Sammelaktion konnte verzichtet werden.

Wenige Tage nach ihrer Befreiung durch die Briten begann man in Bremen mit der Rückführung der ehemaligen Kriegsgefangenen und Zwangsarbeiter in ihre Heimat. Den Anfang machten die Holländer und die

AN ALLE BEFREITE: DISZIPLIN BESCHLEUNIGT DIE HEIMKEHR

GENERAL EISENHOWER, der Oberbefehlshaber der alliierten Streitkräfte, erlässt folgende Anweisungen an alle befreiten Kriegsgefangenen, Fremdarbeiter und zwangsverschickten Personen:

Die letzten militärischen Operationen in Deutschland müssen Vorrang vor allem haben.

Daher bleiben die Grund-Anweisungen für alle befreiten Gefangenen und Verschickten in Kraft:

1. **Bleibt an Ort und Stelle. Wartet Befehle ab.**
2. **Bildet kleine Gruppen Eurer Staatsangehörigkeit und wählt Führer, die für Euch mit den alliierten Militärbehörden handeln werden.**
3. **Weg von den Durchgangsstrassen, die für die Militärtransporte gebraucht werden.**
4. **Verhütet Zerstörung von Werkanlagen, Vernichtung amtlicher Dokumente vermeidet Unordnung, Plünderung und Sabotage, die nach den militärischen Gesetzen bestraft werden.**

Das Oberkommando gibt Euch weiter bekannt, dass das Tempo der Heimsendung für die einzelnen Nationalitäten verschieden sein wird. Die Angehörigen von Westeuropa, Engländer, Franzosen, Belgier, Holländer und Luxemburger können schneller rückgeführt werden als die Angehörigen von Ost- und Südost-Europa.

Das Oberkommando macht also die befreiten Russen, Polen, Tschechen, Jugoslaven und Griechen darauf aufmerksam, dass sie in ihren Versammlungsräumen länger bleiben können als die Angehörigen der westlichen Nationen, und dass die Schnelligkeit, mit der ihre Rückführung in ihre Heimat durchgeführt werden kann, von ihrer Disziplin und der Befolgung der Befehle abhängt.

Das Oberkommando gibt folgende Spezialanweisungen für alle russischen Staatsangehörigen:

Alle Russen, die sich in den vom Oberkommando kontrollierten Gebieten befinden, werden so schnell wie möglich zu den russischen Behörden gebracht werden.

Für die polnischen Staatsangehörigen gelten folgende Sonderanweisungen:

Befreite Polen, die sich in den Gebieten Deutschlands befinden, die vom Alliierten Oberkommando kontrolliert werden, haben Gelegenheit, ihre Wünsche zu äussern, ob sie nach Polen zurückkehren wollen oder nicht. Jeder Fall wird individuell behandelt werden.

Befreite Fremdarbeiter!

BLEIBT

wo Ihr seid, bis Eure Rückführung organisiert werden kann!

DOENITZ-BEFEHL VERBIETET ZERSTÖRUNGEN

Nach einer deutschen Rundfunkmeldung hat Grossadmiral Doenitz in einem Befehl an die noch unter seiner Kontrolle stehenden Militär- und Zivilbehörden jede Zerstörung oder Ausserbetriebsetzung von Nachrichtenverbindungen zu Lande und zur See, sowie von Eisenbahnanlagen und Signaleinrichtungen untersagt.

Der deutsche Sender fügt hinzu, dass der Doenitz-Befehl auch die Vernichtung von Vorräten an Lebensmitteln und anderen Konsumgütern sowohl für die Bevölkerung als auch für die Wehrmacht verbietet. Diese Befehle gelten gleichermassen für die westlichen

Mitteilung des Alliierten Oberkommandos, Mai 1945

Franzosen. Vom »Centre de repatriement des Français« in der Hamburger Straße aus wurden die Lager inspiziert und verproviantiert. Schon am Abend des 28. April konnte ein erster Transport von 500 Personen die Stadt verlassen. Seitens der französischen Verbindungsstelle rechnete man mit ungefähr 30.000 Personen im Großraum Bremen. Die Rückführung erfolgte Lager für Lager, Kriegsgefangene und minder schwer Erkrankte zuerst, je nach Bereitstellung englischer Lastkraftwagen in Gruppen von je 700 bis 800 Personen täglich. Während der Monate Mai bis August 1945, so stellte die amerikanische Militärregierung fest, waren in Bremen ca. 40.000 DP's versorgt, waren 10.000 westeuropäische DP's repatriiert oder zumindest in rückwärtige Gebiete evakuiert worden. Im September erfolgte dann schließlich der Heimtransport der meisten Russen und Polen, so daß sich am 1. Oktober 1945 nur noch 8877 der einstmals nach Bremen Deportierten in den DP-Lagern befanden.
Für nicht alle ehemaligen Zwangsarbeiter bedeutete jedoch die Rückkehr in die Heimat auch den endgültigen Schritt in die Freiheit. Viele der russischen Deportierten, denen Stalin und der sowjetische KGB nach ihrer Heimkehr Kollaboration mit den Deutschen vorwarfen, verschwanden für viele Jahre in den Arbeitslagern Sibiriens; rehabilitiert wurden sie auch später nie.
Heute, nach fünfzig Jahren, erinnern sich viele von ihnen, wie Wladimir Butow aus Charkow in der Ukraine, immer noch an Hunger und Leid, die sie während ihrer Verschleppung nach Bremen ertragen mußten, aber frei von Haß auch an Menschen, die ihnen in Bremen geholfen haben: »Im Krieg haben uns viele Deutsche geholfen, aber auch viele Deutsche haben uns gehaßt. In dieser schweren Zeit waren wir dünn vor Hunger, viele von uns wurden krank und sind vor Hunger gestorben. Und weglaufen konnten wir ja nicht, weil die deutschen Soldaten uns wieder eingefangen und in Konzentrationslager gebracht hätten. ... Einmal hatte ein hungriger Mann ein Butterbrot gestohlen und es aufgegessen. Da haben sie ihn mit Stöcken geschlagen und mit Füßen getreten, und alle Russen mußten zuschauen, auch sein Bruder. Später ist er gestorben. Manche Menschen haben in der Erde alte Knochen gefunden und haben sie wie Hunde gegessen. Soldaten und Kommandant machten sich mit uns ihren Spaß. Einmal warfen sie altes Brot über unseren Zaun. Als sich die Lagerinsassen vor Hunger um das Brot stritten und prügelten, lachten und sie riefen ›Russenschweine‹ ... Später bekamen wir einen neuen Kommandanten. Das war ein guter Mann. Er hat uns erlaubt, in die Stadt und ins Kino zu gehen. Manchmal haben wir auch Deutsche zu Hause besucht. Das waren einfache Leute und auch für sie war es keine leichte Zeit.«
Wladimir Butow überlebte im Lager Borgward. Als der Krieg in Bremen zu Ende war, wurde er mit vielen anderen sowjetischen Zwangsarbeitern befreit. Ende 1994 schrieb er in einem Brief nach Bremen: »Dann haben uns die Engländer wegen der Plünderungen in ein Lager außerhalb der Stadt gebracht. Vielen von uns hat dieses Plündern nicht gefallen. Später wurden wir zurück in die Heimat gebracht. Für viele von uns begann das neue Leben jedoch mit Hunger und in den stalinistischen Lagern. Das dauerte bis 1953. Aber das war eine andere Zeit. ...
Auf Wiedersehen. Ich halte Ihre Hände ganz fest und wünsche allen Bremern viel Glück und Gesundheit, und immer einen hellen Himmel.«[37]
Vergessen hatten Briten und Amerikaner auch nicht die in den bremischen Gefängnissen vorgefundenen ausländischen Gefangenen. Am Morgen des 26. April hatten englische Truppen Polizeipräsidium und Gerichtsgebäude besetzt. Die im Gerichtsgefängnis Bremen-Stadt vorgefundenen ausländischen Gefangenen wurden noch am selben Tag befreit und entlassen. Für alle übrigen vom Sondergericht verurteilten Ausländer schlug die Stunde der Freiheit später. Auf Weisung der amerikanischen Militärregierung wurden sie am 17. Mai und am 21. Juli 1945 aus dem Zuchthaus Bremen-Oslebshausen entlassen und in ihre Heimat zurückgeführt.[38]
In die Heimat?
»Donnerstag, der 3. Mai: Acht Uhr abends, und Bremen liegt schon weit hinter mir, ca. 50 km. Morgens hatten wir die Chance, zu siebzehnt im Konvoi loszukommen. Um 14 Uhr schieden wir. Jetzt schreibe ich Dir, vor mir Felder, alles ist so klar. Wir liegen in Sulingen in einer Scheune, haben Suppe bekommen, ein wenig Brot. Wir reden von der Möglichkeit, morgen ein Flugzeug zu bekommen. Nur schnell, schnell. Ich träume, weißt Du? ... Welche Freude in meinem Herzen, groß und unfaßbar. Ich denke nur an unser Wiedersehen.«[39]

Anmerkungen:

1 *Enno Meyer, Menschen zwischen Weser und Ems 1933–1945. Wie sie lebten, was sie erlebten. Quellen zur Regionalgeschichte Nordwest-Niedersachsens, Heft 2. Oldenburg 1986, S. 198.*

2 *7,1066-372.*

3 *9,S 9-17 Nr. 67. Tagebuch des holländischen Zwangsarbeiters Win Alberda van Ekenstein, 2 Teile, 1943–1945, Teil 2, S. 176.*

4 *3,3 Senatsprotokoll 1945, S. 58.*

5 *7,1066-372; Schreiben der Deutschen Arbeitsfront vom 17.4.1945 an den Polizeipräsidenten.*

6 *Julian Oleg Nowak, Von Lager zu Lager. Erinnerungen an die Zwangsarbeit bei der Bremer Wollkämmerei in Blumenthal. In: Christoph U. Schminck-Gustavus (Hrsg.), Hungern für Hitler. Erinnerungen polnischer Zwangsarbeiter im Deutschen Reich 1940–1945, Reinbek 1984, S. 62.*

7 *3,3 Senatsprotokoll 11.4.1945, S. 58.*

8 *Nowak, a.a.O., S. 63.*

9 *Nowak, a.a.O., S. 64.*

10 *Erinnerung eines französischen Kriegsgefangenen; freundliche Mitteilung von Frau Helga Bories-Sawala.*

11 *9,S 9-17 Nr. 68. Erinnerungen des belgischen Zwangsarbeiters Arthur de Paep: Op het slappe koord, Relaas van een gedeporteerde, Mechelen o.J., S. 125.*

12 *9,S. 9-17 Nr. 66. Tagebuch des französischen Kriegsgefangenen Paul Marcy, 1940–1945, S. 76.*

13 *Nowak, a.a.O., S. 65*

14 *Marcy, a.a.O., S. 77.*

15 *De Paep, a.a.O., S. 127.*

16 *Nowak, a.a.O., S. 66f.*

17 *Eric A. Cooling, An account of a young soldier's Wartime experiences (43rd Div., Middlesex Rgt.), S. 120.*

18 *E.V. Tullet, From Flushing to Bremen. The Campaign in North-West Europe. A History of the 5th Battalion The King's Own Scottish Borderers from 19th October 1945 (!) until V.E. Day, Minden 1945, S. 66.*

Tausende von Displaced Persons mußten in ihre Heimat zurückgeführt werden

19 Freundliche Mitteilung von Frau Helga Bories-Sawala.

20 Cooling, a.a.O., S. 120f.

21 Marcy, a.a.O., S. 78.

22 H. Essame, The 43rd Wessex Division at War 1944–1945, London 1952, S. 264.

23 7,500 Tagebuch Friedrich Nebelthau, 29.4.1945.

24 Imperial War Museum London, PP/MCR/248, The Second World War Diaries of Colonel J.D.W. Renison, Bd. 2, S. 369f.

25 Wolfgang Jacobmeyer, Die »Displaced Persons« in Deutschland. 1945–1952. In: Bremisches Jahrbuch, Bd. 59. Bremen 1981, S. 98.

26 Ulrich Herbert, Fremdarbeiter. Politik und Praxis des »Ausländer-Einsatzes« in der Kriegswirtschaft des Dritten Reiches, Berlin/Bonn 1985, S. 343.

27 So wurden die ehemaligen Kriegsgefangenen und Zwangsarbeiter nach ihrer Befreiung offiziell bezeichnet.

28 Jacobmeyer, a.a.O., S. 97.

29 Tullet, a.a.O., S. 67f.; George Blake, Mountain and Flood. The History of the 52nd (Lowland) Division 1939–1945, Glasgow 1950, S. 203.

30 9,S 9-25 Tagebuch Heinrich H.

31 Erinnerungen Paul Marcy, freundliche Mitteilung Frau Helga Bories-Sawala.

32 Hier und im weiteren Verlauf: 16,1/2-OMGBRE FHMG A.I. Part I. 27.4.1945–30.6.1946, Chapter 13. Displaced Persons.

33 Bericht des französischen Capitain Mollet, Archives Nationales Paris F 9 3292, auch 3311.

34 Anlage in FHMG A.I. (wie Anm. 32), Part II.

35 Die Tagebücher des Bremer Bürgermeisters Theodor Spitta. 1945–1947, hrsg. von U. Büttner und A. Voß-Louis, München 1992, S. 123f.

36 3,3 Senatsprotokoll vom 11.5.1945, S. 77.

37 9,S 9-25.

38 Vgl. dazu den Beitrag von Maul-Backer in diesem Band.

39 Marcy, a.a.O., S. 85.

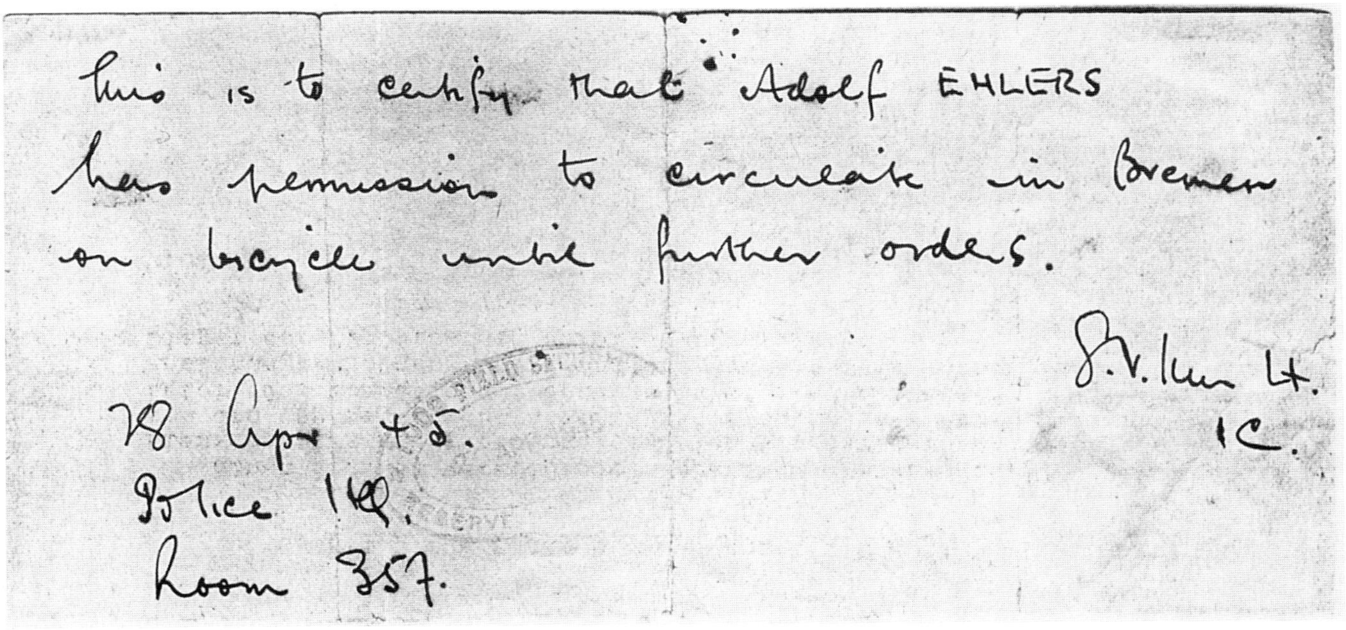

This is to certify that Adolf EHLERS
has permission to circulate in Bremen
on bicycle until further orders.

[illegible] Lt.
IC.

28 Apr 45.
Police HQ.
Room 357.

Die britische Militärpolizei genehmigt Adolf Ehlers, sich bis auf weiteres in Bremen mit dem Fahrrad zu bewegen

»Zum ersten Male nach zwölf Jahren der Knechtung können wir wieder frei atmen«

Bremer Antifaschisten und der Neuaufbau 1945

Heinz-Gerd Hofschen

Als am 29. April 1945 die nach der Besetzung Bremens verhängte Ausgangssperre für einige Stunden aufgehoben wurde, erschienen zwei Männer im Quartier des britischen Militärkommandanten im Polizeihaus am Ostertor mit den Worten: »Wir sind die Führer der Arbeiterbewegung in Bremen und wollen den General sprechen.«[1] Tatsächlich wurden sie empfangen. So konnten Adolf Ehlers und Hermann Wolters schon 48 Stunden nach Ende der Kampfhandlungen dem Kommandanten ein »Sofortprogramm der Werktätigen« ankündigen – das sie gemeinsam mit Georg Buckendahl am nächsten Tag übersandten – und Ausgehgenehmigungen und Büroräume für eine antifaschistische Organisation fordern.[2] Wenige Tage später, am 3. Mai, konstituierte sich diese Vereinigung. 23 Vertreter ehemaliger Arbeiterorganisationen gründeten im Haus der »Deutschen Arbeitsfront« am Wall die »Kampfgemeinschaft gegen den Faschismus (KGF)« und wählten einen Vorstand aus ihren Reihen.[3] Schon zwei Wochen nach ihrer Gründung hatte die KGF nach eigenen – vermutlich allerdings übertriebenen – Angaben 4265 Mitglieder in 14 Ortsgruppen in der Stadt und weitere 2230 Mitglieder in 14 Ortsgruppen im bremischen Landgebiet und im Umland.[4]

Die Kampfgemeinschaft gegen den Faschismus

Inmitten des Chaos des Kriegsendes und des Zusammenbruchs des »Dritten Reiches«, neben den Tausenden von desorientierten, apathischen, mit dem bloßen Überlebenskampf beschäftigten Menschen gab es also Männer und Frauen, die erstaunlich schnell und zielbewußt daran gingen, mit einer neuen antifaschistischen Organisation zur Befreiung vom Nationalsozialismus und zum Neuaufbau Bremens beizutragen. Daß sie sich so schnell zusammenfanden und bereits über ein Programm verfügten, war kein Zufall, denn seit Jahren hatten sich Angehörige der verbotenen Arbeiterorganisationen und der Widerstandsgruppen auf den Tag der Befreiung vorbereitet. Trotz der Zerschlagung des organisierten sozialdemokratischen Widerstandes in den ersten Jahren der NS-Diktatur und der bis 1943 erfolgten weitgehenden Liquidierung der kommunistischen Widerstandsgruppen war, teils in Betrieben, teils in privaten Zirkeln, der Kontakt antifaschistischer Arbeiter gewahrt worden. Eine wichtige Rolle spielten dabei die Mitglieder der kleinen Zwischengruppen der Arbeiterbewegung, die am Ende der Weimarer Zeit als Linksabspaltung von der SPD – SAP und ISK – und als Rechtsabspaltung von der KPD – die KPO – entstanden waren, da sie bereits vor 1933 zum einen über eine realistischere Faschismusanalyse verfügten als die Großparteien SPD und KPD (die beide auf unterschiedliche Weise die Nazis unterschätzt hatten), zum anderen eine auf die Einheit der Arbeiterbewegung gerichtete Politik verfolgten.[5] So waren es auch die aus der KPO zur SAP gekommenen Heinrich Busch und Adolf Ehlers, die ab Mai 1944 regelmäßige Zusammenkünfte mit ehemaligen Funktionären der SPD, der KPD, des ISK und der Deutschen Friedensgesellschaft organisierten, mit dem Ziel, eine antifaschistische Sammlungsbewegung zu initiieren.[6] Bei diesen illegalen Zusammenkünften, die dadurch erleichtert wurden, daß viele der ehemaligen Arbeiterfunktionäre auf der Werft AG

Adolf Ehlers (1898-1978)

»Weser« beschäftigt waren, wurde die programmatische und organisatorische Grundlage der KGF gelegt.[7] Die Mitglieder der Arbeiterbewegung hatten den Anspruch, beim Neuaufbau Deutschlands nach dem Zusammenbruch des Faschismus die Führung zu übernehmen. Sie fühlten sich nicht nur dadurch legitimiert, daß die Arbeiterparteien schon vor 1933 die entschiedensten Gegner der Nazis gewesen waren und dann die größten Opfer im Widerstand gegen die NS-Diktatur gebracht hatten, sondern auch durch die Tatsache, daß große Teile der alten bürgerlichen Eliten in Wirtschaft, Verwaltung, Wissenschaft und Armee die Nationalsozialisten unterstützt hatten, die ohne deren Mithilfe nicht hätten

Das Polizeigebäude am Wall: Quartier des britischen Militärkommandanten

zur Macht gelangen und ihre Terrorherrschaft und den Weltkrieg nicht hätten beginnen können. Ein demokratischer Neuaufbau konnte weder mit den Nazi-Aktivisten noch mit diesen diskreditierten Eliten erfolgen. Darüber hinaus war die Einsicht in den Zusammenhang kapitalistischer Interessen mit dem faschistischen System weit verbreitet, so daß die traditionelle Forderung der Arbeiterbewegung nach einer neuen Wirtschafts- und Gesellschaftsordnung mit dem Argument, nur eine Demokratisierung der Wirtschaft könne eine Wiederholung der faschistischen Barbarei verhindern, neues Gewicht erhielt.

Die militärische Niederlage des »Dritten Reiches« sahen die Angehörigen der Arbeiterbewegung, die sich im aktiven Widerstand betätigt oder sich in vielfältigen anderen Formen der Resistenz der Nazi-Herrschaft verweigert hatten, als Befreiung von Verfolgung und Unterdrückung an und gleichzeitig als Chance für ihre demokratischen und sozialistischen Neuordnungsvorstellungen, die sie 1918/19 nur teilweise hatten durchsetzen können.

Die Zusammensetzung der Gründungsversammlung der KGF und ihres Vorstandes zeigt, daß es die Angehörigen der verschiedenen Arbeiterparteien waren, die im April und Mai 1945 die Initiative für den politischen Neuaufbau Bremens ergriffen: Heinrich Busch und Adolf Ehlers kamen aus der KPO und der SAP, Hermann Lükke aus der SAP, Franz Cavier aus der KPO, Frida und Fritz Paul aus dem ISK, Emil Theil, Karl Heine und Heinrich Gotthard aus der SPD, Georg Buckendahl und Hermann Wolters aus der KPD.[8] »Ein Dreher, zwei Schlosser, ein Isolierer, ein Schriftsetzer, drei kaufmännische Angestellte (darunter zwei frühere Arbeiter), ein Vermessungsbeamter, ein Gewerbeoberlehrer, eine Hausfrau. Sechs von ihnen hatten während des Dritten Reichs insgesamt 30 Jahre Haft abgesessen.«[9] Dieser Vorstand aus Angehörigen aller Linksparteien zeigt auch das Streben nach der Einheit der Arbeiterbewegung, ein Ziel, das in dieser Zeit von vielen geteilt wurde, die in der Spaltung und den Bruderkämpfen der Arbeiterorganisationen vor 1933 eine entscheidende Ursache für die Niederlage gegen den Faschismus sahen. Jedoch sah sich die KGF nicht als Partei, sondern als Sammlungsbewegung, die allen Antifaschisten offenstand. Von der schließlich im Laufe des Jahres 1945 erreichten Zahl von 5000 Mitgliedern hatten allerdings 3100 schon vor 1933 einer Arbeiterpartei angehört. Ob die restlichen 1900 Mitglieder tatsächlich Bürgerliche waren, wie die KGF selbst – vielleicht in propagandistischer Absicht – behauptete, muß bezweifelt werden,[10] aber immerhin waren wohl auch einige Kaufleute aus der »Hanseatischen Aufbaugemeinschaft« in der KGF. Auf Anraten der inzwischen von den USA übernommenen Militärregierung wurde ein Bürgerlicher, der von den

Peitschende Maschinengewehrgarben überschrieen die dumpfen Detonationen in der Ferne. Scheiben klirrten. Kettenfahrzeuge kreischten über gequältes Pflaster. Einer dieser stählernen Riesen schob sich über das Neuenlander Feld her langsam durch die lange Friedrich-Ebert-Straße der Weser zu. »Wir standen alle vor der Haustür«, erinnert sich Hanna Theil. »Die Spannung wurde unerträglich. Was ist das jetzt? Noch ein deutscher Panzer? Ein Engländer? Drohend kam das Ungetüm näher und näher. Ein Engländer!« Hannas Vater Emil Theil standen Freudentränen in den Augen. Mitten auf der Straße fing er zu tanzen an. Hanna leise: »Wir haben gedacht, der wird uns verrückt.« Ein Nachbar erregte sich. Auch ein Sozialdemokrat. »Wie kannst du dich freuen, daß unsere Feinde Bremen besetzen?«

Aus: H. Adamietz, Das erste Kapitel, Bremen 1975, S. 11.

Nationalsozialisten entlassene parteilose Studienrat Dr. Alfred Nawrath, zum Präsidenten der KGF gewählt.
Trotz der rigiden Aufnahmebedingungen, die eine Unterwanderung durch Nazis verhindern sollten und die die Empfehlung von drei Bürgen verlangten, stieg die Mitgliederzahl schnell an. Stadtteilgruppen hatten sich teils schon parallel zur Konstituierung des KGF-Vorstandes gebildet, einige von ihnen wurden in Straßengemeinschaften unterteilt, die einmal in der Woche zu Sitzungen zusammenkommen sollten. Man wird der Einschätzung sicher zustimmen können, daß es neben dem Kreis um den Vorstand nur »einige hundert Aktivisten der ersten Stunde [waren], die die praktische Arbeit der KGF trugen«, zu denen dann »die nach Tausenden zählende Masse der Mitglieder, Beitrittswilligen und Anhänger« kam, »deren Einsatzbereitschaft unterschiedlich groß war bzw. schwankte«, und es mag auch Menschen gegeben haben, die sich nach Kriegsende »vorwiegend im Hinblick auf ihr persönliches Fortkommen antifaschistischen Organisationen (...) anschlossen«,[11] doch bleibt es ein beeindruckender Vorgang, daß sich Hunderte von Bremerinnen und Bremern unmittelbar nach zwölf Jahren Diktatur und unter den katastrophalen Lebensbedingungen des Kriegsendes daran machten, einen demokratischen Neubeginn aus den geistigen und materiellen Verwüstungen zu erkämpfen, die der Faschismus hinterlassen hatte.

Bremer!

Der Krieg ist über unsere Stadt hinweggerollt!
Wir sind in die Zone des besetzten Gebietes einbezogen worden. Klar und nüchtern gilt es unsere Lage zu erkennen, um die Folgerungen aus dem militärischen und politischen Zusammenbruch des Naziregimes zu ziehen.
Machen wir uns keine Illusionen!
Dieser von den Nazis provozierte, geführte und verlorene Krieg hat das deutsche Volk in eine Lage hineingezwungen, aus der es nur nach schnellster und restloser Vernichtung seiner Verführer hinausgelangen kann.

Die ganze Erbärmlichkeit dieser verbrecherischen Politiker ist inzwischen wohl dem letzten Volksgenossen zu Bewußtsein gekommen. Aber im Augenblick genügen keine Erkenntnisse, es muß gehandelt werden, und zwar sofort.

1. Bildet daher in allen Häusern und Straßen antifaschistische Abwehrtrupps, die verhindern, daß irgendein Wahnwitziger im Sinne des Wehrwolfes Gelegenheit bekommt, durch sinnlose Schurkentaten namenloses Elend über unsere Stadt zu bringen.
2. Seid wachsam! Verhindert die Verschiebung von Lebensmitteln durch korrupte Verteiler.
Verwaltung und Ausgabe darf nur erfolgen durch Personen, die allseitiges Vertrauen genießen und durch die Orts- und Straßengemeinschaften dazu befugt werden.
3. **Schafft in allen Betrieben Organe, die befähigt sind, eine wirkliche** Interessenvertretung der Werktätigen durchzuführen. Wählt dazu die wirklich Fähigsten, die durch Haltung und politische Vergangenheit unter Beweis gestellt haben, daß sie Antifaschisten der Tat und kompromißlose Gegner des Nationalsozialismus sind.
4. Bedenkt, daß die Betriebe als Produktionsstätten der Konsumgüter unsere Lebensbasis darstellen. Alle Werktätigen haben daher das größte Interesse, daß die Umstellung der Rüstungsbetriebe in solche der Friedensfabrikation in Kürze vollzogen wird. Sichert daher die betrieblichen Einrichtungen gegen alle Versuche eines Nazi-Vandalismus, der nur zerstören will, um dem Chaos und der Anarchie den Boden zu bereiten. Schlagt unbarmherzig zu und wartet nicht auf das Eintreffen der Polizeiorgane. Nur durch schnelles und selbständiges Handeln ist der im Interesse aller liegende Betriebsschutz möglich.
5. **Überwindet Eure Scheu gegenüber den ausländischen Arbeitern! Vergeßt nicht, unter welch schimpflichen Bedingungen sie von den Sklaventreibern der Arbeitsämter zum Frondienst nach Deutschland gepreßt wurden.**
Gleichen Lohn für gleiche Leistung!
Ehrliche Kameradschaft und das Verständnis für das Besondere ihrer Lage werden schon heute die Voraussetzungen für eine Verständigung aller Werktätigen Europas schaffen, die, so oder so, kommen muß, wollen wir nicht Gefahr laufen, einer tödlichen Isolierung anheimzufallen.
6. **Keine Freiheit ohne Ordnung!**
Tretet mannhaft und entschlossen allen Plünderern und asozialen Elementen entgegen, die da glauben, die Stunde des Mobs und Untermenschen sei gekommen.
Diesem Gesindel, gleich welcher Nationalität – die Kugel oder der Strang.
Seid bereit, Euer Schicksal selbst in die Hand zu nehmen!
Kämpft für die Verwirklichung der von den Antifaschisten aufgestellten Sofortforderungen.

Kampfgemeinschaft gegen den Faschismus.

Flugblatt der KGF, Ende April 1945

»Der Aufbau einer neuen Ordnung darf kein ›Wiederaufbau‹ sein« – das Programm der KGF

Schon Ende April hatte sich die KGF mit einem Flugblatt an die Bevölkerung gewandt, das zwar hauptsächlich ein Aufruf war, möglichen Werwolf-Aktionen und Plünderungen entgegenzutreten und die Betriebe und Lebensmittelvorräte zu sichern, doch finden sich bereits auch programmatische Punkte in diesem Flugblatt, etwa wenn dazu aufgerufen wird, betriebliche Interessenvertretungen zu wählen und die Lage der Zwangsarbeiter zu bessern. Basisdemokratische Forderungen, wie sie für die KGF generell typisch sind, finden sich bereits in dieser ersten öffentlichen Äußerung, in der gefordert wird, daß Orts- und Straßengemeinschaften Beauftragte wählen sollen, sowie in dem abschließenden Appell, das »Schicksal selbst in die Hand« zu nehmen, wenngleich dies angesichts der Allgewalt der Besatzungsmacht eine etwas illusorische Aufforderung war.

Das »Sofortprogramm«, das am 30. April dem Militärkommandanten übersandt worden war, und das in der ersten Ausgabe der Zeitung der KGF, dem »Aufbau« vom 6. Mai 1945,[12] in leicht geänderter Form veröffentlicht wurde, sollte »nicht das Programm einer Partei, sondern Grundlage der Verständigung aller Antifaschisten ohne Unterschiede ihrer früheren Parteizugehörigkeit zum gemeinsamen Kampf gegen den Faschismus« darstellen. Das in sechs Abschnitte gegliederte Programm – das noch vor der Kapitulation des Deutschen Reiches und dem allgemeinen Kriegsende veröffentlicht wurde – fordert zunächst die »Auflösung der NSDAP und aller ihrer Gliederungen«, die Beschlagnahme ihres Eigentums und die Rückerstattung des gestohlenen Eigentums sowie die »restlose Beseitigung aller Nationalsozialisten aus dem Staats- und Verwaltungsapparat«. Die Umgestaltung des Unterrichts- und Erziehungswesens sollte der »völligen Überwindung der nationalsozialistischen Ideologie« dienen. Neben dieser konsequenten Entnazifizierung, die auch die sofortige »Freilassung der deutschen und ausländischen politischen Gefangenen« und die Auflösung der faschistischen Polizei beinhaltete, wird die Wiederherstellung der demokratischen Grundrechte und die »Bildung einer aus allgemeinen Wahlen hervorgegangenen Verwaltungskörperschaft (Stadtverordnetenversammlung)« gefordert. Die Demokratisierung sollte indes nicht auf den politischen Bereich beschränkt bleiben, sondern auch die Wirtschaft umfassen. So forderte die KGF die Wiedereinführung des Betriebsrätegesetzes und die sofortige Wahl von »Arbeiter-, Angestellten- und Betriebsräten« und die Zusammenfassung dieser Räte für ganz Bremen in einem Vollzugsorgan sowie die Wiederherstellung der Gewerkschaften. Die KGF verlangte die »uneingeschränkte Gleichstellung der ausländischen Arbeiter und Arbeiterinnen auf allen Gebieten« und die Umstellung der Produktion auf Friedensbedürfnisse. Dem schließen sich Forderungen an, die auf die Bewältigung der Not der Bevölkerung gerichtet waren: Wiederherstellung der Wasser-, Gas- und Stromversorgung und des öffentlichen Verkehrs, Instandsetzung der Häuser und Schaffung von Wohnraum, auch durch die »Beschlagnahme aller Wohnungen von Amtsträgern der NSDAP«, Kontrolle der Lebensmittelvorräte durch Ausschüsse, Verteilung der Lebensmittel durch Konsumgenossenschaften.

Es handelte sich also nicht um ein sozialistisches Programm, das die Verfasser angesichts des Bewußtseinsstandes der Bevölkerung nach zwölfjähriger faschistischer Indoktrination und angesichts der politischen Verhältnisse in einer besetzten Stadt für unangemessen hielten, sondern um demokratische Sofortforderungen, denen sich alle Antifaschisten anschließen konnten. Es sollte sich indes zeigen, daß auch dieses Minimalprogramm, dessen Realisierung zumindest eine konsequente Entnazifizierung bedeutet hätte, nicht zu verwirklichen war.

Die Politik der KGF

Die praktische Politik der KGF sowohl in den ersten Nachkriegswochen als auch in der gesamten Zeit ihrer Existenz bis zum Jahresbeginn 1946 umfaßte hauptsächlich drei Bereiche: 1) Kampf um eine umfassende Entnazifizierung, 2) Aufbau einer demokratischen Verwaltung und die Bewältigung der Nachkriegsnot, 3) Schaffung von Betriebsräten und Gewerkschaften. Natürlich überschnitten sich diese Felder, da beispielsweise die Frage der Entnazifizierung auch für den Aufbau der Verwaltung und Betriebsvertretungen von vordringlicher Bedeutung war.

Der Entnazifizierung diente auch der Großteil der publizistischen Arbeit der Kampfgemeinschaft. Der »Aufbau«, der von Mai 1945 bis Januar 1946 in elf Ausgaben mit einem Umfang zwischen fünf und 14 Seiten erschien und bis zur Herausgabe des »Weser-Boten« durch die Besatzungsmacht Ende Juni die einzige deutsche Zeitung in Bremen war, widmete sich in jeder Nummer ausführlich der Aufklärung über den Nationalsozialismus. Dabei wurden auch die historischen Wurzeln und Bedingungen des Faschismus behandelt, die nicht nur in der deutschen Untertanengesinnung gesehen wurden, sondern auch in den sozialen Triebkräften, der Unterstützung der kleinbürgerlichen faschistischen Bewegung durch »Junkertum, Offizierskaste, Großindustrie und Hochfinanz«.[13] Die These von der Kollektivschuld des deutschen Volkes wurde mit Hinweis auf die Haltung der deutschen Antifaschisten abgelehnt und die strengste Bestrafung der wirklich »Schuldigen und Mitschuldigen«, der »kleinen und großen Nazis« gefordert. Häufig wurde – wie auch von anderen Antifaschisten – beklagt, daß nach Kriegsende niemand mehr Nazi gewesen sein und etwas von deren Verbrechen gewußt haben wolle.

Über den Aufbau einer neuen, demokratischen Gesellschaft finden sich in den Äußerungen der KGF nur wenige konkrete Vorstellungen. Häufig werden – bisweilen an die rätedemokratischen Traditionen erinnernde – radikal- und basisdemokratische Elemente gefordert: die Selbsttätigkeit der Bevölkerung beim Aufbau, die Schaffung von Kontrollausschüssen, die Mitwirkung der Menschen auf allen Ebenen einer »breiten, kämpferischen Volksfront«. Recht konkret sind allerdings die Konzepte für ein demokratisches Bildungswesen, die der Lehrer Hermann Lücke entwickelte. Vorstellungen für die künftige Wirtschaftsordnung wurden nur sporadisch geäußert, etwa wenn die Abschaffung des Monopolkapi-

AUFBAU
ORGAN DER KAMPFGEMEINSCHAFT GEGEN DEN FASCHISMUS
NO. 4 · JULI 1945

Ist das gahze Deutsche Volk schuld ?

Ist das ganze Deutsche Volk schuld?

Es gibt eine bezeichnende Tatsache, auf die unsere Freunde immer wieder bei ihrem täglichen Kampf stoßen: Niemand will Nazi gewesen sein. Wegleugnen, abschwächen, den früheren Freund denunzieren, um die eigene Haut zu retten, diese charakteristischen Merkmale der politischen Gesinnungslumperei, sie sind heute Trumpf bei all denen, die Wegbereiter, Mitkämpfer und Mitläufer des Hitlerismus waren.
Wie ein gewaltiger elektrischer Magnet hatte das doktrinäre Führerprinzip des Hitlerfaschismus breite korrumpierte Volksmassen an sich gezogen. Der Magnet hat seine Zauberkraft verloren. Durch den eindeutigen Sieg der vereinten Armeen ist mit einem Ruck das stromführende Kabel, die Quelle der magnetischen Kraft durchschlagen, und in Abertausend und Millionen Teilchen atomisiert, liegt diese vor kurzem noch so einheitliche Masse am Boden. »Rette sich wer kann!« ist jetzt die allgemeine Parole. Unfähig, die Ursachen ihres tiefen Sturzes zu begreifen (»wer hätte das erwartet?« ist der allgemeine Stoßseufzer des Nazispießers), sind alle die einzelnen Nazi-Anhänger auch unfähig, um zu lernen. Die faschistische Ideologie ist in ihrem Kern die Ideologie des Kleinbürgers. Es gehört aber zum Wesen des Kleinbürgers, daß er alle Niederlagen so schnell wie möglich vergißt und aus sich selbst nichts Neues hinzulernen kann.
Diese im eigenen Interesse so »wohltuende«Vergeßlichkeit ist aber nur die eine Seite der Medaille. Die andere ist, daß unter diesem Schleier der Vergeßlichkeit weiter wuchern alle unsozialen, egoistischen Triebkräfte der faschistischen Vergangenheit. Und wenn wir den Kampf für den Wiederaufbau Deutschlands auf der Grundlage einer wahrhaften sozialen Gerechtigkeit aufnehmen, so stoßen wir immer wieder auf eine Hydra mit tausend Köpfen, auf die mehr oder minder mit raffinierter Anpassungsfähigkeit ausgestatteten Vertreter der alten Naziherrlichkeit.
Unter der Masse der kleinbürgerlichen Geschäftsleute blühen nach wie vor die »ehrbaren« Geschäftsmethoden aus der seligen Zeit der Volksgemeinschaft. Nach wie vor wäscht eine Hand die andere. Die Herren »Betriebsführer« aus den bekanntesten Nazi-Kriegsbetrieben denken garnicht daran, schamvoll und schuldbewußt von der Bildfläche zu verschwinden. Führende Nazis im Beamtenapparat des neuen antifaschistischen Staates kleben solange mit ihren Gesäßflächen auf ihren vertrauten Sitzen, bis ein wohlverdienter Fußtritt sie hinwegfegt. Und so von oben bis unten, von den ganz großen bis zu den ganz kleinen Nazis. Man muß schon mit der Wunderlampe Aladins ausgerüstet sein, um den Nazi zu finden, der wenigstens anständig genug ist, seine Sünden in der Vergangenheit einzugestehen. Ehrlichkeit ist bei Nazi-Anhängern ein genau so rarer Artikel wie bei den Fourieren und Küchenbullen der deutschen Wehrmacht.
Haben wir so – und wir glauben, ohne schwarz zu malen – den Zustand breiter deutscher Volksschichten geschildert, so gilt es hier, gleichzeitig mit der Frage nach der Umformung und Umschulung dieser nazi-verseuchten Massen die Frage zu stellen: Macht diese Masse »das gesamte deutsche Volk« aus? Ist das gesamte deutsche Volk verantwortlich zu machen für alle grauenvollen Verbrechen vor und während des Krieges, die unter aktiver und duldender Mitwirkung jener vergifteten Volksmasse begangen wurden?
Wir wehren uns gegen eine solche Verallgemeinerung mit derselben Leidenschaft, mit der wir sowohl in der Vergangenheit kämpften, wie in der Zukunft kämpfen werden für die restlose Ausrottung und Ausbrennung der faschistischen Krebskrankheit im deutschen Volkskörper. Ist es nicht die aktive Avantgarde jener oben gezeichneten Schichten, die SA und SS gewesen, welche einen breit angelegten Massenterror gegen den antifaschistischen Teil des deutschen Volkes entfaltete? Spricht nicht die große Zahl der bereits vor diesem Kriege angelegten KZ-Lager und die nach Hunderttausenden zählende Zahl seiner Insassen eine beredte Spreche? Bilden diese Massenlager nicht einen zwingenden Beweis, daß eine Sicherung der Nazi-Herrschaft nur durch die ständige Bedrohung breiter Volksschichten mit Folter und Tod zu erreichen war?
[...]
Wie konnte Hitler überhaupt an die Macht kommen und damit erst die riesenhafte Entfaltung seiner Unterdrückungsmaschinerie und den Aufbau seines gewaltigen Militärapparates durchsetzen?
Ohne hier weitschweifend auf Einzelheiten einzugehen, muß dazu gesagt werden, daß die schwere Wirtschaftskrise, die Deutschland 1933 bis an den Rand des Abgrundes getrieben hatte, zwangsläufig dazu führte, daß alle reaktionären Kräfte in Deutschland (Junkertum, Offizierskaste, Großindustrie und Hochfinanz) sich für Hitler entschieden hatten und große Teile der Bauern und des Mittelstandes das aktive Element der SA und SS bildeten. Die Arbeiterschaft war in ihrer überwiegenden Mehrheit antifaschistisch und kampfgewillt (die noch in den Tagen der Machtübernahme stattfindenden Massenversammlungen und gemeinsamen Demonstrationen, siehe das Blutbad in Dresden, die von dem hingerichteten Kameraden Andree in Hamburg organisierten Aufmärsche usf. beweisen dieses). Versagt hat sowohl bei freiheitlich gesinntem Teil des Bürgertums wie bei der Arbeiterschaft die Führung, die neben einer fehlerhaften Unterschätzung der faschistischen Gefahr sich zu keinen enrnsthaften Massenaktionen entschließen konnte, so z.B. zur Ausrufung des Generalstreiks, wie ihn selbst der kurz darauf von Hitler-Agenten ermordete Chef der Reichswehr, General Schleicher, den deutschen Gewerkschaften vorgeschlagen hatte.
[...]
Wir grenzen uns in der Masse der hinter uns stehenden Antifaschistischen Deutschen scharf von allen Verantwortlichen und Mitverantwortlichen am Hitlertum ab, wir fordern strengste Bestrafung aller Schuldigen und Mitschuldigen. Wir sind der Meinung, daß es *keine Koalitionsrechte für große und kleine Nazis* [im Original unterstrichen] geben kann, aber wir dürfen erwarten, daß man uns zur erfolgreichen Führung unseres Kampfes diese Rechte geben wird, wie sie in allen demokratischen Kulturstaaten zu den Grundrechten des Volkes gehören, weil ohne die Gewährung dieser Rechte keine wirkliche Ausrottung des Nazitums möglich ist.
Den Organisationsapparat der NSDAP hat die Militärmaschine der Alliierten zerschlagen, die faschistische Ideologie kann nur von den deutschen Antifaschisten ausgerottet werden.
[...]

Auszüge aus dem Leitartikel von: Der Aufbau. Organ der Kampfgemeinschaft gegen den Faschismus, No. 4, Juli 1945, Titelseite u. S. 1–2. Der Artikel ist mit »C.« gezeichnet, wahrscheinlich also von Franz Cavier verfaßt worden. Für diese Autorenschaft spricht auch der Inhalt, da die hier vorgetragene kurze Analyse des Faschismus deutlich mit der KPO-Position übereinstimmt. Die Abschrift ist in Schreibweise und Zeichensetzung dem heute Üblichen angepaßt worden.

Liebe Martha u. lieber Willi!
Der erste Brief im neuen Jahre, den ich schreibe, soll für Euch sein. Zuerst wünsche ich Euch beiden ein glücklicheres neues Jahr wie es die letzten vergangenen Jahre waren. Es kann ja nun nicht so sein, wie viele Menschen sich in ihrem kranken Gemüt die Entwicklung gedacht haben. Die haben sich vorgestellt, wenn Deutschland geschlagen ist und dadurch die Nazis hinweggefegt wurden, dann würden auch für uns bessere Zeiten anbrechen. Da dieses nun nicht eingetreten ist, wenden sich diese Menschen von allem ab und interessieren sich für garnichts mehr, ohne zu bedenken, dass sie sich hierdurch selbst am allermeisten schaden. Denn die Not, in der wir uns als Volk befinden, kann nicht durch einzelne Menschen und auch nicht durch Wunder, wie sie die Nazis propagierten, überwunden werden, sondern nur durch die Mitarbeit eines jeden einzelnen Menschen Deutschlands. Nun könnt Ihr mir hierauf entgegnen, warum sorgt ihr denn nun dafür, dass die ehemaligen Nazis aus allen Positionen herausgeworfen werden, wenn ihr auch von ihnen Mitarbeit beim Neuaufbau Deutschlands erwartet. Hierauf kann ich nur erwidern, durch die verbrecherische Politik, die die führenden Nazis mit dem deutschen Volke trieben, ist weiten Kreisen des deutschen Volkes die bisherige Existenzgrundlage entzogen und erfolgt hierdurch zwangsläufig eine weitgehende soziale Umschichtung im Volke oder ganz nüchtern ausgedrückt, weite Kreise des bisherigen Mittelstandes sind durch die Nazis proletarisiert. Naturgemäß drängt sich die Frage in den Vordergrund, wer sollen die Leidtragenden sein, und hierauf kann es m.E. nur eine Antwort geben. Neben den eigentlichen Verbrechern unter den Nazis ist auch jedes einfache Mitglied der Naziorganisationen und auch jeder, der geholfen hat, dass die Nazis überhaupt zur Macht kamen, schuldig an den Zuständen, wie wir sie heute in Deutschland haben, und diese Kreise müssen heute einen Teil der Schuld auf sich nehmen und die Folgen tragen. Es ist leider beschämend, wenn man heute feststellen muss, wie wenig Nazis es gibt, die stolz bereit sind, irgendwelche Folgen ihres politischen Verhaltens auf sich zu nehmen, die aber ohne jede Bedenken vor dem Zusammenbruch ihres Regimes jeden Andersdenkenden als einen Verbrecher bezeichneten. Es ist aber schon so, dass das deutsche Bürgertum, aus dem sich die Nazis überwiegend rekrutierten, kein politisches Kämpfertum mehr in sich hat und nur geführt werden kann, sei es durch einen Fürsten oder einen Führer. Die Massen sind nur befriedigt, wenn sie stramm stehen dürfen und die ihnen übertragenen Befehle ausführen können. Interessant ist es gerade für mich, in dieser Beziehung in den Mitgliederversammlungen der verschiedenen Parteien meine Studien zu machen. In einer Arbeiterparteiversammlung meldet sich der einfachste Arbeiter zum Wort und bringt seine Ansicht zu einer Sache in einer teilweise ungeschliffenen Art zum Ausdruck. Man weiss jedenfalls, wie dieser Mann denkt, und als Wichtigstes, dieser Mann nimmt ein Recht in Anspruch, seine Meinung offen zum Ausdruck zu bringen. Wie anders dagegen in einer bürgerlichen Versammlung. Da spricht der Referent. Es erfolgt der lebhafte Beifall. Bei der Aufforderung zu Wortmeldungen allgemeines Schweigen. Schluss der Versammlung. Es ist ein bisschen drastisch. Aber dies ist die Schablone, die ich nur zur Hand zu nehmen brauche, wenn ich meine Berichte fertig mache.
Vor kurzem war ich in einer Gründerversammlung einer Partei. Geladen war ein auserwählter Kreis. Meine vorher beschriebene Schablone passte auch in diesem Falle. Nach Schluss der Versammlung bleiben die Herren noch eine zeitlang zwanglos zusammen. Da wurden dann die Kämpfe der Einzelnen gegen die Nazis von ihnen selbst geschildert. Was sind das doch für heldenhafte Kämpfer gewesen. Alle wären beinahe ins KZ gekommen. Der eine hatte an illegalen Zusammenkünften am Stammtisch teilgenommen. Der andere hatte regelmässig den ausländischen Rundfunk angehört. Wieder ein anderer hatte in seinem Innersten eine Stinkwut gehabt usw. Ich hätte ja eigentlich meinen Hut nehmen müssen, mich vor soviel Heldentum still und ehrfurchtsvoll verneigen und das Lokal schamvoll verlassen müssen. Aber ich Verachter des Heldentums habe mich köstlich amüsiert und innerlich bös gegrient.
Oft kommen mir ja nun heute auch meine eigenen schweren Stunden der Jahre 1934/35 in Erinnerung. Es wäre Selbstbetrug, wenn ich heute sagen würde, mir wäre damals jede Stunde leicht geworden. Nur die Einzelheiten werden durch die Eigenschaften der Menschen, alles Schwere leicht zu vergessen, verwischt. Wenn ich meine damals geschriebenen Briefe noch hätte, die doch zwischen den Zeilen ein Barometer meiner damaligen Stimmungen waren, so wäre ich vielleicht in der Lage, meine derzeitigen Empfindungen heute neu zu durchleben. Nur eins weiss ich noch. Ich war immer wieder stolz auf meine Kameraden. Ein grosser Teil von ihnen hat gelogen, dass sich die Balken bogen. Aber so wie es sich um ihre Überzeugung handelte, standen sie fast ohne Ausnahme gerade. Vor allem können wir stolz darauf sein, dass kaum einer dieser einfachen Menschen, um sich selbst zu entlasten oder um eine Drohung von sich abzuwenden, andere belastete.
Wie anders ist dagegen die Einstellung eines Nazi, mit dem ich vor kurzem sprach. Dieser Mann spielte eine Rolle bei den Nazis und rechnet sich selbst zu den anständigen Menschen. Er erzählte mir, dass er mit verschiedenen anderen Nazis vor einer Behörde geladen gewesen sei. Dort sei ihnen gemeinsam die Auflage erteilt worden, eine Liste abzuliefern über die in seiner Ortsgruppe führend gewesenen Nazis. Diese Liste ist von ihnen treu und brav abgeliefert. Ich habe in diesem Augenblick wohl meinen Gesichtsausdruck nicht in der Gewalt gehabt, denn er fragte mich, ob ich denn an seiner Stelle dieser Aufgabe nicht gefolgt sei. Ich habe ihm nur geantwortet, dass wenn ich einem derartigen Gebot der Nazis gefolgt wäre, ich mir mein Leben lang wie ein Scheisskerl vorgekomen wäre. Er meinte dann, dass er wegen anderer Schicksale nicht ins Gefängnis gehe. So etwas wollte uns zu einer heroischen Weltanschauung erziehen. (...)

Brief des späteren Präsidenten der Bremischen Bürgerschaft, Hermann Engel, 1. Januar 1946 (9,S 9-25)

tals und des Großgrundbesitzes als Voraussetzung für die Demokratie genannt und Lenkung und Kontrolle der Wirtschaft gefordert werden.[14]
Der Wille zur Entnazifizierung und zum Aufbau demokratischer Verwaltungen führte dazu, daß die KGF besonderen Nachdruck auf eine Mitsprache bei der Besetzung des Senats und der Ämter der Stadt legte. Eine lange und zähe Auseinandersetzung wurde um den von den Engländern am 2. Mai eingesetzten deutschnationalen Bürgermeister Dr. Erich Vagts geführt, den auch die Amerikaner zunächst im Amte beließen, als sie am 4. Juni einen Senat ernannten, der sich »aus der politischen Führungselite der Weimarer Zeit« rekrutierte, und dem neben drei bürgerlichen Politikern (Theodor Spitta, Hermann Apelt, Wilhelm Nolting-Hauff) auch drei Sozialdemokraten (Wilhelm Kaisen, Christian Paulmann, Emil Theil) und – auf Drängen der Militärregierung – ein Kommunist (Hermann Wolters) angehörten.[15] Der Chef der amerikanischen Militärregierung, Colonel Welker, deckte Vagts, den die Antifaschisten wegen seiner antidemokratischen Haltung als DNVP-Abgeordneter in den Jahren vor 1933 ablehnten, und der nun bei den Amerikanern gegen die KGF intrigierte, und der Militärgouverneur behinderte darüber hinaus die Entnazifizierung besonders in den Reihen der höheren Beamtenschaft.[16] Erst am 31. Juli wurde Vagts entlassen und Wilhelm Kaisen zum Präsidenten des Senats berufen.
Diese Episode zeigt schon, wie kompliziert das Verhältnis zur Besatzungsmacht war. Eigentlich hatten die Amerikaner den Deutschen zunächst jegliche politische Tätigkeit verbo-

ten und ein kompliziertes System für die Zulassung von Parteien und Gewerkschaften eingerichtet, das erst im September die politische Betätigung erlaubte. Dennoch duldeten sie mehr oder weniger die Tätigkeit der KGF, die sie jedoch zu keinem Zeitpunkt legalisierten. Zeitweilig gingen sie gegen die Kampfgemeinschaft vor, als sie beispielsweise im Mai deren Büros schließen ließen, und sogar Vorstandsmitglieder kurzfristig inhaftierten, andererseits kooperierten sie mit KGF-Mitgliedern, deren genaue Kenntnis der lokalen Verhältnisse sie insbesondere für die Entnazifizierung benötigten, und ließen sie zeitweilig bei ihrem Vorgehen gegen ehemalige Nazis gewähren. Dieses widersprüchliche Verhalten hatte seine Ursachen nicht nur in Gegensätzen zwischen den verantwortlichen Offizieren der Militärregierung – der politische Berater der Militärregierung Prof. Dorn unterstützte die Hinzuziehung der Antifaschisten beim Aufbau einer neuen demokratischen Ordnung, während Colonel Welker eher auf eine Kooperation mit den alten Eliten setzte –, sondern auch in der generellen Furcht der USA, daß ein »Gewährenlassen in einer Zeit, da das Bürgertum noch keine schlagkräftigen politischen Organisationen besaß, eine machtpolitische Vorentscheidung für einen eigenständigen ›deutschen Weg zum Sozialismus‹ bedeuten würde«.[17]

Wie eindeutig ablehnend die traditionellen Repräsentanten des Bremer Großbürgertums auf die Aktivitäten der KGF reagierten, kann man den Tagebüchern des Justizsenators Theodor Spitta entnehmen: »Die größte Sorge ist aber das Eintreten der Amerikaner für die Kommunisten. Der antifaschistische Kampfbund ist offenbar vorwiegend bolschewistisch; Wohnungsbeschlagnahmen, Gleichstellung der ausländischen Arbeiter mit den deutschen, Arbeiterräte und dergleichen Forderungen zeigen die Richtung. Die Amerikaner sind auf persönliche Anweisung Welkers freilich dagegen eingeschritten, als die Antifaschisten selbst Wohnungen beschlagnahmten und ihre Leute hineinsetzten; aber die Liga hat Einfluß und hat als einzige das Recht bekommen, die Anschlagsäulen zu benutzen (Artikel mit Grundsätzen und Forderungen), während der Reg. Bürgermeister die Anschlagsäulen nicht benutzen darf. Ob sich die Haltung der Amerikaner ändern wird, wenn Japan völlig besiegt ist, steht dahin; es kann dann zu spät sein, da die bolschewistische Saat inzwischen aufgehen wird (...)«, notierte er schon am 14. Mai. Daß er sich dem Eintritt des Kommunisten Hermann Wolters in den Senat heftig, wenngleich erfolglos widersetzte, liegt ganz auf der Linie, den Wiederaufbau Bremens in die Hände der alten bürgerlichen Kräfte zu legen. Nachdem die Ernennung Wolters nicht mehr zu verhindern war, sah er über kurz oder lang eine Entscheidung kommen: »Wolters und seine Leute und Methoden als Vorbereitung des Bolschewismus oder ein antibolschewistischer Senat.«[18]

Juni 1945: Der erste Senat unter amerikanischer Besatzung

Entnazifizierung von unten – das Beispiel Sebaldsbrück

In zwei Verwaltungsbereichen hatte die KGF schon früh einen bestimmenden Einfluß: im Wohnungs- und im Arbeitsamt. Beide waren besonders für die Entnazifizierung wichtig. Mit Hilfe der Arbeitsverwaltung sollten Wirtschaft und öffentlicher Dienst gesäubert und die Nazis zu Aufräumarbeiten verpflichtet werden. Das Wohnungsamt – eine zentrale Behörde in einer zu 60 Prozent zerstörten Stadt – sollte für eine gerechte Verteilung des knappen Wohnraums sorgen, auch durch Einengung oder Ausweisung von Nazis und Weitergabe ihrer Wohnungen an befreite KZ-Häftlinge und andere Opfer des Faschismus. Nach den schon im Mai einsetzenden Bemühungen der KGF-Stadtteilgruppen, die ortsansässigen Nationalsozialisten und deren Aktivitäten listenmäßig zu erfassen, begann das Arbeitsamt (das von Mai bis August unter der Leitung von Adolf Ehlers stand) mit Hilfe der KGF-Mitglieder im August eine vollständige Erfassung der männlichen Arbeitskräfte zum Zwecke der Erstellung einer brauchbaren Arbeitsstatistik, wobei auch ein Fragebogen über die politische Vergangenheit ausgefüllt werden mußte. Zwar verbot die Militärregierung den Einsatz dieses Fragebogens, doch war die Aktion schon weitgehend abgeschlossen. Die Listen, die die KGF-Ortsgruppe in Sebaldsbrück angefertigt hatte, in denen sowohl eigene Erhebungen als auch die im Auftrage des Arbeitsamtes verteilten Fragebögen ausgewertet wurden, sind beim

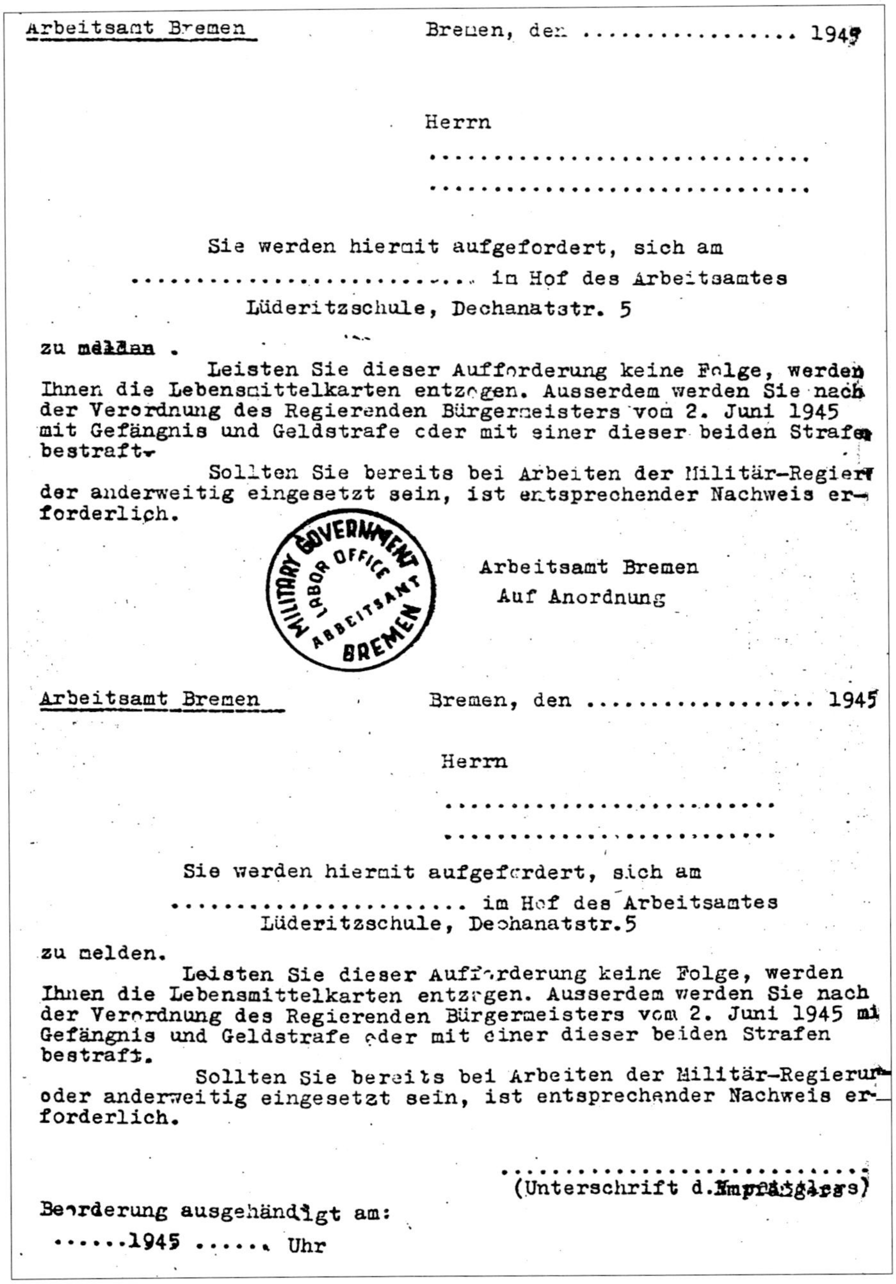
Arbeitsamt Bremen   Bremen, den 1945

Herrn

....

....

Sie werden hiermit aufgefordert, sich am
.... im Hof des Arbeitsamtes
Lüderitzschule, Dechanatstr. 5

zu melden.

Leisten Sie dieser Aufforderung keine Folge, werden Ihnen die Lebensmittelkarten entzogen. Ausserdem werden Sie nach der Verordnung des Regierenden Bürgermeisters vom 2. Juni 1945 mit Gefängnis und Geldstrafe oder mit einer dieser beiden Strafen bestraft.

Sollten Sie bereits bei Arbeiten der Militär-Regier der anderweitig eingesetzt sein, ist entsprechender Nachweis erforderlich.

MILITARY GOVERNMENT LABOR OFFICE ARBEITSAMT BREMEN

Arbeitsamt Bremen
Auf Anordnung

Arbeitsamt Bremen   Bremen, den 1945

Herrn

....

....

Sie werden hiermit aufgefordert, sich am
.... im Hof des Arbeitsamtes
Lüderitzschule, Dechanatstr. 5

zu melden.

Leisten Sie dieser Aufforderung keine Folge, werden Ihnen die Lebensmittelkarten entzogen. Ausserdem werden Sie nach der Verordnung des Regierenden Bürgermeisters vom 2. Juni 1945 mi Gefängnis und Geldstrafe oder mit einer dieser beiden Strafen bestraft.

Sollten Sie bereits bei Arbeiten der Militär-Regierun oder anderweitig eingesetzt sein, ist entsprechender Nachweis erforderlich.

....
(Unterschrift d. Empfängers)

Beorderung ausgehändigt am:
......1945 ...... Uhr

Verpflichtung ehemaliger Nationalsozialisten zum Arbeitseinsatz im zerstörten Bremen

Willy Elmers, 1945 Vorsitzender der KGF Ortsgruppe Sebaldsbrück

damaligen Vorsitzenden der KGF-Gruppe, Willi Elmers,[19] erhalten geblieben. Straßenweise wurden die Mitglieder der NSDAP, der SA, SS, der NS-Frauenschaft, von NSV und NSKK erfaßt. Es ergab sich, daß von 1914 männlichen Einwohnern Sebaldsbrücks 537 (das entspricht 28,2%) Mitglied der NSDAP gewesen waren. Davon waren mindestens 19 an nationalsozialistischen Verbrechen in Bremen, in Konzentrationslagern und in den besetzten Gebieten beteiligt, die in den Listen genau benannt werden. Frauen waren nur in wesentlich geringerem Maße in der NSDAP und ihren Nebenorganisationen (NSDAP: 38, NS-Frauenschaft 120). Die NSDAP-Mitgliedschaft von mehr als einem Viertel der männlichen Einwohner in einem Arbeiterviertel zeigt, wie stark auch in solchen – traditionell antifaschistischen – Stadtteilen der Nationalsozialismus Fuß gefaßt hatte. Es muß jedoch berücksichtigt werden, daß diese Zahl möglicherweise dadurch zustandegekommen ist, daß viele Männer noch in Kriegsgefangenschaft saßen, während der Anteil der NS-Funktionsträger in der Heimat sicherlich relativ höher war, und nur die letzteren wurden im August 1945 erfaßt.

Diese genauen Listen dienten in einem weiteren Schritt der Beschaffung von Wohnraum für Bedürftige, indem aktive Nationalsozialisten aus ihren Wohnungen gewiesen oder »beengt« wurden. Willi Elmers berichtet: »In Sebaldsbrück haben wir die Gelegenheit gleich wahrgenommen, nachdem die Nazi-Listen und Fragebögen des Arbeitsamtes Anfang August 1945 vorlagen, die Richtlinien vom damals noch Regierenden Bürgermeister Vagts über die Inanspruchnahme von Wohnraum führender Nationalsozialisten vom 10. Juli 1945 in

Kampfgemeinschaft gegen den Faschismus
Z e n t r a l e

Bremen, den 19.9.45
Am Wall 179/180

An

alle Distrikte!

R u n d s c h r e i b e n Nr. 15

1. Arbeitseinsatz der Nazis am Sonntag, dem 23.9.45 lt. besonderer Anweisung für die Distrikte Findorff, Mitte, Neustadt, Ostertor Westen und Woltmershausen-Rablinghausen ! –

   Der nächste Arbeitseinsatz der Nazis ist für den 30.9.45 vorgesehen. Zu diesem Zweck ist es unbedingt notwendig, dass folgende Distrikte sofort die durch die Fragebogen-Aktion erfassten Nazis der Zentrale in Form einer Liste (Name, Vorname, Wohnung, Beruf, Gel.Datum Eintritt in die NSDAP und Funktion) einreichen:

   Distrikte: Ostertor, Hastedt, Sebaldsbrück, Hemelingen, Westen, Walle, Gröpelingen, Oslebshausen, Burg-Lesum, Woltmershausen-Rablinghausen, Arsten Habenhausen, Borgfeld-Lehesterdeich und die Ortsgruppe Huchting.

   Es liegt also an Euch, ob mit der Fortführung der Arbeitseinsatz der Nazis gerechnet werden kann, denn das Arbeitsamt kann keinen Einsatz vornehmen, wenn die Listen aus den Distrikten fehlen.

2. Welche bis 1944 aus dem Lager E s t e r w e g e entlassenen KZ-häftlinge kennen den Wachmann Fritz Wolpmann, Huchting ? Wir bitten um die Anschrift.

3. Um auch den in Arbeit stehenden Kameraden die Möglichkeit zu geben, ihre Anliegen, Gesuche, Wünsche usw. der Zentrale vorzutragen, haben wir eine abendliche Geschäftszeit für unser Büro eingerichtet und zwar beginnend mit Montag, dem 24.9.45, bis 20.00 Uhr und ab dann jeden Montag und Donnerstag bis 20.00 Uhr. (Die augenblicklichen Bürostunden sind Montags bis Freitags von 9.00 bis 17.00 Uhr und Sonnabends von 9.00 bis 13.00 Uhr)

4. Wir bitten Euch, für kurze Zeit leihweise die von uns vorgefundenen und den den Distrikten zur Auswertung übergebenen amtlichen von den Parteidienststellen selbst geschriebenen Listen der Parteimitglieder einzureichen.

5. Welches Distriktsmitglied kennt einen L a n g e b a r t e l s und gegebenfalls seine Wohnung? Wir bitten um die Anschrift !

6. Es kommt immer wieder vor, dass bei der Zentrale Redner für Beerdigungen von Kameraden und deren Angehörigen angefordert werden. Wir haben zur Zeit niemanden zur Verfügung, weil die Mitglieder des Arbeitsausschusses sich unmöglich dafür freimachen können. Wir bitten deshalb alle Distriktsleiter uns nach Möglichkeit aus jedem Distrikt zwei Mitglieder namhaft zu machen (es können auch Frauen sein), damit wir diese dann erforderlichenfalls mit der Aufgabe, eine Grabrede zu halten, betrauen können.

Kampfgemeinschaft gegen den Faschismus
Der Vorstand

die Wirklichkeit umzusetzen.[20] Ein Jurist, Julius Becker, den die Nazis 1933 sofort beim Gericht entlassen hatten, nahm sich der Sache mit Genugtuung an, und er bekam auch die Erlaubnis, die belasteten Nazis vorzuladen. Der Bruder von Julius Becker, der vor 1933 Sozialdemokrat und Polizeibeamter gewesen war und auch von den Nazis entlassen worden war, wurde 1945 sofort Revierführer in der Sebaldsbrücker Polizeiwache und hat uns sehr gut unterstützt. Wir haben jetzt erstmal die am meisten belasteten Nazis ausgesucht. Die sind dann von Julius Becker in die Polizeiwache Hemelingen vorgeladen worden. Becker hatte hier ein Zimmer für die Verhöre zugewiesen bekommen. Er hat die Nazis energisch vorgenommen und auch mit möglichen Strafen gedroht. So haben die Nazis unter einem gewissen Druck erzählt. Es sind dann 23 Nazis aus ihren Wohnungen ausgewiesen und 23 Nazis eingeengt worden. Die Ausgewiesenen kamen mit in die Wohnungen der Eingeengten. (...) Auf Vorschlag der KGF ist die Einweisung mit dem Wohnungsamt Hemelingen gemeinsam durchgeführt worden.«[21]
Dieses Vorgehen richtete sich gegen aktive Nationalsozialisten auch der unteren Ränge. So wurden beispielsweise ein ehemaliger SA-Obertruppführer und seine in der NS-Frauenschaft tätig gewesene Frau aus ihrer Wohnung ausgewiesen und zu einem DAF-Amtswalter eingewiesen, der Zimmer an sie abgeben mußte und so »eingeengt« wurde. Aber auch in gravierenderen Fällen, wie dem eines Mitglieds des Aufsichtsdienstes im Flugzeugwerk Focke-Wulf, der Kollegen der Gestapo gemeldet hatte, wurden Ausweisungen vorgenommen.[22] Ein Erlaß Wilhelm Kaisens, der inzwischen zum Präsidenten des Senats ernannt worden war, vom 21. August beschränkte diese Form der Bestrafung aktiver Nationalsozialisten, indem er die Gruppe der Aktivisten genauer definierte, Mitläufer ausschloß und mit dem Hinweis auf die Weimarer Verfassung, die die Wohnung unter besonderen Schutz gestellt hatte, eine besondere Sorgfalt bei Wohnungsausweisungen verlangte.[23]
Sicherlich bestand bei dieser Form der Erfassung und faktischen Bestrafung der ehemaligen Nazis die Gefahr, daß persönliche Rachebedürfnisse zum Tragen kamen und daß auch gering belastete Mitläufer, derer man im Stadtteil habhaft wurde, stärker bedrückt wurden als die führenden Nazis, die zum großen Teil nicht greifbar waren, weil sie entweder geflohen waren oder im »Automatischen Arrest« der Militärregierung saßen. Dennoch ist anzunehmen, daß diese Form der »Entnazifizierung von unten« durch deutsche Antifaschisten, die die örtlichen Gegebenheiten und die Vergangenheit der Nazis in ihrer Nachbarschaft genau kannten, zu einer konsequenteren Reinigung des öffentlichen Lebens geführt hätte, als es das später praktizierte bürokratische Fragebogen- und Spruchkammerverfahren tat, das in den folgenden vier Jahren ein enttäuschendes Resultat zeitigte. Die baldige Rückkehr der ehemaligen Nationalsozialisten in wichtige Positionen in Staat und Wirtschaft, die eine erhebliche Belastung für die neue demokratische Ordnung der Bundesrepublik bis auf den heutigen Tag darstellt, hätte aber wohl auch durch ein Entnazifizierungsverfahren, wie es die KGF betrieb, ebensowenig verhindert werden können, wie die Kampfge-

»In meinem Betrieb, den Atlas-Werken, empfing mich bei meinem ersten Besuch am 11. Mai eine ungewohnte Stille. Wie auf einem Friedhof. Von den dreitausendfünfhundert Beschäftigten waren nur achthundert dem Werk verblieben, die mehr oder weniger herumlungerten. Was sollten sie auch anfangen ...? Dreiundzwanzig Luftangriffe hatten während des Krieges die Hallen, Büros und die Helgen weitgehend zerstört. Dementsprechend sahen sie aus. Nur in einigen Kellern und im Verwaltungsgebäude war es noch leidlich trocken. Arbeiter und Angestellte, es war kein Unterschied mehr zwischen ihnen, wühlten in den Trümmern herum, um noch Brauchbares für die eigene Behausung zu finden. Die Betriebsleiter ließen sich nicht sehen. Nur einige Meister saßen ratlos herum.
Zu dritt setzten wir uns im Keller der Werftzimmerei zusammen: der Obermeister Karl Tesch, der Kalkulator Jan Brandt und ich. Andere setzten sich hinzu, gingen wieder, um ihnen bekannte Antifaschisten heranzuholen. Erstaunlich war, wie sicher jeder die politische Einstellung des anderen beurteilen konnte. Die große, so gehütete Verschwörung der Arbeiter der Atlas-Werke den Nazis gegenüber, jetzt trat sie offen zutage.
In meinem Tagebuch notierte ich am 14. Mai: ›...Organisieren Arbeiter- und Angestelltenausschuß.‹ Die im Keller versammelten dreißig Kollegen beauftragten uns drei, Direktor Blaum von unserem Vorhaben in Kenntnis zu setzen. Jan Brandt, Karl Tesch und ich, berieten unser Vorgehen:
›Na, dann laßt uns mal dem Direktor auf den Pelz rücken‹, sagte ich. ›Mit seiner Gehirnerschütterung wird er noch ein bißchen bedeppert sein.‹ Dem Direktor Blaum war bei einem Bombenangriff ein Ziegelstein auf den Kopf gefallen, weswegen er mehrere Wochen im Krankenhaus lag.
Jan Brandt: ›Bedeppert, sagst Du? Schlimmer für ihn ist seine Nazivergangenheit. Für den ist doch der Himmel eingestürzt. Na ja, war ja auch total bescheuert. Ein Doktor Ing. und dümmer als einer von uns.‹
Karl Tesch: ›So dumm war der gar nicht. Der hat ganz schön für den Betrieb rangeschafft, am Krieg verdient. Und den Nazis schöne Augen gemacht, damit's nicht auffällt.‹
›Na, na‹, sagte ich, ›wenn das man stimmt. Wie der am Radio zu Hause sich eine Hitlerrede angehört hatte, ist er danach aufgestanden mitsamt seiner Familie und hat mit erhobenem Arm das Horst-Wessel-Lied mitgesungen. Wenn das nicht langt?!‹
Jan Brandt: ›Wird ein Märchen sein, was Du da erzählst. Na ja, egal, wir haben Wichtigeres zu tun, als darüber nachzudenken.‹
›Zunächst‹, gab ich zu bedenken, ›müssen wir dem Direktor klarmachen: Wir sprechen im Namen der bisher illegal im Betrieb tätigen Antifaschisten, die in allen Abteilungen vertreten sind. Nicht Brandt, Tesch und Reiners wollen mit ihm sprechen, sondern die Beauftragten der Belegschaft. Er muß uns ernst nehmen, das ist das erste.‹
›Gut, Jan, sag ihm das!‹ antwortete Karl Tesch.
Jan Brandt war mit seinen Überlegungen schon einen Schritt weiter. Er meinte, wir sollten mit Direktor Blaum sofort erste Maßnahmen besprechen, Hilfe für die Belegschaft, wo mit dem Aufräumen beginnen und überlegen, mit welcher Produktion der Betrieb weitergeführt werden kann.
Wieder stand ich in dem dunkel getäfelten Zimmer – es hatte den Krieg leidlich überstanden –, aber unter welchen veränderten Bedingungen! Freundlich begrüßte uns drei der sichtlich gealterte Direktor, bat uns in seine Konferenzecke und hörte uns mit Wohlwollen zu: Anerkennung des Arbeiter- und Angestelltenausschusses, baldige Wahl eines Betriebsrates, dringende Hilfe für die Ausgebombten! Bereitwillig ging der Direktor auf alles ein:
›Ich bin nur froh, daß Sie als bewährte Angestellte der Atlas-Werke sich dieser Dinge annehmen. Schlimm, wenn wir jetzt den Radikalen ausgeliefert wären.‹
Offensichtlich war er völlig ahnungslos darüber, wie entschlossen wir vorzugehen gedachten. Oder er tat nur so als ob. Im Zuge der Entnazifizierung haben wir wenige Wochen später auch ihm das Betreten des Betriebes untersagt. Schließlich war er PG und Wehrwirtschaftsführer gewesen!
Hier folgt das Protokoll der ersten Sitzung des provisorischen Arbeiter- und Angestelltenrates, in einer Kladde, handgeschrieben:
Bericht über die 1. Sitzung des Arbeiter- und Angestelltenrates am 26.5.1945
Tagesordnung
1. Wahl des Betriebsrates
a) Wahl von Ausschüssen für die Verhandlung mit der Betriebsleitung, für Krankenkasse und für den Gewerkschaftskongreß.
2. Bekanntgabe der im Betrieb zunächst vorliegenden Aufgaben
a) Durchführung der Betriebsratswahlen zum möglichst frühen Termin,
b) Bildung des Betriebs- sowie des Arbeiter- und Angestelltenrates mit den Rechten und Pflichten, wie sie bis 1933 aufgrund des Betriebsrätegesetzes bestanden,
c) Beseitigung des politischen Einflusses der NSDAP im Betrieb,
d) Wiederaufbau der Gewerkschaften.
3. Allgemeine Aussprache über die augenblickliche Lage.
Anwesend waren die Kollegen Eildermann, Cordes, Brandt, Elmers, Böhm, Pröhl, Bergeest, Fahrenberg, Scheuer, Waßmann, Betge, Hermann, Behrens, Wulfken, Joh. Reiners, Damm, H. Reiners, Hoffmann und Tesch.
Kollege Reiners eröffnete um 11 Uhr die Aussprache und schilderte in seiner Rede die Vorgänge, die zur Bildung des Arbeiter- und Angestelltenrates führten wie folgt: Nachdem die Feindmächte unsere Stadt besetzt hatten und wir die Möglichkeit hatten, unser Werk zu betreten, war es für uns die dringende Aufgabe, eine Vertretung für die Arbeiterschaft zu schaffen, die den Verhältnissen Rechnung trug. Der Zusammenbruch der Naziherrschaft war so endgültig und vollständig, daß keine Zeit verloren gehen durfte. Mehrere Kollegen, die schon in den ganzen Jahren aus ihrer antifaschistischen Haltung kein Hehl gemacht hatten, bildeten einen prov. Ausschuß zur Bildung des Arbeiter- und Angestelltenrates.
Ein Dreierausschuß, die Kollegen Reiners, Brandt und Tesch, haben am Donnerstag, 17.5.1945, Herrn Direktor Blaum in Kenntnis gesetzt, daß sich im Werk ein Arbeiter- und Angestelltenrat gebildet hat, und ihm gleichzeitig eine Liste der in Frage kommenden Kollegen überreicht.
Direktor Blaum bat sich Bedenkzeit aus und hat am 22.5. die oben erwähnten Kollegen wieder zu sich gerufen. Er erklärte sich zur Anerkennung des Arbeiter und Angestelltenrates bereit, mit der Bitte, möglichst jede Abteilung zu berücksichtigen.
Nach diesen Vorarbeiten kamen wir zur ersten Sitzung des aus allen Abteilungen gebildeten Arbeiter- und Angestelltenrates. Die Zusammensetzung desselben wurde von allen Kollegen gebilligt, und es ist bestimmt anzunehmen, daß die Liste von der ganzen Gefolgschaft (!) gebilligt wird, bis zur endgültigen Wahl geschritten werden kann.
Zu Punkt 1 der Tagesordnung
Wahl des Betriebsrates, wurden folgende Kollegen vorgeschlagen: (Ersatzmänner in Klammern)
Schallwerkstatt Bethge (Herrmann), Apparatebau Tesch (Peters), Werft Reiners (Wulfken), Gießerei Hoffmann (H. Reiners), Büro und Verwaltung Bode und Elmers (Brandt und Cordes)
Zum Vorsitzenden wurde Reiners (Werft), als Ausschuß Bergeest und Bethge vorgeschlagen und einstimmig angenommen.
Zu Punkt 2 der Tagesordnung
Bekanntgabe der im Betrieb zunächst vorliegenden Aufgaben. Hierüber wurde die Aussprache von fast allen anwesenden Kollegen geführt, und die unter a, b, c und d angeführten Aufgaben als dringlich anerkannt und für die Durchführung zu einem möglichst frühen Termin zu arbeiten.
Zu Punkt 3 der Tagesordnung
Allgemeine Aussprache. Diese Aussprache, die von mehreren Kollegen geführt wurde, zeigte so recht, daß eine neue Zeit angebrochen ist und demnach auch neue Wege beschritten werden müssen. Die in der Zeit der Naziherrschaft von der Bevölkerung getragenen Leiden und Entbehrungen und die Einschränkung der persönlichen Freiheit wurden von allen Rednern immer wieder erwähnt, und gebieterisch die Entfernung aller Nazis – die samt

und sonders verantwortlich mit sind für die verbrecherische Politik ihrer Führung – aus dem Betrieb gefordert.
Ferner wurde in der Aussprache vorgeschlagen, einen Ausschuß für die Krankenkasse, wie er vor 1933 bestand, wieder einzuführen. Für diesen Ausschuß wurden die Kollegen Bergeest und Bethge vorgeschlagen.
Für den demnächst tagenden Kongreß der neu gegründeten Gewerkschaften wurden als Delegation die Kollegen Brandt, Joh. Reiners, Bergeest, Waßmann, Pröhl, Böhm, Hoffmann und Bethge gewählt.
In seinem Schlußwort forderte Kollege Reiners nochmals zur tätigen Arbeit auf; damit wir so schnell wie möglich zu greifbaren Erfolgen kommen.

Dieses Protokoll einer Sitzung – nur siebzehn Tage nach der Kapitulation, die Anzahl der beteiligten Kollegen und die in der Sitzung behandelten Fragen beweisen die antifaschistische Einstellung der Arbeitnehmer. Ähnliches wie in den Atlas-Werken geschah in allen Bremer Großbetrieben.
Warum berichte ich über diese ersten Tage nach der Stunde Null so ausführlich? Warum nenne ich die Namen der Beteiligten?
Ich tue es, weil dies der Anfang nach einer Katastrophe war, die ohne Beispiel in unserer Geschichte ist und es hoffentlich bleiben wird. Weil die Männer und Frauen der ersten Stunde in einer höchst undurchsichtigen und unsicheren Situation viel wagen mußten, und ihre Namen nicht vergessen werden sollten.
Die Direktion erkannte den provisorischen Betriebsrat an, verwies aber darauf, daß wir ohne jegliche gesetzliche Bindung seien, die Gewerkschaften noch im Entstehen begriffen wären, das Betriebsrätegesetz noch nicht anerkannt sei. Durch die Anerkennung des Betriebsrates wolle die Direktion jedoch ihren ›guten Willen‹ zur Zusammenarbeit zeigen(!).
Sie hoffe darauf, daß sich die Betriebsratsmitglieder ihrerseits einsetzen würden für den Wiederaufbau des Werkes, und dazu beitragen, Arbeitswillen und Arbeitsmoral zu heben.«

Aus: Johann Reiners, Erlebt und nicht vergessen. Eine politische Biographie, Fischerhude 1982, S. 169–175

Erste Bestandsaufnahme nach der Zerstörung: Atlas-Werke Bremen-Sebaldsbrück

»Im Anschluß an den Krieg bin ich in den KgF eingetreten, später dann kam der Krach zwischen den beiden Parteien SPD und KPD, und dann bin ich in die KPD gegangen. Ich sollte in die SPD eintreten, aber die hatten mir 1933 zu elendig versagt.
Bis zum 6. April 1945 habe ich als Angestellter im Außendienst der Spedition auf der AG Weser gearbeitet. Am 6. April bekam ich Order zum Volkssturm. Da bin ich sofort getürmt nach draußen in mein Wochenendhaus, wo meine Familie wohnte, in Unterstedt. Da habe ich so lange gewartet mit zwei Kanonen in der Tasche – links und rechts 'nen kleinen Püster, man konnte ja jeden Tag verhaftet werden – bis die Tommys kamen. Ich hatte schon damit gerechnet, daß die Kämpfe sich noch ca. 14 Tage hinziehen würden; das hat ja ungefähr auch gestimmt. Ich habe Holz gehackt und vielfach in einem alten Schafstall in der Heide geschlafen, da konnten die mich so leicht nicht kriegen. Meistens habe ich meiner Frau nicht einmal gesagt, wo ich schlafe. Das war zu unsicher, denn wenn die sie in die Mangel gekriegt hätten!
Und dann am 18. April kam eine ganze Schafherde angelaufen, die war vor der Artillerie ausgerissen, und unten vor Unterstedt da stehen schon sechs Geschütze, deutsche Geschütze. Und dann ging das Feuer schon los. Da sehe ich, wie dahinten schon die englischen Panzer kommen. Und dann haben wir gewartet. Ein Panzer kam näher, einer ging direkt links an meinem Haus vorbei. Dann kam der Beschuß von drüben, von den deutschen Geschützen, die waren ca. 500 m entfernt. Ich habe auch ein paarmal versucht heraus zu kommen. Schließlich habe ich ein Handtuch genommen und gewunken. ›Come on!‹ brüllte der Engländer. Ich kam raus, von einem Loch zum anderen, wie man das als Soldat so macht. Und dann war neben dem Panzer ein tiefer Graben, der war aber trocken. ›What nationality?‹ ›Fucking german.‹ Und da lachten die natürlich, denn das war ja das Schimpfwort für Deutsche. Dann kam einer aus dem Panzer heraus. ›Papers?‹ Da habe ich meinen Entlassungsschein von Dachau gezeigt. Da hat der aber geguckt, ich hatte den Schein nämlich unter der Stiefelsohle festgemacht. Ich reiß die Sohle ab und hol' den Schein heraus. ›Konzentrationcamp, o.k.‹ Und dann fing er an zu funken. Später kam ein englischer Offizier, der konnte perfekt deutsch, und fragte mich aus. Dann kamen die Engländer mit elf Mustangs, die deutsche Ari ist getürmt. Und dann waren wir befreit von dem Tommy.
Wir hatten genug zu essen, die haben mich hinten und vorne versorgt, die Kinder mit Schokolade, der Soldat biß erst ab, damit wir sahen, daß sie nicht giftig war.
Schließlich bin ich nach Bremen. Und als ich nach Hause komme, ist alles kaputt, Bude kaputt, Schlafstube alles weg, Betten geklaut, Schrank geklaut, alles weg.«

Udo Meinecke – Nach einem Interview über Kriegsende, Entnazifizierung und Nachkriegszeit

meinschaft die Rekonstruktion der alten Macht- und Besitzverhältnisse, die mit Unterstützung der Besatzungsmacht schon bald nach Kriegsende begann, hat aufhalten können.

Betriebsausschüsse und Gewerkschaften

Ein weiterer Schwerpunkt der Tätigkeit der KGF lag – was bei der Zusammensetzung hauptsächlich aus Anhängern der Arbeiterparteien nicht verwundern kann – beim Aufbau von Betriebsräten und Gewerkschaften. Dazu war eine eigene Abteilung der Kampfgemeinschaft, die Abteilung »Betrieb und Gewerkschaft« eingerichtet worden, die auch eigene Rundschreiben ausgab. Seit Juni wurden in einer Reihe von Betrieben Betriebsausschüsse gebildet: bei den Atlas-Werken, der AG »Weser«, bei Borgward, bei dem Focke-Wulf-Nachfolgebetrieb »Fahrzeug- und Gerätebau«, beim Vulkan, der Weser-Flug, auf der Wollkämmerei u.a.[24] Wie dies geschah, schildern uns anschaulich die Erinnerungen Johann Reiners[25] am Beispiel der Atlas-Werke. Aus diesen Betriebsausschüssen konstituierte sich ein 35köpfiger »Zentralausschuß der Betriebsvertreter der Bremer Enklave«, der einen »Siebener-Ausschuß« als Koordinationsgremium wählte. Dieser Siebener-Ausschuß begriff sich als Teil der KGF.[26] Dieser Ausschuß und der von ehemaligen ADGB-Funktionären gebildete »Dreizehner-Ausschuß« zur Vorbereitung der Gewerkschaftsgründung stellten die Weichen für die Wiedererrichtung der Arbeitnehmerorganisation in Bremen.
Neben der Ingangsetzung der teilweise kriegszerstörten Werke stand auch bei der Tätigkeit der Betriebsausschüsse die Entnazifizierung im Mittelpunkt. Ähnlich wie in den KGF-Stadtteilgruppen wurden genaue Listen der Belasteten angelegt. Die Sanktionsmöglichkeiten der Betriebsräte in dieser Zeit, in der sie faktisch die Betriebe leiteten, waren jedoch größer als die der KGF. Die aktiven Nazis wurden entlassen, darunter auch manche Betriebsführer.

Das Ende der KGF

Trotz dieser umfangreichen Aktivitäten und der relativen Mitgliederstärke der KGF hat sie ihre wichtigsten Neuordnungsziele nicht

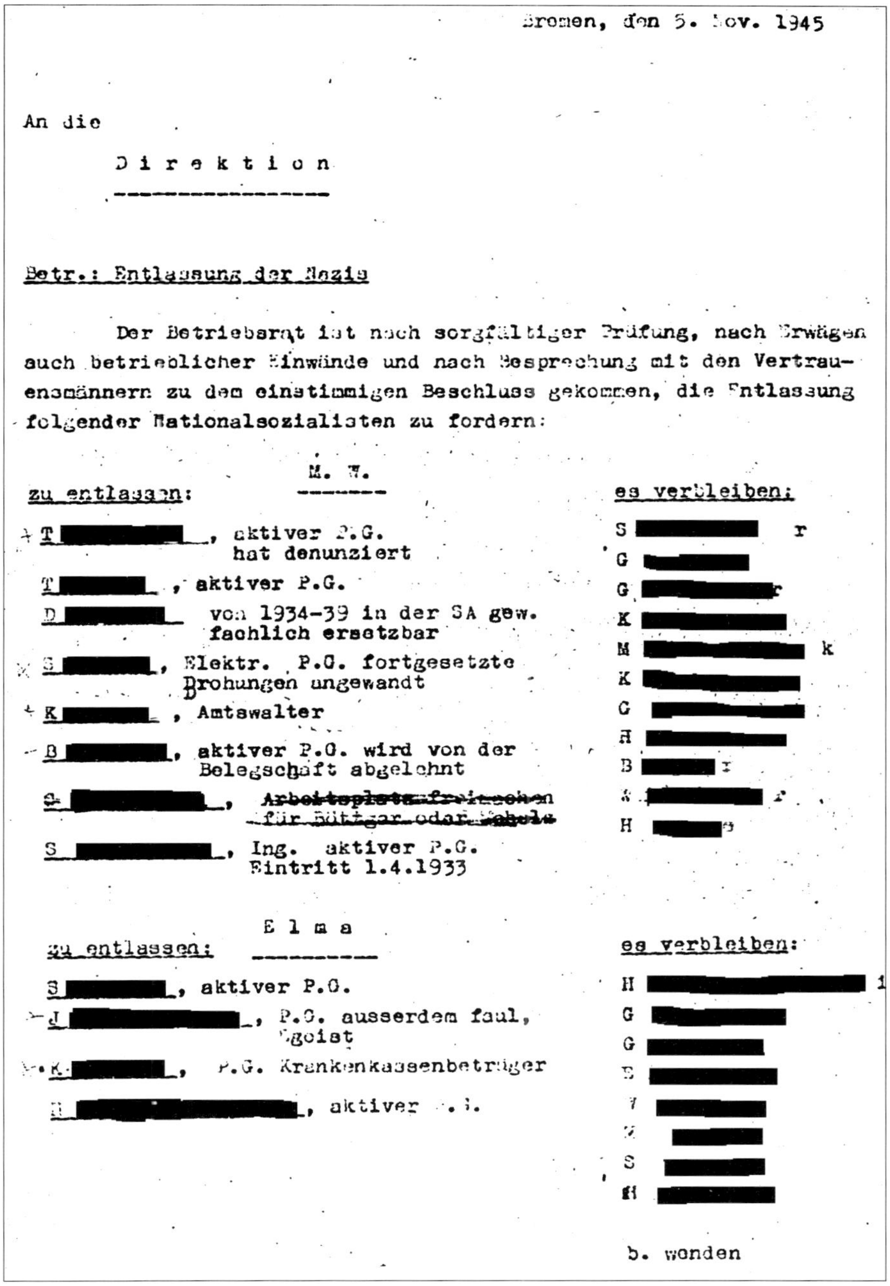

Bremen, den 5. Nov. 1945

An die

Direktion

Betr.: Entlassung der Nazis

Der Betriebsrat ist nach sorgfältiger Prüfung, nach Erwägen auch betrieblicher Einwände und nach Besprechung mit den Vertrauensmännern zu dem einstimmigen Beschluss gekommen, die Entlassung folgender Nationalsozialisten zu fordern:

M. W.

zu entlassen:

T[redacted], aktiver P.G. hat denunziert

T[redacted], aktiver P.G.

D[redacted] von 1934-39 in der SA gew. fachlich ersetzbar

S[redacted], Elektr. P.G. fortgesetzte Drohungen angewandt

K[redacted], Amtswalter

B[redacted], aktiver P.G. wird von der Belegschaft abgelehnt

S[redacted], ~~Arbeitsplatz freimachen für Böttger oder [illegible]~~

S[redacted], Ing. aktiver P.G. Eintritt 1.4.1933

es verbleiben:

S [redacted]
G [redacted]
G [redacted]
K [redacted]
M [redacted]
K [redacted]
G [redacted]
H [redacted]
B [redacted]
[illegible] [redacted]
H [redacted]

Elma

zu entlassen:

S[redacted], aktiver P.G.

J[redacted], P.G. ausserdem faul, Egoist

K[redacted], P.G. Krankenkassenbetrüger

[illegible][redacted], aktiver P.G.

es verbleiben:

H [redacted]
G [redacted]
G [redacted]
[illegible] [redacted]
[illegible] [redacted]
[illegible] [redacted]
S [redacted]
H [redacted]

b. wenden

Brief des Betriebsrates der Atlas-Werke an die Geschäftsleitung wegen der Entlassung ehemaliger Nationalsozialisten

Frühes Wahlplakat der Bremer Sozialdemokratischen Partei (1946)

erreichen können. Nach Wiederzulassung der politischen Parteien – SPD und KPD, die bereits ab Mai »illegal« im Aufbau begriffen waren, wurden im September zugelassen und traten im Oktober an die Öffentlichkeit – wurde der Spielraum für eine überparteiliche antifaschistische Organisation immer geringer. Auch die Option der KGF für die Schaffung einer Einheitspartei der Arbeiterbewegung, die sie seit dem Herbst artikulierte, verhinderte nicht die getrennte Wiedergründung der beiden Arbeiterparteien. Im Dezember 1945 löste sich die KGF auf ihrer zweiten Bezirksdelegiertenkonferenz auf.

Die Ursache für dieses Scheitern lag nicht allein in der Beharrungskraft der alten Organisationsstrukturen der Arbeiterbewegung, die bald wieder (im Herbst 1945) zur Gründung der traditionellen Parteien SPD und KPD führten – Peter Brandt überbetont in seiner grundlegenden Untersuchung über die KGF diesen Aspekt[27] –, sondern einerseits in einer Reihe von ideologischen und sozialen Entwicklungstendenzen in den verschiedenen Strömungen der Arbeiterbewegung selbst, andererseits in der Wirkung exogener Faktoren – die Politik der Besatzungsmacht, die Gesamtentwicklung auf nationaler und internationaler Ebene –, die dieses Scheitern zwangsläufig machten. Eine lokale Sonderentwicklung bei der Wiedergründung der Arbeiterorganisationen war auf längere Dauer sicherlich nicht möglich, da sich die beiden Hauptströmungen der Arbeiterbewegung unmittelbar nach Kriegsende wieder auf zentraler Ebene gründeten, wobei innerhalb der SPD zwar die Ausrichtung der Politik zwischen dem Berliner Zentralausschuß und der Schumacher-Gruppe umstritten war, nicht aber die Notwendigkeit der Wiedergründung der Partei. Ursächlich waren nicht nur die Beharrungskraft von Organisationstraditionen, sondern auch die Interventionen der Besatzungsmächte, die die getrennte, zentrale Gründung wünschten (wie die UdSSR) oder aber Einigungsbestrebungen unterdrückten (wie die Westalliierten). Vorstellungen, sofort eine Einheitsorganisation zu gründen, existierten nur lokal und waren auf die ersten Nachkriegsmonate begrenzt.[28] Daß sich die Bremer KGF länger hielt – nämlich bis zum Jahresanfang 1946 und in einigen Ortsteilen bis zum Sommer 1946 –, ist wohl auf die Dominanz ehemaliger SAP- und KPO-Funktionäre in der KGF zurückzuführen, die sich nicht in den wiedergegründeten alten Parteien wiederfanden und deren ideologische Konzeption bereits seit der Endphase der Weimarer Republik stärker durch die Einheitsperspektive geprägt war. So war die KGF primär für sie eine Alternative, nicht aber für die Sozialdemokraten und die Kommunisten, die auf die Neugründung ihrer Parteien hinarbeiteten.

Die Chancen der KGF – »möglicherweise die entwickeltste Antifa-Organisation überhaupt« im Deutschland des Jahres 1945[29] – waren dadurch begrenzt, daß der Spielraum für eine gesellschaftliche Neuordnung nach 1945 durch die Politik der Besatzungsmächte und die Entwicklung der internationalen Lage sehr begrenzt war. Dennoch bleibt sie ein beeindruckender Versuch, unmittelbar nach Kriegsende einen demokratischen Neuaufbau zu wagen.

Anmerkungen:

1 *So erinnerte sich Hermann Wolters 1973, in: Horst Adamietz, Das erste Kapitel, Bremen 1975, S. 32.*

2 *Adolf Ehlers (1898–1978), kaufmännische Lehre, Werftarbeiter. 1919 KPD-Vorstand in Bremen. 1922 Betriebratsvorsitzender der AG »Weser«. 1923–24 Mitglied der Bremischen Bürgerschaft. 1924 Ausschluß aus der KPD. Ab 1926 erneut KPD. Leiter der Roten Hilfe, Bezirk Nordwest. 1930 Ausschluß aus der KPD, Übertritt zur KPO. Politischer Leiter der KPO in Nordwestdeutschland. 1932 Übertritt zur SAP. Nach 1933 illegale Arbeit. 1945 Vorstand der KGF und Bezirksleitung der KPD. 1946 Übertritt zur SPD. 1945-48 Senator für das Wohlfahrtswesen, 1948–1963 Senator für Inneres, 1959–63 Bürgermeister. 1962–63 Mitglied des Parteivorstandes der SPD. Hermann Wolters (1911–1974), Matrose. 1929 KJVD, KPD. 1932 Mitglied des Bezirksvorstandes Wasserkante des KJVD. Nach 1933 Haft. Ab 1939 Arbeit bei Borgward in Bremen. 1945 KGF-Vorstand und Mitglied der KPD-Bezirksleitung. 1946 Übertritt zur SPD. 1945–58 Mitglied des Senats, zunächst als Senator für Ernährung und Arbeitsbeschaffung, später für Wirtschaft. Georg Buckendahl (1899–1958), Schlosser. Seit 1927 hauptamtlicher Funktionär der KPD, in der NS-Zeit sechs Jahre Zuchthaus wegen illegaler Arbeit. 1945 Organisationssekretär der Bremer KPD. Ausschluß wegen angeblicher Tätigkeit für die Gestapo. Eintritt in die SPD, dort Landessekretär, Mitglied der Bremischen Bürgerschaft 1951–58.*

3 *Statt in die Räume, die ihnen die Briten im Geschäftshaus von Hinrichs und Bollweg am Dobben zugewiesen hatten, waren die Gründer der KGF in das ehemalige »Reinhold-Muchow-Haus« der »Deutschen Arbeitsfront (DAF)« eingezogen, das die Nazis 1933 der freien Angestelltengewerkschaft AfA weggenommen hatten. Dort fanden sie reichlich Papier und Büromaterial vor – eine wichtige Voraussetzung für jede politische Tätigkeit in jener Zeit – was kurioserweise dazu führte, daß die am 6. Mai erschienene erste Ausgabe des »Aufbau« – der Zeitung der Kampfgemeinschaft gegen den Faschismus – auf der Rückseite von DAF-Briefbögen mit dem Hakenkreuz gedruckt wurde. (Vgl.: Gemeinsam begann es 1945, a.a.O.) Vgl. zur Entstehung und Geschichte der KGF die grundlegende Studie von Peter Brandt, Antifaschismus und Arbeiterbewegung. Aufbau, Ausprägung, Politik in Bremen 1945/46, Hamburg 1976; sowie Hans Janssen und Renate Meyer-Braun unter Mitarbeit von Beate Hoecker und Frauke Rubart, Bremen in der Nachkriegszeit. 1945–1949. Politik, Wirtschaft, Gesellschaft, Bremen 1990*

4 *Peter Brandt, a.a.O., S. 110.*

5 *SAP: Sozialistische Arbeiter Partei Deutschlands, gegründet 1931; ISK: Internationaler Sozialistischer Kampfbund; KPO: Kommunistische Partei Deutschlands (Opposition), gegründet 1928.*

6 *Heinrich Busch (1904–1961), Hafenarbeiter. 1919–29 KJV und KPD, 1928 KPO, 1931 SAP. Nach 1945 Sekretär des Bremer Arbeiterhilfswerkes und dann der Arbeiterwohlfahrt. Vgl. Peter Brandt, a.a.O., 35f.*

7 *Vgl. dazu die Erinnerungen von Adolf Ehlers über seine Tätigkeit auf der AG »Weser« während des Krieges, in: Horst Adamietz, a.a.O., S. 30f. 1944 traf Ehlers auch Hermann Wolters, der zu dieser Zeit bei Borgward arbeitete. Vgl. auch Horst Adamietz, Freiheit und Bindung – Adolf Ehlers, Bremen 1978.*

8 *Hermann Lücke (1893–1976), Lehrer. 1920 SPD. 1931 SAP. Seit 1923 Berufsschullehrer in Thüringen. 1933 Entlassung aus dem Schuldienst, Übersiedlung nach Bremen. Illegale Arbeit für die »Roten Kämpfer« und den ISK. 1937–39 Haft. 1945 KGF-Vorstand. SPD. 1945–48 Redakteur beim »Weser-Kurier«. 1946–51 Mitglied der Bremischen Bürgerschaft. 1948–59 Leiter von DGB-Schulen in Bremen und Hamburg. 1965 Ausschluß aus der SPD wegen Kontakten zur DFU. Franz Cavier (1903–1976), Schlosser. 1919–29 KPD, dann KPO. Nach 1945 zeitweilig Redakteur beim »Weser-Kurier«, ab 1948 Gruppe Arbeiterpolitik. Frida Paul (geb. 1902), Säuglingsschwester. Seit 1928 ISK, nach 1933 illegale Arbeit, 1938–43 Zuchthaushaft, nach 1945 im Vorstand des Arbeiterhilfswerks. Fritz Paul (geb. 1902), Schriftsetzer. Ab 1928 SPD, in der Illegalität ISK, 1938–1941 inhaftiert, nach 1945 SPD. Emil Theil (1892–1968), Eisendreher. 1907 Arbeiterjugend, 1910 SPD und DMV, 1917 USPD. Als Teilnehmer am Januarstreik 1918 in Kiel inhaftiert. 1920 als Geschäftführer des DMV nach Bremen gekommen. Seit 1921 Mitglied der Bremischen Bürgerschaft, Fraktionsvorsitzender der USPD und ab 1922–33 der SPD. Nach 1933 zeitweilig inhaftiert. 1945–56 Vorsitzender der SPD in Bremen-Stadt. 1945–55 Senator für das Bauwesen. 1955–63 Mitglied der Bremischen Bürgerschaft, 1960–61 Mitglied des Bundestages. Karl Heine, SPD, nach 1945 Leiter des Wohnungsamtes. Heinrich Gotthard, SPD, in den 1950er Jahren Senatsdirektor beim Senator für das Sozialwesen.*

9 *Peter Brandt, a.a.O., S. 108.*

10 *a.a.O., S. 112. Brandt vermutet mit Hinweis auf die starke Überrepräsentation von Einwohnern des Arbeiterstadtteils Gröpelingen bei den KGF-Mitgliedern eine weitgehende proletarische Prägung der KGF-Mitgliedschaft.*

11 *Peter Brandt, a.a.O., S. 111f.*

12 *Der Aufbau, Organ der Kampfgemeinschaft gegen den Faschismus, Nr. 1 vom 6. Mai 1945, in: Gemeinsam begann es 1945. Der »Aufbau « schrieb das erste Kapitel. Originalgetreuer Nachdruck des »Aufbau«, Organ der Kampfgemeinschaft gegen den Faschismus (KGF), Bremen 1945/46, hrsg. von der VVN Bremen, Frankfurt 1978.*

13 *Aufbau Nr. 4 vom Juli 1945.*

14 *Vgl. Aufbau Nr. 4 vom Juli 1945 und Nr. 6 vom Juli 1945.*

15 *Hans Jansen und Renate Meyer Braun, a.a.O., S. 22. Wilhelm Kaisen (1887–1979), Stukkateur. 1905 Eintritt in die SPD in Hamburg, 1913/14 Besuch der Parteischule in Berlin, 1919 Redakteur des »Bremer Volksblatts« , ab 1920 Mitglied der Bremischen Bürgerschaft, 1928–33 Senator für das Wohlfahrtswesen, 1945–1965 Präsident des Senats. Christian Paulmann (1897–1970), Lehrer. 1922 SPD, 1931–33 Mitglied der Bremischen Bürgerschaft, 1945–51 Senator für Schulen und das Bildungswesen, 1955–67 Mitglied der Bremischen Bürgerschaft, 1955–60 Vorsitzender der Bremer SPD.*

16 *Vgl. Peter Brandt, a.a.O., S. 140ff. Zur Entnazifie-*

rungsproblematik in Bremen allgemein vgl. Wiltrud Drechsel/Andreas Röpcke (Hrsg.), Entnazifizierung in Bremen (= Beiträge zur Sozialgeschichte Bremens, Heft 13), Bremen 1992.

17 *Peter Brandt, a.a.O., S. 105f.*

18 *Neuanfang auf Trümmern. Die Tagebücher des Bremer Bürgermeisters Theodor Spitta 1945–1947, hrsg. v. U. Büttner und A. Voß-Louis, München 1992. Einträge vom 23.5. und 10.7.1945.*

19 *Willi Elmers, geb. 1909, Schlosser. 1924 Eintritt in die SAJ und 1925 in den Deutschen Metallarbeiterverband, 1929 SPD, Arbeitersportbewegung und ab 1931 im Reichsbanner »Schwarz-Rot-Gold«, 1933 illegale antifaschistische Tätigkeit und kurzzeitige Inhaftierung. Im Mai 1945 zum 1. Vorsitzenden der KGF in Sebaldsbrück gewählt. 1945 Mitglied der KPD, zeitweilig als deren Distriktleiter in Sebaldsbrück. 1956 Ausschluß aus der KPD, danach parteilos.*

20 *In dieser Verordnung heißt es: »I. 1) Funktionäre der früheren NSDAP oder ihrer Gliederungen, die in der Stellung eines Ortsgruppenleiters, Sturmführers oder in gleich zu bewertender oder höherer Stellung tätig waren, Mitglieder der Gestapo und 2) sonstige Nationalsozialisten, insbesondere wenn sie bereits vor dem 1. April 1933 Mitglied der NSDAP waren, die durch ihr gesamtes Verhalten sich besonders aktiv für die Ziele der Partei eingesetzt oder ihre Stellung in der Partei zu ihrem eigenen Vorteil oder zum Nachteil anderer mißbraucht haben, müssen sich eine Beschränkung ihres Wohnraums gefallen lassen. II. 1) Die vorstehend bezeichneten führenden Nationalsozialisten können mit ihren Angehörigen aufgrund des Reichsleistungsgesetzes aus ihren Wohnungen gewiesen werden. 2) Sie müssen enger zusammenrücken, als es von der übrigen Bevölkerung verlangt wird. (...)«*

21 *Willi Elmers, Kampfgemeinschaft gegen den Faschismus, Ortsgruppe Sebaldsbrück. Ausweisung der belasteten Nazis aus ihren Wohnungen, Ms., Privatbesitz W. Elmers.*

22 *Vgl. ebenda. Dort sind vier namentlich genannte Fälle aufgeführt.*

23 *Brief des Präsidenten des Senats an das Wohnungsamt Bremen vom 21. August 1945. Abschrift im Privatbesitz W. Elmers.*

24 *Vgl. zum Wiederaufbau der Betriebsräte: Peter Brandt, Betriebsräte, Neuordnungsdiskussion und betriebliche Mitbestimmung 1945–1948. Das Beispiel Bremen, in: Internationale wissenschaftliche Korrespondenz zur Geschichte der deutschen Arbeiterbewegung, 20. Jg., Juni 1984, H. 2, S. 156–202.*

25 *Johann Reiners, geb. 1907, Maler. 1925 Eintritt in die Gewerkschaft, 1931 Eintritt in die KPD, 1932 politische Arbeit in Berlin. Von Ende 1932 bis 1939 selbständiges Malergeschäft in Bremen, 1939 als Werkmeister dienstverpflichtet in den Atlas-Werken, 1945 Mitglied des Betriebsrates der Atlas-Werke, Betriebsratsvorsitzender bis März 1946, 1945 Mitglied der KGF und der KPD, 1946–70 Kassierer und Geschäftsführer der IG Metall in Bremen, 1956 Austritt aus der KPD, 1957 Eintritt in die SPD.*

26 *Vgl. Hans Jansen und Renate Meyer-Braun, a.a.O., S. 67f.*

27 *Vgl. Peter Brandt, a.a.O., S. 240ff.*

28 *Vgl. Lutz Niethammer, Ulrich Borsdorf und Peter Brandt (Hrsg.), Arbeiterinitiative 1945. Antifaschistische Ausschüsse und Reorganisation der Arbeiterbewegung in Deutschland, Wuppertal 1976.*

29 *Peter Brandt, a.a.O., S. 106.*

Folgende Seiten:
Blick auf Doventor mit Contrescarpe und St. Michaelis, 1945

Bremer Nachrichten

Heute vor 5 Jahren:

Es geschah an jener Ecke

Die bewußte Straßenecke ist eigentlich recht gewöhnlich. Nicht einmal ein Haus steht da. „Kirchbachstraße“ rufen die Schaffner aus, wenn die Linie 4, von der Innenstadt kommend, hier hält, und der erste Blick der aussteigenden Fahrgäste fällt auf eine windschiefe Planke. Oft schon haben Plakate an ihr gebackt, vor fünf Jahren solche, die aufforderten, nicht „inne Knee“ zu gehen, vor vier und drei Jahren Plakate, die den Frieden propagierten, um Wählerstimmen zu gewinnen. Das war damals aktuell.

Übrigens hat der Oberleitungsmast hier an der Ecke schlecht vernarbte Wunden. Besser gesagt Schweißstellen. In Schulterhöhe. Kastaniengroße Löcher verdecken sie. Kaum, daß sich heute noch ein Mensch daran erinnert, wie sie entstanden, kaum, daß heute noch ein Mensch weiß, warum das Trottoir hier an der Ecke so verkratzt ist und die ersten Lindenbäume in der Kirchbachstraße so der Maschinengewehre jederzeit wieder beginnen konnte, war die Stille entsetzlich bedrückend. Plötzlich huschten auf der Schwachhauser Heerstraße Schatten heran. Zehn, zwölf Männer waren es. Deutsche Soldaten.

Der Stoßtrupp verharrte an der Ecke gegenüber. Ein Mann blieb am Zaun sitzen, als die anderen weiterzogen. Er machte einen erschöpften, hoffnungslosen Eindruck. Ich ging zu ihm hinüber. Wir rauchten eine Zigarette zusammen. Von seiner Familie erzählte er mir, von seiner Frau, mit der er kaum ein Vierteljahr zusammengelebt hatte, weil da gleich nach der Hochzeit die Einberufung gekommen war. „Ich habe die Nase restlos voll“, wiederholte er immer wieder, „es hat ja doch keinen Zweck mehr!“ Schließlich erhob er sich und entschwand in Richtung Stadt. „Ich kann meine Kameraden jetzt nicht verlassen“, meinte er abschließend.

Zeichnung: Richter-Johnsen

26. April 1945: Kampfszene an der Straßenkreuzung Schwachhauser Heerstraße/Kirchbachstraße

zerfetzte Rinden tragen. Dabei spielte sich das Drama hier an der Ecke erst vor fünf Jahren ab. Heute genau vor fünf Jahren . . .

Es tobte der Endkampf in Bremen. Granaten und Bomben detonierten mitten in unserer Stadt, töteten

Am nächsten Tag erreichte uns im Bunker die Kunde, daß der Stoßtrupp, kaum eine Stunde nach der Begegnung, von englischen Flammenwerferpanzern restlos vernichtet worden war.

Näher und näher kamen die Engländer. Die letz-

BN vom 26.4.1950

»Wir können aus der Geschichte nicht aussteigen«

Die Rezeption des Kriegsendes in der Bremer Tagespresse[1]

Günther Rohdenburg

Polen und Deutsche gedenken 1994 gemeinsam des Überfalls auf Polen und des Beginns des Zweiten Weltkriegs, Franzosen und Deutsche paradieren gemeinsam auf den Champs-Elysées zum Gedenken der Niederschlagung des NS-Regimes – Aggressor und Angegriffene Hand in Hand? – Täter und Opfer Arm in Arm? – Symbole einer neuen versöhnten Welt? Dagegen wenig später die Ablehnung des Bundestages, die Verurteilung der Deserteure von Anfang an für unrechtmäßig zu erklären – Verweigerung der Versöhnung nach innen?

Die Vielschichtigkeit der Entwicklungen zwischen ehemaligen Gegnern des Zweiten Weltkrieges und die Probleme beim Umgang mit den »Feinden« an der »Heimatfront« werden hieran deutlich erkennbar. Fünfzig Jahre Nachkriegsgeschichte haben die Lage verändert, nicht zuletzt beschleunigt durch die Erosion des real existierenden Sozialismus und Kommunismus in den letzten fünfzehn, insbesondere aber den letzten fünf Jahren. »Ich meine, daß Europa erst jetzt wirklich zu existieren anfängt« – dieser Satz des polnischen Schriftstellers Szczypiorski bündelt die vergangene Entwicklung und heutige Perspektiven.[2]

Die Darstellung der Rezeptionsgeschichte des Kriegsendes verlangt einige Vorbemerkungen, die allerdings schon als ein Teil eben dieser Geschichte zu verstehen sind: Welches Kriegsende ist eigentlich gemeint? Regionalgeschichtlich wäre der 27.4.1945 für Bremen das offizielle Datum des Kriegsendes, mehr Beachtung findet allerdings der 8.5.1945. Aber auch da war der Weltkrieg allenfalls in Europa beendet, in Asien ging er erst nach dem Abwurf der ersten Atombomben auf Hiroshima und Nagasaki am 15.8.1945 zu Ende. Die Konzentration auf den 8. Mai 1945 ist nicht nur wegen des darin enthaltenen Eurozentrismus problematisch – dieser wäre insofern zu akzeptieren, als Deutschland als der Kriegsauslöser in Europa niedergerungen wurde und dies Datum daher für die Antihitlerkoalition von zentraler Bedeutung ist. Aus Sicht Deutschlands allerdings ist dies möglicherweise ein erstes Merkmal der Verdrängung. Erfolgt die Heraushebung des 8.5. vielleicht besonders deshalb, weil damit andere Daten, z.B. die Befreiung der Konzentrationslager, aber auch die tatsächliche Waffenniederlegung durch die unmittelbare Besetzung von »feindlichen« Truppen oder die Befreiung aus den Bunkern, die einen wesentlich höheren Anteil persönlicher Geschichte haben könnten, überlagert werden? Der abstrakte Termin der Kapitulation ermöglicht jedenfalls eine wesentlich größere Distanz zu den Ereignissen, eine geringere emotionale Beteiligung.

Das Aufgreifen dieses Tages heute und die zahlreichen Aktivitäten dazu haben möglicherweise die gleiche Wirkung: Wäre es nicht sinnvoller, den 30.1.1933, den 1.9. 1939, den 20.7.1944 oder ein vergleichbares Datum als zentralen Gedenktag hervorzuheben, um damit sowohl die historische Kontinuität wie auch die persönliche Eingebundenheit in diese Geschichte stärker zu betonen? Die Übernahme des 8.5. als »Feiertag«, ohne differenzierte Diskussion, enthebt die nachgewachsenen Generationen, enthebt auch uns der Aufnahme wahrer Trauerarbeit, beläßt uns in den Verleugnungsmechanismen älterer Generationen.

Die Geschichte der Rezeption des Krieges in Deutschland ist eine Geschichte der Verleugnung und Verdrängung. Mitscherlichs haben dies mit der »Unfähigkeit zu trauern« sehr eindrucksvoll verdeutlicht und gleichzeitig die darin liegenden »Notfallmechanismen« erklärt, die dem Individuum unmittelbar nach Kriegsende kaum einen anderen Ausweg ließen, wollte es nicht in selbstmörderische Melancholie verfallen. Erst die auch später ausbleibende Aufarbeitung wird zum Problem, zumal der mit Stolz betrachtete Wiederaufbau Deutschlands zu einem wesentlichen Teil nur auf diese Verdrängung zurückzuführen ist. Die folgende Darstellung will deshalb nicht anklagen, dem auch die (Nachkriegs-)Generation des Autors ist gefangen in zahlreichen eigenen Verleugnungsprozessen, die auch Folge der nicht aufgearbeiteten Vergangenheit sind und insofern die Elterngeneration erneut in die Verantwortung miteinbeziehen, die aber im wesentlichen selbst zu verantworten sind. Die fehlende Trauerarbeit der »68er«-Generation macht jeden Vorwurf gegenüber anderen Generationen zum Zeichen der eigenen Verdrängung. »Die Jungen sind nicht verantwortlich für das, was damals geschah. Aber sie sind verantwortlich für das, was in der Geschichte daraus wird.«[3]

Warum daran erinnern? – Die ersten Jahre

Am ersten Jahrestag des Kriegsendes, 1946, wird in der Presse sowohl der letzten Kriegstage in Bremen wie des Tages der Kapitulation gedacht. Insbesondere der 8.5. wird sehr ausführlich behandelt, auf zwei ganzen Seiten (das ist ein Viertel der gesamten Zeitung) wird das Thema aufgegriffen, in einem weiteren Text der Jahrestag als Anlaß für einen zusammenfassenden Bericht über die Nürnberger Prozesse genommen. Der Tenor der Darstellungen ist, den Entwicklungen der Vergangenheit nicht auszuweichen, sondern sie einzubeziehen in die Erinnerung.[4] Die Vorstellung, daß die Menschen sich als Opfer betrachten,[5] wird aufgegriffen und mit deutlichen Hinweisen auf die eigene Kriegsschuld und die Zeit des Nationalsozialismus zurückgewiesen, der Bogen wird im-

Das war das Ende

Vor sieben Jahren, am 8. Mai um 0.00 Uhr wurden die Kampfhandlungen beendet. Die Menschen standen vor einer zertrümmerten Welt. Aus den Steinwüsten ragte, wie auf diesem Foto aus dem Bremer Westen, hier und da wie ein Mahnmal menschlichen Zerstörungswahns ein einsamer Bunker in den Frühjahrshimmel. Die erste Erstarrung löste sich bald. Die Ruinenfelder wurden eingeebnet. Mit überraschender Tatkraft ging man daran, Neues aufzubauen. Vor den Erfolgen dieses Wiederaufbaus verblaßt immer mehr die Erinnerung an die Vernichtung. Aber mit dem Vergessen wächst auch die Gefahr, leichtsinnig in neues Unglück zu stürzen. So mag es gut sein, daß unser Weg uns noch immer an Mahnmalen vorbeiführt.

Weser-Kurier vom 8.5.1952

mer wieder nach 1933 und 1939 zurückgeschlagen.[6] Die Besatzungstruppen werden als Befreier betrachtet[7] – was noch 1945 unklar schien, wie die Befreier zu behandeln, psychisch zu verarbeiten seien – waren sie nun Feinde oder Befreier? –, wandelt sich sehr schnell. Es wird klar, daß sie zu Freunden werden. Damit wird die Verdrängung erleichtert, weil man nun neue Identifikationsbilder hat.

Bereits ein Jahr später ist ein deutlicher Wandel erkennbar: Die Ereignisse werden »objektiv« in Form einer Chronik dargestellt, wertende und die eigene Verantwortung einbeziehende Äußerungen fehlen bzw. finden sich nur dort, wo es um Positives geht. Eine Rückschau über das unmittelbare Kriegsende hinaus, etwa bis 1939 oder 1933, findet nicht statt, das Ende wird nur noch isoliert betrachtet, das Gefühl des »Opfers« beginnt sich ohne Einschränkung durchzusetzen.

Die Entwicklung, nur noch nach vorne zu schauen und die Vergangenheit allenfalls ab der »Stunde Null« zu akzeptieren, setzt sich in den Folgejahren verstärkt fort. Die Behandlung des Kriegsendes sowohl in Bremen wie auf Reichsebene findet 1948 lediglich in einem Artikel statt, der allerdings gut plaziert an zentraler Stelle und in besonderer Aufmachung (teilweise kursiv gesetzt) am 8.5.1948 erscheint. Darin wird die bisherige Aufbauleistung zwar als »nicht sonderlich imposant«, vor dem Hintergrund der starken Zerstörungen aber als »stolze Leistung« bezeichnet. Der Blick wird praktisch ausschließlich und hoffnungsvoll in die Zukunft gelenkt, die Vergangenheit findet nur kurz Erwähnung als Ausgangspunkt der Leistungen.[8] Sie wird distanziert als etwas Fremdes, sich Abspaltendes, scheinbar nicht Dazugehörendes behandelt – die Nationalsozialisten waren die Schlechten, Bremen das Gute, so als würde beides nicht zusammengehören und nie zusammengehört haben.[9]

Auch 1949 ist für die Betrachtung nur noch der Wiederaufbau interessant, die Leidenszeit und die stolzen Leistungen in den vergangenen vier Jahren dienen als Ansporn, noch mehr zu leisten. So findet sich weder am 27.4.1949 noch am 8.5.1949 ein Artikel zum Kriegsende in der Zeitung. Losgelöst von historischen Anknüpfungspunkten sind dafür am 30.4.1949 zwei ganze Seiten der Wiederaufbauleistung gewidmet, insbesondere im Wohnungsbau, aber auch in anderen Bereichen. Die Vergangenheit erscheint nur noch als »zwölfjährige ›Entwöhnung‹« demokratischen Lebens, die Kriegszeit als ein »winziger Zeitraum« im Rahmen der »vielhundertjährigen Geschichte« Bremens.[10] Nur noch als (statistischer) Ausgangspunkt ist die Vergangenheit an vielen Stellen einbezogen.

Die Entwicklung der Abspaltung der Vergangenheit verläuft stetig, aber zunächst nicht ungebrochen und einheitlich. Dies läßt sich am besten durch die unterschiedliche Handhabung des fünften Jahrestages in den beiden Bremer Tageszeitungen verdeutlichen. In der Wochenendausgabe des Weser-Kurier vom 6.5.1950 werden auf fünf Sonderseiten »Bremen im Wiederaufstieg« in Texten und Anzeigen Aufbauleistungen dargestellt. Ein inhaltlicher Rückgriff auf die Zeit des Nationalsozialismus oder des Zweiten Weltkrieges erfolgt nicht mehr. Bausenator Emil Theil gibt in seinen Erläuterungen zum Bausektor indirekt eine Erklärung dafür: in der Vergangenheit seien »ausgiebig« Rückblicke abgehalten worden[11] – das bedeutet ja wohl, daß man nunmehr auf sie verzichten könne. Der Gesamteindruck macht den Charakter dieser »Rückschau« deutlich: es geht wohl mehr um die redaktionelle Einbindung der zahlreichen Anzeigen als um tatsächliche Bilanzierung des Wiederaufbaus. Der Teil ist dann auch konsequenter betitelt: »Wiederaufstieg des bremischen Geschäftslebens«. Hier wird dargestellt, wie die Firmen die »Wunden«, »die der Krieg unserer Stadt geschlagen hat«, schließen.[12] Kriegsende, Wiederaufbau werden ausschließlich von der erfolgreichen ökonomischen Seite her betrachtet, keinerlei Anzeichen der Rückbesinnung, Einordnung in Zusammenhänge etc. Die Form einer Anzeigen/Text-Kombination und das Erscheinungsdatum (Wochenendausgabe mit hoher Verbreitung, nicht am eigentlichen Gedenktag) machen diese Entwicklung deutlich sichtbar. Die Abtrennung der Vergangenheit scheint schon vollständig gelungen zu sein, sie wird allenfalls noch aus Opfersicht wahrgenommen. Das Motto des Tages heißt »Zupacken!«, nicht zurück, sondern nach vorne schauen![13]

Die Bremer Nachrichten heben sich bezüglich Darstellungsform und Inhalt vom Weser-Kurier ab. In einer vierteiligen Serie berichten sie vom 21.4. bis zum 26.4.1950 über den »Kampf um Bremen!« 1945.[14] In einem weiteren Artikel am 18.4.1950 wird mit Bildern an die Behelfssituationen der

Nachkriegszeit erinnert, und am 26.4.1950 erscheint auf Seite 3 ein Bericht über ein Erlebnis am Kriegsende. Äußerlich also eine deutlich höhere Repräsentanz in den Bremer Nachrichten als im Weser-Kurier. Auch die Form der Darstellung ist zurückhaltender – keine Verbindung mit Anzeigen, Bild und Text ergänzen einander. Inhaltlich wird das Kriegsende aus Sicht des Generals Eisenhower und der 51. Britischen Infanterie-Division sowie aus Sicht eines beteiligten deutschen Offiziers sachlich und nüchtern beschreibend, in einigen Teilen auch kommentierend dargestellt.
Immerhin wird hier der Versuch gemacht, die Zeit der Befreiung Bremens aus der Distanz heraus wiederzubeleben, ohne heroisierend oder beschönigend zu sein. Insofern unterscheidet sich die Berichterstattung in den »Nachrichten« auch inhaltlich deutlich vom »Kurier«. Insgesamt findet der Abspaltungsprozeß eher abgemildert statt: Kriegsauslösung und der Nationalsozialismus überhaupt werden nicht erwähnt, durch die Konzentration nur auf das Kriegsende wird hier schon ein Teil der Geschichte abgeschnitten. Auch die Beschränkung auf die Befreiung Bremens und die Nichtberücksichtigung des 8.5.1945 vermeidet möglicherweise die Auseinandersetzung um Befreiung oder Kapitulation. Aber die Menschen werden hier noch als betroffene Individuen mit schrecklicher Vergangenheit begriffen, die Stimmung ist nicht von Stolz auf das Geleistete dominiert, die Situation wird nicht ausschließlich unter dem ökonomischen Wiederaufbauaspekt gesehen.
Auch in den Jahren 1951 bis 1954 finden sich Artikel mit unterschiedlichen Zielsetzungen – sowohl nachdenkliche wie heroisierende. Im Weser-Kurier findet sich z.B. 1952 am 8.5. auf der Titelseite ein bemerkenswerter und nachdenklicher Verweis auf »das Ende« 1945: Neben dem großen Foto eines zerschossenen Bunkers wird in dem begleitenden Text des Endes der Kampfhandlungen gedacht und darauf hingewiesen, daß mit dem Vergessen auch die Gefahr wächst, »leichtsinnig in neues Unglück zu stürzen«.[15] In den Bremer Nachrichten ist am 8.5.1954 eine ganze Seite dem Thema »Darf man noch vom Krieg sprechen?« gewidmet. Im redaktionellen Vorspann zu einer Sammlung von Buchauszügen heißt es selbstkritisch: »Wie war der Krieg? Warum war Krieg? Und was war sein Sinn? Vertaten wir die furchtbare Lehre des Leids? Verloren wir den Krieg oder uns?«[16] Zwar sind nicht alle Buchauszüge so abwägend, teilweise klingen sie eher nach »Landserromantik«, dennoch wird in ihnen ein nachdenkliches und gebrochenes Verhältnis zum Krieg sichtbar, das durchaus auch eigene Verantwortung erkennen läßt und sich nicht ausschließlich auf die Opferrolle zurückzieht.
Im übrigen finden sich zwar z.T. umfangreiche Artikel, die sich mit der Vergangenheit befassen – so z.B. eine Serie über Graf Sponeck im Krieg,[17] die aber eher bemüht ist, die sogenannten »guten Seiten« bei den Militärs zu verdeutlichen –, Bezüge auf das Kriegsende finden sich hier aber ebensowenig wie z.B. bei der Präsentation der Briefmarke für Kriegsgefangene.[18] Auch in

Auferstehung aus dem Chaos

In der Geschichte einer Stadt sind 10 Jahre nur eine kurze Zeitspanne. Doch die letzten 10 Jahre, von 1945 bis 1955, zählen weit schwerer als frühere Jahrzehnte in der Chronik unserer Stadt, umschließen sie doch ein Aufbauwerk, das in der mehr als tausendjährigen Geschichte Bremens keine Parallele hat.

Dieser Wiederaufbauleistung unserer Bevölkerung — ich schließe keine Gruppe aus —, deren Zeugen wir waren und noch sind, und der wir auf allen Wegen durch die Stadt begegnen, mag zu verdanken sein, daß wir uns heute den Zustand unserer Stadt vor 10 Jahren, unmittelbar nach der Katastrophe, nicht vorzustellen vermögen. Stadt und Hafen waren erschreckend zerstört, alles Leben schien erloschen, die Verbindung zur Umwelt abgerissen. Aber der Lebenswille der Bevölkerung war trotz allem nicht gebrochen. Er bewirkte eine Tatkraft, deren Ergebnisse alle Erwartungen weit übertroffen haben. Bürger und Arbeiter, Angestellter und Beamter, Kaufmann und Industrieller, alle haben sie zu diesem imponierenden Erfolg beigetragen. Bremens gesamte Bevölkerung darf mit vollem Recht darauf stolz sein.

Aber es ist doch nur ein Abschnitt. Viel ist noch zu leisten für die Unterkunft unserer Bevölkerung, für die Ausdehnung unserer Wirtschaft, für die Leistungsfähigkeit der Häfen und des Schiffbaues, für Handel und Verkehr. Es gehört zur besten Überlieferung des Bremers, über die Grenzen seines Stadtstaates hinauszublicken und sich als Diener einer noch größeren Aufgabe für Deutschland zu betrachten. Unsere Schiffe durchfahren alle Meere, unser Handel versorgt alle Länder, unsere Industrieprodukte erreichen die ganze Welt, unsere Arbeit kennt keine Grenze, am allerwenigsten die Grenze, die Deutschland seit 10 Jahren widernatürlich spaltet.

Deshalb, am 10. Jahrestag der von unserer Stadt unverschuldeten Katastrophe, das heißt auch: am 10. Jahrestag des Beginns unserer A u f b a u l e i s t u n g , sehnen wir den Tag herbei, an dem unsere Freie Hansestadt wieder dem ganzen Deutschland das Tor der Welt öffnet.

Kaisen

Bürgermeister

WK vom 26.4.1955

der Serie »Bremer Soldaten im Kampf« wird eher ein Soldatenbild gezeichnet, das den Kämpfer in den Vordergrund stellt und »Heldentum« betont – auch in der Niederlage wollen sie noch Herren sein.[19]

»Auferstehung aus dem Chaos« – Dominanz des Wiederaufbaus 1955

Am 26.4.1955 erscheint im Weser-Kurier die 20seitige Beilage »10 Jahre Wiederaufbau«, die rund zur Hälfte aus Anzeigen besteht. Der sich bereits 1950 beim Weser-Kurier abzeichnende Trend, geschichtliche Daten zu benutzen, um wirtschaftliche Erfolge zu erzielen, wird hier offensichtlich erfolgreich fortgesetzt. Zweieinhalb Seiten des Textes dienen der insgesamt sachlichen Darstellung des Kriegsendes, z. T. durch Abdruck eines Ausschnittes aus der Peters-Chronik. Zwei andere Artikel fassen, z.T. »humorig« geschrieben und die damalige Notsituation mit einem verklärenden Auge betrachtend, die letzten Kriegsmonate und »die ersten Monate danach« aus Betroffenensicht zusammen. Die übrigen Artikel befassen sich mit den Leistungen des Wiederaufbaus in den verschiedenen gesellschaftlichen und wirtschaftlichen Bereichen.[20] In ihnen werden die Wiederaufbauleistungen, aber auch die Probleme aus gegenwärtiger Sicht – und mit Blick in die Zukunft – dargestellt. Dies allerdings sachlich auflistend und eher kritisch betrachtend als protzend überheblich.

Insgesamt zeigt sich eine Veröffentlichung, die den historischen Bezug zur Zeit vor dem Kriegsende praktisch vollständig vermissen läßt. Es ist so, als beginne die Geschichte erst im April/Mai 1945. Lediglich bei den Bildern der Bremer Brücken wird auf die Umbenennung während der NS-Zeit eingegangen, und in dem Artikel über den Wiederaufbau der Kirchen wird die Zerstörung während des Krieges erwähnt. In den einleitenden Worten des Senatspräsidenten Kaisen wird die Tendenz dieser Veröffentlichung und auch wohl der allgemeinen Meinung deutlich sichtbar. Die Wiederaufbauleistung wird verklärt (»Auferstehung aus dem Chaos«), fast mystifiziert, die Geschichte Bremens zwar als »mehrtausendjährige« verstanden, der Zeitraum 1933 bis 1945 aber praktisch ausgeklammert. Vielmehr zählen nur die letzten zehn Jahre, diese wiegen sogar »schwerer als frühere Jahrzehnte«, also auch schwerer als die Zeit des Nationalsozialismus und des Krieges![21] Die Entsorgung der unangenehmen nationalsozialistischen Vergangenheit durch Abspaltung ist nahezu vollzogen, nach dieser Meinung war 1945 tatsächlich eine Stunde Null, wertfrei, unbelastet,[22] eben radikaler Neuanfang aus einem Nichts.

Eine 24seitige Beilage der Bremer Nachrichten erschien am 29.4.1955 unter dem Titel: »Der harte Weg nach oben. Wie Bremen aus Trümmern wiedererstand.« Eingeleitet von einem Grußwort des Bundespräsidenten,[23] werden auf insgesamt elf Seiten Text und Bild die unmittelbare Nachkriegszeit und vor allem der Wiederaufbau dargestellt, was insbesondere durch die Titelseite signalisiert wird.[24] Diese Beilage zeigt sich in Aufmachung (geschickte Kombination von redaktionellem und Anzeigenteil) und inhaltlicher Tendenz prinzipiell gleich wie die Beilage des Weser-Kuriers.

Am 7.5.1955 findet sich im Weser-Kurier auf den Seiten 15 und 16 eine ausführlichere Dokumentation zum Kriegsende mit Bildern des Elends von Flüchtlingen und in die Gefangenschaft ziehenden Soldaten, aber auch mit Karten über die militärische Lage an diesem Tage. Im Hauptartikel wird zunächst sachlich die militärische Lage der deutschen Wehrmacht im April dargestellt und sehr gerafft die Zeit bis zur Unterzeichnung der Kapitulationsurkunde. Im letzten Absatz dieses Artikels wird dann aber ausschließlich der deutschen Opfer und Zerstörung gedacht – kein Wort über Morde der Nationalsozialisten, kein Wort über die Kriegstoten der anderen Staaten.[25] Hier wird das Kriegsende nur noch aus der Opferrolle heraus betrachtet und wahrgenommen, eigene Verantwortlichkeiten werden völlig ignoriert.

Auch andere Artikel verstärken diesen Eindruck. Die »Regierung« Dönitz wird »unter demütigenden Umständen verhaftet«, heißt es dort, was übrig blieb, sei »eine Nation ohne Führung, ohne Mittel, ein Vaterland aufgeteilt und unter fremdem Schwert« gewesen. In unkritischer Selbstüberhebung werden die Perspektiven der Zukunft gezeichnet: »Daß wir nun aber nicht überheblich werden, dafür sorgt das, was noch schmerzlich fehlt: die Befreiung der Ostgebiete und der gefangengehaltenen Brüder, ein Friedensvertrag, klare und sichere Grenzen, eine Reichs(! d. Verf.)hauptstadt für alle.«[26]

In den Bremer Nachrichten wird erst am 11.5.1955 das Thema mit einem allerdings sehr nachdenklichen Artikel aufgegriffen. In ihm wird deutlich gemacht, daß die Menschen in dem Zwiespalt leben, einerseits für das Vaterland gekämpft zu haben, andererseits auch Teil des frevelhaften und ruchlosen Systems gewesen zu sein. Man könne sich dieser Erkenntnis nicht entziehen; weil ein »geschichtliches Verhängnis« unser Volk überschattet, »ist unsere Stunde heute so schwer. Es ist unmöglich, sie in die Harmonie der reinen Wehmut aufzulösen.«[27] Wird hier die Verantwortung des Einzelnen aufgenommen und deutlich ein historischer Bogen in die Zeit des Nationalsozialismus gespannt, so zeigt sich in der gleichen Ausgabe auch das andere Extrem – dies leider viel wirksamer, da in einer langen Fortsetzungsgeschichte und nicht als einmalige Erscheinung: Der Roman von John Forster, »Heldentum nach Ladenschluß«, wird in mehr als neun Folgen abgedruckt. In ihm wird, unterstützt durch beschönigende Fotos aus der Verfilmung des Romans, Landserromantik beschrieben, jenseits jeglicher Problematisierung der eigenen Rolle.[28] Vielleicht ist die Parallelität des Abdrucks nicht nur Ausdruck der Meinungspluralität in einer Zeitung, sondern auch Ausdruck innerer Konflikte der Menschen, unbewußt zu begreifen, daß man sich der Verantwortung nicht entziehen kann, gleichzeitig aber doch alles zu unternehmen, dieser Verantwortung auszuweichen, weil sie so schmerzhaft ist?

In den folgenden Jahren 1956 bis 1964 ist die Ausprägung des Gedenkens unterschiedlich. Überwiegend findet das Ende des Krieges und die Befreiung vom Hitler-Faschismus keine Erwähnung, auch nicht indirekt.[29] In einigen Jahren wird der Zeitraum von der heiteren oder amüsanten Seite her gesehen, z.B. wenn die »Waffenstillstandskinder« betrachtet werden[30] oder Thaddäus Trolls

Vor einer Gedenktafel

Von Bruno Wachsmuth

Anläßlich der Einweihung einer Gedenktafel in einer Schule Westberlins hielt Direktor Dr. Bruno Wachsmuth, Berlin, der Präsident der Goethegesellschaft in Weimar, diese nachdenkliche Rede, die wir nachfolgend geringfügig gekürzt mit freundlicher Genehmigung des Verlages aus »Universitas, Zeitschrift für Wissenschaft, Kunst und Literatur«, Heft III, zitieren. Wir glauben, daß diese ernste Ansprache gerade in diesen Tagen, in denen das Ende des zweiten Weltkrieges nunmehr zehn Jahre zurückliegt, zu einer Besinnung ermahnen kann.

Wir dürfen uns hier eine Gemeinschaft nennen, weil wir zu dieser Stunde alle ein Gleiches mitbringen: einmal den Schmerz, den überstandenen und den täglich neuen, zum andern den Wunsch, daß dieses Gedächtnismal nun endlich errichtet werde, damit die große Schar derer, die nicht mehr aus dem Kriege zurückgekommen sind oder deren Verbleib wir nicht kennen, nicht weiter unerwähnt und ohne sichtbares Zeichen unter uns verschwiegen sei. Und wir bringen wohl auch noch ein Drittes mit. Wie heißt es? Zögernd nur geben die Lippen die Worte dafür frei; doch sie auszusprechen, gehört zur Ehrlichkeit dieser Stunde: es ist das Bewußtsein von einem tragischen Zwiespalt dessen Last wir fühlen. Weil das so ist, müssen wir uns so hüten, in einer Sprache überholter, anfechtbarer Worte zu reden, die der Wirklichkeit nicht gerecht werden. In früheren Zeiten pflegte man bei der Gelegenheit einer solchen Feier alles zusammenzufassen in einen lateinischen Satz, und wir kennen ihn alle: Dulce et decorum est pro patria mori. Es ist süß und ehrenvoll, für das Vaterland zu sterben. Doch »decorum est«, da fängt die Not der Stunde an; »pro patria«, da setzt sie sich gesteigert fort. Wie anders kamen unsere Großväter oder Väter aus dem Kriege 1870/71 zurück, und in wie reinem Licht standen die Gefallenen. Da sammelten sich nachher die Angehörigen um das Denkmal für die, die auf dem Felde der Ehre geblieben waren, wie man sagte.

Vermag denn, wer unbefangenen Sinnes geblieben ist, vom ersten Weltkriege anderes zu berichten? Wer damals von uns schon gelebt hat, der weiß doch noch, welches Wehen am 1. August 1914 durch Deutschland ging, als die Glocken läuteten und die Mobilmachungsstunde verkündet wurde.

Man wünschte sich so sehr, Herz und Vernunft vermöchten so schlicht und eindeutig auch von den Opfern des letzten Weltkrieges zu sprechen.

Aber wir können es nicht und sind es dieser Stunde schuldig, ihren inneren Konflikt nicht zu verheimlichen oder zu bemänteln. Da wir jedoch alle fühlen und wissen, was gemeint ist, darf es kurz gesagt werden: Vom Frevelsinn und der Ruchlosigkeit der Inhaber der Staatsgewalt ging mit ihren Entschlüssen und Befehlen auch etwas auf die über, denen die Teilnahme am Kriege allein eine Sache der staatsbürgerlichen Pflicht und der Treue zum Vaterlande bedeutete. Sie konnten es nicht verhindern, daß ihr Einsatz, aus Dienstethos und aus Liebe zu Deutschland vollzogen, noch ganz anderen Zwecken zugute kam und auch dafür mißbraucht wurde.

Indem sie tapfer kämpften und ihr Leben wagten, gesellte sich unvermeidbar zu dem »decorum est« ein »turpe est« – schimpflich ist es –, und in das edle Gefühl »pro patria« mischte sich das quälende Bewußtsein vom »pro scelerec« – für den Frevel – im Interesse der Machthaber mit ein. Dieser Konflikt wurde von Jahr zu Jahr stärker erlebt. Wie es der echten Tragik eigen ist, verstrickten sich Unschuld und Schuld immer unlösbarer.

Vielleicht ist ein Beispiel aus der persönlichen Erfahrung hier am Platze aus dem Juli 1943. In der letzten Nacht des Urlaubes eines meiner Söhne, der auf der Tafel steht, erzählte er von einem Zusammenstoß mit einem anderen jungen Leutnant im Kasino. Dieser hatte gesagt, er kämpfe für Hitler, mein Sohn dagegen erklärte, er kämpfe für Deutschland. Die Sache kam vor das Regiment, wo sie weise behandelt wurde. Wir nahmen sie zum Anlaß einer Aussprache über das furchtbare Fragezeichen, das in diesem Kriege über der Treue des deutschen Soldaten stehe. Doch wir fanden trotz allem nicht Rechtsgrund genug, das Vaterland im Stich zu lassen. Mein Sohn handelte danach, wobei er im Oktober in Italien südlich von Monte Cassino fiel – durch Brustschuß einer MG-Garbe. Als die Kompanie uns seine privaten Gegenstände schickte, enthielt die blutgetränkte Brieftasche als einzigen Inhalt ein Bild Friedrich Schillers. Nun ließ sich etwas von dem geistigen Beistand ahnen, der dem Gefallenen sein Soldatentum bis ins letzte tragbar und erfüllbar gemacht hatte.

Wie viele der Angehörigen könnten ähnliches von der Not der Kämpfenden berichten. Wir wissen ja auch, wie sich die innere Not in manchen schließlich so zuspitzte, daß sie am 20. Juli 1944 geschichtliches Ereignis wurde. Ich erinnere mich eines Gespräches mit einem Offizier hohen militärischen Ranges im Sommer 1943. Er deutete mir dunkel die große innere Schwierigkeit an, noch Offizier im Sinne des alten preußischen Ehrbegriffes sein zu können und im Sinne des »pro patria« nicht ausweglos zu verzweifeln. Ich verstand damals nicht ganz, wo er hinzielte. Erst als der 20. Juli 1944 sich ereignete, da wußte ich, was er gemeint hatte. Er fiel bald danach.

Weil es so mit den Namen auf unserer Gedenktafel steht, weil ein geschichtliches Verhängnis unseres Volkes sie überschattet, ist unsere Stunde heute so schwer. Es ist unmöglich, sie in die Harmonie der reinen Wehmut aufzulösen. Daher stocken wir auch vor Worten wie Heldentod und Heldentum, gehen scheu um sie herum. Der Held lebt zielsicher, ihn beflügelt ein ungebrochener Glaube, er setzt sein ganzes Wesen mit dem zu Erreichenden gleich. In diesem Kriege ist keine Jugend wie 1914 bei Langemarck mit dem Deutschlandlied zum Sturm angetreten, obwohl sie doch so viel von Großdeutschland gehört hatte. Sofern sie sich ihrer großen Tapferkeit bewußt wurde, sah sich doch mancher in der Nähe des Ausrufes, den Schiller einen seiner Helden bekennen läßt: »Denn mich verklagt der Doppelsinn des Lebens.«

Als dann der furchtbare Aufwand an Leben im Chaos der deutschen Niederlage wie verschüttet erschien, als der deutsche Name vor der übrigen Welt mit Schmach beladen galt, fehlte uns Übriggebliebenen lange jede Kraft, unter dem Druck der allgemeinen Last des Lebens unserer Kriegsopfer anders als in der privaten Sphäre zu gedenken. Aber so durfte es nicht bleiben. Wir haben uns an dieser Schule daher schon Ende 1949 an die Aufgabe gewagt, Schritt für Schritt vorzubereiten, was heute als Gedenktafel zur Enthüllung bereithängt. Folgende Überlegungen leiteten uns:

Wir hielten es für eine selbstverständliche Pflicht jeder größeren Lebenseinheit eines Volkes, an ihren Kriegsopfern nicht mit verlegenem Schweigen vorüberzugehen. Wir meinten, wenn ein Volk diese pietas nicht mehr von selbst aufbringe, sei etwas an seiner Substanz nicht mehr gesund. Auch dünkte es uns, es sei pädagogisch nötig für die heranwachsende Jugend, durch ein Mahnzeichen daran erinnert zu werden, daß Entscheidendes von ihr gefordert werden kann.

Aber die Tafel reicht in ihrer Bedeutung noch über den pädagogischen Zweck hinaus. Das hängt damit zusammen, daß dieser Krieg ja so anders war und in seinen Nachwirkungen so anders als sonst die Kriege, die wir aus den letzten hundert Jahren kennen. Für viele Eltern ist hier auf der Tafel die einzige Stelle, wo sichtbar wird und zum Ausdruck gebracht ist, daß ihr Sohn in diesem Kriege geblieben ist. Denn ihr Heimatdorf, ihre Heimatstadt haben sie verloren, und irgendwo leben sie im Westen auf den Trümmern ihrer Existenz, sofern sie überhaupt noch leben. Was ich hier sage, hat bereits eine Bestätigung gefunden. Vorgestern schrieb eine Mutter, sie lebt als Flüchtling bei Hamburg: »Es ist der einzige Ort in der Heimat, wo die Namen meiner drei Söhne zu finden sein werden, die mit meinem Mann aus Rußland nicht zurückkehrten. Selbst heimatlos geworden, kann ich ihnen nirgends einen sinnvollen Gedenkstein setzen.«

Noch ein weiterer Umstand machte unsere Tafel nötig. Dieser Krieg in der Ausdehnung seiner Kampfhandlungen hat die Grabstätten über einen Riesenraum verstreut. Er reicht vom Nordkap bis an den Wüstenrand der Sahara, von der Atlantikküste bis an die Wolga und dazu bis in die Tiefen aller Meere. Gräber in der alten Form sind nur für einen geringen Teil der Kriegsopfer noch da, und der Weg der Mutter, des Vaters dahin, wie man ihn früher ging, ist nur einem Bruchteil vergönnt. So ist diese Tafel Symbol für die vielen Gräber, die nicht zu finden sind. Sie ist ein Register derer, die für immer ins Unbekannte gelegt oder gesunken sind. So hängt an ihr eine Fülle von Bedeutung. *Aus: Bremer Nachrichten vom 11.5.1955*

Geschichte »Der Kriegskamerad« abgedruckt wird.[31] Direkt thematisiert wird die Befreiung nur an wenigen Stellen, meistens aus anderen Anlässen: zu Ostern 1957 in einem Artikel von Lilo Weinsheimer auf der Bremen-Seite, in dem sie den inzwischen erreichten materiellen Wohlstand der inneren Leere und Oberflächlichkeit gegenüberstellt, am 9.5.1959 in einer Übersicht über Konferenzen der Alliierten zur deutschen Frage[32] und in einem Leitartikel von Eberhard Rottmann 1964 aus Anlaß u.a. des 50. Jahrestages des Beginns des Ersten Weltkriegs. Hier wird allgemein das Verhältnis der Deutschen zur Nation und zu ihrer Geschichte aufgegriffen, in mehreren Abschnitten allerdings auch deutlicher auf die jüngere Geschichte der NS-Zeit eingegangen, mit dem Ziel, sich nicht aus der Geschichte davonzustehlen und die eigene Verantwortlichkeit in den Blick zu nehmen.[33] Diese Zielsetzung wird in einem Artikel zum 15. Jahrestag am 7.5.1960 noch klarer, hier wird die Verbindung zu 1933 deutlich gemacht und damit Krieg und Kapitulation eingebettet in den historischen Ablauf – »es bedarf einer zusammenhängenden Schau von Ursache und Wirkung«.[34] Wieweit die Fernsehserie »Das Dritte Reich. Dokumentarbericht über die Jahre 1933–1945«, die 1963 in 14 Folgen als Wiederholung am Sonntagnachmittag ausgestrahlt wurde, diesem Anspruch gerecht wurde, ist nicht nachvollziehbar; ihre Wirkung darf allerdings nicht überschätzt werden, da das Fernsehen noch keinen sehr großen Verbreitungsgrad hatte.[35]

Betrachtet man diese neun Jahre im Überblick, so kann man sagen, daß der 27.4. bzw. der 8.5. praktisch keine Bedeutung als historische Daten haben. Thematisierungen des Kriegsendes greifen diese Tage nicht bzw. nur am Rande auf, sie könnten grundsätzlich auch an anderen Tagen erscheinen. Inhaltlich wird allerdings die Wiederaufbaueuphorie nicht fortgesetzt, es dominieren eher die nachdenklichen Stellungnahmen.

Rechte Seite: Weser-Kurier vom 8.5.1965

Funktionalisierung im Dienste der Tagespolitik auf der Basis von Geschichtslosigkeit

In Artikeln der »Tribüne der Demokratie« wird bereits 1955 die Instrumentalisierung des Kriegsendes von kommunistischer Seite sichtbar. Der 8. Mai wird als Tag der Befreiung groß aufgegriffen mit entsprechenden Schlagzeilen als Aufmacher und mit Textseiten und Beilagen. In ihnen wird nur kurz auf den historischen Sachverhalt eingegangen, vielmehr wird der 8. Mai sehr schnell interpretiert im Sinne aktueller politischer Agitation gegen Wiederbewaffnung und für die Einheit der Arbeiterbewegung.

In den bürgerlichen Zeitungen setzt sich dieser Trend zur Instrumentalisierung für die Tagespolitik erst 1965 voll durch. Die Funktionalisierung der Kapitulation im Rahmen des Kalten Krieges und hier besonders im Zusammenhang mit der deutschen Wiedervereinigung wird deutlich erkennbar in den Bemühungen der Bundesregierung, eine »Deutschlanderklärung« der Alliierten termingerecht zum 20. Jahrestag zu erhalten. Daß dieses Ziel erst einige Tage später erreicht wird, verdeutlicht u.a. die nach wie vor bestehende Distanz zwischen den Alliierten, insbesondere Frankreich, und der Bundesrepublik, aber auch bestehende Differenzen zwischen den Alliierten selbst.[36] Diese gedachten des 20. Jahrestages z.T. mit offiziellen Feiern oder Erklärungen, in denen die Viermächteverantwortung für Deutschland betont und die Überwindung der deutschen Teilung als fortbestehendes Politikziel verdeutlicht wird.[37]

Bundespräsident und Kanzler äußerten sich in getrennten Ansprachen zum Kriegsende, Bundespräsident Lübke rief in einer Feierstunde aus Anlaß des Jahrestages der Befreiung des KZ Bergen-Belsen zur Versöhnung auf und wandte sich gegen eine Schlußstrich-Mentalität.[38] Bundeskanzler Erhard hielt am Vorabend des 8.5. im Fernsehen eine Ansprache, in der er eine Rückbesinnung einforderte, die dem »Nacherleben der Trauer und des Leids, des Blutopfers von Millionen unschuldiger Menschen« dienen solle.[39]

Die Berichterstattung über das Kriegsende und den 8. Mai in den Bremer Tageszeitungen insgesamt ist ausführlich. In den Wochenendausgaben am 24.4.1965 erscheinen ganzseitige Artikel über das Ende des Krieges in Bremen und Berlin.[40] In ihnen wird z.T sehr detailliert, sachlich und ohne Heroisierung über den Verlauf der letzten Tage berichtet, insbesondere auch über Übergabebemühungen und verhinderte »Lähmungsmaßnahmen« bzw. Rettungsaktionen (betr. die Häfen, Binnenschiffe und Rolandmühle). Am 8.5. selbst wird in beiden Bremer Tageszeitungen auf mehreren Seiten über die Kapitulation berichtet. Im Weser-Kurier erscheint zusätzlich ein Leitartikel von Eberhard Rottmann: »20 Jahre danach. Wo ist des Deutschen Vaterland?« In ihm spiegelt sich die gegenüber 1955 völlig veränderte Lage: Der Wiederaufbau spielt überhaupt keine Rolle mehr, das »Thema« wird überwiegend unter abstrakt politischen Inhalten abgehandelt. Der Stolz über die Wiederaufbauleistung ist einer gewissen Verunsicherung gewichen;[41] Fragen nach der Beteiligung und Mitverantwortung der Intelligenz werden gestellt.[42] Auch daß keinerlei Verknüpfung mit Werbung versucht wird, wie noch zehn Jahre zuvor, macht diese Ambivalenz deutlich. Die Tatsache, daß über eine Gedenkveranstaltung der VVN in Bremen erst mit deutlicher Verspätung berichtet wird, zeigt allerdings auch, wie der Kalte Krieg sich innenpolitisch auswirkte.[43]

Finden die Jahrestage in den Jahren 1966 bis 1969 praktisch keine Beachtung, wird 1970 der 25. Jahrestag sehr ausführlich aufgegriffen, Bundespräsident und Bundeskanzler äußern sich öffentlich, auch im Ausland wird dieses Tages besonders gedacht.

Bereits am 6. Mai sprach Bundespräsident Heinemann vor Vertretern des Diplomatischen Korps, diese Rede wurde auch nachträglich im Fernsehen übertragen. Er hob in ihr den Widerstand gegen das Regime der Nationalsozialisten als »ein wertvolles, nachwirkendes Erbe jener finsteren Epoche« hervor und stellte den Wunsch nach Sicherung des Friedens in den Mittelpunkt.[44]

Der Bundestag gedachte erstmals offiziell mit Erklärungen der Regierung und der ein-

WESER-KURIER
BREMER TAGESZEITUNG

20 Jahre danach

Wo ist des Deutschen Vaterland? / Von Eberhard Rottmann

20 Jahre danach — die Bilanz ist so widerspruchsvoll wie die letzten Jahrzehnte deutscher Geschichte, der Ausblick so entmutigend wie die vergangenen Monate deutscher Politik. Zweckdenken und Machtansprüche haben zwar aus dem Morgenthau-Deutschland, das sich gerade selbst ernähren sollte, nichts werden lassen, und das Wort deutsch spielt heute in der Welt eine Rolle, an die in Jalta und Potsdam niemand dachte. Aber der Zusammenprall der beiden Machtblöcke Ost und West hat dafür dieses Volk zerrissen. Einst benutzten die Deutschen andere Länder für ihre Politik, jetzt waren sie selbst Objekt der Politik geworden.

Adenauer hat aus dieser von Deutschen nicht unverschuldeten Not eine Tugend gemacht. Er bot dem Westen mit der Bundesrepublik einen antikommunistischen Cordon sanitaire, ein ideologisches Glacis an. Das ließ diesen Staat werden und erstarken. Doch die einseitige Fixierung an den Westen engte den Spielraum Bonns ein. Im Osten, in dem schließlich die Zone lag, war es nicht präsent. Heute scheitert jener Kurs, weil der Wandel in der Welt von Bonn eigene, elastische Politik erfordert, weit mehr als bloße Frontstellung gegen den Kommunismus.

Waren sich die großen Drei und Frankreich 1945 darüber einig, daß Deutschland nie mehr eine Gefahr für den Weltfrieden sein dürfe, so stimmen sie heute darin überein, daß wieder Deutsche die Sicherheit Europas und der Erde stören. Für den Westen kommt die Gefahr aus der Zone, für die Sowjetunion aus der Bundesrepublik. Und de Gaulle setzt voraus, daß eine neue Ordnung nur zu finden ist, wenn Deutschland von den anderen europäischen Staaten nicht mehr als Bedrohung angesehen werden kann.

*

20 Jahre danach — die Sowjetunion hat ihren Teil Deutschlands rehabilitiert und preist die „DDR" als Modell eines geläuterten deutschen Staates; die Westmächte haben die Bundesrepublik exkulpiert und zeigen sie als Muster eines neuen Deutschland vor. Moskau sieht die beste Sicherung vor einer neuen deutschen Gefahr in der Einweisung der Deutschen ins sozialistische Lager, der Westen in der Einordnung der Deutschen in den Verband der westlichen Nationen. Hier ist kein Brückenschlag möglich. Ein Volk, eine Sprache, eine geschichtliche Vergangenheit — doch zwei Länder, zwei Zungen, keine gemeinsame Zukunft und kein Generalpardon. Am deutschen Wesen, an dem einst die Welt genesen sollte, leidet nicht nur die Welt, sondern der Deutsche selbst. Die Teilung wird zum Kainszeichen, zum Sühnemal.

20 Jahre danach — man könnte das bittere Wort vom „häßlichen Amerikaner" zeitgemäß variieren: der ugly german. Er gibt keine Ruhe, und er findet sie nicht. Politisch droht man seiner müde zu werden, da ihm offensichtlich das rechte Verhältnis zur Realität fehlt. Er schwankt zwischen Überschätzung und Selbstgeißelung, dem Alles oder Nichts, philosophisch Grundsätzlichem und materieller Unverbindlichkeit. Ist der Verlust der Mitte ein Erbübel? Gibt es gar kein deutsches Nationalgefühl, da es der Geschichte immer nur vorübergehend abgetrotzt wurde, flüchtig war, nie vernünftig zu wachsen vermochte?

20 Jahre danach — wo, was ist des Deutschen Vaterland? De Gaulle feiert den nationalen Egoismus mit dem Ausspruch: „Wie groß auch das Glas sein mag, das man uns von außen anbietet, wir ziehen es vor, aus unserem eigenen zu trinken und ringsum anzustoßen." Die Nationen als das einzig Bleibende, Bewegende. Doch uns fehlt dieses heile Gefäß. Wir können nur mit geborgten oder gesprungenen Gläsern einander zuprosten, wenn es auch vom Reiswein über den Krimsekt bis zum Cognac an nichts mangelt.

Es geht uns gut. Ist das eine Antwort auf die Frage nach dem Vaterland, ubi bene, ibi patria? Und wäre es beruhigend zu wissen, daß es den Menschen drüben ebenfalls gut geht? Könnten wir uns das eigene Glas nicht einfach kaufen, und dürfte es auch etwas teurer sein? Die Gefahr besteht, daß wir von der einstigen Machtpolitik in die Unpolitik verfallen. Da uns Geschichte zumeist als Rachegöttin oder als Tombola erscheint, in der wir stets Nieten ziehen, könnten wir versucht sein, auf die Historie zu verzichten, uns einfach aus ihr davonzustehlen. Aber das würde uns zum Treibsand der Zeit machen.

Doch man kann leicht den Eindruck gewinnen, alle Kraft sollte in unserem Wohlstand aufgehen, von ihm transformiert, durch ihn kompensiert werden. Erhards „formierte Gesellschaft" — die Vision einer Gemeinschaft zufriedener, weil von keinen Interessensgegensätzen beunruhigter, also „uniformierter" Konsumenten — die griffigen Formeln der Parteien vom besseren, noch besseren Leben für alle — dies nährt den Verdacht, daß hier ein Ersatz für eine wirkliche, auf Deutschland gerichtete Politik geschaffen wird. Die entscheidenden Fragen werden ausgespart, erscheinen als weiße Flecken auf der außenpolitischen Landkarte. Diplomatie erschöpft sich in Pflichtübungen und festem Auftreten.

Die einen beschwören ein Nationalgefühl, das recht verschwommen ist, und im Wohlstand nicht vom Fleck kommen will. Die anderen wiederholen Grundsätze, Rechtsstandpunkte. Das Schaufenster Deutschland ist voll, aber der materiellen Substanz entspricht nicht die politische, der Wirtschaftskraft keine politische, die Bonn gezielt und realistisch einzusetzen wüßte. Kann der Deutsche so den Schlaf finden, den er Heinrich Heine raubte, sein Vaterland?

*

20 Jahre danach — kreist die geschichtliche Entwicklung uns dieses Mal zwar nicht ein, aber überspringt uns? Bleibt die Teilung als Museumsstück deutscher Unvernunft zurück? De Gaulle exerziert der Welt vor, wie das alte Spiel mit Bündnissen und Staatenordnungen auch im Schatten der Atombombe und zwischen den Supermächten von neuem beginnt. Ein europäisches Europa, gegründet auf eine Vielzahl nationaler Eigensüchte und — befriedet?

Schon werden historische Daten bemüht, Parallelen gezogen: Anglo-französische Entente cordiale, franco-russisches Bündnis à la Kronstadt, anglo-russische Liaison siehe Reval. Für Deutschland bliebe demnach ein neues Rapallo oder zumindest ein Rückversicherungsvertrag Bismarckscher Fasson? Vor dieser Talleyrandschen Kabinettspolitik bietet offensichtlich nur das Engagement einer außereuropäischen Weltmacht, Amerikas, Gewähr dafür, daß Europa nicht abermals zerstückelt und geschwächt wird.

20 Jahre danach — muß das bedeuten, daß Deutschlands Heil in vergangenen Jahrhunderten ruht? De Gaulle rühmt das Karolinger Reich. Seine engsten Mitarbeiter erinnern an das Heilige Römische Reich Deutscher Nation oder den Rheinbund. Aber in diesen Modellen haben weder Potsdam noch Dresden oder Breslau Platz!

*

20 Jahre danach — die Wiedervereinigung ist weiter denn je entfernt. Selbst die Westmächte sind sich nicht mehr einig, wie die Deutschen am sichersten zu sich selbst gebracht werden können, denn ihre Sicherheit ist mit der Sicherheit der Deutschen und vor den Deutschen identisch. An Deutschland und der ihm von den anderen Mächten zugedachten Rolle scheiden sich erneut die Geister. Fatum?

Den Engländern schwebt offenbar eine Lösung nach Österreich-Muster vor. Die Amerikaner hoffen im Kontakt mit den Sowjets auf den allmählichen Wandel durch Annäherung. Sie denken an eine atlantisch-westliche Lösung. De Gaulle verläßt sich auf sich selbst und setzt auf die national-europäische Karte, wobei er sich mit dem Kreml in die Hegemonie teilen will. Dazu muß er Washington ausbooten, und so deckt sich seine Politik in diesem Punkt mit der Moskaus, in Europa freie Hand zu bekommen. Aber alle vier Mächte setzen voraus, daß ohne eine Neuordnung des politischen und militärischen Status Europas sowie die endgültige Regelung der Grenzfrage das deutsche Problem unlösbar ist.

Und die Deutschen? Bonn will mit den USA, mit England, mit Frankreich und nicht direkt gegen die Sowjetunion Politik treiben, doch ohne hohen Einsatz, ohne Risiko, ohne detaillierten eigenen Plan. Es wartet ab und verweist unermüdlich auf die Verantwortung der vier Mächte. Dieses juristisch-idealistische Denken, „weil nicht sein kann, was nicht sein darf", deckt sich indessen in den wenigsten Fällen mit dem, was ist und zu sein pflegt. So manövrieren wir uns in eine Lage, in der wir uns eines Tages vielleicht offen zur Teilung bekennen müssen oder nur noch die Wahl haben zwischen einem neutralen (von den Vier, der UNO, de Gaulles Europa garantierten) Status oder einer modernen k.u.k. Doppelmonarchie, d. h. der „kapitalistisch und kommunistischen Föderation", weil die Welt mit allen Deutschen leben will.

20 Jahre danach — ein Paradoxon: Wir wissen gar nicht, wie gut wir leben, und wir merken bei alledem nicht, wie beklagenswert unser Gesundheitszustand ist.

Appell zum 25. Jahrestag der Kapitulation

Brandt warnt Jugend vor dem Radikalismus

Feiern in aller Welt – Ostblock greift Bundesregierung scharf an

Bonn/Berlin/Moskau (Eig. Ber., dpa, UPI). Einen eindringlichen Appell hat Bundeskanzler Brandt zum 25. Jahrestag der deutschen Kapitulation an die Jugend der Bundesrepublik gerichtet. Der Kanzler beschwor die jungen Menschen, unbeirrt an der seit 1945 aufgebauten demokratischen Ordnung festzuhalten. Trotz aller noch offenen Reformwünsche sei das Grundgesetz der Bundesrepublik die „freiheitlichste Verfassung, sowohl den Bestimmungen als auch der Praxis nach, die es in der deutschen Geschichte je gegeben hat". Seit 1945 sei in Deutschland nach dem Terror unter der nationalsozialistischen Herrschaft ein Wandel zur Demokratie eingetreten. Der Kanzler warnte davor, die schmerzlichen Erfahrungen der Geschichte in den Wind zu schlagen und wieder auf einen radikalen Kurs einzuschwenken. Feiern zum Jahrestag der Kapitulation fanden auch in Ostberlin, Moskau sowie den Hauptstädten der west- und osteuropäischen Staaten statt.

Bremer Nachrichten vom 9.5.1970

zelnen Fraktionen dieses Tages. In diesen Erklärungen wird den Folgen der Kapitulation nachgegangen, die Ursachen des Krieges und die Beteiligung der Deutschen finden dagegen kaum Beachtung, überall geht man von der »Stunde Null« aus, von einem völligen Neuanfang ohne Vorlauf – auch wenn dies in den Reden verneint wird.[45] Die zentralen Aussagen drehen sich eher um das seitdem Geleistete und das noch zu Leistende, insbesondere die Schaffung einer europäischen Friedensordnung und die Aussöhnung mit dem Osten, als um Verantwortung, Schuld, verpaßte Chancen o.ä.[46]

In Bremen wurde mit kleinen Feiern des Kriegsendes gedacht, die Jungsozialisten forderten, diesem Tag einen höheren Stellenwert einzuräumen.[47] Bereits im April wurde auf die letzten Kriegstage in Bremen hingewiesen: Die Rettung der Binnenschiffe wird kurz erwähnt, in knappen chronologischen Berichten bzw. mit der ausführlicheren Schilderung einer Hochzeit unter Kriegsbedingungen wird an das Kriegsende erinnert.[48] Im Weser-Kurier erscheint am 8.5. selbst neben einem Leitartikel eine ganzseitige Darstellung mit Berichten, wie die Kriegsgegner ihren Sieg erlebt hatten.[49] Hier wird erstmals ausführlicher auf die Sicht des »Gegners« eingegangen und der Versuch unternommen, die Leiden der Menschen in den anderen Ländern, insbesondere der Sowjetunion, besser zu verstehen – dies kann wohl als Ergebnis der neuen Ostpolitik gewertet werden.

Sehr ausführlich greifen die Bremer Nachrichten die Kapitulation in einer 48 Seiten umfassenden Beilage auf, die am 12.5.1970 unter dem Titel »1945–1970. 25 Jahre Wiederaufbau« erschien.[50] Das bereits früher erfolgreich angewandte Konzept der Koppelung von Text und Anzeigen wird hier erneut praktiziert, die Hälfte der Beilage besteht aus Anzeigen, der redaktionelle Teil ist ein Gemisch aus historischem Bericht einerseits und Übersicht über seitdem Geleistetes andererseits. In einleitenden Artikeln wird ansatzweise der Versuch gemacht, Entwicklungen der Zeit des Nationalsozialismus zu erklären – es bleibt aber bei diesen unzureichenden Ansätzen.

Insgesamt zeigt sich eine Höherbewertung dieses Tages im politischen Raum und eine deutlichere Orientierung auf politische Resümees, der Stolz auf das bisher Geleistete tritt in den Hintergrund gegenüber den politischen Perspektiven für die Zukunft, insbesondere in bezug auf Friedenssicherung und Orientierung auf die Jugend. Gleichzeitig ist die Verdrängung der Aufarbeitung der eigenen Geschichte aber weitgehend vollständig, es gibt allenfalls kurze Aussagen, daß man der eigenen Geschichte nicht entfliehen könne, ohne sich ihr dann aber intensiv zu stellen. Immerhin wird erstmals der deutsche Widerstand lobend hervorgehoben und die Opferrolle der ehemaligen Kriegsgegner beschrieben. Der intensiven Beachtung folgen wiederum fünf Jahre, in denen das Kriegsende keine Rolle spielt. Erst 1975 wurde auf Bundesebene über den Stellenwert der Feiern debattiert: ein vom Bundespräsidenten vorgeschlagener Staatsakt im Bundestag wurde abgelehnt – man wolle nicht »am gleichen Tage des Kriegsendes vor 30 Jahren gedenken, der in der DDR als Feiertag zur Befreiung vom Faschismus begangen wird«.[51] In der Ansprache des Bundespräsidenten Scheel während der Gedenkstunde in der Schloßkirche der Bonner Universität, an der prominente Vertreter der Opposition nicht teilnahmen, nannte er den Tag einen »Augenblick der Selbstprüfung«, an dem kein Anlaß zum Feiern bestünde, und wandte sich gegen Radikalismus. CDU-Chef Kohl nannte den 8.5. einen »Tag der Trauer und Besinnung. Trauer darüber, daß Millionen von Deutschen Krieg und Vertreibung erlitten und Gesundheit, Besitz und Heimat verloren hätten. Besinnung auf die Chance für die Bürger, eine neue politische Ordnung … zu schaffen.«[52] In der Rede des Bundeskanzlers vor dem Kabinett hob dieser es als eine »grundlegende Einsicht« nach 1945 hervor, daß »der Radikalismus von links und rechts keine Chance« habe.[53]

Es zeigt sich hier, wie sehr dieser Tag in den Dienst der Tagespolitik gestellt wird. Die Radikalenfrage war eine der zentralen politischen Auseinandersetzungen dieses Jahres, den Vertriebenenverbänden mußte wegen der Öffnung nach Osten politisch entgegengekommen werden – nun wird auch dieser Gedenktag für diese Ziele instrumentalisiert.

In Bremen findet das Kriegsende in diesem Jahr keine Beachtung, wie auch in den Folgejahren bis 1980. In diesem Jahr stehen in Bremen die Auseinandersetzungen um die Rekrutenvereidigung am 6.5. an erster Stelle, das Datum des Kriegsendes in Bremen und der Gesamtkapitulation am 8.5. treten daher völlig in den Hintergrund. Allerdings gab es im parlamentarischen Raum Streit um die angemessene Würdigung dieses Tages, die Grünen hatten vor dem Hintergrund der Auseinandersetzungen um das Gelöbnis einen Entschließungsantrag zum 8.5. eingebracht, der aber dem Geschäftsordnungsgerangel zum Opfer fiel.[54] Mit großer Resonanz fand am 9.5.1980 erstmals eine antifaschistische Stadtrundfahrt statt, die vom Landesjugendring und der VVN zum 35. Jahrestag der Befreiung erarbeitet worden war.

Insgesamt hat es den Anschein, daß der 8. Mai stärker in das Bewußtsein der politischen Öffentlichkeit gerückt ist, daß man ihn jedenfalls nicht mehr kommentarlos übergehen kann, er bleibt aber stark eingebunden in das jeweilige Tagesgeschehen.

Heinemann sprach zum Kapitulationstag

Aussöhnung mit Osten vordringlich

Bonn (dpa). Bundespräsident Heinemann hat am Mittwoch die Aussöhnung mit dem Osten als vordringliche deutsche Zukunftsaufgabe bezeichnet. Vor dem ausländischen Missionschef erklärte Heinemann anläßlich des 25. Jahrestages der Beendigung des zweiten Weltkrieges (8. Mai), es handele sich hierbei um eine europäische Aufgabe, die nur im Verein mit allen Gutwilligen in der Welt vollendet werden könne. „Wir empfinden dabei eine besondere Mitverantwortung für die noch unerreichte, umfassende und dauerhaft gesicherte Friedensordnung, in der, wie wir weiterhin hoffen, auch unser ganzes Volk sich noch einmal zusammenfinden kann."

Die Bundesregierung wird nach den Worten Heinemanns ihre Friedenspolitik konsequent fortsetzen. Man sollte würdigen, daß die überwältigende Mehrzahl der Bürger anders als nach 1918 den Versuchungen eines neuen kurzsichtigen Nationalismus nicht erlegen sei, sondern sich dem Gedanken der europäischen Solidarität und der Zusammenarbeit mit den Völkern der Erde zugewandt habe. „Dies ist heute", sagte Heinemann, „die Grundlage des politischen Denkens eines Volkes, das sein eigenes Schicksal mit maßvoller Nüchternheit zu betrachten gelernt hat."

Nach Unterlagen des Volksbundes Deutsche Kriegsgräberfürsorge hat der zweite Weltkrieg mehr als 55 Millionen Menschenleben gefordert. Über sieben Millionen Deutsche, darunter drei Millionen Soldaten, fielen dem Krieg zum Opfer. Die früheren Kriegsgegner Deutschlands hatten noch mehr Tote zu beklagen. Allein die Sowjetunion verlor 13,6 Millionen Soldaten. Außerdem kamen 6,7 Millionen Zivilisten ums Leben. Als Vergleich: der erste Weltkrieg kostete insgesamt 9,7 Millionen Menschen das Leben.

Bremer Nachrichten vom 7.5. 1970

»Ein Tag des Nachdenkens über den Gang unserer Geschichte« – Der besondere Stellenwert des Jahres 1985

Bereits lange vor dem 40. Jahrestag der Befreiung werden in den Zeitungen Berichte über Gedenkveranstaltungen abgedruckt, die sich u.a. an den Befreiungsdaten verschiedener Konzentrationslager orientieren. So wird z.B. am 15.4.1985 über Kundgebungen in der DDR berichtet, die an die Befreiungen der Konzentrationslager Buchenwald und Sachsenhausen erinnerten. Auch wird ausführlich auf die Befreiung Bergen-Belsens eingegangen.[55] Das Gedenken ist aber durchaus widersprüchlich, so werden Traditionsveranstaltungen, wie das geplante Treffen von ehemaligen SS-Angehörigen in Nesselwang, ebenfalls aufgegriffen. Ein im Bundestag von der SPD dazu eingebrachter Antrag, diese Veranstaltungen zu verurteilen, wurde abgelehnt.[56]

Auch die Auseinandersetzungen um den Weltwirtschaftsgipfel und den Staatsbesuch des amerikanischen Präsidenten Reagan setzen bereits sehr früh ein, als bekannt wird, daß er den Soldatenfriedhof Bitburg besuchen will.[57] Sie überschatten deutlich die Berichterstattung zum 8. Mai. Im wesentlichen ging es darum, daß der US-Präsident nicht nur Soldatengräber – zudem nur deutsche – besuchen sollte, sondern auch eine Gedenkstätte für Opfer des Nationalsozialismus, was er zunächst abgelehnt hatte.

In dieser Debatte wurde erneut das unterschiedliche Verständnis vom Kriegsende deutlich. Die SPD-Opposition im Bundestag bezeichnete den 8. Mai als »Tag der Befreiung für alle, die im politischen Widerstand gegen das NS-Regime gekämpft« hatten. Sie griff zudem die Tatsache auf, daß auf dem Friedhof auch rund 50 Angehörige der Waffen-SS beerdigt sind und bezeichnete das Besuchsprogramm als »konservativen Irrweg zwischen Soldatenfriedhof und Konzentrationslager«.[58] Kräfte in der CDU hielten die Vermischung von Tätern und Opfern nicht weiter für erwähnenswert, Strauß (CSU) befand den Besuch als »noble Geste«, Dregger (CDU) bezeichnete ein Ausbleiben des Besuches sogar als »Beleidigung meines (gefallenen) Bruders

WESER-KURIER
TAGESZEITUNG

8. Mai – „Augenblick der Selbstprüfung"

Scheel hielt Ansprache zum 30. Jahrestag der deutschen Kapitulation

Bonn. Mit einer Gedenkstunde in der Schloßkirche der Bonner Universität, zu der Bundespräsident Scheel geladen hatte, und mit Erklärungen von Politikern aller großen Parteien ist in der Bundesrepublik gestern der 30. Wiederkehr des Tages der deutschen Kapitulation am 8. Mai 1945 gedacht worden. An der Veranstaltung in der Schloßkirche nahmen neben dem diplomatischen Korps und Vertretern des öffentlichen Lebens als prominenteste Gäste auch die Bundestagspräsidentin Annemarie Renger, Bundeskanzler Schmidt und der FDP-Vorsitzende, Vizekanzler Genscher, teil. Führende CDU/CSU-Politiker fehlten; der CDU-Vorsitzende Kohl und CDU/CSU-Fraktionschef Carstens hatten sich wegen anderer Verpflichtungen entschuldigen lassen.

In seiner Ansprache nannte der Bundespräsident die Wiederkehr des 8. Mai einen „Augenblick der Selbstprüfung" und einen Tag, an dem man sich darüber klarzuwerden versuche, „welche Lehren Diktatur, Krieg und Katastrophe und ihre Folgen uns, den Bürgern der Bundesrepublik, erteilen". Scheel erinnerte daran, daß Hitler kein „unentrinnbares Schicksal" gewesen, sondern gewählt worden sei. In einer Zeit größter sozialer Not seien die Freiheit und die Idee des Rechts nicht hoch genug geachtet worden. Scheel gedachte aller Toten des Zweiten Weltkrieges und sagte, der 8. Mai sei kein Tag, an dem die Deutschen Anlaß zum Feiern hätten, er sei der widersprüchlichste Tag in der deutschen Geschichte.

„Wir haben gelernt", sagte Scheel, „nicht nur die Politiker, auch unser Volk hat gelernt. Es hat begriffen, daß Extremismus in jeder Form für unser Land verderblich ist. Es hat eingesehen, daß Freiheit und sozialer Ausgleich bessere Garantien für die Zukunft eines Volkes sind als der Kult der Macht." Die jüngere Generation forderte der Bundespräsident auf, diesen Staat, der so viele Chancen biete wie noch nie ein anderer deutscher Staat zuvor, weiter zu verbessern. „Dieser Staat ist es wert, daß Sie sich um ihn bemühen", betonte er.

Der CDU-Vorsitzende Kohl bezeichnete im Pressedienst der CDU/CSU den 8. Mai als einen „Tag der Trauer und Besinnung": Trauer darüber, daß Millionen von Deutschen Krieg und Vertreibung erlitten und Gesundheit, Besitz und Heimat verloren hätten, Besinnung auf die Chance für die Bürger der Bundesrepublik, eine neue politische Ordnung zur Entfaltung der Menschenwürde des einzelnen in Freiheit, Gerechtigkeit, Gleichheit und Solidarität zu schaffen. Der 8. Mai sei auch ein Tag des Gedenkens an das „System der Unfreiheit für einen Teil unseres Volkes in der DDR, an die deutsche Spaltung und die Teilung Europas".

Der FDP-Generalsekretär Bangemann wies unter anderem darauf hin, daß die Bürger die Stationen der „Staatswerdung" nach dem 8. Mai 1945 mit zunehmender Anteilnahme begleitet hätten, „vor allem auch mit nüchternem Sinn". Die aus der Katastrophe entstandene Bundesrepublik sei mehr und mehr zu einem nach innen und außen verläßlichen und soliden Staat geworden, betonte Bangemann.

In einer Erklärung zur Kapitulation betonte die Junge Union (JU), Deutschland sei vor 30 Jahren vom Nationalsozialismus befreit worden. Die meisten JU-Mitglieder seien zu jenem Zeitpunkt noch gar nicht geboren gewesen. Die ältere Generation habe seit 1945 einen Staat aufgebaut, der mit seiner freiheitlich-demokratischen, rechtsstaatlichen Ordnung, seiner wirtschaftlichen und sozialen Leistungsfähigkeit und seinem in der Welt erreichten Ansehen in der Geschichte Deutschlands seinesgleichen suche. Die JU appellierte an die junge Generation in der Bundesrepublik, mit ihr zusammen weiter an der Schaffung einer humanen Gesellschaft mitzuwirken. (ap)

NPD-Oberstudienrat weiterhin suspendiert

Von unserem Korrespondenten A. Bechtold

Frankfurt. Gegen den in Weinheim lebenden Mannheimer Oberstudienrat Günter Deckert, Bundesvorstandsmitglied der rechtsradikalen NPD und Bundesvorsitzender der Jungen Nationaldemokraten, läuft weiterhin ein Disziplinarverfahren des baden-württembergischen Kultusministeriums. Deckert, dem das Ministerium Verfassungsfeindlichkeit vorwirft, bleibt auch vorerst vom Dienst suspendiert und erhält nur 75 Prozent seiner Dienstbezüge. Zwar hatte die Disziplinarkammer des Karlsruher Verwaltungsgerichts die vorläufige Amtsenthebung Deckerts und die Einbehaltung eines Teils der Dienstbezüge durch Beschluß rückgängig gemacht und dem Dienstherrn die Kosten des Verfahrens auferlegt, aber das Kultusministerium in Stuttgart legte hiergegen sofort Einspruch ein. Somit dauert das Disziplinarverfahren gegen Deckert an.

Weser-Kurier vom 7.5.1975

und meiner gefallenen Kameraden«.[59] Auch vor dem Bundestag wurde der Konflikt ausgetragen, in seiner Sitzung vom 25.4. 1985 konnte ein Antrag der SPD, der dem Kanzler die Verantwortung für die mißratenen Besuchsplanungen zusprechen wollte, nur knapp abgelehnt werden, ein Antrag mit der Forderung, auf den Besuch in Bitburg zu verzichten, wurde ebenfalls abgelehnt.[60]

Die öffentlichen Proteste gegen den Besuch nahmen weiter zu, insbesondere auch aus Israel. Im israelischen Rundfunk hieß es: »Der Führer der freien Welt ehrt heute Gräber der Mörder unseres Volkes«.[61] Der Zentralrat der Juden sowie der Zentralrat der Sinti und Roma sagten die Teilnahme an der Gedenkfeier in Bergen-Belsen ab.[62] Am Tag des Bitburg-Besuches, der ganze zehn Minuten dauerte, demonstrierten rund 1000 Menschen gegen den Besuch.[63]

Die aufgeheizte Stimmung wird auch sichtbar in der Auseinandersetzung um eine vom WDR gesendete Satire. In einem fiktiven Interview mit Reagan hatte dieser angegeben, um keinerlei Gefühle zu verletzen, wolle er nur mit dem Hubschrauber über Bitburg und Bergen-Belsen fliegen. Im Interesse einer Versöhnung werde er auch über das Spandauer Gefängnis fliegen und Heß grüßen. Daraufhin gab es schwere Proteste in der Bevölkerung.[64] Diese gereizte Stimmung ist Ausdruck des bisherigen »erfolgreichen« Verdrängungsprozesses; latent vorhandene Schuldgefühle werden angesprochen und mobilisiert, gleichzeitig wird spürbar, daß ein großer Nachholbedarf an Aufarbeitung der eigenen Vergangenheit, aber auch an Verarbeitung der Rolle der ehemaligen Kriegsgegner besteht.

Es gelingt aber nur partiell, diese Chance zu nutzen. In der vielfach gewürdigten Rede des Bundespräsidenten v. Weizsäkker – deren Wirkung vor allem vor dem Hintergrund der politischen Auseinandersetzungen verständlich wird – greift dieser einen kleinen Teil der vorhandenen Spannungen auf. Ausgehend von der Grundposition, daß der 8.5. ein Tag der Befreiung für »alle gemeinsam« ist, versucht er trotzdem, den unterschiedlichsten Empfindungen gerecht zu werden und die Vielschichtigkeit dieses Gedenktages zu verdeutlichen. Klar stellt er sich der historischen Verantwortung, daß »nicht im Ende des Krieges die Ursache für Flucht, Vertreibung und Unfreiheit« zu suchen ist, sondern diese »liegt vielmehr in seinem Anfang und im Beginn jener Gewaltherrschaft, die zum Krieg führte. … Es gab keine Stunde Null!« Wenn diese Worte auch deutlich mit Entwicklungen der Vergangenheit brechen und die Rede insgesamt auf Versöhnung nach innen und außen angelegt ist, so gilt allerdings auch: der Bundespräsident bezieht alle mit ein und verwischt dabei wie andere auch Grenzen zwischen Tätern und Opfern. Nur vor dem Hintergrund der 40jährigen Verdrängungsgeschichte erscheinen seine Äußerungen so außergewöhnlich, sie sind somit zugleich Indikator für die aufgestauten verdrängten Gefühle. Es ist dann auch bezeichnend, daß die Rede eher als Ruhekissen verstanden wird, auf dem man sich nun gelassen ausruhen kann, denn als Anlaß für weitere Aufarbeitung und Diskussionen. Die Beschäftigung mit dem Thema bleibt oberflächlich, sie klingt ebenso schnell ab, wie sie aufgrund des äußeren Anlasses angewachsen ist. Ein wirkliches Bedürfnis zur Trauerarbeit äußert sich nicht.

Neben der Berichterstattung über den Besuch des amerikanischen Präsidenten und seine Begleiterscheinungen beginnen die Bremer Nachrichten am 19.4.1985 mit dem Abdruck einer längeren Serie über die letzten Kriegstage in Bremen unter dem Titel »Heute vor 40 Jahren«.[65] Anhand eines Tagebuches wird z.T. ganzseitig sehr eindringlich die Entwicklung in Bremen und die persönliche Betroffenheit der Bremer Bürger deutlich. Der Weser-Kurier würdigte am 25.4.1984 die Ereignisse am Kriegsende mit einer Seite, hier wurde ebenfalls detailreich die Situation in den letzten Tagen geschildert, allerdings mehr in Form einer Verlaufsgeschichte – ohne persönliche Darstellungen.[66] Diese wurden am 27.4.1985 abgedruckt: »Augenzeugen berichten über die letzten Kriegstage. Die Stunde Null vor 40 Jahren«. In fünf kurzen Berichten beschreiben drei Frauen und zwei Männer, wie sie die letzten Kriegsstunden erlebt haben.[67]

Über die zentrale Gedenkveranstaltung auf dem Bremer Marktplatz kam es zum politischen Streit, die CDU wollte den Aufruf dazu, der ansonsten von allen wichtigen gesellschaftlichen Gruppen getragen wurde, nicht unterstützen.[68] Der CDU-Landesvorsitzende meinte in einem Kommentar, »einerseits kämpfte jeder deutsche Soldat – zumal zum Ende des Krieges – für seine Heimat und gegen die Gefahr der Unterwerfung unter den sowjetischen Kommunismus, andererseits aber auch für die Verlängerung der Herrschaft der Nationalsozialisten.« Deshalb könne man heute die Teilnahme von Kommunisten nicht akzeptieren.[69] An der Kundgebung selbst nahmen rund 10.000 Bremer und Bremerinnen teil.[70] Die Auseinandersetzungen verdeutli-

Diskussionsergebnis: Keine Stunde Null

„Deutsche Demokratie kam von außen"

(koe). „Die Stunde Null ist ein Mythos. Der 8. Mai war nicht das totale Ende, sondern führte kontinuierlich in eine Republik, die am Tag der Kapitulation durchaus noch Ressourcen hatte." Das war der Tenor einer Podiumsdiskussion, die Lehrer und Studenten der Hochschule Bremen gestern unter dem Motto „Niederlage oder Befreiung? Eine Hochschule bezieht Stellung" veranstalteten. Einig war man sich in der Auffassung, daß das Ende des Zweiten Weltkrieges nicht nur für die Deutschen als Zäsur in ihrer Geschichte betrachtet werden muß, sondern auch die politischen Gewichte im Ausland entscheidend veränderte.

Rektor Mönch war es, der darauf bestand, am 8. Mai nicht nur nach innen zu blicken. Die Erinnerungen an die Greuel des Nazi-Regimes blieben, doch müsse bei der Betrachtung des Geschehens vor 40 Jahren auch darauf verwiesen werden, daß sich in der Welt allgemein entscheidende Veränderungen vollzogen hätten. England habe das Aus als Kolonialmacht erleben müssen, in einem „dramatischen Entkolonialisierungsprozeß" sei Frankreich zur bedeutungslosen Mittelmacht abgerutscht, und die USA, bis dato weitgehend auf ihren „Hinterhof" Lateinamerika fixiert, habe die Rolle einer Weltmacht übernommen.

Hieraus resultiere, wie Mönch klarzumachen versuchte, die besondere Situation, der sich Deutsche im Ausland auch nach 40 Jahren immer noch ausgesetzt sähen. Für die Bundesrepublik habe es die Stunde Null nicht gegeben. Nach dem Zusammenbruch habe man im Restdeutschland relativ schnell wieder weitergemacht, und zwar mit erheblichem Vorsprung gegenüber den Nachbarn. Die Produktionskapazität der Industrie sei 1945 — bedingt durch die Rüstungsanstregungen während des Krieges — größer gewesen als 1939 und die Produktionsmittel weitgehend in den alten Händen geblieben. Die Politik habe sich bereitwillig vieler Nationalsozialisten bedient, nicht zuletzt aus Mangel an antifaschistischem Potential, das emigriert oder in Konzentrationslagern vernichtet worden sei.

Das Ausland habe darauf nur wenig reagiert, und nicht zuletzt sein Desinteresse habe letzthin auch die „von außen aufgesetzte" Entnazifizierung scheitern lassen. Die Diskutanten waren sich einig: Der 8. Mai 1985 ist kein historisches Datum. Die Erinnerung sei dennoch notwendig, weil man aufhören müsse, die NS-Zeit zu verdrängen. Die Deutschen müßten einsehen, daß sie es nie geschafft hätten, sich selbst eine demokratische Ordnung zu geben.

Anstöße seien immer von außen gekommen: 1848, 1918 und 1945. Schluß sein müsse endlich auch mit der den Deutschen eigenen „Aufrechner-Mentalität", wenn es darum gehe, die Opfer zu zählen. Nur ein Bruchteil aller Toten, die der Krieg gefordert habe, seien Deutsche gewesen. Und wer die Vertriebenen einbeziehe, müsse sich über die Reihenfolge klar werden: Erst Krieg, dann Vertreibung.

Das Gedenken an den 8. Mai ausgerechnet nach 40 Jahren sahen die Diskussionsteilnehmer schließlich allein als politischen Schachzug des Bundeskanzlers. Kohl habe den Besuch des US-Präsidenten und den Weltwirtschaftsgipfel als Spektakel für seinen Wahlkampf in Nordrhein-Westfalen genutzt, und Reagan sei darauf hereingefallen. An diesem 8. Mai habe man sich fragen müssen, ob aus der Vergangenheit die richtigen Lehren gezogen worden seien. Nachdenken sei angezeigt, und das Bekenntnis, daß so etwas nie wieder geschehen dürfe. Im übrigen gelte es, den Mut zu entwickeln, der Konfrontation mit der Vergangenheit endlich standzuhalten. Ohne ihn könne sich keine Demokratie etablieren.

Bremer Nachrichten vom 9.5.1985

ai 1985 NACHRICHTEN AUS BREMEN Nr. 107 Seite 9

Gläubiger
ohnungen von
uldnern an

erließ ein Richter jetzt
en Mann aus Oslebshau-
wöhnliche Weise für an-
bare Schulden in Höhe
ichen wollte: Nach Poli-
er einfach die Wohnun-
uldner an.
andstiftungen in der Os-
e und in der Straße Am
ihm die Kriminalpolizei
im ersten Fall war Ende
haden von über 50 000

e werden nach
ation befragt

stieg der Arbeitslosigkeit
mer Westen zu einer star-
Wohnverhältnisse in die-
Um die Umschichtung ge-
führen der Bau- und der
n nächsten Wochen eine
i den betroffenen Perso-
Befragt werden allerdings
ausdrücklich ihr Einver-
der Aktion will man ver-
ohnungsbestand, der vor-
uten besteht, unter der
n leidet.

weh getan

Richard von Weizsäk-
n Bundestag 40 Jahre
lation der Deutschen
er damit einhergehen-
Deutschen vom Natio-
e bemerkenswerte Re-
rkenswert deshalb, weil
er im Umgang mit ihrer
r Wahrhaftigkeit aufge-
tigkeit gegenüber allen
chen Gewaltherrschaft,
Amerikaner oder Deut-
e oder Sinti und Roma
der Bundespräsident in
auch die Opfer des Wi-
olitischen und weltan-
en eingeschlossen. Sei-

Etwa 10 000 Bremer nahmen gestern abend an einer Gedenkveranstaltung zur 40. Wiederkehr der Befreiung Deutschlands vom Nationalsozialismus teil. Redner wie Richard Boljahn (unser Foto), Pastor Wolf-Udo Smidt und Gustav Börnsen gedachten dabei der Menschen, die im Kampf gegen das Hitler-Regime und ohne eigene Schuld im Zweiten Weltkrieg den Tod fanden. Sie mahnten aber auch eindringlich, daß eine Strategie der Hochrüstung und der waffenstarrenden Abschreckung neue Gefahren heraufbeschwöre. Das Motto der von vielen Organisationen und Vereinigungen unterstützten Gedenkveranstaltung lautete: Nie wieder soll ein Krieg von deutschem Boden ausgehen. Zwischenfälle und Störungen gab es während der Kundgebung nicht. (eb) fo/st

„Nazismus ist nicht ausgerottet"

Gedenkveranstaltung zum 8. Mai 1945 / 10 000 Bremer nahmen teil

Bankräuber bedrohte Geiseln mit Pistole: 30 000 Mark erbeutet

Weser-Kurier vom 9.5.1985

chen, wie weit die verschiedenen politischen Richtungen voneinander entfernt sind bei der Aufarbeitung der Vergangenheit.

Die Aufregungen um den 40. Jahrestag bleiben ein Strohfeuer; in den folgenden Jahren, so auch 1990, bleiben die Gedenkveranstaltungen in Deutschland deutlich hinter denen des Jahres 1985 zurück und erreichen wieder »Normalmaß«. Die Volkskammer in Ostberlin gedachte offiziell der Kapitulation, sie hatte Vertreter des Jüdischen Weltkongresses, der erstmals in Deutschland tagte und ebenfalls des Kriegsendes gedachte, zu einer Feierstunde eingeladen.[71] Diese Tagung wurde nur von der »Tageszeitung« zu einer ausführlicheren Berichterstattung genutzt: am 9.5.1990 erschien sie mit dem großen Aufmacher »Geschichte ist nicht zu bewältigen« über einem mehrspaltigen Bild von der Einnahme Berlins.[72]

In der unterschiedlichen Beachtung dieses Tages in Ost und West dokumentieren sich die nach wie vor voneinander stark abweichenden Sichtweisen und Positionen.

»Vertaten wir die furchtbare Lehre des Leids?«

»Jeder hat den 8. Mai 1945 anders erlebt, je nachdem, ob er zu den Unterdrückern oder den Unterdrückten, zur Heimat oder zur kämpfenden Front in Uniform gezählt hat, ob er zu Wasser, in der Luft oder im Heer gefordert war, oder aber, ob er die Ereignisse im Osten bzw. im Westen erlebt hat.« Diese Unterschiedlichkeit wird in der Rezeption des Kriegsendes aufgehoben. Die Inszenierungen dieses Tages betreffen alle, sie geschehen, ob wir es wollen oder nicht, politisch gesehen im Namen Aller. Persönliche Betroffenheit spielt hier keine Rolle mehr, es geht um die politische Vermarktung. Die Tatsache, daß die Tage funktionalisiert werden im Interesse des Kalten Krieges, der Friedenspolitik etc., zeigt, daß an ihnen selber kein Interesse besteht. Sie werden benutzt, um ein bestimmtes Ziel zu erreichen, nicht um sich mit der Vergangenheit auseinanderzusetzen. Damit wird die Verdrängung dokumentiert, aber es bleibt der Schein gewahrt, daß man sich mit diesem Tage beschäftige.

Anmerkungen:

1 *Die Darstellung basiert auf der Auswertung der beiden großen Bremer Tageszeitungen Weser-Kurier (erschienen ab 19.9.1945) und Bremer Nachrichten (erschienen ab 20.9.1949) in den einzelnen Jahren, jeweils von ca. Mitte April bis Mitte Mai. Bis 1970 (25. Jahrestag) erfolgte die Auswertung jährlich, ansonsten in Fünf-Jahres-Abschnitten. Ab 1.10.1986, mit Beginn der Bremen-Ausgabe, wird auch »Die Tageszeitung« einbezogen. Weitere im Staatsarchiv Bremen zur Verfügung stehende Zeitungen und Quellen wurden bei Bedarf herangezogen.*

2 *Andrzej Szczypiorski zum Tag der deutschen Einheit in Bremen 1994. (FR 17.10.1994)*

3 *Richard v. Weizsäcker in seiner Rede zum 40. Jahrestag der Beendigung des Krieges in Europa und der nationalsozialistischen Gewaltherrschaft.*

4 *»Warum wieder daran erinnern, an all das Grauen, die nervenzerreibende Qual, den turbulenten Wahnsinn? – Und doch wollen wir heute einmal kurz auf die Tage der Belagerung Bremens durch englische Panzertruppen bis zum Fall der Stadt zurückblicken, Mitschuldigen zur Warnung, den Mitleidenden zur Mahnung, uns allen zur Lehre!« (WK 27.4.1946, S. 3: »Bremens Befreiung vom Hitlerjoch. Der Kampf um Bremen im April 1946« [muß heißen 1945; Druckfehler])*

5 *»Wir neigen dazu, für die Nöte des Tages nicht den Bankrotteur, sondern den Konkursverwalter schuldig zu sprechen.« (WK 27.4.1946: »Am Scheideweg«) Auch von Unbelehrbaren ist die Rede: »Die überwiegende Mehrheit des deutschen Volkes erhofft gerade in diesen Tagen, in denen in Nürnberg die letzten Schleier von der Geschichte des Dritten Reiches weggerissen werden, von diesen Enthüllungen eine stärkere Wirkung auf die bisher Unbelehrbaren, als alle Gesetze gegen die Nationalsozialisten hervorrufen könnten.« (WK 8.5.1946: »Ein Jahr herrscht Waffenstillstand. Vom 8. Mai 1945 zum 8. Mai 1946«)*

6 *»Gegenüber jenen, die nur aktiv werden, wenn das eigene Leid ihnen Wunden schlägt, oder die überhaupt nicht daran denken, daß 5 ½ Jahre hindurch von deutscher Seite anderen Völkern und ihren Frauen und Müttern unsägliches Leid zugefügt wurde, ist es angebracht, sie sehr ernst auf diese Dinge hinzuweisen. Ein politisches Recht, einen Anspruch, unsererseits Forderungen zu stellen, haben wir dadurch, daß über 12 Jahre das barbarische System in Deutschland herrschen und die Welt mit Eroberungskriegen überziehen konnte, verwirkt.« (WK 8.5.1946: »Sehnsucht nach Heimkehr«)*

7 *»Und dann geschieht das Wunder. Die ersten englischen Panzer tauchen auf, die nachfolgenden Truppen benehmen sich entgegen allem Erwarten großmütig und korrekt und werden von der Bremer Bevölkerung als Befreier begrüßt.« (WK 27.4.1946: »Bremens Befreiung vom Hitlerjoch. Der Kampf um Bremen im April 1946« [muß heißen 1945; Druckfehler]*

8 *»Das einzelne, was seit dem 8. Mai 1945, dem Tag der Kapitulation, in Bremen geleistet wurde ...«, »... daß Bremens Leistung vom 8. Mai 1945 bis zum heutigen 8. Mai 1948 ...«. »Wie der Steuermann eines Schiffes nach vorn blickt, um Kurs zu halten, so ist auch Bremens Blick an der Schwelle zum vierten Nachkriegsjahr geradeaus gerichtet – auf Deutschland sowohl wie auf die Welt. Was hinter uns liegt, sei nicht vergessen. Aber vor uns liegt Bremens Aufgabe und das Feld seines friedlichen Schaffens.« (WK 8.5.1948: »Bremen auf Kurs voraus«)*

9 *»Hatten die Nationalsozialisten vor drei Jahren nach verrichtetem Unheil bedingungslos kapituliert, so hat Bremen seit dem Mai 1945 keinen Augenblick daran gedacht, sich untätig dem harten Geschick schwerster Zerstörung zu beugen.« (WK 8.5.1948: »Bremen auf Kurs voraus«)*

10 *»Diese Vierjahreschronik soll Gewesenes in unserer Erinnerung festhalten, soll mit dem Blick auf Werdendes den Zagenden Hoffnung geben, den Schaffenden Zuruf und Ermunterung sein, die Planenden und Wägenden und die verantwortlich Wirkenden zu gesteigerter Kraftentfaltung anregen....«. (»Vier harte Nachkriegsjahre. Ein Zwischenbericht über Bremens Wiederaufbau-Anstrengungen seit dem Kriegsende am 27.4.1945«; WK 30.4.1949, S. 5 und 6). Behandelt werden: Gas-, Strom- und Wasserversorgung, Post, Straßen und Kanäle, Schulen, Ernährung, Heizmaterial, Schienenverkehr und Schiffahrt, Gesundheit, Sport und Arbeitslosigkeit sowie die Bevölkerungsentwicklung allgemein. Besonders durch Überschriften hervorgehoben: »Wohnungsnot gebietet Zusammenrücken«, »Schienenverkehr normal – Sorgenkind Schiffahrt«, »Straßenbahn und BVG im Aufschwung«. In sechs Schaubildern wird die Entwicklung dargestellt: Einwohner 1939/1945, Schul-Klassenbelegung 1945/1949, Kalorien pro Tag 1946/1949, Schiffsbestand 1939/1949, Züge pro Tag 1945/1949, Straßenbahnbeförderungsleistung 1945/1948.*

11 *»Rückblicke in die Vergangenheit und insbesondere in die Katastrophenzeit um 1945 sind in den letzten Jahren ausgiebig getan worden. Die Zeitspanne von inzwischen genau fünf Jahren, die uns ... vom Ende des Zerstörungswahnsinns über Mangelepoche und Stagnation bis zum Währungsschnitt 1948 und dann bis zu dem heute sichtbaren wirklichen Wiederaufbau gegeben war, fordert geradezu eine Bestandsaufnahme heraus ...« («Zum Wiederaufbau Bremens seit Kriegsende«; WK 6.5.1950). Seiten 2 und 3 sind überschrieben: »Fünf Jahre Wiederaufstieg des bremischen Geschäftslebens«.*

12 *»Wer wissen will, wie Bremen fünf Jahre nach Kriegsende mit dem Schicksal einer schwergeprüften Stadt fertig zu werden bemüht ist, dem sagt ein Blick in die Schaufenster der Geschäfte, ein Gang durch die weiten, modern gestalteten Räume unserer Großfirmen und durch die Läden in allen Stadtteilen, daß das erste halbe Jahrzehnt nach Kriegsschluß eine gewonnene Runde im Wiederaufbau ist.« (WK 6.5.1950, Beilage »Zum Wiederaufbau Bremens seit Kriegsende«)*

13 *»Zupacken! – das Wort wurde zur Tat« (WK 6.5.1950, 1. Beiblatt)*

14 *»Vor fünf Jahren: Kampf um Bremen«. Vierteilige Serie mit Texten und Bildern. 21.4.1950, S. 9; 22.4.1950, S. 10; 25.4.1950, S. 11; 26.4.1950, S. 8.*

15 *(WK 8.5.1952): »Das war das Ende. Vor sieben Jahren, am 8. Mai um 0.00 Uhr wurden die Kampfhandlungen beendet. Die Menschen standen vor einer zertrümmerten Welt. Aus den Steinwüsten ragte, wie auf diesem Foto aus dem Bremer Westen, hier und da wie ein Mahnmal menschlichen Zerstörungswahns ein einsamer Bunker in den Frühjahrshimmel. Die erste Erstarrung löste sich bald. Die Ruinenfelder wurden eingeebnet. Mit überraschender Tatkraft ging man daran, Neues aufzubauen. Vor den Erfolgen dieses Wiederaufbaus verblaßt immer mehr die Erinnerung an die Vernichtung. Aber mit dem Vergessen wächst auch die Gefahr, leichtsinnig in neues Unglück zu stürzen. So mag es gut sein, daß unser Weg uns noch immer an Mahnmalen vorbeiführt.«*

16 *Aus dem Vorwort von Werner Wien (»Darf man noch vom Krieg sprechen? Aus Büchern, die Soldaten schrieben«; BN 8./9.5.1954): »Heute vor dreimal drei Jahren – wer denkt noch daran? – kapitulierte Deutschland. Der zweite Weltkrieg war zu Ende, der Frieden begann nicht. Flüchtlingselend, Besatzungswillkür, Demontagewahnsinn, Entnazifizierungschaos, Spätheimkehrertragödien, die eiserne Grenze mitten durch das Herz und Fronten links und rechts von ihr, perspektivisch verlängert zum Riß in der Welt – das waren die einen Marksteine der dreimal drei Jahre. Und die anderen: eine schrittweise sich festigende Demokratie, eine schrittweise erstarkende Staatsautorität, mit Hilfe Amerikas Aufbau von Wohnungen, Fabriken, Häfen, Steigerung des Arbeitspotentials, der Wirtschaftsgeltung, der Ansprüche an das Leben und Rückgewinnung der Wehrhoheit, dieses Leben zu schützen. Nach neun Jahren: Verloren wir den Krieg? Gewannen wir den Krieg?*
Jeder weiß, daß alles, was heute in der Bundesrepublik geschieht, noch Reaktion auf den Krieg ist. Man nennt den Vater der Dinge nur nicht beim Namen. Man scheut sich vor dem Wort ›Krieg‹. Schneller als man die letzten Ruinen niederreißen kann, treibt man neue Werkgebäude hoch. Man sagt stolz ›das deutsche Wunder‹. Sieht man noch die deutschen Wunden?
Aber der Krieg ist nicht begraben unter den noch so großen Zeichen des Wiederaufbaus. Denn den Krieg erlitten Menschen. Und er geht um in uns. Noch nach neun Jahren. Er geht in den Träumen um als Grauen der Erinnerung vieler; und bei manchen als Lockung. Tief in uns, im abgedeckten Gedächtnis aller Soldaten, im Heimweh der Vertriebenen, im Schreck der bombengejagten Städter, in der Trauer eines Volkes ist der Krieg nicht abgetan. In den neun Jahren der Wiederaufrichtung wächst er mit, tritt er ins Bewußtsein und vor das Gewissen hin. Zu den ersten Stimmen der Rechenschaft melden sich immer neue, um zu fragen: Wie war der Krieg? Warum war Krieg? Und was war sein

Sinn? Vertaten wir die furchtbare Lehre des Leids? Verloren wir den Krieg oder uns?«

17 *»Graf Sponeck ... in geheimer Staatssache erschossen. Das Schicksal des ehemaligen Bremer Divisionskommandeurs. Ein Tatsachenbericht«. Beginnend am 18.4.1953, weitere sechs Folgen (21.4.; 22.4.; 23.4.; 24.4.; 25.4.; 28.4.1953, jeweils WK)*

18 *WK 8.5.1953. Hier findet der 125. Geburtstag von Henri Dunant mehr Beachtung, auch im Rundfunk.*

19 *»Bremer Soldaten im Kampf«, Abdruck in sechs Folgen: BN 30.4.1952; 1./2.5.1952; 3./4.5.1952; 6.5 .1952; 7.5.1952; 8.5.1952*

20 *Eine Übersicht über die Überschriften verdeutlicht den Charakter am besten: »Im Neuen bewahrt sich das Alte«; »Verkehrsprobleme beim Aufbau«; »Das Zerstörte steht wieder«; »Borgward-Gruppe größer als je«; »Wiederaufbau der Industrie«; »Durch die Brille des Karikaturisten gesehen«; »Viele neue Schulen«; »A.G. ›Weser‹ zehn Jahre danach«; »Der Wiederaufstieg der Sparkasse«; »Das Unwahrscheinliche wurde Tatsache« [Handel]; »Brücken«; »Viele Kirchen wurden zerstört«; »3x Remberti«; »Zehn Jahre Wiederaufbau in den Häfen«*

21 *»Auferstehung aus dem Chaos. In der Geschichte einer Stadt sind 10 Jahre nur eine kurze Zeitspanne. Doch die letzten 10 Jahre, von 1945 bis 1955, zählen weit schwerer als frühere Jahrzehnte in der Chronik unserer Stadt, umschließen sie doch ein Aufbauwerk, das in der mehr als tausendjährigen Geschichte Bremens keine Parallele hat.« (Aus dem Geleitwort von Kaisen)*

22 *Bei Kaisen heißt es in seinem Grußwort: »...am 10. Jahrestag der von unserer Stadt unverschuldeten Katastrophe«.*

23 *»Wir dürfen es nicht vergessen! Damals, vor zehn, vor acht, vor sechs Jahren, hat eigentlich niemand nachgerechnet: Wer schafft die Sache – der Unternehmer mit seinen Erfahrungen und Verbindungen, der Techniker mit seinen konstruktiven Plänen – denn was ist gerade im Schiffbau geleistet worden! – oder der Arbeiter mit seiner Willigkeit, schlecht ernährt und bekleidet und schlecht bezahlt? Sie haben es alle treu geschafft. Das mag heute schon mancher vergessen haben, aber wir dürfen es nicht vergessen.« (Bundespräsident Professor Theodor Heuss auf der Schaffermahlzeit 1955, BN 29.4.1955)*

24 *BN 29.4.1955: »Der harte Weg nach oben. Wie Bremen aus Trümmern wiedererstand. Gedenkbeilage der Bremer Nachrichten«. Auch hier kann eine Auflistung der Überschriften den Charakter verdeutlichen: »Tatkraft – und kein Wunder«; »Der Wille aller schaffte es. Not und Chaos mußten neuem Leben weichen«; »Wiederaufbau – Kampf gegen das Chaos«; »Carl F.W. Borgward. Das Wörtchen ›wieder‹ war ihm nicht bekannt«; »Handwerk arbeitete zuerst wieder«; »Nach Ablieferung moderner denn je«; »A.G. Weser zehn Jahre danach«; »Dreimal von Grund auf neu begonnen«; »Schiffbauer sind ein zähes Volk«; »Über 40 Flaggen fahren wieder auf Bremen«; »Im Sturm eines Jahrzehnts. Der Weg einer Bremer Familie nach dem Kriegsende«; »Das war doch ein Wunder«; »Scheinwerferscheiben wurden Schaufenster«; »Am Weserwehr begann das große Abenteuer«; »Die Sehnsucht wies den Weg«; »Wir beneiden Bremen darum«; »Wallfahrt nach Bremerhaven. Wissen Sie noch? Erinnerungen eines Dankbaren«; »1000 Industriebetriebe in Bremen«; »Mitwirkung des einzelnen Bürgers«; »Kirchen in neuem Gewand«; »Strukturwandel ist gelungen«; »Es gab doch einen neuen Anfang«.*
Die Titelseite ist mit vier Elementen gestaltet: Das Wort des Bundespräsidenten links oben, rechts daneben ein Bild zerstörter Häuser mit einer »Trümmerfrau«. Bildunterschrift: »Der Krieg war aus, der Kampf gegen das Chaos begann«. Darunter der Hauptartikel »Tatkraft – und kein Wunder«, links daneben ein Hafenbild mit der Unterschrift: »Moderner denn je wurde der Hafen, doch auch die Romantik kam wieder«.

25 *»Millionen von Soldaten mußten das Los der Gefangenschaft auf sich nehmen. Montgomery half, möglichst viele von ihnen in westlichen Gewahrsam zu bringen. Bedell Smith, Eisenhowers Generalstabschef, dagegen erklärte, er verstünde nicht, warum die Deutschen sich nicht den Russen ergeben wollten, sie würden doch dabei am besten fahren. Diese zynische Ablehnung wurde Ursache unsagbaren Leidens.*
Heute, zehn Jahre später, wird noch nach dem Schicksal von 1 1/4 Millionen Soldaten geforscht. Die übrigen Verluste beliefen sich auf 2 3/4 Millionen Tote der Wehrmacht, 500.000 Luftkriegsopfer, 600.000 Sudetendeutsche von den Tschechen ermordet oder verschleppt, 9,6 Millionen Heimatvertriebene, davon 700.000 in die Sowjetunion verschleppt. Das Bild des Landes: Zerbombte Städte, geplünderte Dörfer, zerfledderte Wälder, gesprengte Brükken ...« (»Das bittere Ende. Vor zehn Jahren zerbrach das Reich«; WK 7.5.1955; Der 8.5.1955 war ein Sonntag.)

26 *(WK 7.5.1955: »Das bittere Ende. Vor zehn Jahren zerbrach das Reich«, Artikel »Späte Umkehr«) In einer Bildunterschrift heißt es: »Die deutschen U-Boote, die den harten Seekrieg im Atlantik überstanden hatten, mußten nach der Kapitulation ausgeliefert werden. Etwa 150 Boote ereilte dieses Schicksal. Ein Teil von ihnen wurde versenkt.« Auch in anderen Zeitungen läßt sich der oben beschriebene Trend erkennen und bestätigen. Die sozialdemokratische Bremer Volkszeitung greift den Jahrestag mit einer sehr umfangreichen, in drei aufeinander folgenden Ausgaben erscheinenden Beilage »Zehn Jahre nach der Kapitulation« auf. Diese Beilage ist nach dem gleichen Prinzip wie in den großen Tageszeitungen gestaltet: überwiegend Anzeigen, lediglich zusammen 8 ½ Seiten redaktioneller Text. Die Texte sind ebenfalls überwiegend dem Wiederaufbau gewidmet, lediglich zwei Artikel beschäftigen sich mit dem historischen Hintergrund. Dabei greift Fritz Peters zwar bis 1939 zurück, beschreibt aber im wesentlichen die letzten Kriegstage. Einen besonderen Stellenwert hat die Rede Bürgermeister Kaisens vor dem Landesparteitag der SPD. Kaisen geht hierin überhaupt nicht auf die Vergangenheit ein, sondern beschränkt sich auf die Darstellung der Aufbauleistungen. (BVZ 23.4., 30.4. und 7.5.1955)*

27 *BN 11.5.1955, Feuilleton-Seite: Bruno Wachsmuth, Vor einer Gedenktafel. Neben einem Gemälde der zerstörten Kaiserbrücke von Willy Menz. Im Vorspann zum Text heißt es: »Anläßlich der Einweihung einer Gedenktafel in einer Schule Westberlins hielt Direktor Dr. Bruno Wachsmuth, Berlin, der Präsident der Goethegesellschaft in Weimar, diese nachdenkliche Rede ... Wir glauben, daß diese ernste Ansprache gerade in diesen Tagen, in denen das Ende des zweiten Weltkrieges nunmehr zehn Jahre zurückliegt, zu einer Besinnung ermahnen kann.«*

28 *BN 12.5.1955; 14.5.1955; 17.5.1955; 19/20.5.1955; 21.5.1955; 24.5.1955; 27.5.1955; 28/29.5.1955; 31.5.1955 und weitere (außerhalb des untersuchten Zeitraumes).*

29 *So im WK in den Jahren 1956, 1958, 1959, 1962; in den BN in den Jahren 1956 bis 1958, 1961.*

30 *Am 8.5.1960, Bremen-Seite. In allgemeiner Form wird auf Kinder, die am 8.5.1945 geboren wurden, eingegangen, beigefügt ist ein Kasten mit wenigen Grunddaten sowie ein Foto des zerstörten Westens mit der eingedruckten Überschrift »Bremen am Tage der Kapitulation: 8. Mai 1945«.*

31 *WK 26.4.1961. In dieser Geschichte geht es um einen trinkenden angeblichen oder tatsächlichen Kriegskameraden, der nach Jahren den Autor besucht.*

32 *WK 20.4.1957: »Bilanz ›zwölf Jahre danach‹: Unser Lebensmut muß sich in der Zukunft neu bewähren!«; BN 9.5.1959: »Die deutsche Frage vierzehn Jahre auf der Tagesordnung«.*

33 *WK 7.5.1964: »Am deutschen Wesen ... Muß die Vergangenheit bewältigt werden?« Im letzten Absatz heißt es: »Kann Hitler wiederkommen? Diese Frage ist falsch, da sie das Problem nach draußen verlagert, von uns weg. Die Frage lautet, und sie stellt sich täglich neu: Habe ich hier und jetzt versagt – aus Angst, Bequemlichkeit oder Opportunität? Denn ›Des Menschen größter Feind ist immer der Mensch‹«.*

34 *BN 7.5.1960, Seite 25: »15 Jahre danach. Die Kapitulation begann 1933« v. Wolfgang Malanowski: »Es scheint sinnvoller, sich diese magischen Zahlen [15 Jahre nach dem ersten, 15 Jahre nach dem Zweiten Weltkrieg, d.V.] vor Augen zu führen, als wieder und wieder entweder Schreckensbilder vom deutschen Zusammenbruch oder solche zur Lobpreisung des Wiederaufstiegs in die Hand zu nehmen; wie es auch keinen Sinn hat, sich in lähmender Wiederholung entweder die deutsche Schuld oder die deutsche Leistung vor Augen zu führen. Beides wird nicht die ›unbewältigte Vergangenheit‹ bewältigen. Dazu bedarf es einer zusammenhängenden Schau von Ursache und Wirkung, eben einer Durchleuchtung jener beiden magischen Zahlen. Hitlers Aufstieg zur Macht ist ein solches Phänomen, noch mehr jedoch Hitlers Behauptung der Macht. Mag es für den Prozeß des Aufstiegs rationelle Erklä-*

rungen in Fülle geben, das große Rätsel ist und bleibt die Tatsache, daß Generale, Wissenschaftler, Schriftsteller, Wirtschaftler, daß die geistigen Führer dieser Nation, noch bevor die Gestapo ihnen keine andere Wahl ließ, sich der vorwärtsjagenden Hysterie eines Hitlers beugten, sie zu einem Teil sogar bewunderten. Damit begann die deutsche Kapitulation. Schon 1933.« (BN 7.5.1960, »15 Jahre danach«)

35 Erstes Programm, beginnend am 30.1.1963 bis zum 18.5.1963; z.B. 11. Folge: »Die anderen Fronten« am 27.4.1963, 16.00 bis 17.00 Uhr. Rund 2,5 Millionen Fernsehteilnehmer gab es in der BRD 1960 (BN 12.5.1960)

36 Die Erklärung wird erst am 12.5.1965 abgegeben. Darin heißt es: »Die drei Regierungen sind der Auffassung, daß ohne eine wirkliche Lösung des deutschen Problems, die auf der Ausübung des Selbstbestimmungsrechts in den beiden Teilen Deutschlands beruht, die Lage in Europa als ganzem ungewiß bleiben und infolgedessen der Friede auf diesem Kontinent nicht in vollem Maße gesichert sein wird. Diese Lösung ist nicht nur im Interesse des deutschen Volkes erforderlich, das seine Wiedervereinigung verlangt, sondern auch im Interesse aller europäischen und aller anderen beteiligten Völker.« (WK 13.5.1965: »Gegen Vertagung der deutschen Frage«)
Die Differenzen zwischen den Alliierten werden auch in der unterschiedlichen Behandlung dieses Tages deutlich: Frankreich feiert erstmals nach dem Kriege offiziell diesen Tag, Großbritannien feiert ihn nicht. Zu dieser Problematik auch: Leo Stern, Der 8. Mai 1945 in der historischen und politischen Konzeption der beiden deutschen Staaten. In: Befreiung und Neubeginn. Zur Stellung des 8. Mai 1945 in der deutschen Geschichte. (Ost-)Berlin 1968, S. 1ff.

37 So Premierminister Wilson (WK 8.5.1965: »Geteiltes Deutschland ist ein Spannungsherd«) und Präsident Johnson (WK 8.5.1965: »Johnson: Wir müssen Verständigung mit der Sowjetunion anstreben«)

38 WK 26.4.1965: »Lübke ruft zur Versöhnung auf«, BN 26.4.1965: »Lübke: Keine Decke über den NS-Schmutz breiten«.

39 7.5.1965, Fernsehen 2. Programm, 20.00 bis 20.15. Zit. nach Der Spiegel, 20/1965, S. 24.

40 WK 24.4.1965: »Gespenstisches Drama im ›Führerbunker‹ – Illusionen bis zum Zusammenbruch« (S. 3) und »Heute vor 20 Jahren: Vier Divisionen eroberten Bremen. So endete für die Hansestadt der Zweite Weltkrieg« (S. 17). BN 24.4.1965: »Der Kampf um Bremen« (S. 25ff.).

41 WK 8.5.1965, S. 2. »20 Jahre danach – man könnte das bittere Wort vom ›häßlichen Amerikaner‹ zeitgemäß variieren: der ugly German. Er gibt keine Ruhe, und er findet sie nicht. Politisch droht man seiner müde zu werden, da ihm offensichtlich das rechte Verhältnis zur Realität fehlt. Er schwankt zwischen Überschätzung und Selbstgeißelung, dem Alles oder Nichts, philosophisch Grundsätzlichem und materieller Unverbindlichkeit.« ebd. Auch der Vortext zum Artikel »Seit Mitternacht schweigen die Waffen« (s.o.) verdeutlicht dies: »Zwanzig Jahre sind seit der Kapitulation des Hitler-Regimes vergangen, Jahre, in denen das deutsche Volk beweisen konnte, daß seine Lebenskraft auch in den mörderischen Schlachten und Bombennächten des Zweiten Weltkrieges nicht gebrochen wurde; zwanzig Jahre, in denen aus Feinden Freunde und aus Verbündeten Gegner wurden. Nur den Friedensvertrag und die immer wieder geforderte Wiedervereinigung des deutschen Vaterlandes haben sie nicht gebracht.«

42 »Seitdem stehen wir vor einem einmaligen Problem. Denn wohl haben auch andere Völker Kriege angezettelt, und auch Armeeführer anderer Völker haben versagt. Doch nie zuvor haben Generale die verhängnisvollen Fehler eines unfähigen Vorgesetzten – bei aller inneren Opposition im einzelnen – so gehorsam ausgeführt wie die deutschen, und noch nie hat eine Armee trotz der beträchtlichen Führungsmängel so viel zu leisten vermocht.
Sich dieses tragischen Sachverhalts bewußt zu werden, kann durchaus Sinn und Zweck des traurigen Jubiläums der deutschen Geschichte sein, das wir am heutigen 8. Mai 1965 zum zwanzigsten Mal zu begehen haben ... Uns muß noch erst bewußt werden, daß das Phänomenale in der jüngsten Vergangenheit ja gar nicht das Phänomen Adolf Hitler war. Das Phänomenale ist vielmehr, daß die Deutschen, ihre Intelligenz, Politiker, selbst die der Linken, die Kirchenführer und Offiziere – von Ausnahmen abgesehen – Hitler gewähren ließen bis zu dem Augenblick, in dem er sich selbst tötete.« (BN 8.5.1965, S. 35)

43 WK 11.5.1965: »Die ersten Opfer waren Deutsche. 250 Teilnehmer bei Anti-Kriegs-Kundgebung auf dem Domshof«. Veranstalter waren die Internationale der Kriegsdienstgegner, der Internationale Versöhnungsbund sowie die VVN. Die deutliche Verspätung bei der Berichterstattung (Veranstaltung am Freitag, Bericht am Dienstag) signalisiert das geringe Interesse.

44 Zit. nach Bulletin des Presse- und Informationsamtes der Bundesregierung, Nr. 63, Jg. 1970, S. 589f.

45 Als einzigen Tagesordnungspunkt 20 der 51. Sitzung des 6. Deutschen Bundestages am 8.5.1970 nach der Fragestunde. Es sprachen Bundeskanzler Brandt, von Weizsäcker für die CDU, Hauff für die SPD und Frau Funcke für die FDP. Brandt macht eher eine tour d'horizon, als daß sich Schwerpunkte ergeben, wenn überhaupt, dann auf der Jugend und den Zukunftsperspektiven. Weizsäcker legt den Schwerpunkt ebenfalls auf die Perspektiven für die damalige Politik. Für den jüngsten Parlamentsabgeordneten Hauff war es die Jungfernrede, er bezieht sich nur auf einige seinerzeit aktuelle politische Streitpunkte.

46 Der Weser-Kurier hebt diesen Aspekt im Aufmacher hervor. WK 9./10.5.1970: »Bonn will Aussöhnung mit dem Osten. Bekenntnis der Parteien vor dem Bundestag. Brandt nennt Grenze zur DDR ›bittere Realität‹«. Die Bremer Nachrichten betonen: »Brandt warnt Jugend vor dem Radikalismus« (BN 9.5.1970, S. 1). In den Bremer Nachrichten werden allerdings umfangreichere Auszüge aus den Erklärungen Brandts und Weizsäckers abgedruckt. (9.5.1970, S. 13)

47 Festveranstaltung der VVN im Niederdeutschen Theater. (BN 11.5.1970, S. 8: »Warnung vor Neonazismus«); Besuch einer Gruppe holländischer Soldaten (BN 12.5.1970, S. 5: »Niederländer besuchen Kriegsgräber«). WK 7.5.1970, S. 10: »Diskussion über Faschismus gefordert«. Die Jusos forderten, »daß der 8. Mai als Tag der Niederlage des Faschismus in Deutschland verstärkt in das Bewußtsein der Bevölkerung gerückt werde.« Sie setzten sich dafür ein, »am 8. Mai alle öffentlichen Gebäude in Bremen zu beflaggen« und in den Schulen das Problem Faschismus zu behandeln.

48 BN 25.4.1970: »Vor 25 Jahren: Einmarsch der Engländer«; WK 21.4.1970: »Die letzten Tage vor der Besetzung«. WK 21.4.1970: »Ihr ›Ja‹ wurde von Granateneinschlägen untermalt. Hochzeitsnacht im Bunker: Marga und Helmut Reuther wurden vor 25 Jahren kurz vor Kriegsende in Bremen getraut«.

49 WK 8.5.1970, S. 2: »Aspekte zur Sicherung des Friedens. Zum Jahrestag der Kapitulation«; S. 3: »25 Jahre nach der Kapitulation. Nur mit dem Osten fehlt die Versöhnung«.

50 BN 12.5.1970, insgesamt 24 S. Text und Bild, 24 S. Anzeigen. Überschriften: »Neues Unheil verhindern«; »Anstoß zum Nachdenken«; »Die Lehren der Geschichte«; »Planung 2000«; »Trümmer, Hunger, Kälte – es ging ums Überleben«; »Der Bürger und seine Stadt«; »Neue Gesellschaft – neue Bauformen«; »Bremen auf dem Weg ins nächste Jahrtausend«; »Die erste Bürgerschaft wurde von den Engländern ernannt«; »Jugend '45 – Jugend '70: Warten auf Wegweiser«; »Ein jeder Schritt ein Schritt ins Bangen...«; »Kirche und die Gnade des Nullpunkts«; »Unterricht auf dem Dachboden«; »Schulen für morgen«; »Mit Baudenkmälern leben«; »Vom goldenen Pflasterstein zum Spaghettiknoten«; »Die staubige Müllkippe hat endgültig ausgedient«; »Moritat aus fünfundzwanzig Jahren«; »Sport für Tausende«; »Dörfer wurden zur Stadt Bremen-Nord«; »Des Schreckens letzte Tage endeten mit Panzerrasseln«; »Bilanz 1970: 155.000 neue Wohnungen«; »Als man auf Dächern und Trittbrettern fuhr«; »Neue Gründerzeit der Industrie«; »Außenhandel mußte ganz von vorn beginnen«; »Bremen blieb eine Stadt im Grünen«; »Bauen für alle Bürger: Von der Stadthalle bis zur modernen Klinik«; »Wie gut ist die Stadt als Kunstpfleger?«

51 WK 28.4.1980, S. 3: »Am 8. Mai kein Staatsakt geplant«. Mühsam versucht man gleichzeitig, den 7. Mai als eigentlichen Tag der Kapitulation darzustellen.

52 WK 7.5.1975, S. 2 »8. Mai – ›Augenblick der Selbstprüfung‹«; BN 7.5.1975, S. 1: »Bundespräsident warnt vor Extremismus in jeder Form. Gedenkstunde zum Jahrestag des Kriegsendes. Unionsführung blieb fern«.

53 WK 8./9.5.1975, S. 1: »Schmidt: Radikale haben keine Chance. Kanzler fordert entschlossene Verteidigung der Verfassung. Rede zum Jahrestag der Kapitulation.«

1945: Zeitungslesen zwischen Trümmern

54 WK 5.5.1980, S. 15: »Gebot zum 8. Mai: Nie mehr Krieg«; 10.5.1980, S. 17: »Gegen Politik des Friedens durch Stärke«.

55 »An Befreiung vor 40 Jahren erinnert. DDR-Kundgebungen in ehemaligen Konzentrationslagern/Washington attackiert« (WK 15.4.1985, S. 2); BN 15.4. 1985, S. 2: »Gedenktag mit Attacken«; »Die Befreier von Belsen standen vor Leichenbergen« (WK 12.4.1985, S. 15).

56 WK 13.4.1985, S. 3: »Kritischer Pfarrer erregt die Gemüter. Widerstand gegen SS-Treffen in Nesselwang/Auch die NPD plant Parteitag«, WK 22.4.1985, S. 3: »Erzürnte Gäste wollen abbestellen. Nesselwangs Bürgermeister fürchtet um den Fremdenverkehr/SS-Treffen bringen Unruhe«. BN 27.4.1985, S. 1: »Koalition: SS-Treffen wird nicht verurteilt«.

57 WK 13.4.1985, S. 2: »Nancy Reagan begleitet Ehemann. Juden in USA kritisieren Programm für Deutschlandbesuch«; BN 13.4.1985, S. 1: »Ändert Reagan Programm?« und S. 3: »Reise-Kritik in der Heimat. US-Proteste gegen Reagans Besuchsprogramm in Deutschland«.

58 BN 16.4.1985, S. 1: »Reagan beugt sich den Protesten«. WK 20.4.1985, S. 2: »Kirche fordert zur Vergebung auf«.

59 WK 17.4.1985, S. 3: »Streit um Gräber für die SS«. BN 19.4.1985, S. 2: »Reagan besteht auf Bitburg«. BN 22.4.1985, S. 1: »Kohl äußerte Scham über Verbrechen der NS-Zeit«.

60 BN 26.4.1985, S. 1: »200 US-Parlamentarier: Bitburg streichen. Massiver Druck auf den Kanzler. Hohe Beamte sehen sogar Peinlichkeit für Reagan«. BN 27.4.1985, S. 1: »Kohl weist US-Kritik zurück«. Bezeichnend ist, daß zur gleichen Zeit im Bundestag ein Gesetz gegen die Ausschwitz-Lüge vorbereitet wurde, es sollte möglichst bis zum 8.5. verabschiedet sein. (Vgl. z.B. BN 16.4.1985, S. 1: »Koalition drängt zur Eile«; WK 25.4.1985, S. 3: »Parlament fühlt sich unter Zeitdruck«. Die Verabschiedung erfolgte am 25.4.1985, vergl. dazu BN 26.4.1985, S. 1: »Bundestag verabschiedet Auschwitz-Lügen-Gesetz«).

61 BN 3.5.1985, S. 3: »Israel wirft Kohl schwere Fehler vor. Kritik an Bitburg-Besuch weitet sich zur Protestwelle aus » – Zynisch gegenüber NS-Opfern«; BN 6.5.1985, S. 1: »Israel empört: Ehrung der Mörder unseres Volkes«; WK 7.5.1985, S. 2: »Bitburg-Besuch in Israel verurteilt«.

62 4.5.1985, S. 1: »Juden sagen Teilnahme an Feier ab«; BN 3.5.1985, S. 1: »Juden sagen Teilnahme ab«.

63 BN 6.5.1985, S. 2: »Proteste in Bitburg«. Der Weltwirtschaftsgipfel hatte zuvor eine politische Erklärung verabschiedet, in der es hieß: die Konferenzteilnehmer gedenken in Trauer all derjenigen, die damals durch Kriegshandlungen oder als Opfer von Unmenschlichkeit, Unterdrückung oder Gewaltherrschaft ihr Leben verloren. ... Wir haben aus der Geschichte gelernt. Das Ende des Krieges war zugleich ein Neubeginn ... wir überwanden die Feindseligkeiten, die uns einst getrennt hatten.« (BN 4.5.1985, S. 3: »Wir haben aus der Geschichte gelernt«)

64 BN 4.5.1985, S. 2: »WDR-Satire erregt Union«.

65 BN 19.4.1985, S. 11: »Das Ende in Ruinen«. Letzte Folge am 27.4.1985.

66 WK 25.4.1985, S. 13: »Als die Briten Bremen eroberten. Die Stunde Null vor 40 Jahren«, die Folgeseite erschien am 26.4.1985.

67 WK 27.4.1985, S. 16.

68 BN 30.4.1985, S. 12: »Tag der Niederlage – und der Befreiung«.

69 BN 7.5.1985, S. 12: »8. Mai – Tag der Besinnung«.

70 BN 9.5.1985, S. 9: »Nazismus ist nicht ausgerottet«; WK 9.5.1985, S. 9: »Hitler in uns noch nicht tot«. In Bremen und auch bundesweit gab es zahlreiche weitere Veranstaltungen und Kundgebungen. Die Bremer Nachrichten führen in einem gesonderten Kasten allein 9 Veranstaltungen auf, verteilt über den ganzen Tag. BN 7.5.1985, S. 11: »Gedenkfeiern am Mittwoch«. Es ist nicht möglich, in diesem Rahmen sämtliche Veranstaltungen und politischen Auseinandersetzungen (z.B. in Beiräten etc.) zu würdigen.

71 WK und BN 9.5.1990.

72 Bremer Nachrichten und Weser-Kurier waren mehrfach von Streiks betroffen, insofern war ihre Berichterstattung nur eingeschränkt – nicht aber die redaktionelle Gewichtung einzelner Meldungen. taz 9.5.1990, auch auf S. 3: (Tagesthema) »Die Hoffnung und die Angst der Juden« sowie ganzseitig auf S. 13 Berichte über die Besetzung der Niederlande vor 50 Jahren.
Bereits am 7.5.1990 wird ganzseitig unter der Überschrift: »Wie soll man dieses Volk ändern? Der Todesmarsch, die Lagerbefreiung und die Klaviersonate« über den Komponisten Karl Amadeus Hartmann und seine Komposition »27. April 1945« berichtet.

Leseanregungen zum Thema

(zusammengestellt von Günther Rohdenburg)

Aufgelistet ist im wesentlichen die Stadt Bremen betreffende Literatur. Allgemeine Literatur zur Geschichte des Nationalsozialismus, zum Zweiten Weltkrieg und zur Bundesrepublik Deutschland wurde nur aufgenommen, wenn namhafte Teile den Umbruch 1945 in Bremen darstellen. Dies gilt auch für spezielle Titel, bei denen der in Frage kommende Zeitraum nur sehr kurz abgehandelt wird oder kein Bremen-Bezug besteht. Als »Zeit des Umbruchs« wird hier April bis Ende 1945 verstanden.

Werner Abelshauser: Wirtschaft in Westdeutschland 1945–1948. Rekonstruktion und Wachstumsbedingungen in der amerikanischen und britischen Zone. 178 S. Stuttgart 1975

Horst Adamietz: Das erste Kapitel. Bremer Parlamentarier 1945–1950. 424 S. Bremen 1975

Horst Adamietz: Freiheit und Bindung. Adolf Ehlers. 208 S. Bremen 1978

Arne Andersen/Uwe Kiupel: IG Metall in Bremen. Die ersten 100 Jahre. 128 S. Bremen 1991

Thomas Berger/Karl-Heinz Müller: Lebenssituationen 1945–1948. Materialien zum Alltagsleben in den westlichen Besatzungszonen 1945–1948. 162 S. Hannover 1983

Heinz Boberach (Hrsg.): Meldungen aus dem Reich 1938–1945. Die geheimen Lageberichte des Sicherheitsdienstes der SS. Bd. 17. 230 S. Herrsching 1984

Willi A. Boelcke: Der Schwarzmarkt 1945–1948. Vom Überleben nach dem Kriege. 260 S. Braunschweig 1986

Werner Borgsen/Klaus Volland: Stalag XB Sandbostel. Zur Geschichte eines Kriegsgefangenen- und KZ-Auffanglagers in Norddeutschland 1939–1945. 286 S. Bremen 1991

Ulrich Borsdorf/Lutz Niethammer (Hrsg.): Zwischen Befreiung und Besatzung. Analysen des US-Geheimdienstes über Positionen und Strukturen deutscher Politik 1945. 350 S. Wuppertal 1976

Peter Brandt: Antifaschismus und Arbeiterbewegung. Aufbau, Ausprägung, Politik in Bremen 1945/46. 446 S. Hamburg 1976

Peter Brandt: Betriebsräte, Neuordnungsdiskussion und betriebliche Mitbestimmung 1945–1948. Das Beispiel Bremen. In: IWK. Internationale wissenschaftliche Korrespondenz zur Gesichte der deutschen Arbeiterbewegung, Jg. 20 (1984), S. 156–202

Bremen im Wiederaufbau 1945–1957. Hrsg.: Bremer Ausschuß für Wirtschaftsforschung, bearbeitet von Gerhard Deissmann. 240 S. Bremen o.J. (1958)

Bremen 1949–1979. 30 Jahre Grundgesetz. Hrsg.: Pressestelle des Senats der Freien Hansestadt Bremen. 110 S. Bremen o.J. (1979)

Die Bremischen Schulen 1945–1955: 10 Jahre Wiederaufbau. 92 S. Bremen 1955

Regina Bruss: Mit Zuckersack und Heißgetränk. Leben und Überleben in der Nachkriegszeit. Bremen 1945–1949. 216 S. Bremen 1989

Regina Bruss/Eckhardt Goldenbogen: Bremen nach dem Kriege 1945–1949. Eine Dokumentation der Landesbildstelle Bremen. 173 S. Bremen 1988

Rainer Buchholz: Der politische Wiederaufbau in Bremen 1945–1947. Masch.schr., 80 S. Hannover 1977

Manfred Dittrich: Nachkriegsverhältnisse der Schuljugend an der Wiehenstraße. Eine soziologische Studie. Masch.schr. 86 S. Bremen 1951

Wiltrud Ulrike Drechsel/Andreas Röpcke (Hrsg.): »Denazification«. Zur Entnazifizierung in Bremen. 204 S. Bremen 1992

Ulla Feeken/Ulrike Schmidt: Öffentliche Jugendfürsorge in Bremen 1945–1948. Eine Auswertung senatorischer Akten. Masch.schr., 174 S. Bremen 1981

Ulf Fiedler: Familienfotos 1941–1945. Eine Jugend in Bremen. 244 S. Bremen 1980

Doris Foitzik (Hrsg.): Vom Trümmerkind zum Teenager. Kindheit und Jugend in der Nachkriegszeit. 160 S. Bremen 1992

Gemeinsam begann es 1945. »Der Aufbau« schrieb das erste Kapitel. Originalgetreuer Abdruck des »Aufbau«, Organ der Kampfgemeinschaft gegen den Faschismus (KGF), Bremen 1945/46. Ca. 140 S. Frankfurt/M. 1978

Geschichte(n) hinterm Tunnel. Ein historisches Lesebuch. Hrsg. Kulturladen Pusdorf e.V. 150 S. Bremen 1994

Beate Hoecker/Renate Meyer-Braun: Bremerinnen bewältigen die Nachkriegszeit. Frauen, Alltag, Arbeit, Politik. 230 S. Bremen 1988

Wolfgang Jacobmeyer: Die »Displaced Persons« in Deutschland 1945–1952. In: Bremisches Jahrbuch Bd. 59 (1981), S. 85ff.

Hans Jansen/Renate Meyer-Braun: Bremen in der Nachkriegszeit. 1945–1949. Politik, Wirtschaft, Gesellschaft. 284 S. Bremen 1990

Kai von Jena/Reinhard Schmoeckel (Hrsg): Karl Carstens. Erinnerungen und Erfahrungen. 898 S. Boppard 1993

Wilhelm Kaisen: Meine Arbeit, mein Leben. 400 S. München 1967

Diethelm Knauf/Helga Schröder (Hrsg.): Fremde in Bremen. Auswanderer, Zuwanderer, Zwangsarbeiter. 179 S. Bremen 1993

Kriegsende 1945. Vegesack und umzu. Das Kriegsende erlebt und aufgeschrieben von Bewohnern aus Vegesack und um-

liegenden Ortschaften. Hrsg. v. Schloß Schönebeck. 102 S. Bremen 1994
Wolfgang Kringe: Verfassungsgenese. Die Entstehung der Landesverfassung der Freien Hansestadt Bremen vom 21. Oktober 1947. 330 S. Frankfurt/Main 1993
Karl Kurz: Lebensverhältnisse der Nachkriegsjugend. Eine soziologische Studie. In: Schriften der Wittheit zu Bremen, Heft 7. 118 S. Bremen 1949
Johann Lenzner: Brennende Kehle. Schwarzer Markt 1945–1948. 140 S. Bremen 1988
Karl Löbe: Um das Schicksal Bremen und Bremerhavens. Erlebte Entscheidungen. 244 S. Bremen 1986
Annemarie Mevissen: Erlebtes aus der Politik. 71 S. Bremen 1984
Almuth Meyer-Zollitsch: Nationalsozialismus und evangelische Kirche in Bremen. 388 S. Bremen 1985 (=Veröffentlichungen aus dem Staatsarchiv der Freien Hansestadt Bremen, Bd. 51)
Hartmut Müller: Der Weg zum Grundgesetz. Eine Dokumentation. 238 S. Bremen 1979 (=Kleine Schriften des Staatsarchivs Bremen, Heft 3)
Neuanfang auf Trümmern: Die Tagebücher des Bremer Bürgermeisters Theodor Spitta 1945–1947, hrsg. v. Ursula Büttner und Angelika Voß-Louis. 562 S. München 1992
Lutz Niethammer/Ulrich Borsdorf/Peter Brandt (Hrsg): Arbeiterinitiative 1945. Antifaschistische Ausschüsse und Reorganisation der Arbeiterbewegung in Deutschland. 780 S. Wuppertal 1976
Wilhelm Nolting-Hauff: Hinter dem Nichts. Roman. 868 S. Bremen 1966
Joachim Oltmann: Kalter Krieg und kommunale Integration. Arbeiterbewegung im Stadtteil Bremen-Vegesack 1945–1956. 500 S. Marburg 1987
Fritz Peters: Zwölf Jahre Bremen 1933–1945. 332 S. Bremen 1951
Fritz Peters: Zwölf Jahre Bremen 1945–1956. 516 S. Bremen 1976
Hans-Hermann Precht: Atlas-Werke 1945–1965. »Wir haben ja nicht nur ganz schöne Schiffe gebaut …«. 48 S. Bremen 1987
Johann Reiners: Erlebt und nicht vergessen. Eine politische Biographie. 224 S. Fischerhude 1982
Andreas Röpcke: Entstehung, Status und Verwaltung der amerikanischen Enklave Bremen. In: Bremisches Jahrbuch Bd. 66 (1988), S. 423ff.
Georg Schmidt: Bremen nach der Stunde Null. Bilddokumente aus den Jahren 1945–1960. 200 S. Bremen 1983
Georg Schmidt: Als Bremen amerikanisch war. Zwischen Krieg und Wirtschaftswunder. Bilder von 1945 bis 1950. 180 S. Bremen 1989
C. U. Schminck-Gustavus: Bremen kaputt. Bilder vom Krieg 1939–1945. Berichte, Dokumente, Erinnerungen. 340 S. Bremen 1983
C. U. Schminck-Gustavus (Hrsg.): Hungern für Hitler. Erinnerungen polnischer Zwangsarbeiter im Deutschen Reich 1940–1945. 250 S. Reinbek b. Hamburg 1984
Schule und Schulkind in Bremen 1945 bis 1949. Der Weg aus dem Zusammenbruch zum Neuaufbau, hrsg. v. Senator für Schulen und Erziehung. 34 S. Bremen 1949
Harry Schwarzwälder: Die Weserbrücken in Bremen. Schicksal von 1939 bis 1948. 160 S. Bremen 1968
Herbert Schwarzwälder: Bremen und Nordwestdeutschland am Kriegsende 1945. Bd. 1: Die Vorbereitung auf den »Endkampf«. 205 S. Bremen 1972; Bd. 2: Der britische Vorstoß an die Weser. 225 S. Bremen 1973; Bd. 3: Vom Kampf um Bremen bis zur Kapitulation. 267 S. Bremen 1974
Herbert Schwarzwälder: Geschichte der Freien Hansestadt Bremen. Bd. 4: Bremen in der NS-Zeit (1933–1945). 952 S. Bremen 1985
Herbert Schwarzwälder: Bremer Geschichte. 280 S. Bremen 1993
Strafjustiz im totalen Krieg. Aus den Akten des Sondergerichts Bremen 1940 bis 1945. Bearb. v. Hans Wrobel in Zusammenarbeit mit Henning Maul-Backer (Bd. 2 u. 3). 3 Bde., hrsg. v. Senator für Justiz und Verfassung der Freien Hansestadt Bremen 1991, 1994
Friedrich Wilckhaus: Jugendarbeitslosigkeit und Jugend(hilfe)politik in Bremen im Nachkriegsjahrzehnt 1945–1955. Masch.schr., 92 S. Bremen 1983
Jörg Wollenberg: 8. Mai 1945. Neugeordneter Wiederaufbau oder verhinderte Neuordnung? Eine Materialsammlung. 260 S. Bremen 1985
Hinrich Wulff: Im Jahrfünft der Zeitschwelle 1945–1950. 91 S. Bremen 1964

Bildnachweise

H. Adamietz, Freiheit und Bindung. Adolf Ehlers, Bremen 1978: S. 161
F. Arnold, Anschläge, München 1963: S. 51
Begegnungen mit Wilhelm Kaisen, hrsg. v. H. Müller, Bremen 1980: S. 98
Gemeindearchiv Stuhr: S. 25, 27 unten
The History of the 1st Battalion The Royal Norfolk Regiment during the World War 1939–1945, Norwich 1947: S. 24
Imperial War Museum, London: S. 8, 11, 13 unten, 30, 35–48, 69, 71 oben, 72, 75 oben, 78, 79, 82–84, 86, 91, 95, 96, 100, 102–104, 106, 107, 121, 136, 137, 142–145, 148, 152, 156, 159, Umschlagabbildung
Landesbildstelle Bremen: S. 126 oben
R. Meyer-Braun/I. Marßolek/H. Marckhoff, Jahrgang 1864 aber nicht vergessen, Bremen 1989: S. 173 rechts
W. Niehaus, Endkampf zwischen Rhein und Weser. Nordwestdeutschland 1945, Stuttgart 1983: S. 21
Privatbesitz: S. 29 oben, 49, 81, 168 rechts
H. Schwarzwälder, Bremen und Nordwestdeutschland am Kriegsende 1945, Bd. 2, Bremen 1973: S. 12, 29 unten, 33, 172
Ders., Bremen und Nordwestdeutschland am Kriegsende 1945, Bd. 3, Bremen 1974: S. 153
Senator für Inneres, Bremen, Sterbezweitregister: S. 73, 87
W. Weirich, Grasberg: S. 176–177, 198–199
Im Zeichen des Propellers 1902–1945, hrsg. v. Kollegengruppe ehemalige Atlas-Werke, Bremen 1993: S. 171
K. Zenker, Illustrierte Geschichte des zweiten Weltkriegs, Stuttgart/Hamburg 1963: S. 65
1887–1962. Wilhelm Kaisen 75 Jahre, hrsg. v. Senat der freien Hansestadt Bremen, bearb. v. M. Thape, Bremen 1962: S. 167

Autorenverzeichnis

Groth, Peter, Redakteur bei der Bremer Tageszeitungen AG
Hofschen, Heinz-Gerd, Dr. phil., Wissenschaftlicher Mitarbeiter an der Universität Bremen
Maul-Backer, Henning, Dr. iur., Referent beim Senator für Justiz und Verfassung
Meyer-Braun, Renate, Dr. phil., Professorin an der Hochschule Bremen
Müller, Hartmut, Dr. phil., Leitender Direktor des Staatsarchivs Bremen a.D.
Rohdenburg, Günther, Dr. phil., Archivpädagoge am Staatsarchiv Bremen
Wrobel, Hans, Dr. iur., Abteilungsleiter beim Senator für Justiz und Verfassung